MW01137851

SERMONES TEMÁTICOS SOBRE JESÚS Y LOS EVANGELIOS DE JOHN MACARTHUR

*Sermones temáticos sobre
Jesús y los Evangelios*

de

JOHN MACARTHUR

Editorial CLIE
www.clie.es

EDITORIAL CLIE
C/ Ferrocarril, 8
08232 VILADECAVALLS
(Barcelona) ESPAÑA
E-mail: clie@clie.es
http://www.clie.es

Traductor: Juan Antonio Ortega Montoya

Editor: José Carlos Ángeles Fernández

Sermones temáticos sobre Jesús y los Evangelios
ISBN: 978-84-8267-952-5
Depósito legal: B-21280-2016
SERMONES
Sermones completos
Referencia: 224922

Impreso en USA / *Printed in USA*

JOHN MACARTHUR, Jr. nacido el 19 de Junio de 1939, hijo de un pastor bautista conservador norteamericano, estudió en el *Talbot Theological Seminary* y en el *Dallas Theological Seminary*. Es el presidente de la universidad *The Master's College* y del seminario *The Master's Seminary*.

John MacArthur es ampliamente conocido por su enfoque detallado y transparente de enseñanza bíblica. Es pastor de *Grace Community Church* en Sun Valley (California) una de las iglesias de mayor crecimiento en Estados Unidos y cuenta con un programa de radio «*Gracia a Vosotros*» que se transmite en varios idiomas.

Autor de numerosos comentarios y libros basados en sus sermones, también traducidos a diversos idiomas, figura entre los autores evangélicos conservadores más leídos y apreciados de nuestra época.

Junto con su esposa Patricia, tienen cuatro hijos adultos y catorce nietos.

_Índice

I PARTE
SERMONES TEMÁTICOS SOBRE JESÚS

II PARTE
SERMONES TEMÁTICOS SOBRE
LOS EVANGELIOS Y LA SALVACIÓN

I PARTE
Sermones temáticos sobre Jesús

01_El Siervo Menospreciado de Jehová

*¿Quién ha creído a nuestro anuncio? ¿Y sobre quién se ha manifestado
el brazo de Jehová?*

*Subirá cual renuevo delante de él, y como raíz de tierra seca; no hay parecer
en él, ni hermosura; le veremos, mas sin atractivo para que le deseemos.*

*Despreciado y desechado entre los hombres, varón de dolores, experimentado
en quebranto; y como que escondimos de él el rostro, fue menospreciado,
y no lo estimamos.*

Isaías 53:1-3

BOSQUEJO

— Introducción EL HIJO DE DIOS DESPRECIADO.

— ¿Cuál es el tema de este capítulo?

— ¿Acaso la persona que es descrita aquí merecía este tipo de sufrimiento incansable? NO, PORQUE ERA SANTO

— ¿Acaso Dios trató de proteger al Justo que sufrió? NO PORQUE él VINO POR TODOS JUSTOS E INJUSTOS

— ¿Es coherente con la naturaleza justa de Dios, dejar que este Hombre sufra?

— ¿Por qué un Hombre que es justo sufriría por los pecados de los injustos?

— ¿Cuál es el resultado de esto?

— ¿Por qué rechazaron a Jesucristo?

— Primera razón: Menospreciaron Su origen

— Segunda razón: Menospreciaron Su vida

— Tercera razón: Menospreciaron Su fin

Notas personales al bosquejo

SERMÓN

Introducción

Estamos estudiando el capítulo 53 de Isaías. Algunos consideran que este es el capítulo más grandioso en el Antiguo Testamento. No hay duda acerca del hecho de que es la profecía más detallada acerca del Mesías que el Antiguo Testamento contiene. Es un poderoso capítulo que tiene que ser considerado frase por frase, si no es que palabra por palabra, debido a su gran impacto y verdad profunda.

Y hoy vamos a cubrir los versículos 1 al 3 y en el proceso de estudiar este capítulo. Quiero que estén tan familiarizados con él, que se convierta en parte de su vida. Esto a su vez causará que adoren al Señor de maneras que serán frescas, nuevas y ricas, y que serán una bendición para sus vidas. Pero también podrán comunicar las glorias de nuestro Salvador, que este capítulo presenta, a cualquier persona que pregunte.

Quiero comenzar con una serie de preguntas y darles un panorama de este capítulo. Lo abordaremos a manera de introducción mediante una serie de preguntas que nos ayudará a entender el panorama general.

¿Cuál es el tema de este capítulo?

El tema es sufrimiento horrendo, terrible, traumático, agonizante, doloroso y mortal. Versículo 3, "varón de dolores, experimentado en quebranto". Versículo 4, "llevó Él nuestras enfermedades, y sufrió nuestros dolores; y nosotros le tuvimos por azotado, por herido de Dios y abatido". Versículo 5, fue herido, molido, castigado, llagado. Versículo 6, "Jehová cargó en Él el pecado de todos nosotros". Versículo 7, "Angustiado Él, y afligido... como cordero fue llevado al matadero". Versículo 8, enfrentó cárcel y juicio, "fue cortado de la tierra de los vivientes". Todo esto indica que ésta es una experiencia de sufrimiento terrible. El versículo 10 repite que fue quebrantado, sujeto a padecimiento. El versículo 11 habla de la angustia de Su sufrimiento. ¿Quién puede soportar un sufrimiento tan inmenso? Se podría decir que alguien en algún lugar merece sufrir así. Pero eso lleva a una segunda pregunta.

¿Acaso la persona que es descrita aquí merecía este tipo de sufrimiento incansable?

No. El final del versículo 9 dice "nunca hizo maldad, ni hubo engaño en Su boca". Y lo que está en la boca es lo que está en el corazón, "porque de la abundancia del corazón habla la boca" (Mateo 12:24; Lucas 6:45). Entonces no había maldad ni engaño en Su boca porque no había nada de esto en Su corazón. De hecho, éste que sufre es identificado en el versículo 11 como el justo. Esta es una profecía de Alguien que sufrió de manera horrenda y terrible. ¿Fue merecido el sufrimiento? No. Eso lleva a una tercera pregunta.

¿Acaso Dios trató de proteger al Justo que sufrió?

La respuesta es no. El versículo 10 dice, "Jehová quiso quebrantarlo, sujetándole a padecimiento". Es una historia asombrosa, sufrimiento sin paralelo, sufrimiento inmerecido de un Justo que sufrió desprotegido por un Dios justo. Esto nos lleva a la cuarta pregunta.

¿Es coherente con la naturaleza justa de Dios, dejar que este Hombre sufra?

La respuesta es sí. Debido a lo que leímos comenzando en el versículo 5, "Él herido fue por nuestras rebeliones, molido por nuestros pecados; el castigo de nuestra paz fue sobre Él, y por su llaga fuimos nosotros curados". Versículo 6: "Jehová cargó en Él el pecado de todos nosotros". Al final del versículo 8, "Porque fue cortado de la tierra de los vivientes, y por la rebelión de mi pueblo fue herido". Ellos merecían el castigo. Versículo 11, "llevará las iniquidades de ellos". Versículo 12, "habiendo Él llevado el pecado de muchos". Él es Alguien que sufrió de manera vicaria. Él es Alguien que sufrió de manera sustitutiva. Él está sufriendo, no por Sus propios pecados, sino por los pecados de otros. Lo cual lleva a otra pregunta.

¿Por qué un Hombre que es justo, sufriría de una manera tan horrible, sería desprotegido por Dios, y sufriría de manera vicaria por los pecados que Él no cometió, sino por los pecados de otros?

La respuesta es porque estaba dispuesto, porque deseó hacer eso. Sí, versículo 10, "Cuando haya puesto su vida en expiación por el pecado". Sí, versículo 12, "derramó su vida hasta la muerte". Qué asombrosa persona que sufrió tanto, que sufrió inmerecidamente, que sufrió sin la protección de un Dios justo aunque era justa, que sufrió de manera vicaria y dispuesta. ¿Por qué? Esa es la siguiente pregunta.

¿Cuál es el resultado de esto?

Primero, en el versículo 11, por hacer esto, "justificará mi siervo justo a muchos". Esto es, mediante Su sufrimiento Él hará a muchos justos y será exaltado. Como resultado de la aflicción de su alma, versículo 11, "verá la luz" (NVI). Eso es lo que significa ese versículo. Él verá luz, Él verá vida, Él quedará satisfecho. Y versículo 12, Él tendrá "parte con los grandes, y con los fuertes repartirá despojos".En otras palabras, Él será recompensado, Él será exaltado. ¿Cómo será exaltado? Bueno recordemos lo que dice Isaías 52:13, "será prosperado, será engrandecido y exaltado, y será puesto muy en alto". Versículo 15, "así asombrará Él a muchas naciones; los reyes cerrarán ante Él la boca, porque verán lo que nunca les fue contado, y entenderán lo que jamás habían oído".¿Quién es Éste? Bueno, no puede ser alguien más que ¿quién? El Señor Jesucristo. ¿Acaso el mundo no puede ver eso? Esto fue escrito aproximadamente 700 años antes de que Jesús naciera. Lo cual es suficiente evidencia de que Dios es el autor de las Escrituras porque solo Dios conoce el futuro a detalle. ¿Cómo puede el mundo no ver esto? Éste tiene que ser Jesucristo. Todos estos detalles fueron cumplidos en Él. Pero de nuevo, el mundo no tiene la Biblia, no lee la Biblia, no conoce la Biblia. Entonces cuando vamos a los gentiles, las naciones del mundo, no necesariamente esperaríamos que creyeran en Jesucristo. No conocen Isaías 53, el Antiguo Testamento, la verdad del Nuevo Testamento, la escritura del registro de Jesús.

Pero ¿qué hay, entonces, acerca de los judíos? Ellos conocen la historia de Cristo, si no es por otra razón más que asegurarse de que todo el mundo sepa que ellos lo rechazan. Parte de ser judío en el mundo es asegurarte de ser claro en que Jesús no es el Mesías, Jesús no fue el Salvador. ¿Por qué los judíos no creen esto? ¿Cómo es que. los judíos no toman Isaías 53 y lo colocan junto a los evangelios, Mateo, Marcos, Lucas y Juan, y dicen "Éste solo puede ser Jesús"?

Uno de ellos, alguien que ama al Señor Jesús, llamado Mitch Glaser, tiene un ministerio llamado el Ministerio del pueblo escogido y ha escrito un artículo muy interesante en un libro recientemente publicado, titulado *El Evangelio Según Isaías 53*. Debemos reconocer que solo un 10 % de los 14 millones de judíos en el mundo son ortodoxos. Esto significa que escudriñan las Escrituras, que saben algo acerca de las Escrituras. El otro 90 % es indiferente en un grado u otro, a las Escrituras y a la interpretación cuidadosa de las mismas. Entonces lo que Mitch Glaser dice es que la mayoría de ellos no sabe nada acerca del Antiguo Testamento ni de Isaías 53.

Además, él dice que "la mayoría de ellos no cree en la profecía bíblica. No cree en el pecado. No cree en la depravación lo cual significa una pecaminosidad irreversible que es inherente al ser humano. No cree en la expiación. No cree en el sacrificio. No cree en el derramamiento de sangre para el perdón. No cree en la encarnación. No cree en el rechazo. No cree en el Nuevo Testamento. Y entonces, no cree en Jesús". Entonces cuando usted habla con el pueblo judío acerca del Señor Jesucristo, no puede asumir que ellos están familiarizados con Isaías 53. Los componentes asombrosos de este capítulo no tienen lugar en su manera de pensar. Entonces, el capítulo comienza diciendo, "¿Quién ha creído a nuestro anuncio?" Ellos admitirían que no lo han creído.

Es algo asombroso. El mundo está lleno de gente que no lo cree. La mayoría de las naciones no lo creen. No creen el mensaje acerca de Jesucristo. Fuera de los verdaderos cristianos, las religiones del mundo no creen el mensaje acerca de Cristo. Y qué mensaje es éste. Para los judíos que lo conocen, Pablo dijo en Romanos 10, está en tu boca, está cerca de ti. Conoces el relato. Conoces las declaraciones de Cristo pero no las crees.

Imagínense, no creen en este mensaje, las buenas nuevas del cielo de que el amor de Dios lo ha motivado a rescatar a pecadores del infierno mediante la muerte de Su Hijo. No creen el mensaje de las buenas nuevas de que un Dios invisible ha enviado a un Salvador invisible a esta generación invisible para proveer bendiciones invisibles en un cielo invisible para ser recibida por una fe invisible. No creen las buenas nuevas de salvación y perdón para pecadores del pecado e ira y juicio. No creen las buenas nuevas de un Salvador crucificado como medio de esa salvación. No creen las buenas nuevas de que hay justicia divina disponible, mediante la cual pecadores culpables pueden estar sin temor y santos delante de Dios, envueltos en Su propia justicia. No creen las buenas nuevas de un perdón otorgado por el cielo al pecador sentenciado y encarcelado, que puede recibir ese perdón por fe en Cristo. No creen las buenas nuevas de que hay un médico que cura a todos los que vienen a Él, infalible y eternamente de todas las enfermedades del alma, y lo hace de manera libre y no rechaza a ningún paciente. No creen las buenas nuevas de que hay un festín ilimitado preparado para almas hambrientas, al cual a todos se les invita, teniendo a Cristo mismo como anfitrión y comida. No creen las buenas nuevas de un tesoro sin precio que no puede ser comprado, ya comprado y después ofrecido como un regalo, compuesto de bendiciones inagotables y gozos que nunca se acaban, tanto ahora como siempre para el que recibe el regalo. No creen las buenas nuevas de una victoria ganada por Jesucristo sobre Satanás, la muerte y el mundo, un triunfo al cual todos los que creen en Él pueden entrar y participar. No creen las buenas nuevas de paz eterna con Dios comprada por la sangre de Cristo para pecadores indignos y ofensores.

¿Qué mensaje es este como para no creer? Pero no lo creen. Y aquí en Isaías 53 tenemos una confesión de los judíos. Las palabras de Isaías 53 hasta el último versículo, son las palabras de una generación futura de judíos, la nación de Israel, que hará esta confesión y dirán, "No lo creímos". ¿Quién lo ha creído? Muy pocos.

Cualquiera que lo crea, judío o gentil, en cualquier punto será salvado. Pero no lo creímos. Ellos confesarán eso. Recuerden que estamos hablando del hecho de que este capítulo está en tiempo pasado. Todos los verbos están en tiempo pasado. La mayoría de la gente cree que está prediciendo lo que le va a suceder a Jesús. Sí hace eso porque describe a detalle Su sufrimiento y Su muerte y Su resurrección y Su exaltación. Pero todo está en verbos en tiempo pasado, lo cual significa que brinca por encima de lo que le sucede a Jesús y lo ve hacia atrás desde el final de la historia humana, cuando Israel finalmente vea al que traspasaron, llore por Él como un único Hijo, reconozca que han rechazado a su Mesías, y una fuente de limpieza esté abierta para ellos y la salvación venga a la nación de Israel. Mientras tanto, hasta ese arrepentimiento nacional, cualquiera puede venir a Cristo y ser salvo, pero la nación se arrepentirá en el futuro y será salva. Y cuando en ese entonces lleguen a esa consciencia, Zacarías dice, cuando las naciones del mundo estén congregadas para destruir a Israel, cuando estén rodeados y listos para ser eliminados, en ese punto el Señor vendrá para ser su defensor y serán salvos.

En Isaías 59 tenemos un retrato de eso conforme los judíos estén diciendo, "Estamos en problemas, nuestras transgresiones se están acumulando, no hay justicia en la tierra. ¿A dónde vamos? ¿Qué hacemos?" Este es un retrato de Israel en el futuro. En la actualidad Israel dice, "¿Cómo nos defendemos? El mundo nos persigue. Dios no viene a ayudarnos". Y después en Isaías 59:16 dice, "Y vio que no había hombre" para ayudarlos. No hay líder humano que pueda rescatar a Israel de su castigo por rechazar a Cristo. Esto está sucediendo inclusive ahora. El mundo está amenazando su existencia con poder nuclear. Dice en Isaías 59 que Dios vio y no había hombre. Y después el lenguaje más hermoso, Dios responde al hecho de que no había alguien para salvar a Israel.

Escuchen el 59:16, "Y vio que no había hombre, y Se maravilló que no hubiera quien se interpusiese; y lo salvó Su brazo". ¿Quién es su brazo? El Mesías, el brazo del Señor quien es revelado. Entonces es Su propio brazo. Y esto es dramático. Vemos al Mesías, el Señor Jesús, quien "de justicia se vistió como de una coraza, con yelmo de salvación en su cabeza; tomó ropas de venganza por vestidura, y se cubrió de celo como de manto, como para vindicación, como para retribuir con ira a sus enemigos, y dar el pago a sus adversarios; el pago dará a los de la costa. Y temerán desde el occidente el nombre de Jehová, y desde el nacimiento del sol su gloria; porque vendrá el enemigo como río" (versículos 17–19).

Entonces tenemos a Cristo que viene a salvar a Israel de la destrucción en el momento en el que viene a defenderlos de los enemigos que están congregados alrededor de ellos. Lo que sucederá es que castigará a los impíos y versículo 20, "vendrá el Redentor a Sion, y a los que se volvieren de la iniquidad en Jacob". Esa es la hora de su salvación. Él será ese Redentor. Esto sucederá porque Dios lo prometió en el versículo 21, "Y éste será mi pacto con ellos... El Espíritu mío que está sobre ti, y mis palabras que puse en tu boca, no faltarán de tu boca, ni de la boca de tus hijos, ni de la boca de los hijos de tus hijos, dijo Jehová, desde ahora y para siempre". Esa es la salvación de la nación de Israel, salvación del Nuevo Pacto. Mirarán a aquel a quien traspasaron. Llorarán. Serán salvos. Y el Señor Mismo será el guerrero que los defienda en esa hora cuando envíe al Mesías para defenderlos, como también para traer su salvación.

Cuando ese tiempo venga, en el futuro, entonces mirarán atrás y dirán, "No creímos. El brazo del Señor, inclusive el Mesías Mismo, el poder de Dios vino revelado en Él y no lo creímos. No lo creímos". Harán esa confesión abierta de los horrores de generaciones de incredulidad. Y surge otra pregunta.

¿Por qué rechazaron a Jesucristo?

Tomemos esta pregunta como nuestro punto de entrada al texto de Isaías 53. Ellos nos dirán por qué. Le dirán a Dios por qué. Y la confesión que harán en el futuro y que cualquier persona que viene a Cristo ahora debe hacer, está en los versículos 2 y 3. "Subirá cual renuevo delante de Él, y como raíz de tierra seca; no hay parecer en Él, ni hermosura; Le veremos, mas sin atractivo para que Le deseemos. Despreciado y desechado entre los hombres, varón de dolores, experimentado en quebranto; y como que escondimos de Él el rostro, fue menospreciado, y no lo estimamos".Esa es la razón por la que los judíos han rechazado a Jesucristo por varias generaciones. Esa es la confesión que hará esa generación futura que se vuelva a Él. Y recuerde que Dios limpiará a la nación de los rebeldes, dice Zacarías, y un tercio de los judíos en el mundo en este punto, eso quizás sean cuatro o cinco millones de ellos, confesará a Jesús como Señor y dirán, "Ésta es la razón por la que lo rechazamos por varias generaciones". Tres razones son dadas aquí por las que rechazaron a Jesucristo y todas tienen que ver con el menosprecio hacia Él.

Primera razón: Menospreciaron Su origen

"Subirá cual renuevo delante de Él, y como raíz de tierra seca" (Isaías 53:2). Él creció "delante de Él", lo cual significa delante de Dios, Él estuvo ante los ojos de Dios, quien estuvo totalmente complacido con Él, "Éste es mi hijo amado en quien tengo complacencia" (Mateo 3:17; 17:5). Dios vio cada momento de Su vida, Dios lo vio conforme creció "en sabiduría y en estatura, y en gracia para con Dios y los hombres", como lo presenta Lucas 2:52. Dios estaba muy atento, observando el crecimiento de Su Hijo encarnado. Así que Él creció delante de Dios, y delante de Dios significa en el placer de Dios, de la manera en la que Dios quiso, de acuerdo con el plan de

Dios. Pero desde nuestro punto de vista Él era como una raíz, Él era como una raíz de tierra seca.

Quiero decirles que ésta es una sociedad agrícola, estas personas trabajan en la tierra, cultivan cosas, tienen árboles y huertas y plantan en la tierra y por ello las ilustraciones vienen de esa esfera. Decir que Él es como un renuevo es decir simplemente que Él es un vástago, es la palabra hebrea *yoneq* y significa un vástago. Los vástagos se aparecen sin cultivo, sin expectativa y lo que haces con un vástago es cortarlo, para que no quite la vida y el fruto de las otras ramas. Es superfluo, pequeño, innecesario, irrelevante, insignificante. Los vástagos se aparecen, no salen por diseño, no son cuidados, no son esperados, no son necesitados y son cortados.

A algunos comentaristas les gusta pensar que este árbol del que sale el vástago es una referencia metafórica, o una referencia alegórica a algo como la casa de David o lo que sea. Realmente eso es estirar el texto de manera innecesaria. Este es lenguaje muy simple. Esto simplemente es una manera de decir que Su principio fue irrelevante, no fue importante, fue insignificante, no importó, Él fue un nadie de los nadies, de ningún lugar.

Vimos a Jesús y ¿qué vimos? Una familia insignificante, José, María, una ciudad insignificante, Nazaret, lejos del camino principal. Nacido en un lugar insignificante, en una posada, en un establo y colocado en un comedero para animales, y hubo pastores ayudando en su nacimiento quienes eran las personas de más bajo rango en la escala social. No hubo nada de nacimiento real, ni estatus social, ni nobleza familiar, ni educación formal. Fue un carpintero en Nazaret durante treinta años. Sin contactos con alguien de interés para la élite, para con los importantes.

Él es un vástago, Él es irrelevante. O es como una "raíz de tierra seca". Conforme el sol viene a esa parte del mundo, en el Oriente Medio, el suelo se seca y conforme el suelo se encoje debido a que el agua se evapora, algunas de las raíces comienzan a salir a la superficie, raíces sucias, de color café, en el suelo seco, descuidadas. Esas serían las raíces de un árbol que nadie cuida porque si lo cuidaran, estarían regándolo. De nuevo, es otra manera de decir que Él es innecesario, indeseable, no impresionante, sin valor, sin mayor importancia que un vástago o una raíz en un lugar seco que nadie cultiva, que nadie cuida y que nadie riega. Un principio miserable. Inclusive ellos dijeron cosas tales como, "¿De Nazaret puede salir algo de bueno?" (Juan 1:46).

Él no ganó nada de Su origen familiar. Él no ganó nada de Su estatus social. Él no ganó nada de la economía de Su familia. Él no ganó nada de Sus seguidores. Ellos no eran brillantes, no estaban preparados, no eran poderosos, no eran influyentes, no eran importantes. No hubo un rabino, fariseo, saduceo, sacerdote, escriba. Nadie importaba. Primordialmente eran un montón de pescadores anónimos, incluyendo a otros cuantos raros como un recaudador de impuestos y un terrorista. No tenían posición. No tenían dinero. Y en cierta manera se unieron al principio teniendo la idea remota de que quizás podían sacarse la lotería del reino, si se mantenían cerca. Podría haber una gran recompensa.

Ninguno de ellos tenía algún logro de cualquier tipo. Y los judíos vieron eso y dijeron, "Esperen un momento, éste no puede ser el Mesías porque el Mesías no va a entrar así". Esto no encaja con el perfil que se desarrolló tanto a lo largo de siglos entre los judíos de una llegada gloriosa del Mesías. En Marcos 6, Él estaba en Nazaret, Su propia ciudad, en donde todos lo conocían. Vino el día de reposo, Él comenzó a enseñar en la sinagoga, y la gente estaba asombrada de lo que dijo. "¿De dónde tiene Éste estas cosas?" Este "don nadie", este vástago, esta raíz de tierra seca "¿De dónde tiene Éste estas cosas? ¿Y qué sabiduría es esta que Le es dada, y estos milagros que por Sus manos son hechos?" (versículo 2).

Ellos reconocieron Su sabiduría, ellos reconocieron las cosas que enseñó, ellos reconocieron los milagros que hizo. Y después dijeron, "¿No es Éste el carpintero, hijo de María, hermano de Jacobo, de José, de Judas y de Simón? ¿No están también aquí con nosotros Sus hermanas? Y se escandalizaban de Él" (versículo 3). Estaban ofendidos ante cualquier declaración que Él llegó a hacer de ser su Mesías, a pesar del poder milagroso que Él mostró. Entonces, menospreciaron Su origen.

Segunda razón: Menospreciaron Su vida

Menospreciaron lo que Él se volvió. Él tuvo una vida adulta menospreciable. Regresen al versículo 2 una vez más, "no hay parecer en él, ni hermosura; le veremos, mas sin atractivo para que le deseemos". Les importaba mucho la apariencia, por eso escogieron a Saúl como su primer rey, ¿verdad? Él fue más guapo y alto que todos los demás. Todavía parece ser una fórmula para el éxito.

Pero con Jesús… esperen un momento, quizás Él no es lo suficientemente alto, lo suficientemente guapo, lo suficientemente majestuoso. De nuevo, no ha habido mucho progreso desde 1 de Samuel 9 cuando estaban escogiendo a Saúl. No hay nada de realeza en Jesús, nada exaltado acerca de Jesús. De hecho, la idea de que era rey era tan absurda y tan desagradable, y les molestó tan profundamente, que cuando Pilato llegó al final de la proverbial serie de acontecimientos, después de haber sido chantajeado y amenazado por los judíos en este asunto con Jesús, lo amenazaron diciéndole que si no Lo crucificaba, le iban a decir a César y él no sobreviviría otro reporte al emperador. Él sabía eso.

Ellos lo chantajearon y él se vengó, se lo devolvió a esos judíos, colocando en la parte de arriba de la cruz, "Este es Jesús de Nazaret, Rey de los judíos". Esa fue la venganza de Pilato porque él sabía que esa era la declaración más censurable que Jesús hizo, aunque Él mostró poder divino y sabiduría divina y verdad divina y gracia divina y santidad. Pero ellos no vieron nada de la hermosura de la realeza en Él, nada atractivo acerca de Él.

Tercera razón: Menospreciaron Su fin

Ellos se habían burlado desde el principio, de Su origen. Se habían burlado en medio, de Su vida. Y en tercer lugar, ellos menospreciaron Su fin. Para esto vayan al versículo 3, "Despreciado y desechado entre los hombres, varón de dolores, experimentado en quebranto; y como que escondimos de Él el rostro, fue menospreciado, y no Lo estimamos". En las primeras dos líneas se ve Su fin. Ellos no solo menospreciaron Su comienzo y Su vida, sino también en especial Su muerte. Recuerde que ellos no pensaban que necesitaban que alguien muriera por sus pecados. Estaban inmersos en justicia propia. Iban a agradar a Dios al ser buenos y religiosos y hacer obras. Y aquí viene este Mesías, éste que dice ser el Mesías y el Rey, y en lugar de ser triunfal, en lugar de que Su carrera terminara en gloria y majestad y triunfo y victoria y elevación y exaltación, Él es despreciado, desechado entre los hombres, todo termina en dolor y quebranto.

Ellos podrían haber visto la muerte de Jesús con todos sus horrores y haber dicho, "Saben, éste es el sacrificio que hemos estado esperando. Éste es el sacrificio que es representado cuando Abraham encuentra un carnero en el zarzal para sustituirlo por su hijo, y quita el cuchillo para no matar a Isaac y en lugar de él mata al carnero. Éste es cumplimiento de la matanza del Cordero Pascual y de colocar la sangre en los postes y el dintel, y escapar de la ira de Dios porque un Cordero ha sido sacrificado". Éste es el sacrificio final, el único sacrificio salvador verdadero representado en los millones de sacrificios que realizaron día tras día tras día conforme los animales eran matados a lo largo de su historia. Ellos podrían haber hecho eso, pero no se vieron a sí mismos tan pecaminosos, y no necesitaron un sacrificio, y no necesitaron una expiación, y no necesitaron un Salvador. Entonces cuando vieron a su Mesías autoproclamado siendo un varón de dolores y experimentado en quebranto, con Su vida terminando de la manera en la que terminó, fue menospreciable.

Ellos lo rechazaron y así lo rechazan ahora porque lo rechazaron entonces. Él fue "despreciado", un término fuerte, significa tratar con desprecio. Lo trataron con desprecio, y todavía lo hacen. La palabra hebrea para Jesús es *Yeshua*. A lo largo de los años los rabinos han cambiado ese nombre al quitar la última "a" y lo llaman *Yeshu*. *Yeshu* es un acróstico que significa, "Que Su Nombre Sea Borrado". Entonces en los escritos rabínicos ustedes ven Yeshu, que Él sea borrado, lo cual es la manera contemporánea de decir,

"No dejaremos que este hombre reine sobre nosotros", lo cual es lo que dijeron cuando gritaron por Su crucifixión.

Él es llamado por los rabinos "El Transgresor"" Él es llamado por los rabinos el *Tolui*, el colgado. "Maldito todo el que es colgado en un madero" (Gálatas 3:13). Quizás una de las cosas más molestas es la identificación de Jesús con las blasfemias Ben Stada y Ben Pandera. Esto significa lo siguiente. La historia real de Jesús, dicen los rabinos, es la historia de Yeshu. Según ellos, es la historia de un hombre llamado Ben Pandera y una mujer llamada Miriam Ben Stada. Supuestamente Ben Pandera es Su padre y Ben Stada, Su madre.

Su madre, alguna mujer llamada Miriam Ben Stada era una peluquera que tuvo una relación adúltera con José Ben Pandera, un mercenario romano, y produjeron a Yeshu. Entonces Él es el hijo ilegítimo de una estilista y un mercenario romano quien entonces, dicen los rabinos, fue a Egipto a aprender las artes mágicas y desviar a los hombres. Todo eso está en el Talmud. Los rabinos llamaron Sus buenas nuevas *avon-gillajon* en lugar de evangelio, como el evangelista escribiendo la verdadera historia, lo cual significa la escritura pecaminosa. Durante generaciones se han burlado de Jesús en un grado u otro, claro. Así que fue despreciado. Lo dice al principio del versículo 3, lo dice al final del versículo 3: Él fue despreciado o menospreciado. Eso continúa.

Y después dice que Él fue "desechado entre los hombres". Quiero que observen eso. Eso quizás no es tan simple como se ve. Desechado entre los hombres no en un sentido general, eso habría sido *ben adam*, eso significa hombres en general. Esto es *ben ish,* lo que eso significa es señores, gobernantes, líderes, gente prominente.

Entonces ¿qué dice el pueblo? "Miren, comienzo menospreciable, vida menospreciable, fin menospreciable en el cual ninguna persona importante Lo reconoció. Veamos a nuestros líderes y ellos son los que claman por Su sangre".En Juan 7 hay un testimonio importante de esto. Juan 7:45, "Los alguaciles vinieron a los principales sacerdotes y a los fariseos; y éstos les dijeron: ¿Por qué no le habéis traído?" Los enviamos para que lo trajeran, para que lo capturaran, y nos lo trajeran. Entonces estos alguaciles, policías del templo dijeron, "¡Jamás hombre alguno ha hablado como este hombre!" No sabemos qué hacer con Él, simplemente nos asombró Su enseñanza. "Entonces los fariseos les respondieron: ¿También vosotros habéis sido engañados?" Escuche esto. "¿Acaso ha creído en Él alguno de los gobernantes, o de los fariseos?" (versículo 48). Ninguna persona importante creía en Él.

Entonces cuando los judíos en el futuro miren atrás, van a decir, "Miren, vimos el principio de Su vida, la mitad de Su vida, y el final de Su vida, y no había nada en ella que Lo hiciera atractivo y no encajaba con nuestro retrato.

Y después Su muerte es tan horrenda, Él es despreciado, Él es desechado, ninguna persona importante está de Su lado. ¿Qué debemos hacer? Seguimos a nuestros líderes". Ninguna de las personas de la élite de poder estaban cerca de Él, ninguno de ellos Lo apoyó, ninguno de ellos creyó en Él. Unos cuantos que debían haber creído en Él retrocedieron porque el precio era demasiado alto. Y hubo unos cuantos discípulos secretos que más tarde se aparecieron. Pero la gente de rango no estaba impresionada, los principales hombres de Su nación, los que estaban por encima de la multitud. Y era una jerarquía, una jerarquía rígida y determinada, la gente estaba muy por debajo de ellos y los gobernantes tenían el poder y la autoridad. Los grandes hombres se alejaron de Él. Ninguna de las personas de distinción estaba de Su lado.

Esto todavía es una realidad en el mundo. Las obras, el poder de Jesús fueron atribuidos a Satanás, fueron los líderes los que dijeron Él hace lo que hace por los poderes del infierno, Belzebú, Satanás. Y entonces persiguieron y martirizaron a Sus seguidores. Llamaron apóstatas a los apóstoles y dijeron que eran peor que los paganos. Y en esos primeros años se desarrolló una oración que decía, "Que los seguidores de Jesús sean destruidos repentinamente, sin esperanza, y borrados del libro de la vida". Así era la profundidad del rechazo y la burla. Y Él terminó como un "varón de dolores, experimentado en quebranto" (versículo 3).

Vemos Su vida y es algo triste. Ese no puede ser el Mesías. En lugar de causarle tristeza a los enemigos de Israel, y a las naciones, como dicen los profetas que sucedería, Él mismo es un "varón de pesares" (como traducen algunas versiones), literalmente dolores, pero no dolores externos, sino tristeza del corazón en todas sus formas, sería el hebreo de esa palabra. Y después "experimentado en quebranto", quebranto o tristeza del alma. Él fue una persona triste. Él estuvo triste por dentro. Podríamos verlo de esta manera, lo vieron como patético, tristeza profunda. Él llora, no hay registro alguno en todo el Nuevo Testamento de que en algún momento Él se rió. ¿Dónde está el gran líder, triunfal, victorioso, lleno de gozo, emoción, entusiasmo? ¿Quién es este hombre que está quebrantado de corazón, triste, que sufre dolor? Y claro, encima de eso, estuvo el dolor físico. Y fue tanto, dice el versículo 3, que "como que escondimos de Él el rostro". Para cuando llegó a la cruz, Él estaba desfigurado más que cualquier otro hombre, dice Isaías 52:14. Una corona de espinas aplastada sobre Su cabeza; sangre corriendo por Su cuerpo; moscas cubriéndolo en Su desnudez colgando bajo el sol en la cruz; clavos atravesando Sus manos; marcas de los golpes y azotes; escupitajos secos sobre Su rostro y cuerpo; heridas de los golpes en el rostro y los golpes con varas.

La realidad de Su sufrimiento simplemente no encaja con el retrato del Mesías. Ahora recuerde, ellos no pensaban que necesitaban un Salvador. Y Jesús dijo, "No puedo hacer nada con ustedes porque no vine a llamar a los justos al arrepentimiento". Él es alguien totalmente reprobable. Entonces, "como que escondimos de Él el rostro", alguien tan grotesco, tan deformado, tan feo, tan reprobable que ni siquiera volteas a verlo, es demasiado vergonzoso, es demasiado penoso, es demasiado feo, es demasiado horrible, es demasiado inolvidable. No quieres tener esa imagen en tu cara. Esa es la actitud continua de Israel hacia Jesús. Él es espantoso para ellos como un Mesías, infame.

Entonces, al final del versículo 3, "fue menospreciado, y no lo estimamos". Esa última frase es muy benévola en español, "no lo estimamos". Lo que significa es que lo consideramos nada, lo consideramos inexistente. Esa es la burla definitiva, Él no es nada para nosotros.

Esa es la perspectiva histórica de Jesús por parte del pueblo judío. Le doy gracias al Señor porque muchas personas judías, una por una, están viniendo a Cristo a lo largo de toda esta época de la iglesia y lo están viendo por quién realmente es. Y ¿no son buenas noticias que algún día la nación se volverá y lo verá y hará esta confesión? Sé que algunas personas podrían decir, "Bueno esto se oye como que es algo antijudío". No, esta no es una confesión gentil, esta es una confesión de los judíos en el día futuro cuando miren atrás y se den cuenta de lo que hicieron. Esta no es una evaluación gentil de incredulidad judía, esta es una evaluación judía, esto es arrepentimiento. Estas son palabras que la nación hablará en su confesión de corazón quebrantado del peor pecado imaginable al rechazar a Cristo. Y estas son palabras que necesitas hablar si has estado rechazando a Jesucristo. Necesitas decir estas mismas palabras ahora, judío o gentil, seas quien seas, para que una fuente de limpieza te pueda ser abierta.

Hasta el tiempo en el que crean en el futuro, y quizás en el futuro cercano, queremos decir esto, Romanos 1:16, "Porque no me avergüenzo del evangelio, porque es poder de Dios para salvación a todo aquél que cree; al judío primeramente, y también al griego". En el último minuto o dos quiero cerrar pasando a Hechos 3. Aquí tenemos el sermón de Pedro después del sermón en Pentecostés en los días de la primera iglesia. Es un sermón grandioso. Comenzando con el versículo 13 Pedro dice, "El Dios de Abraham, de Isaac y de Jacob, el Dios de nuestros padres, ha glorificado a Su Hijo Jesús, a Quien vosotros entregasteis y negasteis delante de Pilato, cuando éste había resuelto ponerle en libertad. Mas vosotros negasteis al Santo y al Justo, y pedisteis que se os diese un homicida", —Barrabás— "y matasteis al Autor de la vida, a Quien Dios ha resucitado de los muertos, de lo cual nosotros somos testigos. Y por la fe en Su nombre, a éste", —a quien acababan de sanar— "que vosotros veis y conocéis, le ha confirmado su nombre; y la fe que es por Él ha dado a éste esta completa sanidad en presencia de todos vosotros". Él dice, "Han rechazado, asumen la responsabilidad de rechazar y matar al Autor de la vida". Y después, continuando con el versículo 17, es tan importante. "Mas ahora, hermanos" —les habla a estos judíos como sus hermanos— "sé que por ignorancia lo habéis hecho, como también vuestros gobernantes. Pero Dios ha cumplido así lo que había antes anunciado por boca de todos Sus profetas, que Su Cristo había de padecer". —¿A dónde creen que se dirige con eso? Es muy probable que sea Isaías 53— "Así que, arrepentíos y convertíos". ¿Acaso no son estas buenas noticias? Acaban de matar al Autor de la vida y Dios les está diciendo arrepiéntanse y regresen. Y cuando lo hagan, su pecado será borrado. Eso es literalmente lo que Jesús dijo cuando estaba muriendo en la cruz, "Padre perdónalos, porque no saben lo que hacen" (Lucas 23:34). Ustedes son ignorantes, lo hicieron en incredulidad. Arrepiéntanse, regresen, para que sus pecados sean borrados. Y después ¿qué pasará? Cuando se vuelvan y se arrepientan y sus pecados sean borrados, vendrán tiempos de refrigerio. Ese es el Reino. Porque Él enviará a Jesucristo "que os fue antes anunciado" (Hechos 3:20) Esa es Su Segunda Venida, para establecer Su Reino. El Cielo debe recibirlo por ahora, "hasta los tiempos de la restauración de todas las cosas, de que habló Dios por boca de sus santos profetas que han sido desde tiempo antiguo" (versículo 21). El Reino de nuevo, el Pacto Abrahámico prometido, el Pacto Davídico, reiterados por los profetas, la salvación y todas las promesas del Reino, vendrán cuando Cristo regrese. Cristo regresará en los tiempos de restitución, los tiempos de restauración, los tiempos de refrigerio, cuando se arrepientan.

Siguiendo con el versículo 24 Pedro dice, "Y todos los profetas desde Samuel en adelante, cuantos han hablado, también han anunciado estos días" —los días del reino— . "Vosotros sois" —todavía— "los hijos de los profetas, y del pacto que Dios hizo con nuestros padres, diciendo a Abraham: En tu simiente serán benditas todas las familias de la tierra. A vosotros primeramente, Dios, habiendo levantado a su Hijo" —o Siervo (en el griego), que es el título que le da Isaías 53— "lo envió para que os bendijese, a fin de que cada uno se convierta de su maldad". Ustedes mataron al Mesías, pero Dios no ha terminado con ustedes. Vendrá el día cuando Él los convierta de sus pecados y envíe a Su Hijo para establecer Su Reino y cumplir Su promesa.

Dios no ha terminado con Israel. Mantengan un ojo en Israel. Su salvación está asegurada por la promesa de Dios. Mientras tanto, la salvación está abierta a todos los que lo invocan.

REFLEXIONES PERSONALES

02_El Siervo Sustituto.
Parte 1

Ciertamente llevó él nuestras enfermedades, y sufrió nuestros dolores; y nosotros le tuvimos por azotado, por herido de Dios y abatido.

Mas él herido fue por nuestras rebeliones, molido por nuestros pecados; el castigo de nuestra paz fue sobre él, y por su llaga fuimos nosotros curados.

Todos nosotros nos descarriamos como ovejas, cada cual se apartó por su camino; mas Jehová cargó en él el pecado de todos nosotros.

Isaías 53:4–6

BOSQUEJO

— Introducción

— Muchos son culpables pero solo uno es justo

— La aparente causa de nuestro rechazo al Siervo de Jehová

— La verdadera causa de nuestro rechazo al Siervo de Jehová

— ¿Qué son estas enfermedades y dolores?

— ¿Quién es aquí el chivo expiatorio?

— ¿Qué tanto sufrió el Siervo?

— Oración

NOTAS PERSONALES AL BOSQUEJO

SERMÓN

Introducción

Estamos en el estudio de Isaías 53 y les invito a que vayan conmigo ahora a este pasaje. Éste es un gran capítulo y hay muchas formas de verlo como el corazón del Antiguo Testamento. El nombre Isaías significa "la salvación es del Señor". Un dato interesante es que la profecía de Isaías, que contiene 66 capítulos, está dividida en forma similar a toda la Biblia: la Biblia tiene 39 libros en el Antiguo Testamento y 27 en el Nuevo Testamento; Isaías tiene 39 capítulos en su primera parte y 27 en su segunda parte.

Isaías demuestra la más alta calidad y formato en lo que se refiere la poesía hebrea que tenemos en existencia. La profecía de Isaías es la más grande de todos los profetas mayores, y contiene más material que todo lo que los profetas menores juntos escribieron. Es apropiado mencionar que si todo el Nuevo Testamento se hubiera perdido y todo lo que nosotros tuviéramos como registro histórico fuera la muerte y resurrección de Cristo, tendríamos una suficiente explicación teológica en Isaías 53 como para llevar a un pecador a conocer la completa salvación. Aquí se explica la muerte, la resurrección y la exaltación de Cristo. El capítulo 53 del libro de Isaías es como entrar al Lugar Santísimo. Es maravilloso, es impresionante, y hemos estado repitiendo esto a lo largo de nuestro estudio.

Es una profecía. Es una visión acerca del futuro que le fue dada a Isaías 700 años antes de que Jesucristo viniera a la tierra. Muchas de las visiones que fueron dadas a los escritores de la Biblia y a la gente con la que nosotros estamos familiarizados dentro de la Escritura, son remarcables. Por ejemplo, a Moisés se le permitió ver una visión en el Monte Nebo, mirando la tierra de Israel. Y él, en un sentido, pudo ver la tierra antes de que Israel tomara posesión de ella. También tenemos a Abraham. De él se dice que fue capaz de ver hacia el futuro, y por medio de revelación divina vio los días de Cristo y se regocijó. Jacob vio el mismísimo rostro de Dios en Betel, y en aquella pelea vio a Cristo encarnado. El apóstol Pablo fue arrebatado al tercer cielo y vio cosas que no le fue dado expresar, y tuvo una visión previa de cómo sería cuando algún día, después de su martirio, él entrara en el mismísimo cielo que le fue mostrado por visión.

Y, desde luego, el apóstol Juan fue llevado en visiones una y otra vez. Visiones por ejemplo en el libro de Apocalipsis que tienen un registro de lo que será el futuro de la tierra y el futuro en el cielo también. Ezequiel vio la gloria de Dios previa al juicio que vendría. Pedro, Jacobo, y Juan estuvieron en el Monte de la Transfiguración y vieron un avance de la Segunda Venida en gloria de Jesucristo, y se maravillaron con esto, como bien sabemos.

Pero de todas estas maravillosas visiones de cosas que aún están por venir, ninguna excede la sorprendente visión de Isaías. Y aun cuando en un sentido técnico esta no sería una visión como la definimos bíblicamente, ésta fue una revelación directa. Sin embargo contenida dentro de esta revelación directa se encontraba una clara descripción del significado de la Cruz. A Isaías se le dio el privilegio de ver más profundamente el significado del Calvario y la muerte de Jesucristo que a cualquier otro, y antes de que este evento tuviese lugar. En este sentido, Isaías se convierte en el profeta del Evangelio, el profeta de la Cruz. Y mientras que hay cosas que ocurrieron en la Cruz que fueron profundizadas en otros lugares del Nuevo Testamento, en ningún otro lugar se presentan juntas en la forma en que lo hacen aquí, de tal modo que, como ya dije, si todo lo que tuviéramos fuera el registro histórico de la Crucifixión y la Resurrección, seríamos capaces de entender la teología de ello a partir de este capítulo solamente. Isaías 53 entonces se convierte en un resumen del Evangelio en el sentido de que éste es un resumen de lo que es necesario para creer. Con esta información un pecador puede ser salvado del juicio y también perdonado de sus pecados.

Pero es más que esto. Es la más profunda de todas las revelaciones que fueron dadas a un profeta. Pero al mismo tiempo, ésta es más que una simple profecía del Calvario, más que una simple profecía de la Cruz de Cristo. Esta profecía va más allá de todo esto y está colocada dentro de un contexto que habla del final de la historia de la humanidad, mucho después de la Cruz, más allá de nuestros días, va hasta ese tiempo en el futuro al final de la historia de la humanidad cuando Israel como nación se convertirá a Jesucristo. Ellos creerán en Él y serán salvos, Cristo regresará, destruirá toda la faz de la tierra, y pondrá en funciones su Reino, inaugurará el reino y tomará a todo el Israel creyente, así como a los gentiles redimidos, colocándolos dentro de ese reino y le serán cumplidas todas las profecías con respecto al Reino que se encuentran en el Antiguo Testamento. Así que, en un sentido, estamos yendo más allá del Calvario hasta el final de los tiempos y estamos escuchando en este capítulo una confesión de los judíos al final de la historia de la humanidad, conforme ellos miran en retrospectiva hacia la Cruz y se dan cuenta qué tan errados estuvieron acerca de Jesucristo y cómo juzgaron mal el más monumental de todos los eventos.

Es un viaje en el tiempo, pero no se trata de volver al futuro, sino que vamos a adelantarnos al pasado, si es que pueden procesar esto. Lo que Isaías hace es adelantarse al futuro lejano, cuando Israel mire en retrospectiva al que traspasaron y se lamente por Él ya que era el Unigénito y una fuente de limpieza abierta a ellos para limpiarlos de todo su pecado e iniquidad. Esas son las palabras de Zacarías 12:10 y 13:1. Él va hasta el final, hasta el momento en el que Israel reconozca que ellos crucificaron al Mesías, al Señor de gloria. Esta profecía entonces presenta ese gran evento escatológico, el arrepentimiento nacional de los judíos. Zacarías nos dice que dos tercios de ellos no creerán. Ellos serán juzgados, eliminados. Pero un tercio de esa nación creerá. Si eso sucediera pronto, estaríamos hablando de un número de alrededor de entre 4 y 5 millones de judíos, así sería la salvación de la nación escogida. Esta es la única manera en la que cualquiera puede ser salvo, y es la única manera en la que Israel será salvo. La única manera para que alguien sea salvo es que crea en la verdad acerca de Jesucristo y la verdad acerca de la Cruz y si ellos no se arrepienten y abrazan a Jesucristo como señor y Salvador, no pueden ser salvos. Y esto es exactamente lo que hará una futura generación de judíos, ellos abrazaran a Jesucristo y verán Su muerte como una muerte vicaria, sustitutoria, y sacrificial a favor de ellos; seguida de la resurrección y exaltación. Este capítulo, Isaías 53, es la confesión que ellos harán en un tiempo futuro.

Pero también está la confesión que todo pecador salvado tiene que hacer. Nosotros estamos aquí porque hemos hecho esta confesión. Estas son las palabras que de alguna manera han estado en nuestras mentes y nuestros labios. Estas son palabras maravillosas. El tono del capítulo es muy triste, muy sombrío, algo que rompe el corazón algo que produce mucha tristeza. ¿Por qué? Porque esa generación futura de judíos va a mirar en retrospectiva y se dará cuenta que llegar a creer en Jesucristo les habrá tomado un muy largo tiempo. Ellos habrán llegado a amar al Mesías tardándose mucho tiempo para ello. Y cuando ese tiempo llegue, esto es lo que ellos dirán. Permítanme leérselo nuevamente.

"¿Quién ha creído a nuestro anuncio?, ¿y sobre quién se ha manifestado el brazo de Jehová? Subirá cual renuevo delante de él, y como raíz de tierra seca; no hay parecer en Él, ni hermosura; le veremos, mas sin atractivo para que le deseemos. Despreciado y desechado entre los hombres, varón de dolores, experimentado en quebranto; y como que escondimos de Él el rostro, fue menospreciado, y no lo estimamos.

Ciertamente llevó Él nuestras enfermedades, y sufrió nuestros dolores; y nosotros Le tuvimos por azotado, por herido de Dios y abatido. Mas Él herido fue por nuestras rebeliones, molido por nuestros pecados; el castigo de nuestra paz fue sobre Él, y por su llaga fuimos nosotros curados. Todos nosotros nos descarriamos como ovejas, cada cual se apartó por su camino; mas Jehová cargó en Él el pecado de todos nosotros.

Angustiado Él, y afligido, no abrió su boca; como cordero fue llevado al matadero; y como oveja delante de sus trasquiladores, enmudeció, y no abrió Su boca. Por cárcel y por juicio fue quitado; y Su generación, ¿quién la contará? Porque fue cortado de la tierra de los vivientes, y por la rebelión de mi pueblo fue herido. Y se dispuso con los impíos Su sepultura, mas con los ricos fue en Su muerte; aunque nunca hizo maldad, ni hubo engaño en Su boca.

Con todo eso, Jehová quiso quebrantarlo, sujetándole a padecimiento. Cuando haya puesto Su vida en expiación por el pecado, verá linaje, vivirá por largos días, y la voluntad de Jehová será en Su mano prosperada. Verá el fruto de la aflicción de Su alma, y quedará satisfecho; por Su conocimiento justificará mi siervo justo a muchos, y llevará las iniquidades de ellos. Por tanto, yo Le daré parte con los grandes, y con los fuertes repartirá despojos; por cuanto derramó Su vida hasta la muerte, y fue contado con los pecadores, habiendo Él llevado el pecado de muchos, y orado por los transgresores". Si es que, como algunos han sugerido, Isaías es el libro más importante del Antiguo Testamento, el capítulo 53 es el capítulo más importante del libro de Isaías. Cinco veces aparece en ese capítulo la palabra "muchos". "Muchos" en este capítulo se refiere a los beneficiarios del sorprendente sacrificio sustitutorio hecho por el Siervo del Señor. Ellos son los muchos; Él es el único. En el versículo 11 Él es el justo. Hay muchos que son pecadores pero solo uno que es justo. Hay muchos que son culpables, pero solo hay uno que provee un sacrificio satisfactorio a favor de ellos. "Muchos" es una palabra que usan también los escritores del Nuevo Testamento. Tanto Mateo como Marcos se refieren a Cristo como Aquél que dio su vida en rescate por muchos. Pablo en Romanos 5:15 habla acerca del sacrificio de Cristo por los muchos. El escritor de Hebreos en Hebreos 9:28 se refiere nuevamente al hecho de que Cristo dio su vida por muchos. Y como pueden ver la idea que existe ahí es un contraste entre los muchos y el único. Y todos estos escritores, Mateo, Marcos, Pablo, y el escritor de Hebreos, están viendo lo que dice Isaías 53, sin que necesariamente lo estén citando. Ahí encontramos el contraste entre el uno en el versículo 11 quien es justo y los muchos que son pecadores. Muchos son culpables pero solo uno es justo.

Muchos son culpables pero solo uno es justo

¿Qué característica tiene esta confesión para hacerla genuina?

Ésta es una confesión genuina y quiero mostrarles porqué sabemos esto. Esto es característico de cualquier confesión que lleva la salvación. Déjenme decírselo una vez más. Esto es característico de cualquier confesión que lleva la salvación. Es una confesión honesta y verdadera para la salvación. Escuchen cuidadosamente, la razón es porque aquí el pecador toma la responsabilidad completa por su pecado. Y esto será verdad en la confesión nacional de Israel en el futuro, pero ahora es verdad en todo individuo que viene a la verdadera salvación que es solo por fe en Jesucristo. Hay una genuina y honesta confesión del pecado en la cual el pecador toma la completa responsabilidad por su pecado. En otras palabras, no está acusando de su pecado a nadie más. El acusar a alguien más es tan antiguo como Adán y Eva, ¿no es cierto? "La mujer que tú me diste…" Pero este maravilloso capítulo no solo está lleno de verbos en tiempo pasado lo que nos dice que es una generación futura que está viendo en retrospectiva hacia la Cruz, sino que también está lleno de otra característica lingüística que necesita ser identificada: está lleno de pronombres en primera persona del plural.

Leamos juntos y notemos cómo es esto: "nuestras, nuestros, nuestras, nuestros, nuestra, nosotros, nosotros, nosotros…" Como pueden ver, el problema está en nosotros. Esto es un reconocimiento que está presente en cualquier acto verdadero de arrepentimiento. Sí, es cierto que el Espíritu Santo tiene que dar vida de manera soberana al pecador para que este pueda ser salvado. Sí, el Espíritu de gracia y de súplica, como dice Zacarías, debe venir sobre los pecadores en Israel y entonces ellos pueden convertirse y creer. Sí, el poder del Espíritu Santo es un requisito en la regeneración para que el pecador que está muerto pueda ser despertado. Y sí, es verdad que la Escritura dice que Dios ha endurecido el corazón de los incrédulos, y en particular ha endurecido a Israel en Su contra a causa de su incredulidad. Uno podría asumir entonces que un pecador se levantaría y diría "no es mi culpa, el Espíritu Santo no me ha dado vida. Y por otro lado, Dios me ha endurecido. Existe un lado negativo que causa que yo me encuentre en la condición de incredulidad en la que me encuentro: esto es, el Espíritu no me ha dado vida. Existe un lado positivo que causa que yo esté en la condición en la que me encuentro: esto es, el hecho de que yo he sido endurecido por Dios. ¡No puedo ser acusado por esto!"

Pero no hay nada de eso aquí. Sin embargo el trabajo del Espíritu Santo y los propósitos soberanos de Dios se unen en una fe salvadora y de arrepentimiento, y a pesar de que Dios hace esto en su vasta e infinita mente, la solución para resolver estas cosas no es que el pecador elimine su propia responsabilidad. De hecho Jesucristo lloró sobre la ciudad de Jerusalén y dijo: "¡Cuántas veces quise juntar a tus hijos, como la gallina a sus polluelos debajo de sus alas, y no quisiste!" (Lucas 13:34). Él dijo: "ustedes no creerán". En Romanos 10:21 Pablo cita el Antiguo Testamento: "Todo el día extendí mis manos a un pueblo rebelde y contradictor". Ellos no acusaron al Espíritu Santo. Ellos no acusaron al juicio de Dios. Ellos toman la completa responsabilidad de su incredulidad, y de la condición en la que su incredulidad los ha colocado. Ellos toman toda la responsabilidad por los pecados, las transgresiones y las iniquidades que han cometido. Ellos toman toda la responsabilidad por los efectos y las consecuencias de esos pecados, es decir, el llanto y la tristeza que llena sus vidas. Todo es culpa nuestra, dicen ellos; y también en toda confesión verdadera para la salvación, no se culpa a nadie más. El pecador acepta su completa responsabilidad. Así lo debe hacer todo penitente. Esto no es solo para ellos en aquel tiempo; esto es también ahora en ustedes y en mí. Así que aquí tenemos un modelo genuino para un verdadero arrepentimiento. Ellos reconocen que son muchos, que son pecadores, y que todo tiene que ver con ellos, y que es su responsabilidad. Y ellos también reconocen que hay Uno que está en contra de los muchos y Él es quien puede proveer la única salvación y que ese Uno es el siervo justo quien murió en lugar de ellos. Este es el corazón de la confesión que vemos aquí.

La aparente causa de nuestro rechazo al Siervo de Jehová

Y ahora llegarán los versículos del cuatro al seis, llegamos a la mitad de las estrofas de esta alabanza. Hay cinco estrofas, como pueden ver, y solo hemos visto dos. Esta es la que se encuentra exactamente a la mitad. Vamos a ver las restantes, pero esta es la verdad más importante. Estos tres versículos, se puede decir que son los versículos más suntuosos de todo el Antiguo Testamento y debo confesar es un tanto desalentador pararse frente a ustedes y representar estos versículos. Me siento inadecuado e inepto al hacer esto porque estos versículos son incomprensibles e insondables, tanto como para estar más allá de cualquier mente humana. Pero voy a dar lo máximo para colocarlos en el curso y dirección para que puedan comprender la grandeza de esta porción de las escrituras. Los muchos quienes son pecadores, quienes honestamente vienen a confesar sus pecados y en consecuencia son genuinamente salvados, son los que creen en los versículos 4, 5 y 6. Esta es una verdad salvadora.

Así que aquí tenemos, solo para seguir nuestro bosquejo, en la estrofa uno, el asombroso Siervo, el Mesías, el llamado Siervo de Jehová. Vimos al asombroso Siervo en los versículos 13–15 al final del capítulo 52. Después, la última vez, vimos al siervo despreciado, en los versículos 1–3, y ahora llegamos al Siervo sustituto. Viendo siempre al Siervo de Jehová, ahora lo vemos en su rol como un sustituto.

En los primeros tres versículos, recordarán cómo ellos hacen remembranza de su vida. Los judíos confesaran, vimos su vida y no fuimos impresionados, no creímos el mensaje acerca de Él, no creímos en el brazo del Señor, esto es el poder de Dios que vino con Cristo, de tal modo que Cristo literalmente es el brazo del Señor personificado. ¿En realidad cuántos de nosotros creímos? Muy pocos. ¿A cuántos de estos llegó esta revelación y fue recibida con fe? Muy pocos. ¿Por qué? Porque vimos su origen y su aspecto era como raíz de tierra seca, era como un pedazo de raíz en una tierra infértil, insignificante y sin mayor importancia, innecesario. Su inicio fue de esta manera, vino de un pueblo que no significaba nada, de una familia que no significaba nada, no tenía influencias a su alrededor que fueran religiosos en términos de gente de élite en el liderazgo. Era un hombre muy común de una familia muy común, de un pueblo muy común, y quien se rodeaba de gente más común. Era un "Don Nadie" que no venía de ningún lugar. Ese fue su comienzo.

Y entonces vimos su vida y no había nada que fuera sorprendente en él. Ninguna cosa majestuosa acerca de él, al menos no en una forma declarada. Su apariencia no era algo que nos atrajera. No había nada en el que dirigiera "Mesías". Y luego su final fue lo peor. Fue despreciado, desechado entre los hombres, se convirtió en varón de dolores y experimentó el quebranto, y fue tan deformado, desfigurado que en lugar de verlo escondimos nuestro rostro, ni siquiera lo volteamos a ver. Podemos decir que era algo horripilante en su último día de vida. Un inicio en condiciones desfavorables, una vida sin importancia, y una muerte horrenda. Así nosotros lo despreciamos. Lo consideramos nada... nadie. Este es el siervo despreciado de los versículos 1–3, y es ahí donde la confesión del pecador inicia: "Estaba yo tan equivocado acerca de Jesús". Esto es lo que Israel estaba diciendo. "Siempre estuvimos equivocados".La transición con la que inicia el verso cuatro, en su primera palabra, "Ciertamente," o "en verdad", o "en realidad". Esta es una exclamación. Es un reconocimiento repentino de algo inesperado, un cambio dramático de la percepción previa. Este es un cambio total, es como girar rápido sobre sus talones. "Ciertamente", como si dijera, "detengamos nuestro camino y regresemos hacia el lado opuesto de inmediato". Ahora vemos cómo es que llevó Él nuestras enfermedades, y sufrió nuestros dolores. Fue herido por nuestras rebeliones, molido por nuestros pecados; el castigo de nuestra paz fue sobre Él, y por Su llaga fuimos nosotros curados. Tenemos una visión completamente nueva acerca de esto. Nuestra conclusión había sido que Él no era nadie. Dijimos, no tendremos a este hombre como rey sobre nosotros. Y cuando tuvimos la opción de Barrabás o Jesús, dijimos "Maten a Jesucristo, crucifíquenlo".Ahora sabemos. Ciertamente, él no murió por sus propios pecados. Él no murió por sus propias iniquidades. Él no murió por sus propias transgresiones. Él no murió por ser un blasfemo, como nosotros pensamos que lo era. Él no murió porque Dios lo hubiese matado por decirse divino. Él no murió porque Dios lo hubiese matado debido a que afirmaba ser el Mesías cuando en realidad no lo era. Él no murió porque reclamara ser igual a Dios. Esto fue lo que ellos pensaron. Ellos pensaron que Dios lo había matado por sus blasfemias. Él era un blasfemo, decían ellos, y que Dios lo había matado como un blasfemo por sus propios pecados y por sus propias iniquidades, por sus propias transgresiones, las cuales en su mente eran blasfemias supremas. Afirmaba ser el Mesías, afirmaba haber estado vivo antes de Abraham, afirmaba ser igual a Dios, afirmaba ser capaz de levantarse a Sí mismo de los muertos, afirmaba ser el Creador. Este blasfemo murió por la mano de Dios y por esos horrendos y terribles pecados. Eso es lo que pensábamos. Ahora sabemos que fueron nuestras enfermedades las que Él llevo y nuestros dolores los que Él cargo. Él fue herido, molido, castigado y llagado por nosotros. Este es el cambio total de cómo es que ellos veían la Cruz. Él tomó nuestro lugar, murió en vez de nosotros, dio su vida por nosotros. Técnicamente llamaríamos a esto sustitución penal vicaria.

La verdadera causa de nuestro rechazo al Siervo de Jehová

Finalmente como nación ellos van a ver y van a creer todo esto. Y ellos van a ser salvados en esa misma hora. Estos tres versículos, por cierto, versículos 4, 5 y 6, están tan conectados que son como círculos concéntricos. En un sentido están girando alrededor los unos de los otros. Y cada uno de ellos menciona los agravios y la provisión que hizo el Siervo para expiar esos agravios. Y todos giran alrededor del mismo tema. Pero son tan profundamente ricos que no podemos analizar todo su contenido en esta mañana, así que tendremos que terminar la próxima ocasión. Ellos comprenden qué tan equivocados estaban.

Ellos tuvieron la actitud equivocada, manifestada en un comportamiento equivocado. Todo esto provenía de su naturaleza. El arrepentimiento abarca estos tres. El verdadero arrepentimiento incluye el reconocimiento de que pensamos mal y actuamos mal, ya que por naturaleza somos profundamente corruptos. El versículo 4 habla acerca de estas actitudes equivocadas, el versículo 5 habla acerca de su comportamiento equivocado y el versículo 6 habla acerca de su naturaleza equivocada. Van hasta lo más profundo. Nuestra actitud estaba equivocada, terriblemente equivocada. Le tuvimos por azotado, por herido de Dios y abatido. Esto estaba equivocado. Pensamos que Él estaba siendo castigado por su propia iniquidad. Nuestros comportamientos estuvieron equivocados: transgresiones, iniquidades. Pero mayormente porque nuestra naturaleza es equivocada. El versículo 6 habla acerca de esta naturaleza. Somos como ovejas que se han descarriado, nos apartamos del camino, cada uno de nosotros se ha ido por su propio camino.

Ustedes pueden decir: "¿En qué sentido estamos hablando de naturaleza?" Las ovejas hacen lo que las ovejas hacen. Esa es la analogía. Ellas vagan errantes hacia el peligro. Así éramos nosotros. Nuestra naturaleza estaba equivocada y caminábamos nuestro propio camino. Así que esta generación futura de judíos ha llegado a un lugar al cual todo pecador debe venir, para ser salvado, en el cual entiendes que tienes que cambiar tu idea acerca de Cristo, lo que piensas acerca de Cristo. Tienes que reconocer las transgresiones y las iniquidades que marcaban tu comportamiento y tu subsecuente alienación de Dios y la enfermedad del alma que posees. Y entonces debes reconocer que existe un problema profundamente enraizado dentro de tu humanidad. Eres un pecador. Y esto es lo que tenemos aquí descrito. El despertar es impresionante. Ellos lo entienden. Él cargo todas nuestras enfermedades y dolores. Nosotros mismos somos el asunto aquí. Nuestras enfermedades.

¿Qué son estas enfermedades y dolores?

La palabra para "enfermedad" que se usa aquí significa padecimiento, debilidad, calamidad. Es una palabra con un significado muy amplio. Los pecados son vistos desde la perspectiva de sus efectos. Los pecados son vistos desde la perspectiva de lo que producen, las condiciones que nos vienen como consecuencia del pecado. La vida se llena de enfermedad, de padecimiento, de debilidad, de calamidad. Estas son nuestras enfermedades. Y es una palabra que mira principalmente al objetivo, el exterior, las agonías y las luchas y asuntos con los que batallamos en la vida. Él llevó nuestras enfermedades. La palabra "llevó" significa levantar, recoger y colocar encima de uno mismo. El recogió todo lo que el pecado había producido y lo puso sobre sí mismo.

Y después lo dicen de otra manera: nuestros "dolores". Esta palabra habla de padecimiento, y es más acerca del aspecto subjetivo o interno. "Enfermedades" es una palabra que se refiere más a los efectos externos del pecado y "dolores" es una palabra que se refieren más a los efectos internos del pecado. Pero el pecado no es visto aquí como una entidad moral, que transmitiría la palabra "pecado", sino más bien desde la perspectiva de la angustia, los horrores y todos los asuntos de la vida que fluyen como consecuencia del pecado. Él recogió el pecado con todo lo que produce y lo llevó, lo puso sobre sí mismo, lo cargó. Bueno, sabemos que lo cargó hasta la cruz y sufrió todo el castigo de Dios. Jehová quiso quebrantarlo, dice el versículo 10. Él tomó el castigo por nuestro pecado y de este modo se llevó todo el peso del pecado y todos sus efectos.

A través de todo el Antiguo Testamento encontramos advertencias al pueblo judío y, por tanto, a toda persona, que violar la palabra de Dios te hace culpable. De hecho hay una pequeña frase, "llevará su iniquidad", "llevará su iniquidad", y la encontramos varias veces en el libro de Levítico en donde sabemos está todo el sistema sacrificial. La puedes encontrar también en Ezequiel 44 que quien viola la ley de Dios llevará su iniquidad y será castigado. Así que aquí el Siervo, el Mesías toma toda la carga de la culpa del pecador y recibe todos los efectos del pecado, los coloca sobre sí mismo, y paga por completo la pena por esos pecados y así se los lleva.

Recordarán que en Levítico 16 cuando se hacía expiación, un animal era sacrificado y otro animal era mantenido vivo. Y los sacerdotes ponían sus manos sobre ese animal, el chivo expiatorio, como colocando todos los pecados de la gente sobre él, y era enviado al desierto para no volver a regresar nunca.

¿Quién es aquí el chivo expiatorio?

Jesús es el chivo expiatorio. Él toma todos nuestros pecados, paga la culpa en su totalidad. Él es también el animal sacrificial, y Él es el chivo expiatorio que se lleva todos los pecados. No estoy diciendo que Jesús siente nuestro dolor con compasión. No estoy diciendo eso. Más bien, Él toma todos nuestros pecados y la culpa completa, paga por ellos en su totalidad, y entonces hace que termine el reinado del pecado en nuestras vidas, con todos sus efectos, con todas sus manifestaciones, con todas sus enfermedades, y con todos sus dolores. Y algún día nosotros entraremos en el cumplimiento total de esto, ¿no es así? Un día cuando nosotros entremos en el cielo, no habrá más pecados ni más efectos de ellos. Nosotros debíamos sufrir por nuestros pecados pero Él lo hizo. Él quitó de nosotros todo lo que nos pertenecía, todo lo que nosotros debíamos haber sufrido, como juicio, dolor, devastación, incluso el castigo eterno, y todo lo llevó sobre Sí mismo. Y así Él nos quitó completamente esta carga.

Él toma nuestros pecados y los remueve, habiendo pagado en su totalidad por ellos. Ahora esa es la profecía de Isaías acerca de Éste que vendría. Y verán que esta verdad es reiterada en lo que resta de las secciones de este gran capítulo porque esta es una verdad cardinal. El versículo 8, por ejemplo: "Porque fue cortado de la tierra de los vivientes, y por la rebelión de mi pueblo fue herido". La pregunta entonces es, ¿quién es esta persona? ¿Quién es esta persona que reúne todo el pecado y todas sus manifestaciones y todos sus efectos y paga en su totalidad por el castigo que satisface el juicio y la ira de Dios y entonces lo toma todo y se lo lleva, para nunca más volverlo a ver? ¿Quién es la persona que hace esto?"

Pedro, sin duda, teniendo en mente este pasaje, nos dice en 1 Pedro 2:24, hablando de Cristo: "quien llevó Él mismo nuestros pecados en su cuerpo sobre el madero… y por cuya herida fuisteis sanados". Esta es una alusión directa a Isaías 53. No podría ser otro sino Cristo. Nadie, sino Jesucristo, podría cumplir esto. Israel llegará a entender esto, llegará a entender esta advertencia, llorando y lamentándose en arrepentimiento habiendo visto la verdad acerca del Siervo de Jehová, el Mesías, Yeshua, Jesús. Y entonces ellos darán testimonio del error tan grande que cometieron, que generaciones han cometido por miles de años y no se han dado cuenta. Y aquí ellos declaran qué tan equivocados estaban. No fue por Su pecado que sufrió, fue por el pecado de ellos. Y entonces llega esta confesión: "y nosotros" —recordando el pasado— "le tuvimos por azotado, por herido de Dios y abatido". Y allí está la confesión, que nosotros pensábamos que Dios lo estaba castigando por Sus propios pecados. Nosotros lo consideramos como azotado y abatido por Dios debido a Su blasfemia. La palabra para "Dios" es Elohim y todos esos verbos se conectan con Elohim. Azotado por Dios, herido por

Dios, afligido por Dios; pensamos que Dios lo estaba castigando por Sus propios pecados.

¿Qué tanto sufrió el Siervo?

El lenguaje aquí es muy fuerte. La palabra "azotado" es azotar violentamente, es una palabra muy violenta que se usa en Éxodo 11:1 con referencia a las plagas. La palabra "herido" significa básicamente golpear a alguien hasta el punto de la muerte. La palabra "afligido" es una palabra que puede significar ser humillado, o ser degradado, o ser destruido. Así que nosotros pensamos que cuando Él estaba siendo golpeado, apaleado, degradado y humillado, que esto lo estaba haciendo Dios porque Él era un blasfemo. Y por cierto, esto es lo que muchos judíos siguen pensando hasta nuestros días. Este es el pensamiento judío en estos días. Esto es exactamente lo que ellos piensan. Pero también hay judíos que pueden ver la verdad, ¿no lo creen ustedes? Incluso pueden ser algunos de ustedes. Ustedes mismos pueden decir esto es lo que nosotros pensábamos pero ahora pensamos algo completamente diferente. Y ellos algún día en el futuro sabrán que Este es el Cordero de Dios, escogido por Él para ser el sustituto vicario que lleve sus pecados. Ellos se dan cuenta de esto, y así en el versículo 5 van a reconocer que Él fue traspasado por nuestras transgresiones, molido por nuestras iniquidades castigado para que nosotros pudiésemos ser beneficiados, latigueado para que nosotros pudiéramos ser sanados.

Aquí hay un lenguaje maravilloso, muy gráfico. Las palabras "herido", "molido", "castigado", son palabras muy fuertes. Hablemos de ellas por un momento. El profeta no tiene conocimiento acerca de la cruz, él no sabe lo que va suceder dentro de 700 años. El espíritu de Dios lo guía para que él pueda escoger estas palabras, y podemos decir que son metafóricas en un sentido, o bien que son una especie de palabras generales. Que al decir "azotado", "herido", "molido", "castigado", simplemente está tratando de escoger palabras que sean gráficas, dramáticas y repulsivas al pensar que alguien sea tratado de esta manera. Que tienen la intención de ser de alguna manera generales. Y estaríamos en lo correcto.

Hay eruditos hebreos que sugieren que la palabra "herido", por ejemplo, es la expresión más fuerte que existe en el hebreo para referirse a una muerte violenta. De tal manera que si la ven en un sentido general, podrían decir, "bueno quienquiera que sea esta persona simplemente va a tener una muerte muy violenta", y estarían en lo correcto. Y podrían ver la palabra "molido", y esa palabra puede referirse a cualquier cosa desde ser pisoteado hasta la muerte, literalmente pisoteado o aplastado bajo el pie —como se usa en Lamentaciones 3:34— hasta ser aporreado y magullado. Esto sería en un grado menor. Podría ser una palabra amplia para referirse a la vida de alguien siendo triturada. Pero puede ser cualquier cosa, como ya dije, desde ser pisoteado hasta la muerte, hasta ser severamente magullado.

Y llegamos a la palabra "castigo", una palabra también muy interesante. Este es el único término hebreo que existe para expresar castigo y castigo es un término técnico, es un término legal en cierto sentido. Y ustedes podrían decir, "bueno, este definitivamente era castigo en términos generales", y estarían en lo correcto acerca de esto. La palabra "llaga" podría ser también vista en un sentido general. En el original significa azotar a alguien, infringirle heridas a alguien. Estas podrían ser palabras usadas de manera general y tal vez cuando Isaías escribió esto, eso es lo que pensó. Bueno esto es seleccionar las peores descripciones posibles para referirse a una muerte horrible, horrenda.

Pero la verdad acerca de esto es que no son términos generales porque cada uno de estos términos describe exactamente lo que le ocurrió a Jesús. Él fue herido cinco veces: en ambos pies, en las manos y en su costado. El Salmo 22 es un salmo que describe previamente lo que sucedió en la cruz. El Salmo 22 inicia de esta manera: "Dios mío, Dios mío, ¿por qué me has desamparado?" Son las mismísimas palabras que Jesús dijo estando en la cruz. Pero en el Salmo 22:16 el salmista escribe: "Horadaron mis manos y mis pies". En Zacarías 12:10, el profeta dice: "y mirarán a mí, a quien traspasaron". Y la realidad es que ellos horadaron a Jesús en la cruz. Esto pasó en realidad. En Juan 19 hay al menos dos versículos que están ligados a este, versículo 34 de Juan 19: "uno de los soldados le abrió el costado con una lanza, y al instante salió sangre y agua". El versículo 37 dice, "Y también otra Escritura dice: mirarán al que traspasaron". Sí, Él fue traspasado. Esta profecía es muy específica.

Pero, ¿qué decimos acerca de la palabra "molido"? Esta se pudiera referir como ya dije a cualquier cosa desde un severo golpe hasta ser muerto a golpes. Sabemos lo que le pasó a Jesucristo. Sabemos que fue golpeado en la cara. Juan 19:3 lo dice. Y también sabemos de acuerdo a Mateo 27:30 que los romanos tomaron una caña y lo golpearon en la cara con ella. Lo golpearon en la cara con la caña, golpearon su cabeza y su cara, esto produciría en Él moretones y heridas que pudieran considerarse dentro de esta palabra que es usada y traducida como "molido".¿Qué decimos acerca de la siguiente, "castigo"? ¿Fue Su ejecución una forma de castigo? Lo fue absolutamente. Había una acusación sobre Él. Recordarán que los judíos lo llevaron ante el concilio y llevaron testigos falsos para que dijeran mentiras acerca de Él. La acusación fue de un lugar a otro: de la casa de Anás y Caifás lo pasaron con Herodes, luego lo regresaron, y planearon muchos juicios en los que ellos trataron de presentar esta acusación como si fuera un verdadero crimen. Ellos querían una ejecución así que lo trajeron delante de Pilato. Y Pilato fue intimidado y chantajeado para que sentenciara a Jesús a muerte, y su ejecución fue un castigo oficial hecho por el gobierno Romano. Este era un castigo resultado de una acusación, un juicio, un veredicto, una sentencia. Un castigo formal fue llevado a cabo.

¿Y qué me dicen de la palabra "llaga" o "azote"? ¿Era éste simplemente un término genérico? Bueno de acuerdo con Marcos 15:15, Él fue azotado, o bien le fueron producidas llagas. Todos conocemos esa historia. Un látigo el cual tenía en las puntas de las diferentes tiras de cuero pedazos de roca o de hueso, inclusive de vidrio. Esto significó que laceraron su cuerpo una y otra vez, en repetidas ocasiones.

Los judíos supieron esto. Ellos lo saben ahora. Ellos lo saben en nuestros días. Ellos saben acerca de este hombre llamado Jesús que fue traspasado y herido y castigado y azotado. Ellos conocen esto a la perfección, está en sus registros. Pero en el día de salvación nacional, ellos van verlo en retrospectiva y se darán cuenta que Dios le hizo esto, porque fue Dios quien lo molió. Pero Dios no lo hizo a causa de Su propio pecado, no lo castigó por Su propio pecado, sino por el pecado de ellos. Esta es la diferencia. Ellos confesarán —y amo esto— por nuestras transgresiones, por nuestras iniquidades, para nuestro bien, para que fuéramos sanados.

Esto es lo que va pasar algún día. Ellos van a confesar esto. Pero mientras esto sucede, queridos amigos, la única manera en la que tú puedes ser salvado es confesando esto ahora. Y no puedo continuar más porque se ha acabado el tiempo, así es que quiero que vayamos rápidamente a 2 Corintios 6. En 2 Corintios 6:2, Pablo toma esto de Isaías 49:8, donde podemos leer: "en tiempo aceptable te oí, y en el día de salvación que ayude". Isaías le dio palabra del Señor a la gente: "Éste es el día cuando yo escucharé, este es un día de salvación cuando yo ayudaré". Y entonces Pablo trae esto al presente y dice "he aquí ahora el tiempo aceptable; he aquí ahora el día de salvación". La salvación nacional de Israel está en el futuro. Al final del tiempo que conocemos como tribulación. Pero ahora es el día de la salvación. Ahora es el tiempo aceptable para ustedes, judíos o gentiles. La triste realidad es que entre la muerte de Cristo y el día de salvación de Israel que está en el futuro, una generación tras otra de judíos incrédulos ha pasado a recibir el castigo eterno, para lo cual ya no hay remedio. Y también generación tras generación y nación tras nación de gentiles incrédulos se ha ido a recibir el castigo eterno para lo cual tampoco hay ya remedio.

Al final, habrá un avivamiento en Israel. Al final, en el mismo periodo de tiempo, habrá un avivamiento masivo, una expansión masiva del Evangelio: ángeles en el cielo —de acuerdo al libro de Apocalipsis— predicarán el Evangelio; dos testigos, quienes mueren y resucitan, predicarán el Evangelio; 144 000 judíos predicarán el Evangelio, 12 000 de cada tribu. Israel se convertirá, y la gente llegará a la fe de toda lengua, tribu, pueblo y nación. Habrá un derramamiento enorme del Evangelio.

La gente será salva al final, pero entre ese entonces y ahora, la gente continúa muriendo y yéndose al castigo sin que haya un remedio; se irán a ser castigados por la eternidad. Pero ahora es el tiempo aceptable para ti, ahora es el día de la salvación. Ahora está disponible si tú quieres recibir este regalo. Tal vez este es ese momento. Estábamos equivocados con respecto a lo que pensábamos de Cristo y la realidad era que había muerto por nosotros. Él llevó nuestras enfermedades, nuestros dolores, nuestras calamidades, toda nuestra maldad, y nuestro pecado; pagó por todos los pecados y eliminó todos sus efectos para siempre. Este es el día en el que tú puedes poner tu confianza en el Señor. Confío en que tú harás esto. Inclinemos nuestro rostro para orar.

Oración

Señor, estamos profundamente conmovidos por las increíbles realidades que nos muestra este capítulo. Los detalles que se conocieron y fueron revelados cientos de años antes de que esto sucediera y que sin duda apuntan hacia Cristo y no a ninguna otra persona. Y sabemos que no hay salvación en otro nombre que no sea Cristo. Él fue el que dijo: "Yo soy el camino, y la verdad, y la vida y nadie viene al Padre sino es por mí" (Jn. 14:6). "La fe es por el oír, y el oír, por la palabra de Dios" (Ro. 10:17). Señor, oro para que hoy sea el día de la salvación, el tiempo aceptable para algunos de los que están escuchando esto, para que ellos puedan mirar en retrospectiva y analicen lo que conocen acerca de Cristo, y ahora todo se vuelva para ellos claro como el agua y los lleve a entender que deben volverse a un genuino arrepentimiento, tomando la total responsabilidad por sus pecados y transgresiones, y pidiendo el perdón que solo viene a través de Cristo y esa vida eterna que es la promesa para todos aquellos que creen. Haz tu trabajo, Señor, en nuestros corazones. Llénanos de gozo en las verdades que hemos conocido esta mañana. Y trae aquellos que aún no conocen a Cristo para que lo conozcan hoy.

Más adelante vamos a hablar acerca de las verdades de su resurrección y cómo es que Él murió y resucitó al tercer día. Pero si tu deseo es conocer a Cristo como tu Señor y Salvador, tienes que hacerlo hoy. No lo dejes para después, no lo dejes para un futuro incierto en el que no sabes qué va a suceder.

Padre nuestro, te pedimos que nos ayudes a entender la urgencia de los tiempos en los que vivimos, la urgencia de evangelizar y traer el Evangelio a la gente que necesita tanto escuchar su verdad pero, ¿cómo creerán si no hay quien les predique? Ayúdanos a proclamar este glorioso evangelio y decirles a los pecadores que este es el tiempo aceptable. Esta es la hora de gracia. Este es el día de la salvación si ellos vienen. Haz en todos nuestros corazones la obra que nos motiva a la verdadera mejor vida, a las cosas que realmente importan. No hay nada más importante que predicar a Cristo por medio de nuestras vidas, y por nuestro testimonio para que podamos atraer a la gente hacia Él, para que entonces Tú les extiendas Tu gracia y salves a los pecadores en nuestros días. Oramos por eso en el nombre de nuestro Señor Jesucristo. Amén.

REFLEXIONES PERSONALES

03_El Siervo Sustituto. Parte 2

Ciertamente llevó él nuestras enfermedades, y sufrió nuestros dolores; y nosotros le tuvimos por azotado, por herido de Dios y abatido.

Mas él herido fue por nuestras rebeliones, molido por nuestros pecados; el castigo de nuestra paz fue sobre él, y por su llaga fuimos nosotros curados.

Todos nosotros nos descarriamos como ovejas, cada cual se apartó por su camino; mas Jehová cargó en él el pecado de todos nosotros.

Isaías 53:4–6

BOSQUEJO

— Introducción

— Una historia increíble

— La intervención de Dios es innegable

— No solo un pasado asombroso sino un futuro también

— Bendición y juicio al mismo tiempo

— La condición futura supera la bendición y juicio presentes

— Un intercambio no equitativo, muerte por vida

— Nuestra naturaleza es deplorable

— La verdadera causa de su muerte

— Oración

NOTAS PERSONALES AL BOSQUEJO

SERMÓN

Introducción

Ahora vayamos y abramos la palabra de Dios en Isaías 53. Este es nuestro sexto viaje dentro de este maravilloso capítulo. Con cada semana que pasa, conforme examino el texto que está aquí y todos los caminos que nos llevan a otros lugares, se me recuerda qué tan imperecedero es realmente este capítulo. Podríamos pasar toda nuestra vida aquí y estar yendo desde aquí a revisar otras cosas que son implícitas o bien que son inferidas por medio de este gran capítulo. Isaías 53 presenta un reto para cualquier predicador y este es editarse así mismo, de tal manera que no se vuelva tan abrumador, y al mismo tiempo ser tan claro como para no perder el punto. Y personalmente estoy luchando un poco con todo esto.

Y aparte de este reto yo también soy retado porque regularmente me preparo para tener un bosquejo, un sermón completo como el que hice la semana pasada, que cubriera los versículos 4–6. Pero no lo logré. Pasé a través de los versículos 4 y 5, recorrí dos terceras partes del camino, pero no tuvimos suficiente tiempo para ver el versículo 6. Así que tengo aproximadamente un tercio del mensaje que me queda por recorrer. Y bueno esto también me presenta una gran oportunidad para retomar mucho de lo que investigué y colocarlo nuevamente en esta parte del sermón, especialmente las cosas relacionadas y que en mi opinión van a ser de mucha ayuda. Eso también me permite tomar una tangente necesaria que va junto con esta parte del mensaje. Así que voy a hacer con ustedes algo de esto esta mañana.

Para mí es de mucha ayuda tener una perspectiva amplia cuando estoy viendo el pasaje. Y entre más amplia sea la perspectiva que yo tenga más profundamente podré analizar el pasaje. Literalmente me gusta situarme 40,000 pies arriba del pasaje de tal modo que pueda mirar hacia abajo y ver todo lo que contempla este pasaje desde Génesis hasta Apocalipsis, y entonces eventualmente ir bajando desde esa altitud y sacar el tren de aterrizaje para aterrizar en el pasaje que estamos analizando. Esto es lo que vamos a hacer, y quiero llevarlos a alguna altitud y luego les voy a indicar cuándo vamos a sacar el tren de aterrizaje para centrarnos en Isaías 53 y resumir nuestro entendimiento de los versículos 4–6. Así que quiero empezar desde una perspectiva muchísimo más amplia.

Una historia increíble

La historia del pueblo judío es una de las historias étnicas más notables de la historia del mundo. Es una larga e impresionante historia de supervivencia desde el punto de vista de ellos. Y si pensamos que aún encontramos judíos en el mundo, aproximadamente entre 14 y 15 millones de ellos, esto nos hace comprender cómo es que ellos han logrado sobrevivir en contra de todas las circunstancias. Ninguno de nosotros ha conocido a un heteo, o a un jebuseo, o a un amorreo, o cualquier otro de los "-eos" que descienden de Sem, hijo de Noé. La mayor parte de ellos han desaparecido. Pero hay israelitas asentados aquí el día de hoy, algunos de ellos en nuestra iglesia, y muchos de ellos alrededor de todo el mundo. Y son ese linaje puro de judíos que ha pasado a través de la historia del Antiguo y del Nuevo Testamento hasta el día de hoy. Desde su punto de vista esta es una historia de supervivencia. Sin embargo desde el punto de vista de Dios, es una sorprendente historia de preservación.

La intervención de Dios es innegable

Supongo que podríamos exaltar el lado humano de esto y decir: es simplemente un pueblo que se comprometió muy seriamente con la perpetuación de su raza al grado que ellos son el más grande testimonio de un pueblo que desea sobrevivir y no hay otro como ellos en la historia del mundo. Pero desde el punto de vista divino, tendríamos que anular un poquito esto y decir, esta no es una historia de un grupo de seres humanos que están buscando sobrevivir, o que están buscando mantenerse unidos como una nación. Esto es más bien una historia de protección divina y preservación divina. Existen todavía judíos en el mundo debido a que Dios se aseguró de que siempre hubiera judíos en el mundo. Muchos siguen siendo identificados por tribus, aunque ellos no saben con exactitud a qué tribu pertenecen porque todos los registros fueron destruidos en el año 70 d. C. cuando los romanos destruyeron el templo. Dios sabe a qué tribu pertenecen y Dios reidentificará esas tribus y de ahí sacará a 12 000 de cada tribu para constituir a los 144 000 judíos quienes predicarán el Evangelio al final de la historia de la humanidad. Ellos podrán ser identificados con sus tribus originales aún en el tiempo de la tribulación justo antes del retorno de Jesucristo por segunda vez a la tierra. Ellos constituyen una historia notable.

Sí, desde luego que existe un elemento humano dentro de esta historia de supervivencia, pero más importante que ello, está la historia de protección y preservación por medio de la intervención de Dios. Dios ha protegido y ha preservado a este pueblo providencialmente, esto es al ordenar las circunstancias para que ellos puedan sobrevivir. Pero en varias ocasiones Él también los ha protegido de maneras milagrosas, por ejemplo suspendiendo el curso normal de las cosas que operan en el mundo para su protección. Un ejemplo de esto es la división del Mar Rojo y la forma como ellos pudieron caminar sobre tierra completamente seca cuando estaban huyendo del pueblo de Egipto. Así que bajo la providencia de Dios, donde Él ordena las circunstancias, y bajo el poder milagroso de Dios, cuando Él suspende las leyes de la naturaleza, Dios se ha asegurado de que los judíos no se extingan.

Esto es extraordinario. Primero porque ellos son un pequeño grupo de gente. Son un pequeño pueblo. Los judíos son gente excepcional de cualquier forma en que los veamos. En cuanto a su humanidad, son personas muy nobles. Ellos son personas muy excepcionales porque han sido elegidos por Dios para Sus propósitos. Ellos no son lo que son porque se lo hayan ganado. No son lo que son porque ellos hayan trabajado para ello. Son lo que son porque Dios decidió que fuera de esta manera. Y ellos fueron elegidos por Dios para ser bendecidos como nación y, a través de ellos, Dios bendeciría al mundo.

Y ya que los judíos han sido elegidos por Dios para propósitos que aún no se han cumplido, ellos son el objetivo de los enemigos de Dios. Ellos son el objetivo de Satanás, el archienemigo de Dios. Ellos son el objetivo de demonios, quienes son los copartícipes y proveedores de todo tipo de maldad sobrenatural en el mundo. Son presa de los hombres, hombres que están bajo el poder del reino de la oscuridad. Ha habido esfuerzos repetidos, tanto en el nivel demoníaco como en el nivel humano, para eliminar a todos los judíos a través de toda la historia, y esto no ha tenido éxito. Pero ellos son particularmente el objetivo de las fuerzas del infierno y de los humanos que sirven a esas fuerzas para frustrar el propósito final de Dios. Y debo añadir que todos estos esfuerzos han sido infructuosos.

Y cuando pensamos en retrospectiva acerca de su historia, entendemos que este es un pequeño grupo de personas que vivían en un lugar muy vulnerable—esto es en el Medio Oriente—rodeado de todo tipo de poderes paganos quienes a través de toda su historia han querido aniquilarlos. Y nos preguntamos, ¿cómo es que han sobrevivido? En muchas ocasiones ellos pudieron haber dejado de existir. Una hambruna durante el tiempo de Jacob y sus hijos los pudo hacer desaparecer por completo. Ellos pudieron haber desaparecido al morirse literalmente de hambre pero Dios no permitió que esto sucediera. Dios colocó a uno de los hijos de Jacob, por medio de la traición de sus hermanos, en medio del Imperio Egipcio y le dio todo el poder para poder distribuir comida. Y Jacob y sus hijos supieron que estaba disponible. Recordarán que debido a un sueño que tuvo José, Egipto se preparó para esta hambruna y pudo proveer comida no solo para ellos sino también para otras naciones que pudieron haber perecido sin su ayuda. Dios plantó a José, lo hizo a él un intérprete de sueños, para que él pudiera preparar a Egipto para esta hambruna, y de esta manera salvó a Jacob, o bien a Israel.

Y cuando los hermanos de José vinieron para que pudieran comprar comida de las bodegas de Egipto, pudo haber sucedido que José estuviera tan enojado y tan lleno de venganza por el hecho de que ellos lo traicionaron y lo vendieron en esclavitud, que él pudo haber decidido matar a sus hermanos; pero Dios tampoco permitió que esto sucediera. Dios trabajó para que la compasión y el perdón estuvieran presentes en el corazón de José y pudiera perdonar a sus hermanos, y entonces perpetuar a la familia de Jacob.

La familia permaneció en Egipto, creció de ser una pequeña familia —Jacob y su familia— a ser un pueblo de varios millones de personas, 2 millones de personas en la tierra de Gosén. Cuatro siglos tomó para que este pueblo se desarrollara como una nación. Al final de ese período de tiempo las plagas sacudieron a Egipto. Esas plagas tuvieron efectos devastadores y mortales sobre los egipcios. Ellas sin ningún problema pudieron también haber afectado a los hijos de Israel, si no es porque Dios intervino para que esto no sucediera. La mortandad de los primogénitos pudo haber devastado también a los judíos, si Dios no hubiese provisto una forma para que sus primogénitos fueran salvados. Esto fue a través de esparcir la sangre del Cordero del sacrificio en los postes y dinteles de las puertas. Faraón pudo haber masacrado a los judíos cuando escapaban masivamente, y de hecho fue lo que él intentó hacer al perseguirlos. Pero Dios abrió el mar para dejarlos pasar y en este mismo hecho ahogó al ejército completo de Faraón cuando los muros de agua cayeron sobre ellos. Los judíos pudieron haber desaparecido durante los 40 años que vagaron en el desierto. Ellos se rebelaron una y otra vez, pecaron violentamente en contra de Dios por lo cual una generación completa murió y sus cuerpos se secaron en el desierto.

Pero hubo un remanente que pudo llegar a la tierra prometida siendo liderado bajo Josué. Cuando entraron a Canaán, ellos pudieron ser destruidos nuevamente ya que estaban entrando en una tierra desconocida siendo un pequeño grupo de personas; pudieron haber sido destruidos nuevamente porque estaban enfrentando grandes enemigos paganos quienes no querían rendir su tierra y sus propiedades. Los judíos pudieron haber sido destruidos por cualquier cantidad de los enemigos que estaban ocupando la tierra de Canaán la cual ellos querían conquistar. Pero Dios se aseguró de que esto no sucediera. Y esto es demostrado de manera metafórica, en cierto sentido, cuando vemos que un gigante llamado Goliat fue destruido por un pequeño pastor con una piedra y una honda. Así fue como esto sucedió. Israel era como este pequeño pastor con una honda en contra de un gigante en la tierra de Canaán. Pero Dios se aseguró de que sobrevivieran.

Esta no es solo una historia de sobrevivencia humana; es una historia de preservación divina. Cuando ellos llegaron a la tierra y se asentaron allí fueron divididos alrededor de la tierra en diferentes secciones según su tribu, y ustedes saben lo que sucedió. Cayeron en idolatría. Cayeron en la apostasía. Cayeron en la adoración de falsos dioses. Ellos también cayeron en inmoralidad. Y su religión se convirtió en algo superficial e hipócrita. Empezaron a ser absorbidos dentro de la cultura pagana y pudieron nuevamente desaparecer por completo al mezclarse con estas naciones. Pero Dios se aseguró de que eso no sucediera. Ellos pudieron haber desaparecidos para siempre por medio de esos matrimonios mixtos con paganos y entonces su etnia pudo desaparecer.

Y cuando el reino se dividió, 10 tribus se fueron al Norte y se establecieron en lo que fue conocido como Israel, y dos tribus permanecieron en el Sur —Judá y Benjamín— las cuales fueron conocidas únicamente como Judá. En los subsecuentes años no hubo un solo rey bueno en las tribus del norte. Ellos fueron tan rebeldes y tan malvados que Dios trajo juicio sobre ellos. Los asirios llegaron en el año 722 a. C., atacaron y tomaron cautivas a las personas que quedaron vivas de las tribus del norte, y fueron esparcidas al grado que no pudieron regresar nuevamente a su tierra. Desaparecieron por completo al mezclarse con otras naciones. Se desvanecieron y esto hizo que solo quedaran las dos tribus en el sur y algunas personas que pudieron migrar hacia el sur antes de que las tribus del norte fueran destruidas. Así que ahora había gente de cada una de las tribus pero solamente en el sur.

Entonces vinieron los babilonios alrededor del año 600 y atacaron Jerusalén y masacraron a la gente. Y aquellos que no fueron muertos en ese momento fueron llevados cautivos a Babilonia en donde debían mezclarse con la cultura Caldea. Cuando la gente llegaba incluso les cambiaban los nombres para que ya no tuvieran ese sentido de pertenencia, como en el caso de Daniel y sus tres amigos. Les dieron nombres que los conectaban con la cultura de los dioses caldeo/babilonios, y posteriormente los entrenaron dentro del pensamiento de esa cultura. Esto pudo haber significado el final, todo el pueblo de Dios que fue cautivo a Babilonia pudo haber sido literalmente absorbido por medio de matrimonios mixtos y la mezcla de religiones, y haberse perdido para siempre en la historia de la humanidad. Pero esto no sucedió. Nunca fueron absorbidos dentro de la cultura caldea. Setenta años después un remanente muy grande de ellos regresó y fueron restablecidos en su tierra. Así es como ocurrió su historia.

Después, se levantó un rey en Persia. Su nombre era Jerjes (esta era la forma griega de su nombre). Su otro nombre, tal vez por el cual lo conozcan era Asuero. Él reinó en Persia entre el año 486 y el 465 a. C. y ahí seguían los judíos intactos en Persia. Sin embargo, estando allí hubo un intento, por parte de un hombre de destruir a toda la nación de Israel. El nombre de la persona que dirigió este ataque era Amán. Y ustedes recordarán la historia ya que es relatada en el libro de Ester, de cómo es que Dios usó a Ester dentro de este reino persa, solo por un corto tiempo, para salvar a toda la nación judía del genocidio dentro esa tierra. Así que Dios ordenó Su providencia de tal manera que el rey, quien organizó un concurso de belleza, seleccionó a Ester como la ganadora. Ella se convirtió en su esposa y la gracia que ella pudo tener con él salvó al pueblo judío.

Los judíos celebran una fiesta llamada "el festival de Purim". Esta no es una celebración bíblica, no está registrado dentro de la Escritura. Es como la celebración denominada Hannukah, que es otra de las fiestas judías que no se encuentra dentro de la Escritura. Purim es la celebración de esta historia de sobrevivencia. Es una celebración de Ester y cómo los judíos sobrevivieron ante este ataque.

Luego llegó la potencia griega, y Antíoco Epífanes atacó y asesinó a los judíos. Después vinieron los romanos en el 70 d. C. y masacraron cientos de miles de judíos, destruyeron Jerusalén, destruyeron el templo, y luego fueron contra aproximadamente mil poblados y villas en los años subsecuentes alrededor de toda la tierra de Israel, masacrando a la gente. Esto fue después del año 70 d. C. La historia de cómo sobrevivieron es una historia sorprendente de cómo es que Dios les dio su protección.

Vayamos del año 250 d. C. hasta 1933, solo para poder resumirlo. Pueden verificar su historia, todo está perfectamente registrado. Los judíos en todos lugares —especialmente en Europa y yendo hasta el oriente medio y probablemente hasta África— fueron atacados, expulsados de ciudades, expulsados de países, forzados a convertirse bajo amenaza de muerte, esclavizados, perseguidos, masacrados, les confiscaron sus propiedades; incluso fueron forzados a portar un tipo de placa para que pudieran ser denigrados socialmente; fueron puestos delante de inquisidores que simplemente los mataron. En muchísimas ocasiones fueron quemados vivos. Todo esto entre los años 250 y 1933. Y luego tenemos de 1938 a 1945, cuando ocurrió el Holocausto bajo Hitler y varios millones de judíos fueron asesinados. Hoy en día, ellos son el objeto directo de odio acumulado por parte del mundo islámico que quiere aniquilarlos, removerlos del planeta.

No solo un pasado asombroso sino un futuro también

Así que cuando hablamos acerca de cómo sobrevivieron los judíos a través de la historia, estamos hablando de algo que es sumamente sorprendente. Es más que un testimonio de su supervivencia. Es el testimonio de la preservación de Dios y esa es la única explicación. Ellos son un pueblo pequeño, no son un pueblo poderoso. Sí, ahora poseen armas poderosas, pero no ha sido así a través de la historia ya que ellos eran un pueblo pequeño y asediado, un pueblo débil hablando en términos militares. En efecto ellos tuvieron un gran deseo de sobrevivir, pero esta no es la explicación de cómo lo lograron; la verdadera explicación es el propósito de Dios. ¿Cómo es que ellos han sobrevivido como una etnia hasta nuestros días? Y la respuesta es debido a que Dios no ha cumplido su promesa a Abraham y su promesa a

David, y su promesa hecha por medio de los profetas de bendecir a Israel con salvación y proveer por medio de Israel bendición a todo el mundo. Esto no pasará hasta que ellos pongan su confianza en Jesucristo como nación, y esto sucederá en el futuro.

Hemos visto esto en Zacarías 12:10: "mirarán a mí, a quien traspasaron, y llorarán como se llora por hijo unigénito". Entonces una fuente de limpieza será abierta delante de ellos. Ellos serán salvados y entonces a través de ellos el mundo será bendecido, esto será cuando el señor traiga su reino (Zacarías 12–14). La futura salvación de Israel es una promesa que se encuentra en el Antiguo Testamento tanto como en el Nuevo. En Romanos 11, un capítulo muy importante, el apóstol Pablo está hablando acerca de este asunto. Él dice: "Porque no quiero, hermanos, que ignoréis este misterio, para que no seáis arrogantes en cuanto a vosotros mismos: que ha acontecido a Israel endurecimiento en parte, hasta que haya entrado la plenitud de los gentiles" (v. 25), esto es, la Iglesia. Cuando "haya entrado la plenitud de los gentiles", en otras palabras, cuando todos los elegidos en la Iglesia sean reunidos todos juntos, cuando esto esté completo, entonces "todo Israel será salvo". Y Pablo dice, "así como está escrito", y entonces da una cita del libro de Isaías, "Vendrá de Sion el Libertador, que apartará de Jacob la impiedad. Y este será mi pacto con ellos, cuando yo quite sus pecados". Esto es citado de Isaías 59.

Así que Pablo está diciendo que llegará un tiempo en el cual la Iglesia estará completa. Y entonces cuando se cumpla esto Israel será salvo; este es el pacto que Dios tiene con ellos. Ellos son preservados para una futura salvación; ellos necesitan ser salvados para que puedan ser bendecidos, porque esta es la promesa de Dios en Génesis 12, y lo repitió una y otra vez a Abraham. No solo para que ellos pudieran ser salvados, y fueran bendecidos por medio de la salvación, sino para que a través de ellos el mundo pudiera ser bendecido también. Cuando ellos sean salvados, el Mesías vendrá, establecerá su reino, y reinará en Jerusalén sobre Israel y sobre todo el mundo. Entonces Israel se convertirá en la nación más poderosa e influyente en todo el mundo y serán una influencia para la paz y para la justicia. No solamente serán bendecidos ellos sino que ellos también bendecirán al mundo. Esta es la promesa de Dios y esto aún no ha sucedido; esta es la razón por la que ellos han sido preservados hasta nuestros días.

Hay otra poderosa realidad que debemos de considerar. Estamos hablando acerca de una nación que por sí misma es vulnerable y débil, y estamos hablando de una nación que es asediada por ataques que provienen desde el infierno y desde la humanidad. Pero también debemos tener en consideración lo siguiente. Ellos no solamente han sobrevivido el odio de las fuerzas del infierno y el odio de las fuerzas del la humanidad, sino que al mismo tiempo han estado bajo juicio divino. Quiero decir que hay tres fuerzas en su contra. Ellos han estado bajo juicio divino. Y esto nos lleva de regreso hasta Deuteronomio, hasta los escritos de Moisés, cuando se encontraban a punto de entrar a la tierra prometida. Dios les dijo: "si me obedecen serán bendecidos". ¿Recuerdan esto en Deuteronomio 27:28? Si me obedecen, los bendeciré. Si no me obedecen, los maldeciré. Y Dios les dijo cuáles serían las bendiciones y cuáles serían las maldiciones; pueden ir allá y leerlas, y esta ha sido su historia. Ellos desobedecieron a Dios, y lo continúan haciendo. Son un pueblo maldecido. Están bajo el juicio de Dios.

Bendición y juicio al mismo tiempo

Así que Dios está preservando exactamente al mismo pueblo al que Él está juzgando. Y Él ha hecho esto desde el principio. Él comenzó el juicio contra ellos desde el Antiguo Testamento y los ha estado juzgando durante toda la historia de la humanidad, preservándolos al mismo tiempo bajo este juicio. El juicio en contra de Israel continúa hasta hoy; el juicio del pueblo judío continúa porque ellos rechazaron a Cristo. Primera de Corintios 16:22 dice: "El que no amare al Señor Jesucristo, sea anatema". Ellos son maldecidos por su desobediencia a través de toda su historia pasada, pero son doblemente maldecidos debido a que rechazaron a Jesucristo. Así que cuando vemos a Israel en nuestros días estamos viendo a una nación que aún no ha experimentado las bendiciones de Dios. Es una nación apóstata. Es una etnia que ha rechazado a Cristo. Su religión no es piadosa. Aseguran adorar al Dios de Abraham, de Isaac y de Jacob pero en realidad ellos no lo han hecho. No pueden, porque no se puede honrar al Padre a menos que se honre al Hijo. Ellos han sido desleales y desobedientes a Dios. Ellos se convirtieron en enemigos del Evangelio, como dice Romanos 11:28. Ellos niegan la Trinidad. El pueblo judío niega la deidad de Cristo. Ellos niegan la verdadera enseñanza del Antiguo Testamento y niegan todo el Nuevo Testamento. Esta no es la fórmula que debían seguir para ser bendecidos. Rechazaron al Mesías. Ellos piensan que los cristianos somos unos blasfemos debido a que adoramos a un hombre quien en sí mismo era un blasfemo. Siguieron la mentira de la salvación por obras y creyeron que por medio del esfuerzo humano podían ser justos. Y es por esto que ellos son un pueblo maldecido en estos momentos. Ellos se encuentran bajo juicio pero al mismo tiempo han sido preservados por Dios.

Si ustedes sugirieran que una nación tan débil y tan pequeña y de tiempos tan antiguos todavía debería de existir, la pura historia les diría que esa idea no tiene sentido. Y si a esto le agregaran el componente del hecho de que ellos han sido atacados por una cantidad muy grande de poderes tanto naturales como sobrenaturales entonces no existiría ni una sola posibilidad para que ellos continuarán existiendo. Y si también a esto le agregaran el hecho que Dios los ha estado enjuiciando durante miles de años entonces tendrían que asumir que su sobrevivencia sería literalmente imposible. Pero ahí están, y Dios los ha preservado para salvarlos como una nación al final de los tiempos.

En Lucas 13, al final del capítulo, Nuestro Señor mira hacia Jerusalén, ciudad que representa a toda la nación, y dice: "¡Jerusalén, Jerusalén, que matas a los profetas, y apedreas a los que te son enviados!" —ellos estaban a punto de matarlo— "¡Cuántas veces quise juntar a tus hijos, como la gallina a sus polluelos debajo de sus alas, y no quisiste! He aquí, vuestra casa os es dejada desierta" (vv. 34–35). Esa casa permanece desolada, el pueblo judío sigue desolado, y no tienen una relación con Dios.

Ahora bien hay judíos que han puesto su fe en Jesucristo, que forman parte de la Iglesia de judíos y gentiles. Pero estoy hablando acerca de la nación en sí misma, el pueblo. Pero Cristo agrega esto al final de Lucas 13:35, "y os digo que no me veréis, hasta que llegue el tiempo en que digáis: Bendito el que viene en nombre del Señor". Vendrá un tiempo en el futuro en el que Israel volteará a ver a Jesucristo y dirá, "bendito el que viene en el nombre del Señor". Ellos reconocerán a su Mesías. Esto es acerca de lo que escribió Zacarías, esto ocurrirá cuando ellos mirarán a Aquel a quien traspasaron, y llorarán como se llora por hijo unigénito, y una fuente de limpieza les será abierta. Esta es su futura salvación.

Los profetas del Antiguo Testamento escribieron acerca de esto y no lo hicieron en términos ambiguos. Quiero enseñarles dos porciones de la Escritura. Vamos a Ezequiel 36. Hay otros dos profetas que sobresalen y desde luego son profetas mayores que estarían junto con Isaías, me refiero a Ezequiel y Jeremías. Y, desde luego, pueden agregar también a Daniel. Pero Ezequiel y Jeremías fueron profetas al mismo tiempo aproximadamente. Ellos profetizaron aproximadamente 100 años después de Isaías y estaban profetizando justo en el tiempo en que los babilonios los estaban atacando. Ezequiel es capturado y llevado a la cautividad alrededor del 597; Jeremías es lanzado a un pozo y acaba escapando hacia Egipto. Así que estaban vivos cuando llegó el holocausto de la invasión babilónica. Sus profecías y mensajes son muy importantes y pertinentes, recibidos de Dios y esparcidos en un tiempo de gran crisis.

Ezequiel 36, tiene una importante declaración. Este es el mensaje que llega por medio de Ezequiel al pueblo de Israel, el pueblo judío. Versículos 16–19, "Vino a mí palabra de Jehová, diciendo:" —y aquí viene la historia— "Hijo de hombre" —este es un título que solo se le da a Ezequiel— "mientras la casa de Israel moraba en su tierra, la contaminó con sus caminos y con sus obras; como inmundicia de menstruosa fue su camino delante de mí". Una descripción muy tosca. "Y derramé mi ira sobre ellos por la sangre que derramaron sobre la tierra; porque con sus ídolos la contaminaron. Les esparcí por las naciones, y fueron dispersados por las tierras; conforme a sus caminos y conforme a sus obras les juzgué".Y eso es exactamente lo que sucedió. A eso se le llamó la diáspora y todo judío tiene conocimiento acerca de esto. Así fue como comenzó la deportación babilónica. Algunos regresaron para reconstituir la nación, pero esto fue solo el principio de la dispersión. Y aún después de la reconstrucción y restauración de la nación, el judío fue esparcido a los rincones más lejanos del mundo como nosotros sabemos. Y eso es parte del juicio en contra de ellos.

Sin embargo, noten el versículo 20: "Y cuando llegaron a las naciones adonde fueron, profanaron mi santo nombre". ¿Qué quiere decir esto? Que cuando ellos fueron esparcidos alrededor del mundo, profanaron el santo nombre de Dios porque la gente decía, ¿qué tipo de Dios es ese que ni siquiera puede mantener a su gente dentro de su tierra? Literalmente se burlaron de Dios.

Las naciones se habían burlado de Dios, el Dios de los judíos había sido avergonzado por las naciones a las cuales ellos fueron esparcidos durante toda la historia de la humanidad. Es por eso que en el versículo 21 Dios dice: "Pero he tenido dolor al ver mi santo nombre profanado por la casa de Israel entre las naciones adonde fueron". Los judíos alrededor de todo el mundo han sido amenazados a través de toda su historia. Fue difícil que el resto de las naciones pudieran ver la grandeza, la gloria, y el poder de su Dios. Él no pudo ni siquiera mantenerlos dentro de su propia tierra. Y si tú le preguntas a alguien en el Medio Oriente hoy en día: "¿quién tiene al Dios más poderoso, el islam o el judaísmo?" ¿Qué crees que contestarían ellos? "El Dios que tiene el dinero, las armas, el poder, y la población más grande es Alá". Esta es una imagen de la profanación del nombre del Dios verdadero en la dispersión de los judíos a lo largo de la historia.

El versículo 22 es la consecuencia: "Por tanto, di a la casa de Israel: Así ha dicho Jehová el Señor: No lo hago por vosotros, oh casa de Israel", —no se trata de ustedes— "sino por causa de mi santo nombre, el cual profanasteis vosotros entre las naciones adonde habéis llegado". Tengo que hacer algo para ganar nuevamente mi reputación. Eso es lo que Dios está diciendo. Y en el versículo 23: "Y santificaré mi grande nombre, profanado entre las naciones, el cual profanasteis vosotros en medio de ellas; y sabrán las naciones que yo soy Jehová, dice Jehová el Señor, cuando sea santificado en vosotros delante de sus ojos".La única manera en la que yo voy a poder desplegar mi gloria dentro de las naciones es hacerlo mediante ustedes. ¿Cómo es que yo voy hacer esto? Primero, versículo 24: "Y yo os tomaré de las naciones, y os recogeré de todas las tierras, y os traeré a vuestro país". Y ya tenemos un adelanto de eso. En 1948 ellos regresaron, y reconstruyeron su nación. Esto es un hecho incontrovertible. Esta no es la salvación de Israel, esto es simplemente un adelanto, y un indicador de lo que está por venir. Los traeré de regreso, y entonces sucederá. Cuando los regrese a su tierra —y esto parece que está muy cerca, ¿no es así?— judíos de todo el mundo inmigrarán e irán de regreso a su nación. Algunos de ellos han llegado a Cristo de manera individual; algunos de ellos han aceptado el Evangelio, y han aceptado a Jesucristo como su Mesías. Sin embargo, como nación, se mantienen en contra de Cristo. Pero en los versículos 25–27 tenemos la clave. Hablando del pueblo, de la nación, de la casa de Israel, dice que llegará un día futuro en el que "Esparciré sobre vosotros agua limpia, y seréis limpiados de todas vuestras inmundicias; y de todos vuestros ídolos os limpiaré. Os daré corazón nuevo, y pondré espíritu nuevo dentro de vosotros; y quitaré de vuestra carne el corazón de piedra, y os daré un corazón de carne. Y pondré dentro de vosotros mi Espíritu, y haré que andéis en mis estatutos, y guardéis mis preceptos, y los pongáis por obra". Esta es una declaración de salvación y, como pueden ver, esto es dramático.

Preocupado por su santo nombre, para reivindicar su fidelidad y demostrar su gloria, Dios salvará un día a los judíos. Actualmente está en el proceso de reunirlos nuevamente, y en el futuro los salvará. Ahora, vean los componentes de esto. Estos son los elementos de la salvación. Versículo 25: "Esparciré sobre vosotros agua limpia, y seréis limpiados de todas vuestras inmundicias; y de todos vuestros ídolos os limpiaré". Esta es la salvación, es un lavado que regenera, ¿no es así? Es la limpieza, una santificación. Y entonces en el versículo 26: "Os daré corazón nuevo". Eso es regeneración. Podríamos decir que la limpieza es la santificación, y el corazón nuevo es la regeneración. Un nuevo corazón significa vida. Y les daré un nuevo espíritu, una nueva disposición, una nueva actitud, una nueva naturaleza, una nueva mente, nuevos afectos… Esto es la conversión. Les daré un poder nuevo. ¿Qué es esto? "Pondré dentro de vosotros mi Espíritu". Y ese poder del Espíritu dentro de ustedes, causará que sean capaces de caminar en mis estatutos y sean muy cuidadosos en cumplir mis ordenanzas. Un nuevo comportamiento, literalmente obediencia.

La condición futura supera la bendición y juicio presentes

Una nueva condición, esto es, la santificación del pecado. Un nuevo corazón, regeneración. Una nueva disposición o espíritu, esto es conversión. Un nuevo poder, el ser habitados por el Espíritu Santo. Un nuevo comportamiento, u obediencia. Y todo esto llegará a Israel en el futuro para cumplir con la salvación prometida. Esto me encanta, el versículo 28: "Habitaréis en la tierra que di a vuestros padres, y vosotros me seréis por pueblo, y yo seré a vosotros por Dios". Y continúa en el versículo 29: "Y os guardaré de todas vuestras inmundicias". Un poco más abajo en el versículo 31, Dios dice: "Y os acordaréis de vuestros malos caminos, y de vuestras obras que no fueron buenas; y os avergonzaréis de vosotros mismos por vuestras iniquidades y por vuestras abominaciones". Todas estas son palabras de verdadero arrepentimiento, ¿no es así? Ellos van a considerar sus pecados y transgresiones pasadas y van a escuchar el evangelio. ¿De quién lo escucharán? De los 144 000 judíos que lo esparcirán a los gentiles de toda lengua, tribu y nación que se encuentre en el tiempo de la tribulación; de los ángeles en los cielos; de los dos testigos.

El Evangelio se encontrará por todas partes durante el tiempo final de este juicio divino sobre la tierra antes del regreso de Cristo. Escucharán el evangelio; reconocerán su pecado; se arrepentirán de él; voltearan a ver a Aquel a quien traspasaron; llorarán como se llora por hijo unigénito. Serán santificados, regenerados, convertidos, y recibirán poder del Espíritu para poder convertirse en seguidores obedientes de Cristo. Esta será la realidad. En el versículo 32 dice: "No lo hago por vosotros, dice Jehová el Señor, sabedlo bien; avergonzaos y cubríos de confusión por vuestras iniquidades, casa de Israel". Esto es salvación; es la salvación prometida a Israel y aquí vemos una verdadera conversión para la gloria de Dios.

Ahora quiero que vean Jeremías 31:31–32. Este es el clímax de la profecía de Jeremías. Dice: "He aquí que vienen días, dice Jehová, en los cuales haré nuevo pacto con la casa de Israel y con la casa de Judá. No como el pacto que hice con sus padres el día que tomé su mano para sacarlos de la tierra de Egipto; porque ellos invalidaron mi pacto, aunque fui yo un marido para ellos, dice Jehová". ¿Qué pacto es ese? Ese es el pacto de la ley, el pacto mosaico dado en el Sinaí. Pero como sabemos, ellos rompieron este pacto aun antes de que Moisés bajara y se lo diera a conocer. Cuando bajó del monte, sosteniendo las tablas en sus manos, ellos ya lo estaban rompiendo. No lo pudieron guardar; es un pacto que nadie pudo guardar. Así que "voy a darles un nuevo pacto. Voy a hacer con ustedes un nuevo pacto, no como el otro".¿Cuál es la naturaleza de este nuevo pacto? Versículo 33, "Pero este es el pacto que haré con la casa de Israel después de aquellos días", al final de la historia. Aquí está la diferencia: esa ley estaba fuera de ellos, este es diferente, porque "Daré mi ley en su mente, y la escribiré en su corazón; y yo seré a ellos por Dios, y ellos me serán por pueblo" —algo que Ezequiel había dicho— "Y no enseñará más ninguno a su prójimo, ni ninguno a su hermano, diciendo: Conoce a Jehová". El evangelismo concluirá en Israel porque todos ellos conocerán al Señor. "Porque todos me conocerán, desde el más pequeño de ellos hasta el más grande, dice Jehová; porque perdonaré la maldad de ellos, y no me acordaré más de su pecado" (v. 34). Esta es la conversión de la nación. Los componentes son los mismos, existen el perdón, la regeneración, la conversión, el verdadero conocimiento y la obediencia. Se darán cuenta de que son miserables pecadores, y creerán que el Señor Jesús es el único Salvador. Ellos creerán colectivamente, como una nación; pero esto en sí mismo, queridos amigos, es un testimonio de la soberanía de Dios en la salvación. La única manera en que individualmente la gente puede ser salva es por medio del trabajo soberano de Dios. La única manera en la que una nación puede ser salvada —y ésta es la única nación a la cual se le prometió salvación en un momento— será por medio de la obra soberana de Dios, porque no todo judío individual va llegar a la misma conclusión por un acto personal de su propio albedrío al mismo tiempo. Es Dios quien los salvará.

Y sorprendentemente, este nuevo pacto fue hecho con Israel; pero Israel rechazó a su Mesías. Después de la muerte y la resurrección de Cristo, el nuevo pacto fue abierto a todo mundo. "No me avergüenzo del evangelio, porque es poder de Dios para salvación a todo aquel que cree; al judío primeramente", —cronológicamente— "y también al griego" —o gentil— (Ro. 1:16). De acuerdo a Romanos 10:13, la salvación es para el judío o para el gentil: "todo aquel que invocare el nombre del Señor, será salvo". Así que el nuevo pacto ha sido ratificado en la muerte de Jesucristo y extendido desde el pasado de Israel hasta la iglesia. No había iglesia cuando esto fue prometido a ellos, pero ahora la Iglesia está aquí y es salvada de la misma manera, por el mismo nuevo pacto. Esta es la razón por la cual Pablo en 2 Corintios 13:6 dice "somos ministros del nuevo pacto". Y Pablo estaba hablando a gentiles cuando dijo esto a los Corintios.

Y después de que la plenitud de los gentiles entre al nuevo pacto, entonces vendrá la salvación para Israel. El versículo 31 habla acerca de la reconciliación y dice: "He aquí que vienen días, dice Jehová, en los cuales haré nuevo pacto con la casa de Israel y con la casa de Judá". El versículo 33 habla acerca de la regeneración, "Daré mi ley en su mente, y la escribiré en su corazón; y yo seré a ellos por Dios, y ellos me serán por pueblo". Esto habla acerca de conocimiento; ellos van a tener verdadero conocimiento porque conocerán al Señor. También habla acerca de perdón y vemos que todos estos son componentes de la salvación.

Ahora, una vez que tenemos toda esta información, vamos a aterrizar. Regresemos a Isaías 53, cuando habla de que ellos llegarán a este punto en el futuro y de cómo es que ellos harán esta confesión que se encuentra aquí en Isaías 53; estas serán sus palabras. Y vamos a nuestro pasaje en los versículos 4–6. Ellos mirarán en retrospectiva a Cristo, a quien traspasaron. Van a reevaluar su actitud porque no creyeron en Él. El versículo 1 dice: "¿Quién ha creído a nuestro anuncio?" Muy pocos. ¿Quién entendió la realidad de la revelación acerca del brazo del señor, el poder de Dios en el señor Jesucristo? Muy pocos. No fuimos impresionados por su origen, fue como una rama de renuevo, Él era como una raíz de tierra seca. No nos impresionamos con Su vida porque Él no manifestó abiertamente Su majestad. Nada acerca de Él nos atrajo. Y ciertamente tampoco fuimos impresionados con Su muerte.

"Despreciado y desechado entre los hombres, varón de dolores, experimentado en quebranto". Fue tan despreciable su muerte que ni siquiera nos atrevimos a mirar. Él fue despreciado y pensamos que no valía nada, que no era nadie. Eso fue lo que pensamos.

Un intercambio no equitativo, muerte por vida

Pero ahora, todo ha cambiado. Ahora sabemos que todos esos dolores, todos esos sufrimientos fueron por nosotros. Estamos seguros de que Él llevó todos nuestros dolores y enfermedades. Llevó todo esto para nuestro beneficio. Lo tuvimos por herido, azotado y abatido por Dios. Pensamos que Dios lo estaba castigando por Su blasfemia. Ahora sabemos que Él fue traspasado por nuestras transgresiones, golpeado por nuestras iniquidades, maltratado para nuestro beneficio, castigado por nuestra paz, y por sus llagas fuimos nosotros curados. Un cambio radical en cuanto a la forma de estimar a Cristo. Ellos admitirán su horrible error en aquel día futuro. Lo confesaran. Conocen la historia de Jesucristo, saben que fue traspasado; saben que fue molido o magullado; saben que fue castigado al final de su juicio injusto; saben que fue llagado. Esto es parte de su historia; todo judío sabe esto.

Pero un día van a admitir que no fue por Sus blasfemias, sino por las de ellos. Ellos van a decir "ahora entendemos nuestras transgresiones, entendemos nuestras iniquidades". Nuestras transgresiones, nuestras iniquidades, todas son negativas. Ellos confesaran que Jesucristo fue castigado por Dios debido a las transgresiones del pueblo judío. Esto significa violaciones; "transgresiones" significa un paso más allá de la línea establecida, violar la ley de Dios. "Iniquidades" es una palabra diferente. Esencialmente es una palabra que significa tener doblez, ser torcido como una espiral, estar chueco. Son perversiones. Ahora sabemos que sufrió por nuestras violaciones y por nuestras perversiones. Esto es lo negativo.

Lo positivo es que Él sufrió para que nosotros fuéramos salvados. Noten en el versículo 5: "Y por su llaga fuimos nosotros curados". Aquí está lo positivo; Él murió bajo el peso del castigo de Dios en contra de nuestras transgresiones y nuestras iniquidades, nuestras violaciones y nuestras perversiones. Y al hacer esto, Él pagó para nuestro beneficio y para que fuéramos sanados. Cuando dice "el castigo de nuestra paz", la palabra para "paz" en hebreo es *shalom*. Esta palabra significa una bendición total, plenitud espiritual, salud espiritual. Digámoslo de esta manera la muerte del médico fue de beneficio para el paciente. Nosotros éramos pecaminosos por lo tanto enfermos, adoloridos, culpables... Culpables de violaciones, culpables de perversiones, separados de Dios, no teníamos paz, no teníamos salud espiritual. Pero Él tomó nuestros pecados y nuestros dolores y nuestras tristezas y todo lo que viene junto con el pecado y Se colocó voluntariamente bajo el juicio de Dios para ser castigado por nuestros pecados, y entonces adquirir nuestra paz con Dios y nuestra verdadera bendición.

Así hará toda la nación de Israel, o al menos un tercio, después de que dos tercios de los rebeldes sean eliminados, según Zacarías. Un tercio de la nación confesará su largo rechazo de Cristo, su enorme blasfemia en contra Dios, y entonces serán salvos. Esta es la sorprendente realidad del futuro para la nación de Israel.

Hay otra cosa que quiero hacer ahora y es ayudarles a ver al versículo 6 desde otra perspectiva. En el versículo 6, tenemos el más profundo reconocimiento del pecado. Ellos hablan acerca de sus actitudes; lo harán cuando ellos digan: "Tuvimos un concepto equivocado de Él, nosotros lo estimamos, o bien lo consideramos, o bien pensamos acerca de Él, o lo reconocimos de manera errónea". En otras palabras, nuestro pensamiento era corrupto, estábamos equivocados en como lo consideramos. Ellos hablan acerca de comportamientos, es decir, las transgresiones e iniquidades. Y hablan acerca de sus depravaciones, esto es lo que los pecadores reconocen. Les hace falta bienestar; les hace falta *shalom*; les hace falta paz con Dios. Ellos no tienen un pacto de paz —como lo llama Isaías 54— el cual no pueda ser alterado. A ellos también les hace falta plenitud, salud espiritual; están enfermos. El capítulo 1, hablando de Su pueblo dice: "Desde la planta del pie hasta la cabeza no hay en él cosa sana", enfermos en pecados.

Nuestra naturaleza es deplorable

De este modo ellos entienden todos estos asuntos, su pensamiento corrupto, su comportamiento corrupto, y la ausencia de todo lo que es bueno. Ellos lo saben, pero hay algo más que un pecador debe entender y esto no es solamente un asunto de cómo es que piensa, o sus actitudes; esto no se trata solo de lo que hacemos; esto no es solo un asunto de lo que nos hace falta. La confesión del pecado nos lleva al fondo del asunto, es un asunto de quienes somos. El problema está en nuestra naturaleza y ahí es donde el versículo 6 inicia; está dentro de nuestra naturaleza. Esto es más profundo de lo que muchos pueden reconocer cuando leen este versículo. Esta parte de la confesión no está tomando en cuenta las manifestaciones de pecados sino más bien su causa. Ahí es donde está el problema. "Todos nosotros nos descarriamos como ovejas, cada cual se apartó por su camino". Y Él dice que esto está dentro de nuestra naturaleza, las ovejas actúan como ovejas; las ovejas no pueden actuar como otra cosa, simplemente actúan como ovejas. Nosotros estamos actuando consistentemente con nuestra naturaleza y de hecho esto encuentra su paralelo en las ovejas. Las ovejas son tontas, no se pueden defender a sí mismas, y vagan sin saber por dónde. Ellas no forman parvadas como los gansos, no forman una manada como el ganado; no permanecen juntas. Así es que esta es una muy buena analogía para entender cómo es que tenemos la tendencia de vagar lejos de lo que nos produce seguridad y provisión. Simplemente vagamos, no en un grupo sino de manera solitaria, cada quien se va por su propio camino. Ellas siguen sus impulsos internos que las llevan lejos de todo lo que es seguro y que les es beneficioso, que les ayuda. Nuestro problema está en lo profundo de nuestra naturaleza. Somos con ovejas, tontas, sin defensa y vagamos a la deriva.

Recuerden que en Mateo 9:36 Jesús, mirando hacia la gente, dice: "son como ovejas sin pastor". Van por su propio camino, siguiendo su propia ruta pecaminosa, según les dicta su naturaleza. Ellas siguen su intuición de acuerdo a lo torcidas que quedaron después de la caída. Eso es lo que hacen los pecadores, quiero decir, ¿cuántas opciones tienen los pecadores? Hoy en día, ¿cuántas opciones tienes? No hay nada nuevo, puedes seguir tus propios caminos sin Jesucristo, siguiendo tu voluntad; puedes seguir la ruta del pecado que mejor te parezca. Irás por tu propio camino como lo hacen las ovejas, y tal vez habrá algunos otros que estén yendo por tu mismo camino, de modo que llegará un momento en que choques con ellos. Pero todo es muy personal e independiente; de hecho así es como funcionan las ovejas.

Esto es parte de una verdadera confesión amigos. Este es genuino arrepentimiento que reconoce que las evidencias del pecado demuestran que tenemos una naturaleza del pecado. Reuniendo toda esta culpa y el castigo justo, y muriendo no solo por lo que nosotros hicimos sino por lo que nosotros somos, Jesús lleva todo el peso de nuestra pecaminosidad sobre Sí mismo en el sentido de que Él recibe el castigo de Dios. Esto es lo que los versículos dicen al final: "mas Jehová cargó en él el pecado de todos nosotros". Nuestros malos hechos, nuestros malos pensamientos, nuestras malas depravaciones y nuestra mala naturaleza; el Siervo de Jehová lleva el peso completo del castigo por todo eso. Esto es lo que dice; el Señor ha causado que la iniquidad de todos nosotros caiga sobre Él. El Señor Dios mismo eligió el Cordero sacrificial, el Siervo, el Mesías. El Siervo Mesías estuvo dispuesto a someterse voluntariamente y convertirse en el sustituto vicario. Dios causó que Él cargara toda la culpa que nos pertenecía y soportó por completo la furia de la ira divina.

Cinco formas diferentes en las que estos versículos hablan de la provisión vicaria y sustitutoria de Jesucristo, quien murió en nuestro lugar; este es el corazón del Evangelio.

La verdadera causa de su muerte

Y ahora, solo una nota más, no fue el pecado el que lo mató; fue Dios quien lo mató. No fue el pecado. Él no cometió ningún pecado; de hecho

Él era sin pecado, santo, no hizo daño a nadie, no había en Él engaño, Él estaba completamente separado del pecado. El pecado no mató a Jesús. Dios mató a Jesús para pagar por el pecado que nunca cometió, sino que tú y yo cometimos.

Jesucristo no murió como una influencia moral, mostrando el poder del amor. Jesucristo no murió como un ejemplo de sacrificio por una noble causa. Jesucristo no murió para mostrar su victoria sobre el pecado. (Esta fue una teoría que apareció alrededor del 1930 y permanece por ahí: es la idea de que Jesucristo murió para ganar la victoria sobre los poderes hostiles y para liberar a la humanidad y al cosmos de la injusticia social). Jesús no murió porque nosotros fuéramos víctimas atrapadas en circunstancias injustas y necesitábamos ser rescatados.

Solo hay una manera de comprender la muerte de Cristo y esto es bajo el principio de pena sustitutoria. Él fue nuestro sustituto para llevar la pena por nuestros pecados, para satisfacer la justicia de Dios. El Nuevo Testamento afirma esto en 2 Corintios 5:21: "Al que no conoció pecado, por nosotros lo hizo pecado, para que nosotros fuésemos hechos justicia de Dios en él". Pedro lo dice de esta manera, "llevó él mismo nuestros pecados en su cuerpo" (1 P. 2:24). Pablo dice en Gálatas 3 que Cristo fue "hecho por nosotros maldición" (v. 13). Esta es la afirmación que hace el Nuevo Testamento acerca de la verdad que vemos en Isaías 53. Vemos entonces que Dios no ha tratado con nosotros de acuerdo a nuestras iniquidades, Él no ha tratado con nosotros de acuerdo a nuestras transgresiones. Tampoco quiere decir que ha pasado por alto nuestro pecado. En vez de eso, Él castigó a Su hijo, el Siervo, el Mesías, en nuestro lugar y entonces la gracia reinó sobre la justicia.

Esta será la confesión que Israel hará en el futuro, pero esta también es la confesión que cualquier pecador puede hacer hoy, y tú también la puedes hacer en este momento. Recuerden 2 Corintios 6:2: "He aquí ahora el tiempo aceptable; he aquí ahora el día de salvación". Nuevamente vemos que son palabras que se toman de Isaías. Hoy es el día; ahora es el tiempo de salvación.

Pablo dice en Romanos 10:11–13, citando nuevamente a Isaías: "Todo aquel que en él creyere no será avergonzado. Porque no hay diferencia entre judío y griego, pues el mismo que es Señor de todos, es rico para con todos los que le invocan; 13 porque todo aquel que invocare el nombre del Señor, será salvo". Esto es ahora; este es el tiempo aceptable. Esto significa que Dios te aceptará ahora. Este es el día de la salvación.

Oración

Padre, una vez más hemos pasado por las riquezas de este increíble capítulo. Y a pesar de que hemos tocado solo ligeramente el versículo 6, estamos asombrados con la tremenda realidad que es el punto de esta maravillosa sección de escritura, y esto no es un simple ejercicio de aprendizaje. Esto no se trata acerca de información; esto es acerca de la salvación. Y oro por la gente que el día de hoy comprende por completo el Evangelio, que entiende el sacrificio de Cristo, judíos o gentiles. Oro para que el día de hoy sea el día de salvación. Que este tiempo aceptable se convierta en su tiempo; aún esta mañana, que ellos se vuelvan hacia Cristo, y clamen a su nombre para salvación. Salva a los pecadores ahora, Señor, para la gloria de Tu nombre. Padre, realiza ese trabajo en sus corazones, y oramos en este momento el nombre de Cristo. Amén.

REFLEXIONES PERSONALES

04_El Siervo en Silencio.
Parte 1

Angustiado él, y afligido, no abrió su boca; como cordero fue llevado al matadero; y como oveja delante de sus trasquiladores, enmudeció, y no abrió su boca.

Por cárcel y por juicio fue quitado; y su generación, ¿quién la contará? Porque fue cortado de la tierra de los vivientes, y por la rebelión de mi pueblo fue herido.

Y se dispuso con los impíos su sepultura, mas con los ricos fue en su muerte; aunque nunca hizo maldad, ni hubo engaño en su boca.

Isaías 53:7–9

BOSQUEJO

— Introducción

— Profecías del Mesías

— El sacrificio del Mesías

— La salvación de Israel

— El sacrificio aceptable

— El último profeta del Antiguo Testamento

— El silencio del Mesías

— Oración

NOTAS PERSONALES AL BOSQUEJO

SERMÓN

Introducción

Les pido si pueden abrir sus Biblias para ir al capítulo 53 de Isaías. Para aquellos de ustedes que están solo este fin de semana debido a las graduaciones, quizás para el día de madres, les pido una disculpa por el hecho de que ustedes van a saltar literalmente a la mitad de nuestro viaje en este capítulo. Esto es porque estoy predicando una serie de sermones que van ligados fuertemente entre ellos y usted se va a perder parte de todo lo que hemos dicho anteriormente, pero espero que esto le sirva a usted de aliento y de motivación para ir a ver lo que ya hemos dicho. Siempre me siento en la necesidad de dar un pequeño trasfondo para que te pueda acelerar y llevarte a una velocidad adecuada para ver este pasaje.

Después de haber predicado por alrededor de más de 40 años el Nuevo Testamento, hemos llegado a nuestro estudio del Antiguo Testamento. Estamos siendo ampliamente retados en este estudio y pienso que al final seremos profundamente bendecidos. Estamos hablando acerca de Cristo pero desde la perspectiva del Antiguo Testamento, vemos que lo podemos encontrar en todos lados pero estamos comenzando en el lugar donde Él es revelado de una forma maravillosa y de la manera más completa y esto es en el capítulo 53 de Isaías. De hecho la revelación de Nuestro Señor comienza en el capítulo 52, versículo 13, y va hasta el 53, versículo 12. Existen así como estrofas en este poema acerca del siervo, si es que lo podemos llamar así. Este es un poema o una alabanza y tiene su letra. Si se lee en el hebreo tiene su ritmo al momento que se lee. Es la alabanza acerca del siervo. Esta es la cuarta alabanza acerca del siervo que fue escrita por Isaías. En la segunda mitad de la profecía de Isaías, del capítulo 40 días del final del 66, se enfoca en la salvación y esta es mostrada como dependiente del Salvador. Y de este modo Isaías nos introduce a la sección que es acerca del Salvador. Existen otros lugares dentro de esta profecía donde se refiere al Salvador, en el capítulo 7se hace referencia al nacimiento virginal del Salvador. Y yendo al capítulo 9se identifica al Salvador de muchas formas maravillosas, el Poderoso Dios, el Príncipe de Paz, el Padre de la Eternidad, el Hijo que nos es nacido, y aquí se nos dice que sobre sus hombros está el gobierno eterno. Así es que hay mucho que tenemos que decir acerca del Mesías.

Profecías del Mesías

En particular en la segunda mitad de la maravillosa profecía hay cuatro poemas. Uno en el capítulo 42, otro en el capítulo 49, otro en el capítulo 50 y luego este tratamiento muy especial acerca del Mesías en el capítulo 53. Y en cada uno de estos cuatro capítulos Isaías nos dice cosas acerca del Mesías.

Ahora debemos recordar que todos estos fueron escritos 700 años antes de que llegara el Mesías, 700 años antes de Jesucristo Isaías está entregando esta profecía. No son profecías vagas acerca de Él, sino que son específicas, especialmente en el capítulo 53. En el capítulo 42, el Mesías es presentado bajo el título "el siervo de Jehová, el siervo del Señor, o el esclavo del Señor". La palabra que se usa para referirse a un esclavo en el hebreo es la palabra EBED. Este siervo, este Mesías, es el que vendrá, de acuerdo al capítulo 42, será elegido por Dios, el Espíritu Santo le dará poder. Él traerá justicia y rectitud al mundo. Él traerá la salvación al mundo. Él libertará a los prisioneros ciegos que están en los pozos de oscuridad del pecado. Esta es la forma en la que fue descrito en el capítulo 42. En el capítulo 49 aprendemos un poco más acerca de su humanidad, Él será un hombre. Incluso hay una referencia acerca de cómo es que nacerá de una virgen, salvará a Israel y traerá la salvación a las naciones del mundo, y finalmente será glorificado.

El capítulo 50 nos dice un poco más acerca de cómo será humillado. Y el capítulo 50 introduce este componente, Él sufrirá humillación a través de la cual aprenderá obediencia y finalmente será reivindicado. Pero cuando llegamos al capítulo 50 los detalles son más completos y más sorprendentes que aquellos que encontramos en profecías más tempranas. Conforme llegamos al capítulo 52 versículo 13 y hasta el 53 versículo 12 empezamos a enfocarnos en la venida del Mesías y está descrita con una precisión que nos hace entender que esto solo puede provenir de Dios, recuerden, 700 años antes de que suceda. Vemos la elección del Mesías y cómo bajó el poder del Espíritu Santo, vemos que traerá justicia y salvación al mundo, un hombre, nacido de una virgen, un hombre que aprende obediencia a través de la humillación, a través del sufrimiento, como el capítulo 50 lo indica, y también vemos al Mesías quien muere como un sacrificio por los pecados. Esto es lo que encontramos de manera única en el capítulo 53. Aquí en este capítulo, los judíos son avisados, 700 años antes de que el Mesías llegue a la tierra, acerca de quién será el Cordero sacrificial puesto por Dios. Esta declaración es hecha en el versículo 7. Él fue oprimido y fue torturado a pesar de que no abrió su boca como un cordero degollado y como una oveja que está en silencio delante de sus verdugos, así es que Él no abrió su boca. Es un cordero llevado al matadero. Y aquí no en términos vagos o términos inciertos, no de manera simbólica sino en una declaración directa se nos dice que el Mesías será sacrificado como un cordero llevado a la muerte y permanece en silencio del mismo modo que un cordero permanece en silencio.

Estas imágenes son algo con lo que los judíos están muy familiarizados y si escuchan esta profecía ellos pueden entender. Ellos vivieron en tiempos muy antiguos en una sociedad agraria, una sociedad que entendía sobre las cosechas, acerca de lo que eran los granos, y lo que eran los viñedos al lado de las montañas. Ellos también estaban muy familiarizados con todo lo que era el cuidado de animales y especialmente el cuidado de las ovejas, las ovejas eran la parte principal de su vida. Ya fuera por la lana que ellas producían, o por su carne, ellas eran de importancia vital en su sistema de vida. No solo las trasquilada sino que también se les servían de alimento. Eran trasquilaban y eran sacrificadas, esto es lo que era algo muy familiar en los tiempos antiguos de la tierra de Israel. Ellos mataban ovejas para comerlas y también las trasquilaban para fabricar sus ropas.

El sacrificio del Mesías

Aquí les es presentado su Mesías como el cordero sacrificado. El sacrificio es parte de una realidad, el cordero es una analogía. Aquí se está diciendo en el versículo 7 que el Mesías será oprimido, será afligido, estará en silencio, y será sacrificado. Él estará calmado y en silencio cuando sea sacrificado. Del mismo modo que una oveja está en silencio cuando está siendo sacrificada y en silencio también cuando ella está siendo trasquilada. Dos veces en el versículo 7 leemos que Él no abrió su boca.

Ahora recuerden a pesar de que este capítulo mira hacia delante a la muerte de Cristo, este también mira hacia atrás desde la conversión de Israel hasta el final de la historia de la humanidad, y esta es la razón por la que los verbos están en pasado. Él fue oprimido. Él fue afligido. Él no abrió su boca. Todas estas son perspectivas en tiempo pasado porque todo lo que se está diciendo acerca de la muerte de Jesucristo está siendo dicho no solamente mirando hacia adelante desde el punto de vista de Isaías, sino también viendo hacia Galaad desde la futura conversión de Israel cuando ellos vieron a aquel a quien ellos traspasaron, como dice Zacarías 12, y ellos lloran por Él como el primogénito. Esta es la perspectiva de la redención de Israel en el futuro, que aun no ha sucedido en la historia de la humanidad cuando ellos mirarán hacia atrás y se darán cuenta de que Él fue oprimido y afligido y fue llevado como un cordero al matadero. Él estuvo en silencio y todo esto por sus transgresiones así como el versículo 8 lo declara.

Así que nosotros tenemos la más maravillosa perspectiva en este capítulo; al mismo tiempo que es una profecía de la Cruz, esto es solamente en segundo plano una profecía de la Cruz, primariamente es una profecía acerca de la futura conversión de Israel y esto es lo que ellos van a decir cuando hagan una verdadera confesión y se arrepientan de haber rechazado a Jesucristo, y afirmen su fe en Él como su Salvador y Redentor. Esto es lo que ellos digan; las palabras de Isaías 53 son su confesión. De este modo es una profecía sorprendente que mira más allá de la Cruz y también más atrás de la Cruz, describiendo no solo la futura confesión de Israel, sino que también la futura salvación de Israel y estas son las mismísimas palabras que ellos van a decir; pero de manera secundaria, da detalles acerca de la Cruz la cual ellos confesarán y por medio de la cual todos nosotros los que somos creyentes ya hemos llegado a confesar. Esto es lo que Israel confirmará un día en el futuro cuando tengan una perspectiva correcta acerca de Jesucristo; nosotros los que somos creyentes en esta generación tanto judíos como gentiles ya lo hemos afirmado. Nosotros somos salvos debido a que hemos creído que Él fue traspasado por nuestras transgresiones, versículo 5. Nosotros somos salvos porque hemos creído que Él fue azotado por nuestras iniquidades, esto fue para que el castigo que recibió Él nos beneficiara y por medio de su llaga nosotros fuésemos sanados. Nosotros somos salvos porque de acuerdo al versículo 6 nosotros creemos que el Señor causó que la iniquidad de todos nosotros cayera sobre Él; nosotros somos salvos por lo que dice el versículo 8, es decir creemos que fue traspasado por nuestras transgresiones. Nosotros creemos que, de acuerdo al versículo 10, el Señor se agradó en azotarlo, pasarlo por sufrimiento para que se convirtiera en una ofrenda que cargará con la culpa de nuestros pecados. Nosotros creemos, de acuerdo al versículo 11, que Él justificó a muchos al llevar sus iniquidades. Al final el versículo 12 nosotros creemos que Él llevó los pecados de muchos e intercedió por nuestras transgresiones.

La salvación de Israel

Para ser cristiano, uno debe de creer en el sacrificio vicario y sustitutorio de Cristo, Él tomó el lugar de nosotros en la cruz. Pero llegará un día cuando toda la nación de Israel creerá. Zacarías nos dice que habrá aproximadamente 2/3 de la nación que no creerán, serán juzgados por Dios, y permanecerá solamente un tercio, del cual se hablará de una conversión nacional por medio de un acto soberano de Dios; si tomamos el número aproximado de judíos que existe en la actualidad, estamos hablando de 15 millones de judíos, esto es 5 millones de judíos que en un solo momento, en el futuro, llegarán a la fe en Jesucristo bajo el poder soberano de Dios. Y por cierto, sin importar lo que esté ocurriendo en el panorama mundial, sin importar mucho acerca del poder nuclear en el Medio Oriente, sin importar cuántas bombas puedan elaborar los iraníes y sin importar que su objetivo sea Israel, no lo destruirán, ellos no van a poder destruir a Israel porque Dios tiene una salvación futura para ellos y esto está escrito con muchos detalles dentro de la Escritura. Su salvación es prometida en Jeremías 31. También es prometida en Ezequiel 36, como nosotros hemos podido observar, esta es la promesa que hay en Zacarías 12 y 13, y es lo que está siendo prometido aquí en Isaías 53, estas son las mismísimas palabras de su confesión. Pablo reitera todo esto en Romanos diciendo: "entonces todo Israel será salvo".De este modo entendemos que cualquier cosa que suceda en la historia inmediata del Medio Oriente, Dios preservará a su pueblo para su salvación final. Hay muchos ataques en esas tierras, hay muchos ataques devastadores en ese lugar, pero va a haber un remanente de Israel que va poner su fe en Cristo en el futuro. Aquí es donde ellos se enteran, por medio de la profecía, que su Mesías será sacrificado. Esto no es lo que ellos esperaban. Ellos esperaban que llegara como Rey, pero antes de que venga como Rey la segunda vez, tiene que venir por primera vez como el Cordero. Antes de que Él venga a vivir y reinar, Él tiene que venir a morir.

El sacrificio aceptable

A través de toda la historia de los judíos vemos que ellos estaban muy familiarizados con el sacrificio de animales. Toda su historia iniciando desde el Levítico, cuando ellos fueron instruidos acerca de lo que Dios quería que ellos ofrecieran, principalmente sangre para sacrificio, lo cual no era nada nuevo para ellos en ningún sentido (esto puede ser trazado desde el momento en que se ofrece a Dios sangre como sacrificio, y también yendo hasta Abraham donde se le dice que tiene que ofrecer a su hijo en el altar, y así como Abraham levantó el cuchillo para clavarlo dentro del corazón de Isaac, su mano fue detenida por Dios y al mismo tiempo Él le proveyó un carnero para el sacrificio). Ellos habían sido instruidos acerca de cómo era que el pecado causaba la muerte, esto es en esencia lo que es el pecado, él moriría como lo dice el profeta. Y también que debe de haber una muerte como pago por el pecado; alguien tiene que morir. Y la demostración de esto está en todo animal que se sacrificó a través de toda la historia de Israel. Esto significaba que el pecado requería una muerte y Dios estaba deseoso de proveer un sustituto inocente el cual moriría en lugar del pecador. El perdón del pecado no podía ser obtenido de Dios fuera del sacrificio sustituto y aceptable de una víctima inocente.

Ellos habían sabido desde Abraham, en Génesis 22, que Dios proveería un sacrificio. Ya desde los tiempos de Abraham ellos pudieron haber visto hacia adelante para saber quién finalmente sería este sacrificio. Los animales nunca fueron un sacrificio satisfactorio, estos eran sacrificados por miles en cada Pascua desde Éxodo 12 en adelante, hasta la destrucción del templo en el 70 d. C. por los romanos. Había animales sacrificados todos los días en el templo y en el tabernáculo, cada día en el sacrificio de la mañana y en el sacrificio de la tarde. Y también había sacrificios personales, de acuerdo a Levítico 5, la gente tenía que traer sus propios sacrificios, entonces estos eran matados, y la mayoría de estos animales eran corderos; todo esto durante toda la historia de Israel. Había una forma común de ver a los sacerdotes, y se veían literalmente como carniceros, esto es lo que ellos eran esencialmente; cuando iban a ejercer su oficio sacerdotal en el templo ellos descuartizaban animales durante todo el tiempo que estaban ahí. Les llegaba la sangre hasta los tobillos día tras día y Dios les estaba presentando el símbolo que decía que los pecados requieren la muerte. Y los judíos fieles con verdaderos corazones arrepentidos, vendrían y entenderían y ofrecerían sacrificio, y por medio de su sacrificio estarían diciendo: "Sé que mi pecado requiere muerte. Yo sé que yo no soy justo, me arrepiento y te pido que me perdones en base a esta obediencia al ofrecer un sacrificio". Ellos no eran salvados por este ritual, no eran salvados por el sacrificio, eran salvados por medio del arrepentimiento y su confianza en que Dios sería misericordioso hacia ellos a través de este sacrificio que vendría y lo satisfaría. Esto era lo que simbolizaban estos animales.

Ellos entendían perfectamente que no había perdón, sabían que no había satisfacción en el animal; ¿y cómo entendían esto? Porque tan pronto como ofrecían un sacrificio ya era tiempo de ofrecer otro. Cada día del calendario se elevaban sacrificios, en el día de la expiación (Yom Kipur), sacrificios en la Pascua y sacrificios personales, y ellos sabían que esto nunca, nunca se acabaría. De este modo sabían que no había llegado un sacrificio satisfactorio; aun cuando ellos eran verdaderos judíos, verdaderos israelitas, y un tipo de israelitas que conocían y adoraban a Dios en verdad, entendieron que ellos eran pecadores, que estaban torcidos, que eran impíos y que se merecían la muerte; éstos venían en penitencia y obediencia haciendo lo que Dios les había dicho, y pidiendo a Dios misericordia y gracia, y esperando que Dios proveyera el sacrificio aceptable para Él.

Ellos nunca hubiesen esperado que el sacrificio final y aceptable hubiese sido no otro que el Mesías quien, por cierto, es presentado aquí como el siervo desde el 52:3. Él sería prosperado en lo alto y elevado grandemente para ser exaltado. De acuerdo al versículo 15, asombra a muchas naciones y reyes cerrarán la boca delante de Él. Esto será algo sorprendente, poderoso, de mucha influencia, algo que sorprenda ya que es un individuo altamente exaltado.

Al final del capítulo 53 Él recibirá una porción con los grandes y dividirá el botín con los fuertes. Ellos tenían esta visión acerca del Mesías como un Rey, un gobernante exaltado, un gran Rey, el Rey de Reyes. Pero ahora se dan cuenta de que antes de que Él sea instalado como Rey, va a ser asesinado. ¿El Mesías asesinado? Como un cordero. Y si ustedes han tenido una experiencia parecida saben que cuando una oveja va a ser sacrificada lo hace en silencio. Yo tuve esta experiencia cuando estuve en Nueva Zelanda y en Australia. Ellos tienen una oveja que la llaman Judas. Este es el nombre de la oveja que guia a todas a ser sacrificadas. Todas ellas siguen a la oveja denominada Judas a través de un corredor de madera o de metal para enfrentar su muerte, y en una escena completamente en silencio, conforme van a ser degolladas una tras otra. Y sucede lo mismo cuando son trasquiladas, ellas se encuentran en silencio. Me he sentado horas y he observado la sorprendente trasquiladura de ovejas y he quedado maravillado con el silencio de ellas. La imagen aquí es la del Mesías siendo degollado y permaneciendo en silencio como una oveja va en silencio cuando es degollada; esta es la imagen que aquí se nos muestra. La realidad es que el Mesías será llevado al matadero para ser degollado. La analogía es así como las ovejas, Él estará en silencio en su muerte.

Ninguno de los sacrificios que se llevaron a cabo antes de la muerte del Mesías satisficieron a Dios, pero una vez que Cristo fue sacrificado, el velo del Templo fue rasgado de arriba abajo, y todos los sacrificios que se hicieron después no tuvieron ninguna validez, incluso Dios destruyó el templo usando a los romanos en el año 70 d. C. Los sacrificios terminaron debido a que el sacrificio que Dios había elegido ya había sido ofrecido.

Por eso nosotros leemos en el verso 7 que Él está calmado y en silencio. Nosotros podemos llamar a este mensaje el siervo sacrificado, o bien el siervo en silencio, o el siervo sacrificado en silencio.

El último profeta del Antiguo Testamento

El último profeta del Antiguo Testamento, Juan el Bautista, un hombre sorprendente, fue un profeta aislado. No hubieron otros profetas aparte de él en 400 años y llegó él después del último que hubo. Podemos decir que él está actuando fuera de tiempo o bien que es algo fuera de lo normal. Él no debió haber vivido ya que su madre y su padre eran estériles, Zacarías, el sacerdote, y Elizabeth; eran de edad avanzada y su capacidad para engendrar hijos ya había cesado, y Dios de manera milagrosa permitió que ellos tuvieran a este hijo que fue llamado Juan el Bautista. Pero algo mucho mejor que esto es identificar a Juan como el bautizado, porque de ahí es de donde toma su nombre. En el tiempo que él se encontraba en el vientre de su madre fue llenado con el Espíritu Santo, de este modo Dios tenía algo muy especial para él y eventualmente llegó a ser, como ustedes saben, el que iba antes que el Mesías. Jesús dijo que él había sido el más grande humano que jamás hubo vivido en sus tiempos. No porque él fuera más listo que los demás, no porque fuera más noble que los demás, o más moral, o más espiritual, o más justo, sino porque él tuvo la más grande tarea que ningún otro ser humano jamás había tenido. Su grandeza está conectada con los privilegios de su deber que era apuntar a la gente hacia el Mesías. El es del cuál Isaías escribió, en Isaías 40:3-5, "Es la voz de uno que clama en el desierto, diciendo, enderecen sus caminos dice el Señor". Él es aquel del que escribió Malaquías, caps. 3 y 4, donde nos dice que cuando el Mesías finalmente llegue, entonces habrá uno que venga delante de Él para anunciar su llegada. Este es un heraldo prometido, un predecesor prometido, el profeta que identifica al Mesías.

Y llegó este dramático momento cuando Juan el Bautista y Jesús estuvieron cara a cara en un lugar público, cuando Jesús estaba a punto de iniciar su ministerio, cuando estaban en el Jordán, que la gente decía vamos allá para ser bautizados por Juan, porque estaba diciendo que el Mesías ya estaba ahí. El Mesías está aquí, preparen sus corazones, preparen sus corazones; estaba predicando el reino y su justicia y diciéndole a la gente que se preparara, él estaba ofreciendo este bautismo, el cual era un símbolo de su deseo de ser limpiados. Cantidades masivas de gente llegaban allí hasta que un día Jesucristo se mostró ante ellos, ¿y cómo presenta Juan a Jesús? Él no dijo: "He aquí su rey"; si no que dijo: "He aquí el Cordero de Dios que quita el pecado del mundo" (Juan 1:29). Y esto sale precisamente de Isaías 53 que es donde por primera vez se está señalando así al Mesías. Al día siguiente nuevamente Cristo está ahí cara a cara con Juan y de nuevo dice: "He aquí el Cordero de Dios" (Juan vv. 35-36). Juan no tiene necesidad de explicar nada porque ya hay demasiada información en Isaías 53 como para entender que el Mesías vendrá como el cordero y será el sacrificio por el pecado, uno que será degollado y que permanecerá en silencio a pesar de que será llevado al matadero. Israel tendrá a su Rey exaltado y vivo, pero solo después de que haya muerto y haya sido el cordero rechazado. La imagen aquí es tan prosaica que en el versículo 6 dice: "Todos nosotros nos descarriado como ovejas, cada cual se apartó por su camino". Esta es la imagen de la humanidad pecadora, nosotros somos ovejas que nos hemos descarriado. Así que el siervo es como uno de nosotros, un cordero, para que Él pueda convertirse en el Cordero sacrificial; para salvar a sus ovejas.

El silencio del Mesías

Ahora vamos a enfocarnos en los versículos 7 al 9, no para concluir, sino porque es lo que sigue antes del final; la cuarta estrofa dentro de las cinco que construyen este sorprendente pasaje. Y el énfasis primario en estos versículos es el silencio, o bien si ustedes me lo permiten, su misión y disposición a obedecer. Este es el siervo sufriente de Jehová, sufriendo hasta la muerte de manera voluntaria. Aquí es donde Él experimenta el "no se haga mi voluntad sino la tuya", clamado cuando estaba en el huerto. Podemos decir que la boca del Mesías es ahora la protagonista. En el versículo 7 "Él no abrió su boca", esto lo dice dos veces. Y en el versículo 9 "no hay engaño en su boca"; Él está en silencio en su juicio de acuerdo al versículo 7. Él está en silencio en su muerte, esto es lo que nos dice el versículo 8. Y desde luego que Él está en silencio durante su sepultura, y esto es lo que dice el versículo

9. Aquí nuevamente vemos que esto será en el futuro, Israel va a mirar hacia atrás y se dará cuenta de que su silencio era para mostrar su deseo de ser sacrificado, como lo dice el versículo 8, "por la rebelión de mi pueblo, mi gente por la cual sufro esto". Entonces los israelitas tendrán una visión totalmente diferente de lo que es su juicio y su muerte y su sepultura.

Ahora, hay algo que debemos decir en un sentido más amplio. Este capítulo es crucial para cualquiera que quiera presentar un evangelio de manera fiel, porque el lenguaje aquí es el lenguaje del Evangelio. Déjame mostrarte lo que quiero decir. Mucha gente quiere hablar acerca de Cristo, hablar acerca de lo que significa creer en Jesús, hablar acerca de lo que significa aceptar a Jesús como Salvador, hablar acerca de permitir que Cristo tome control de sus vidas; y esto es todo verdad y está bien, pero el lenguaje de la verdadera salvación es el lenguaje de Isaías 53, cuando los judíos en una generación futura, o cuando tú y yo en esta generación, miremos hacia Jesucristo, así es como tenemos que verlo. No como maestro, no como una especie de salvador benigno, a pesar de que Él es un maestro y en efecto Él es el Salvador, pero tenemos que ver a Cristo en el lenguaje del sacrificio; espero que lo entiendas de este modo. La frase que opera aquí tenemos que verla en el lenguaje de sacrificio; estamos escuchando la confesión de los judíos en el futuro y la confesión de cualquier persona que verdaderamente se está convirtiendo en este tiempo presente. ¿Cuál es esté lenguaje? Vamos nuevamente al versículo 3: despreciado, desechado, varón de dolores, experimentado en quebranto, menospreciado, no lo estimamos, sufrió dolores, fue azotado, herido, abatido. Versículo 7: angustiado, afligido, no abrió su boca, fue llevado al matadero. Versículo 8: oprimido, enjuiciado, cortado de la tierra de los vivientes, esto significa que fue muerto, y herido al final del versículo. Versículo 10: Jehová quiso quebrantarlo, sujetándole a padecimiento. Él se convirtió en una ofrenda por la culpa, versículos 11-12, llevando la iniquidad, llevando el pecado. ¿Qué es lo que estoy diciendo?

El Evangelio es acerca del pecado, y es acerca del juicio, y es acerca de sacrificio sustitutorio, y es acerca de la muerte, y es acerca de sangre derramada. El Evangelio es acerca de opresión, aflicción, juicio, ejecución, de ser golpeado; es acerca de iniquidades, transgresiones, pecados; este es el Evangelio. Esta es la forma en la que nosotros tenemos que entenderlo y explicarlo.

¿A quién se está haciendo referencia aquí? ¿Quién sufre este juicio descrito en el versículo 7, juicio que lo lleva a la muerte como lo describe el versículo 8, y una sepultura como la descrita en el versículo 9? ¿Quién es este? ¿Quién es este sufriente y humilde siervo de Jehová? ¿Quién es este hombre inocente, sin pecado, paciente, deseando pasar por todo esto voluntariamente, y afligido con esta muerte brutal? ¿Quién es este?

Solo existe una posible respuesta, y este es el siervo de Jehová quien es el Mesías, quien es Jesús. Él no cae en una maraña de circunstancias que están fuera de control, sino que está en silencio aceptando todo lo que está sucediendo. Ahora el Mesías no dice nada en Isaías 53, no pronuncia ninguna palabra. Él está en silencio, sufriendo como un siervo. No dice nada, no hace nada, sino que simplemente permite que le pase todo a Él. Lo hace de manera voluntaria, como un vicario, esta es la muerte substitucional del siervo de Jehová.

Ahora veamos por un momento el versículo 7, el primero de estos tres, y veamos cómo es presentado aquí el juicio de Jesús. ¿Cómo sabemos esto? Versículo 7: "él fue oprimido". Él a sí mismo, como lo dice literalmente en el hebreo, se oprimió a sí mismo de manera enfática. Esta es una palabra que nos hace pensar solamente en brutalidad; no lleva a pensar en esclavitud; es una palabra que se refiere a ser arrestado, y ser abusado. Es tan severa, como severo fue el trato que le dieron cuando fue arrestado y acusado, de acuerdo al versículo 14 del capítulo 52, el cual nos dice que su apariencia fue desfigurada por los hombres al grado que ni siquiera parecía un hombre. Ni siquiera parecía humano.

Y acabaron con él, en términos físicos, por la golpiza que recibió en todo su cuerpo, y el abuso que recibió en su cabeza y en su cara por la corona de espinas, y los palos con los que lo golpearon en la cara, lo esculpieron, y la sangre escurriendo por su cara, ni siquiera parecía humano.

Después de ser azotado estaba bañado en sangre, y estando tirado al momento de su tortura se veía la angustia en su rostro por la emoción del momento. Todo empezó con su arresto a la medianoche en el huerto. Continuó a través de esos juicios llenos de burla, de falsos testimonios, ahí estaba siendo abusado de manera psicológica, y esta fue la tortura por la que pasó. La salvaje injusticia de llevarlo ante los romanos, y la forma en la que lo amarraron y abusaron de él físicamente, desde el arresto en el jardín hasta su juicio en la casa del sumo sacerdote, tratando de inculparlo por medio de falsos testigos que estaban diciendo mentiras. Delante de Herodes, delante de Pilato y en todos estos juicios por parte de los judíos y de los romanos, no pudieron imputarle ningún crimen, no se dio ninguna prueba, nunca se estableció su culpabilidad. De acuerdo con Lucas 23:15, Herodes lo declaró inocente. Tres veces en Lucas 23 Pilato dice que Él es inocente, tres veces, y él era el gobernador. Así que este era el veredicto legal, tres veces inocente. Y aun los líderes de Israel, los líderes judíos con el consentimiento de la gente, presionaron a Pilato cambiar su declaración de triple inocencia de Jesús por una de ejecución. Esto es lo que vemos en Lucas 23:25. Esto es lo que vemos en el versículo 7, Él fue oprimido.

Y luego se nos dice que Él fue afligido, pero este es un verbo en tiempo pasivo y tiene que ser visto un tanto diferente, un poco más de cerca. Él permitió que él mismo fuera afligido. Esta es la manera en la que tendríamos que traducir un verbo en pasivo. Pasivo significa que la acción sucede hacia la persona descrita, no es la persona ejecutando la acción sino recibiendo la acción del verbo. Esto también puede significar, y puede ser traducido de manera correcta, como se hace en Éxodo 10:3; él se humilló a sí mismo. Que es otra manera de decir que él permitió que él mismo fuera afligido. Pablo pudo haber tenido en mente esta misma frase cuando escribió Filipenses 2:8, "se humilló asimismo, haciéndose obediente hasta la muerte, y muerte de cruz". Esta también puede ser la reflexión directa que se está haciendo en Isaías 53:7.

Esta no es una persona siendo torturada de manera normal. Pero tampoco la persona torturada está actuando de manera normal. Normalmente alguien que es oprimido, torturado y que es inocente y que sabe que esta es una injusticia total, grita y se queja acerca de la injusticia que está sufriendo, e implora justicia porque se sabe inocente. Pero no sucede así con el siervo de Jehová, Él no dice ni una sola palabra: "No abrió su boca". A pesar de que todo esto era algo malo, una justicia torcida y malvada en su contra; no solo en contra de un hombre inocente sino en contra de un hombre perfectamente santo y justo, Él no abrió su boca. Los pecadores no sufren en silencio; no lo hacemos. Somos culpables y a pesar de ello cuando nosotros sufrimos a causa del pecado, nosotros lloramos y gritamos como David lo hizo en el Salmo 32 y en el Salmo 51. "Contra ti, contra ti solamente por el pecado. Límpiame, purifícame, hazme limpio" este es el clamor de un pecador que se sabe culpable.

Job es el ejemplo del llanto de un pecador inocente, quien en repetidas ocasiones clama por su inocencia. En Job 7:1-13, todo el tiempo está diciendo: "Dios, ¿qué está pasando? Yo soy un hombre inocente. Yo no soy culpable de lo que mis propios amigos me están acusando". Los pecadores no sufren en silencio. Cuando nosotros sufrimos debido a la culpa, clamamos a Dios por perdón. Y cuando sabemos que estamos sufriendo siendo inocentes clamamos a Dios y le preguntamos ¿por qué? Pero este es alguien que sufre en silencio. Él fue literalmente atrapado a la media noche cuando se encontraba en el huerto de Getsemaní. Llegaron ante Él, de acuerdo a lo que nos dice el Nuevo Testamento, con muchísima policía que provenía del templo, de los líderes religiosos y soldados romanos para arrestarlo, fue cazado literalmente como un tipo de animal nocturno. Es arrestado; es traicionado por Judas; es llevado bajo custodia, maltratado, torturado, atormentado, acusado en todas las formas imaginables e inimaginables y entonces es llevado para ser ejecutado sin resistencia, sin ninguna queja.

Cuando fue llevado delante del sumo sacerdote, dice Mateo capítulo 26, que Él estaba en silencio. En el siguiente capítulo, Mateo 27, dice que Él fue llevado delante del sumo sacerdote, los escribas y, ancianos, y estaba en silencio. En Marcos 15 es llevado delante de Pilato y Él estaba en silencio. En Juan 19 se nos dice algo similar, en Lucas 23 llevado delante del rey por parte de los romanos y nuevamente lo vemos en silencio; Él estaba en silencio delante del sumo sacerdote, delante del sanedrín; Él estaba en silencio delante de Pilato; Él estaba en silencio delante de los hombres. No dijo una palabra en su defensa o para argumentar acerca de su inocencia.

Isaías nos dice que Él fue como un cordero que era llevado al matadero. Y que era como una oveja que está en silencio delante de sus verdugos, así fue como Él no abrió su boca. Y podemos notar que el asunto principal aquí es cómo está deseando morir voluntariamente, que este no es un plan que se salió de control, sino que 700 años antes Jesús es mostrado en esta profecía, que es completamente clara, cómo sucedería cuando llegara a la tierra como un cordero para ser degollado. Y cuando llegó, antes de comenzar su ministerio, Juan dice, "He aquí el Cordero de Dios que quita el pecado del mundo". Y esto significa que Él debe ser un Cordero sacrificial porque el pecado solamente puede ser removido a través de la muerte del sacrificio substitucional.

Cuando Jesús murió al final de sus tres años de ministerio, no fue de la manera que algunos tratan de demostrar, como algo bueno que se salió de control. Esa fue la razón por la que Él vino en primer lugar, a morir. Él pudo haber dicho muchas cosas delante de sus acusadores. La realidad es que pudo haber dicho muchísimas cosas al sumo sacerdote, y a todos los integrantes del sanedrín. Pudo haber dicho muchas cosas a Pilato, a Herodes; pero no lo hizo. Este era el silencio del sometimiento a la voluntad de su Padre, pero también era el silencio de un juicio. Era como si dijera, ustedes no escuchan y yo no tengo nada que decirles. Cuando hablé acerca de la vida y de la salvación, cuando hablé acerca del perdón y del reino de Dios, no me escucharon, y ahora no tengo más que decirles.

Él estaba en completo silencio durante su juicio. Y en el verso 7 se nos dice en la parte final: "no abrió su boca". Él no solo está aceptando un juicio injusto por parte de los hombres, sino que también estaba aceptando el juicio justo por parte de Dios a nombre de los pecadores injustos, para que de esta forma ellos puedan ser justos. Ningún sacrificio fue nunca tan perfecto; nunca hubo un sacrificio tan puro. Él es el que no cometió pecado, el Cordero de Dios sin mancha, aceptable para Dios, elegido por Dios para morir por los pecadores. Esto se encuentra aquí, esta es la soteriología del Antiguo Testamento y está en su clímax. Este es el punto más elevado en el Antiguo Testamento, el Mesías es el sacrificio, sacrificado por Dios a nuestro favor. Él es el siervo de Jehová; Él es el esclavo de Jehová; y su servicio requería que muriera, que fuera castigado para nuestro beneficio, para que por su llaga todos nosotros seamos sanados, que recibiera todos los golpes que le dieron por nuestras iniquidades, que fuera traspasado por nuestras transgresiones. Cómo el versículo 8 dice, para que Él fuera cortado de la tierra de los vivientes a causa de nuestras transgresiones y por nosotros fue herido.

Este es el mensaje del Evangelio, y es el mensaje del pecado y del juicio, de la muerte del sacrificio; el siervo de Jehová que está sufriendo en silencio sometido y que va a ser sacrificado, toma en sí mismo el castigo de Dios a causa de la enorme deuda moral de los elegidos. El paga el precio del rescate de todos los elegidos de la historia de la humanidad con su vida. Ahora este es el verso 7; este es el juicio que nos lleva hasta su muerte en el versículo 8. Pero eso va a continuar. Nosotros roguemos en silencio en su muerte y aun en silencio de su sepultura, versículo 9. Inclinémonos en oración.

Oración

Estamos sorprendidos y maravillados por el sacrificio de Cristo. Estamos sorprendidos por el hecho de que Tú hayas aplicado este sacrificio a nuestro favor aun cuando no lo merecíamos. Cuál es la razón por la que Tú nos has elegido a nosotros de entre todo el mundo para ser los recipientes de este poderoso cumplimiento que va más allá de toda comprensión, esto va más allá de nuestra adoración. La razón por la que te amamos, por la que te alabamos, por la que te adoramos, por la que nos presentamos delante de Ti hoy. Y es esta gran realidad a la que Tú nos has llamado para proclamar hasta los rincones más lejanos de la tierra, que cualquiera que invoque el nombre del Señor será salvo, judío o gentil. Hoy es día de salvación. Este es el tiempo aceptable. Sí, habrá un tiempo en el futuro, al final de la historia de la humanidad, cuando la nación de Israel será salvada; pero mientras esto ocurre, en lo que esperamos que esto ocurra, cualquiera que invoque el nombre del Señor será salvo. El Evangelio es poder de Dios para salvación a todo aquel que cree, judío o gentil.

Te pedimos Señor que el día de hoy atraigas a muchas personas delante de ti, judíos o gentiles, de entre los que están sentados y escuchando. Que este sea el momento cuando ellos salen de la oscuridad y se dirigen hacia la luz, que salen de la muerte para tener vida, que salen de la confusión hacia la claridad, que salen de la ignorancia para ir hacia el conocimiento, para que tengan vida nueva. Que ellos sean atraídos hacia Cristo, por el irresistible poder de tu Espíritu Santo. Que este sea el día de su salvación.

Padre haz este trabajo en sus corazones para tu gloria, para tu honor, para que el cielo se pueda regocijar cuando un pecador se arrepiente. Oramos esto para que Tú puedas ser honrado de esta manera, para que Tú puedas ser exaltado en el nombre de Cristo. Amén.

EFLEXIONES PERSONALES

05_El Siervo en Silencio. Parte 2

Angustiado él, y afligido, no abrió su boca; como cordero fue llevado al matadero; y como oveja delante de sus trasquiladores, enmudeció, y no abrió su boca.

Por cárcel y por juicio fue quitado; y su generación, ¿quién la contará? Porque fue cortado de la tierra de los vivientes, y por la rebelión de mi pueblo fue herido.

Y se dispuso con los impíos su sepultura, mas con los ricos fue en su muerte; aunque nunca hizo maldad, ni hubo engaño en su boca.

Isaías 53:7–9

BOSQUEJO

— Introducción

— Recapitulación

— El Cordero sacrificado

— El Cordero en silencio

— El juicio del Cordero

— El Cordero sepultado

— Oración

NOTAS PERSONALES AL BOSQUEJO

SERMÓN

Introducción

Estamos en Isaías 53, y voy a tener que iniciar pidiéndoles una disculpa por el hecho de que esto se está prolongando demasiado; pero si ustedes tan solo supieran todo lo que tengo que decir y que no puedo debido a que el tiempo me limita, entenderían. Literalmente he estado viviendo con este capítulo durante meses, buscando encontrar cual es el hilo que une toda la idea desde el comienzo hasta el final. Y he encontrado que hay tantas maneras para explicar este capítulo; hay tantas cosas que se originan en Isaías 53 que encontramos muchos caminos, muchas formas que nosotros podemos seguir para buscar explicarlo, pero a veces las rutas y los caminos que encuentro literalmente se convierten en un camino sin fin. Te digo esto porque este es un capítulo literalmente sin fondo, no puedo encontrar su profundidad, no puedo encontrar su anchura y no puedo encontrar su altura.

Estaba leyendo un libro esta semana acerca de Isaías 53 donde el escritor decía: "Las palabras literalmente colapsan bajo el peso de este capítulo". Y yo comprendí que, simplemente no hay palabras suficientes para poder describirlo; es tan vasto, tan inmenso que no hay suficiente vocabulario para describirlo. Este es un capítulo que, en un sentido, llega a un punto en donde sientes el peso de este sin que seas capaz de poder expresarlo. Y esto es algo que les sucede a los predicadores, y más particularmente es un problema que me sucede a mí, ya que a veces me siento limitado en cuanto a mi habilidad para expresarme, y es entonces cuando me encuentro de alguna manera frustrado, pero al mismo tiempo trato de ir una vez más a repasar todo lo estudiado y enriquecer las cosas de las cuales nosotros ya hemos hablado, todo esto con la idea de no dejar nada sin decir o bien para decir lo que se debe acerca de este capítulo.

Esta porción de la Escritura es de mucho peso. Puede que no haya otro pasaje como este en toda la Santa Escritura, al menos en mi mente. Es tan pleno, tan denso, y a la vez es una presentación tan claramente detallada del Señor Jesucristo en su vida, en su muerte, en su sepultura, en su resurrección, en su exaltación y en su intercesión, que trasciende cualquier otro pasaje del Antiguo Testamento. La complejidad de este capítulo es sorprendente al grado que lo deja a uno sin palabras. El texto, empezando con el capítulo 52, verso 13, empieza con un viaje que no tiene paralelo dentro de la Escritura. Empieza con la relación eterna que ha tenido el Señor con el Mesías, con su hijo, y luego nos lleva a la gloria exaltada al final cuando el Hijo ha cumplido completamente su trabajo como Redentor. Y durante este viaje, nos llevará hasta la parte más baja de la humillación del que llevó nuestros pecados, a través de todos los eventos de su vida, a través de los eventos de la Semana Santa, la Cruz, la resurrección, la tumba vacía, y nos eleva hasta las glorias del cielo y su trabajo intercesor que continúa hasta hoy. Esta es la historia completa del Mesías, la cual es tratada aquí con una sorprendente cantidad de detalles que nos deja maravillados cuando consideramos que esto fue escrito, completamente, por la pluma de un profeta inspirado por Dios 700 años antes de que Cristo llegara a la tierra.

No solamente está presentado el trabajo de Cristo aquí, como ya dije, desde su vida, el momento de su encarnación, hasta su intercesión y todo lo que queda en medio, sino que también está la naturaleza misma del Mesías presentada mediante el Siervo, y para que podamos ver esto quiero que vayamos al inicio de este texto: capítulo 52, verso 13. Voy estar dando vueltas alrededor de esto, debido a que no puedo dar todo lo que hay dentro de estos versículos conforme lo leemos en una primera vez. Así es que debo volver al inicio donde todo esto comenzó; Dios habla al inicio y al final de esta maravillosa sección. Dios es el que está hablando en el inicio del capítulo 52, verso 13 al 15, y Dios es el que está hablando al final de la segunda mitad del versículo 11 y al final del verso 12. Así que Dios está presentando al Siervo y concluyendo este relato de su Siervo. Dios lo presenta e identifica su naturaleza aquí con las primeras palabras en el versículo: "He aquí mi siervo", este es el título que lleva el Mesías, y hay muchas referencias a Él como el Siervo del Señor en esta sección de Isaías. Existen cuatro capítulos acerca del Siervo, esto es *ebed Yahweh*, el Siervo de Dios: capítulo 42, capítulo 49, capítulo 50, y ahora esta sección aquí. Todas estas describen al Mesías como el Siervo del Señor.

En las primeras porciones de Isaías, Israel es identificado como el siervo del Señor, siendo un siervo completamente infiel, es pronunciado el juicio contra ellos. Pero en el futuro, el Señor tendrá a un Siervo quien es fiel, quien es nada menos que el Mesías. En el versículo inicial, su naturaleza, su persona, es identificada. Él será prosperado, será engrandecido y exaltado en gran manera. Tres verbos, tres verbos que hablan acerca de su naturaleza, prosperado, engrandecido y exaltado. Esto nos muestra su relación eterna con Dios el Padre porque estos tres verbos aparecen solamente en otro lugar dentro del libro de Isaías, y esto es en el capítulo 6 de Isaías donde estos tres verbos aparecen ahí para describir a Dios en su trono "alto y sublime y quien es Santo, Santo, Santo", en esta sección de Isaías son usados de este modo los mismos verbos para describir a Dios el Padre.

Aquí son usados para describir al Siervo de Dios, al Esclavo de Dios, el Mesías, y por lo tanto ellos nos presentan al Mesías como uno que tiene el mismo tipo de exaltación, el mismo tipo de grandeza y el mismo tipo de posición (prosperado). Y esto es para decirnos que lo mismo que puede ser dicho acerca de Dios el Padre, es lo que se dice acerca del Siervo del Señor.

Una combinación de verbos que describe al Señor YAHWEH también describe al Siervo de YAHWEH. Esto es para decir lo que Pablo dijo, que en Él habita toda la plenitud de la deidad corporalmente. Esto es para decir lo que nos habla el escritor de Hebreos, que Él es el resplandor de su gloria y que es la exacta representación de su persona. Esto es para decir lo que el mismo Jesús dijo: "El que me ha visto a mí, ha visto al Padre. Yo y el padre uno somos". Y de este modo el Siervo es identificado al inicio del versículo por Dios mismo como uno que es igual a sí mismo, igual en cuanto a posición, igual en cuanto a exaltación, igual en cuanto a grandeza. Entonces no es difícil entender que estamos hablando de Dios mismo encarnado, el Siervo de Dios no es otro que el Hijo de Dios encarnado. El Hijo de Dios es exaltado ahí en el versículo con el que inicia esta sección.

E inmediatamente, a continuación en el versículo 14, vemos que Dios lo presenta a Él como uno que será, a pesar de ser exaltado y Dios en cuanto a naturaleza, que será humillado, versículos 13 y 14. La transición es realmente sorprendente. Muchos estaban atónitos con Israel, pero ellos quedarán mayormente sorprendidos cuando vean la apariencia del Dios/hombre deformado más que cualquier otro hombre o cualquier otro hijo de hombre. Esta es la humillación de la cual nosotros sabemos a través de las palabras de Pablo en Filipenses 2, que Él tomó la forma de Siervo, hecho a la semejanza de hombre, se humilló asimismo hasta la muerte, hasta la muerte de Cruz. Los horrores del maltrato, incluyendo su crucifixión, son las desfiguraciones que Dios Padre nos revela que ocurrirán en el futuro a través de este profeta Isaías.

Cuando esto termine, dice el verso 15, Él asombrará a muchas naciones pero ahora nosotros esperamos su Segunda Venida, cuando regrese después de su muerte y su resurrección, reyes cerrarán sus bocas ante Él, porque cuando regrese verán cosas que nunca antes se habían visto y escucharán cosas que nunca antes se habían escuchado, así que conforme Dios presenta a su Siervo, lo presenta como Dios, como siendo humillado y como siendo exaltado; la palabra que encuentra en el versículo 13, prosperado, es la afirmación de Dios de que Él tendrá éxito.

Y cuando Dios concluye el capítulo 53 hablará nuevamente en el versículo 11 y nos dirá: "por su conocimiento justificará mi siervo justo a muchos". Aquí está nuevamente Dios hablando acerca de "mi Siervo", su Hijo, el Mesías; Él justificará a muchos, llevará sus iniquidades, por tanto le dará parte con los grandes. Él dividirá el botín con los poderosos porque se entregó a sí mismo a la muerte y fue contado como pecador a pesar de que Él simplemente llevó el pecado de muchos e intercedió por sus transgresiones. Dios abre esta sección en los versículos 13 al 15 prediciendo y prometiendo el triunfo del Mesías, el Siervo. Dios concluye proclamando que ha triunfado. Él ha triunfado y triunfará. Así que Dios encapsula esto con una introducción y una conclusión y en medio tienes los versículos 1 al 11, y esta es la descripción del sufrimiento del Siervo por lo cual Él es exaltado. Él será exaltado. Él triunfará porque se humilló asimismo hasta la muerte, hasta la muerte de Cruz. La parte intermedia de versículos es la razón por la cual existe su exaltación, porque Él hizo lo que el Padre había determinado que haría. Así el Padre lo asciende hasta Él y lo sienta a su mano derecha y le da a un nombre que es sobre todo nombre, y a quien en un día en el futuro lo enviará de regreso para establecer su reino, un reino que sacudirá y maravillará a los gobernantes del mundo, un reino que mostrará toda su gloria, y entonces Él dividirá el botín. Él será el total y único conquistador, el monarca de todo el universo.

De este modo tenemos un comentario de introducción y una afirmación de conclusión dada por Dios mismo. Y en la parte media, los versículos del 1 al 11, es la sorprendente mirada a la razón por la que el Siervo tenía que ser exaltado. La razón es dada por Dios en el versículo 12, ¿por qué? Porque Él se entregó a sí mismo hasta la muerte, porque Él llevó el pecado de muchos. Es debido a su trabajo de humillación y su sacrificio substitucional por lo que Dios lo exaltará. Y esto es exactamente lo que Pablo dice en Filipenses 2: "él se humilló asimismo hasta la muerte, por lo tanto Dios lo elevó a lo sumo y le dio un nombre que es por sobre todo nombre". Es como si Pablo estuviera escribiendo de manera paralela a Isaías 53 en esa sección de Filipenses 2 en donde se nos habla acerca de la *kenosis*.

Ahora es muy importante, y sorprendente al mismo tiempo, que Dios nos dé una profecía de introducción y una proclamación de conclusión, esto sucederá, y ha sucedido, porque la parte de en medio es muy trágica, muy trágica. Habría muy poca esperanza si no tuviéramos esta afirmación divina de que Jesucristo tendrá la victoria al final. Lo que nosotros tenemos en la introducción y en la conclusión es la promesa de su Segunda Venida; lo que tenemos en la parte central es el trabajo que Él llevó a cabo en su Primera Venida, ¿puedes ver esto? Lo que nosotros tenemos en la introducción y la conclusión es la declaración de Dios acerca de su Segunda Venida; como el monarca que vendrá a reinar, el Rey de reyes y Señor de señores. Lo que nosotros tenemos en la parte central es su primera venida, su humillación; Él viene nuevamente a reinar porque Él vino una vez a morir. Y esta es la forma en la que Dios ha administrado el trabajo del Señor Jesucristo. Lo que vemos en la sección de en medio es humillación, esta es la razón por la que Dios lo ha exaltado grandemente. Él vino, se dio asimismo siguiendo completamente la voluntad de Dios para salvar a los pecadores del infierno, y para hacerlo de la manera más sorprendente al darse asimismo una muerte dolorosa, vergonzosa, una muerte destinada solo para los malvados, esta era la muerte que estaba reservada para los peores criminales y los peores esclavos. Pero Él vino como el único justo, como es identificado en el versículo 11, para llevar el castigo que Dios debía dar a los impíos, para entonces hacerlos justos; este es el verdadero significado de la Cruz y el mismísimo corazón del Evangelio.

Ahora vamos a observar los versículos del 1 al 11 para aprender más acerca del Siervo. En los versículos del 1 al 3 a desprecian al Siervo como ya lo pudimos observar. En los versículos del 4 al 6 Él es el siervo sustituto. En los versículos del 7 al 9, donde nos encontramos, vemos al Siervo que está siendo sacrificado en silencio.

Recapitulación

Un pequeño recordatorio, una recapitulación sobre algo que nosotros debemos recordar, ¿de acuerdo? El propósito primario en este pasaje no es mirar hacia la Cruz; este es el propósito secundario. El propósito primario en este pasaje es que seamos capaces de ver en una perspectiva hacia el futuro el triunfo del Mesías, el triunfo final del Mesías, el Siervo. El triunfo final del Mesías, el siervo, será la salvación de su pueblo. Y esto es lo que se nos dice en el versículo 8: "fue cortado de la tierra de los vivientes, y por la rebelión de mi pueblo fue herido". O en el versículo 11: "el justificará los muchos". O en el versículo 12: "llevará el pecado de muchos". El punto en este capítulo es que Dios salvará a su pueblo. Y en particular a su pueblo Israel; esta es una profecía de la salvación futura de Israel. Esto es lo que toda la sección de Isaías nos está hablando, salvación para Israel en el futuro. Zacarías dice que es en el tiempo cuando ellos voltearán a ver a aquel al cual ellos traspasaron y se lamentarán como se lamentan por el único hijo. Cuando ellos sean capaces de ver en retrospectiva hacia la historia, lo que aun no han hecho, pero que harán algún día, ellos se volverán a aquel que ellos traspasaron y se darán cuenta que era el Hijo de Dios y entonces comprenderán completamente lo que no había sido entendido, excepto por el remanente de judíos que han venido a poner su fe en Cristo. Israel será salvado. La promesa de Ezequiel 36, es la promesa del Nuevo Pacto de que Dios los salvará, de que Dios los perdonará, de que Dios escribirá su Ley en sus corazones de que Dios quitará su corazón de piedra y les dará un corazón de carne y pondrá su Espíritu dentro de ellos. Esto se repite en Jeremías 31, se repite en Zacarías 12:13, el Espíritu de gracia y su aplicación vendrá a ellos. Esto sucederá en el futuro, la salvación de la nación de Israel. O como dice Romanos 11: "todo Israel será salvo". En el futuro ellos harán la confesión de los versículos 1–11. Esta será su confesión. Ahora, en estos momentos, es la confesión de todo aquel que cree. Seas judío o gentil, esta es nuestra confesión, ¿no es así? Comprendemos que Él fue herido por nuestras rebeliones. Entendemos que Él fue molido por nuestros pecados, que el castigo de nuestra paz fue sobre Él, y que por Su llaga fuimos nosotros curados. Entendemos que somos las ovejas que se han descarriado, malvadas por naturaleza, y que el Señor cargó en Él el pecado de todos nosotros. Comprendemos esto. Esto es el significado del Evangelio, que Él murió en nuestro lugar bajo el castigo divino por nosotros, y que siendo Él castigado en nuestro lugar, nunca seremos condenados. El castigo ha sido impuesto sobre el sustituto. Entendemos esto. Todos los creyentes entienden esto. No puedes ser salvado sin aceptar esta verdad.

Pero un día en el futuro la nación de Israel se dará cuenta de esto y mirará hacia atrás y confesará estas mismísimas palabras, la confesión que se encuentra en Isaías capítulo 53. Desde el principio dice el versículo 1, ellos no creyeron: "¿Quién ha creído a nuestro anuncio?" Esto es lo que indica en el idioma hebreo: "¿Quién de entre nosotros ha creído que Jesús era el brazo de Dios que sería revelado?" Esto es una simple expresión que hace referencia a la presencia de Dios con poder. "¿Quién creyó que Él era el verdadero poder de Dios? ¿Quién creyó que Él era el Mesías, el Salvador?" Muy, pero muy pocos. 500 en Galilea, 120 en el aposento alto en Jerusalén, después de tres años de ministerio a través de toda la nación de Israel solo muy pocos creyeron. ¿Por qué? Simple, Él no se ajustó a nuestro modelo. Los judíos siempre han tenido una teología de gloria y no una teología de sufrimiento. Ellos siempre han entendido la gloria del Mesías pero no el sufrimiento del Mesías, de hecho, tanto como podemos nosotros decirlo, no hay una sola indicación en la literatura judía en donde se nos diga que en algún punto de su historia ellos han creído en el Mesías como alguien que iba a morir por sus pecados. No lo podemos encontrar. Ellos no tenían una teología de un Mesías sufriendo y muriendo, solo la de un Mesías glorioso.

Esto nos hace entender cómo es que ellos vieron a Jesús y no reconocieron a su Mesías glorioso. Ellos vieron a un pequeño renuevo, vieron una raíz de tierra seca; no vieron ninguna cosa majestuosa, lo vieron sin atractivo. Esto no se ajustó a su teología de gloria. Y aun más, no solamente Él estaba apareciendo como de la nada, sin origen, no solamente era una apariencia que no llamaba la atención sino que al final de su vida Él fue despreciado, olvidado y escarnecido. El tipo de persona de la cual nosotros esconderíamos nuestro rostro, ese era el grado de la apariencia despreciable que tenía. Él fue despreciado y no lo estimamos, Él fue el Mesías despreciado. De tal modo que ellos pudieron haber dicho acerca del Mesías no vamos a permitir que una persona de este tipo reine sobre nosotros, crucifíquenlo, crucifíquenlo, él no es nuestro rey, despreciaron al Mesías.

En los versículos del 4–6, Él es el Mesías sustituto al cual, en un día en el futuro, ellos voltearán a ver y dirán, "ahora lo vemos diferente. Él cargó con nuestros pecados. Él cargó con nuestras iniquidades. Habíamos pensado que Él fue golpeado y maltratado por Dios y que fue afligido por sus propios pecados, por sus propias blasfemias porque era un blasfemo, porque era un agresor, porque era como un intruso. ¡Oh, que tan equivocados estábamos! Ahora sabemos, que Él fue traspasado por nuestras transgresiones, maltratado por nuestras iniquidades", y así dirán ellos. El Señor causó que nuestras iniquidades cayeran sobre Él.

El cordero sacrificado

Ahora nos lleva a los versículos del 7 al 9 donde vemos que Él es el Siervo despreciado y el Siervo sustituto, y aquí vemos que Él está siendo sacrificado en completo silencio, es el Siervo en silencio. Y ahora vemos la frase: "como un Cordero fue llevado al matadero". Este es el clímax de esta profecía. Él vendrá como un Cordero que será sacrificado. Cuando Jesucristo apareció por primera vez en el río Jordán al iniciar su ministerio, junto con Juan el Bautista su predecesor, a quien él vio cara a cara (Juan 1:29); Juan dice: "He aquí el Cordero de Dios, que quita el pecado del mundo". Él fue capaz de comprenderlo.

El apóstol Pedro lo entendió, escribiendo el primer capítulo de su primera epístola dice: "fuimos comprados no con cosas que perecen como el oro la plata, sino con la preciosa sangre de Jesucristo, un Cordero sin culpa y sin mancha". Ellos entendieron que el Mesías venía para ser el sacrificio por los pecados, de acuerdo a lo que todos los otros sacrificios apuntaban. No había sacrificio de un animal, o de una oveja, o de una cabra, o de un toro; no había ningún animal que pudiese ser sacrificado para borrar los pecados. Hebreos 10:4, "la sangre de los toros y de los machos cabríos no puede quitar los pecados". Pero el mismo capítulo dice: "él se dio a sí mismo como ofrenda para santificar para siempre a aquellos que pertenecían a él". Pedro lo entendió, Pablo lo entendió siendo judío, en Filipenses 3, él pensaba que estaba en el camino correcto hasta el momento en el que se encuentra con Cristo y comprende que todo lo que consideraba como correcto se ha convertido como algo despreciable, él ahora lo estima como basura comparado con Cristo, sabe que la justicia que puede tener no es una propia sino la justicia que Dios le da por medio de la fe en Jesucristo.

Pablo lo comprendió, Pedro lo comprendió, los discípulos lo comprendieron, la Iglesia temprana lo comprendió, y todo creyente a través de la historia ha entendido que Jesucristo murió como el único sacrificio por el pecado que podía satisfacer a Dios. El Cordero de Dios que verdaderamente quita los pecados del mundo. Hebreos 9 dice que los sacrificios de animales no pueden quitar el pecado. Hebreos 10 lo repite; no pueden quitar los pecados. Ellos simplemente apuntan hacia la necesidad de un sustituto que tuviera la capacidad de hacer esto, y es precisamente Jesucristo quien es este sacrificio, el Cordero elegido por Dios.

Cuando entró en Jerusalén era el día que la gente seleccionaba sus corderos para el sacrificio. La gente, el fin de semana previo a la Pascua, elegía a su Cordero para ser sacrificado, así que el día que entró en Jerusalén lo podemos entender como el día en que Dios lo seleccionó a Él para ser su Cordero y poderlo ofrecer al final de la semana para quitar los pecados. Esta es la razón por la que Pablo en 1ª Corintios dice: "Jesucristo es nuestra Pascua".Hay una declaración muy interesante que es usada en el Salmo 49 donde Dios dice: "Ninguno de ellos podrá en manera alguna redimir al hermano, ni dar a Dios su rescate (porque la redención de su vida es de gran precio, y no logrará jamás". Esta es una clara y gran declaración.

Nadie puede redimir a nadie, ningún humano puede redimir a otro humano. No te puedes redimir a ti mismo, no puedes redimir a nadie. Solo el Dios hombre, Jesucristo, nuestro Cordero de la Pascua, puede pagar el altísimo precio. Un altísimo precio que no es corruptible como el oro o como la plata. Podemos ver en muchas ocasiones en de la historia de Israel, Éxodo 30, cuando ellos contaban a sus hombres porque confiaban más en su poder, y confiaban más en sus números, y confiaban más en su fuerza en lugar de confiar en Dios para ir a la batalla en contra de sus enemigos, y Dios los castigó, Dios bajó juicio sobre ellos por actuar de esta manera. Dios también les dijo que había una forma de deshacerse de ese castigo a través de oro o de plata (Éxodo 30) pero era una redención temporal.

Pero ninguna cantidad de dinero ha podido nunca redimir a un alma debido a que el costo es muy, muy alto. Y parece que Isaías captó esta idea. En 52:3 dijo: "Porque así dice Jehová: De balde fuisteis vendidos; por tanto, sin dinero seréis rescatados". No hay ningún bien de este mundo que pueda ser usado para redimirte. Solamente, como lo dijo Pedro, "solo la preciosa sangre del Cordero sin mancha quien es nada menos que Jesucristo". Su muerte se convirtió en el sacrificio redentor. Y en ese mismo pasaje, 1 Pedro 1:20 y 21, dice: "mediante el cual creéis en Dios". Ustedes han entrado en una relación con Dios a través de Cristo.

Y esta es la forma en la que nosotros tenemos que ver la muerte de Jesucristo para que podamos ser salvos. Los judíos de hoy en día no lo creen, ellos rechazaron a Jesucristo, ellos continúan creyendo que Él fue golpeado, maltratado y afligido por Dios debido a sus propios pecados, debido a que era un blasfemo. Pero ustedes y yo conocemos más que ellos, nosotros creemos la verdad así como algún día ellos creerán en esta verdad también.

El cordero en silencio

Ahora esto nos lleva nuevamente a los versículos 7 al 9. Estos tres versículos se refieren a eventos específicos de la vida de Cristo. El versículo 7 se refiere a su juicio. El versículo 8 a su muerte. Y el versículo 9 hace referencia a su sepultura. Nuevamente, con un detalle impresionante, y lo que vemos aquí es el Siervo sacrificado en silencio. Muestra la idea de que Él está dando voluntariamente su vida, que está deseándolo y obedientemente sometiéndose en silencio a los propósitos de Dios y a su voluntad, como lo dice el versículo 10, maltratado, quebrantado, sujetado a padecimiento, ofrecido como una ofrenda de culpa, esta es la voluntad de Dios. Él lo sabe y dice, no es por mi voluntad, sino para que tu voluntad sea hecha. Y entonces se somete por completo a ella.

Esta sujeción se demuestra por medio de su comportamiento; Él está en silencio en su juicio y obviamente está en silencio en su muerte y en su sepultura. No hay ninguna protesta por estas situaciones. Él está en silencio en los versículos 7, 8 y 9. De hecho, solo para recordarlo, Él está en silencio en todo el capítulo. El mesías nunca habló en este capítulo, nunca. Él está sufriendo en silencio en todo este capítulo y especialmente en los versículos 7 al 9, porque es aquí es donde la cosa realmente se pone fea. El versículo 7 es acerca de su juicio, "él fue oprimido". Este término tiene que ver con todas las formas de injusticia que llegaron a Él. Es repetida nuevamente en el versículo 8 por cárcel y juicio. Y su opresión es ligada al juicio, y este es un término judicial que habla específicamente de un evento jurídico. Así que esto es la opresión que vino en su contra y en especial en su juicio. Su arresto, una experiencia horrible, y el subsecuente abuso al que fue arrastrado por los falsos testigos mentirosos, y todas las otras cosas y situaciones que vinieron con todo esto sin que hubiera un crimen cometido por Él; no había ninguna evidencia que lo demostrara. Repetidamente hubo declaraciones acerca de su inocencia. Él fue abusado físicamente, escupido, le dieron con el puño en la cara, fue golpeado en la cabeza con varas, le fue colocada una corona de espinas en su cabeza. Ustedes saben todo esto. Todo lo que le ocurrió en su juicio y el veredicto que se alcanzó.

Una pequeña explicación acerca del verbo "afligido"-"él fue afligido". Literalmente es un pasivo en el hebreo; Él permitió ser afligido asimismo. Él permitió ser afligido. Él estaba bajo una jurisdicción ilegal, sin conciencia, injusta, y permitió Él mismo ser afligido. Y esto puede ser lo que Pablo nos trata de trasladar, "Él se humilló asimismo", porque este verbo puede llegar hasta este punto en su significado. Permitió ser afligido asimismo, capturado en la noche, arrestado en el huerto, juzgado ilegalmente en la noche, ser falsamente acusado, torturado, atormentado, y entonces el veredicto entregado es que Él debe morir y morir por medio de la crucifixión. No dijo nada, no abrió su boca, está como un cordero que es llevado al matadero, y como una oveja que está en silencio delante de sus trasquiladores, de este modo Él no abrió su boca. Está como una oveja cuando va a ser sacrificada o trasquilada, no dice nada. Esto es, no dice nada en defensa por sí mismo, nada de ninguna índole. Él no pronuncia ninguna palabra para defenderse, acepta el juicio injusto de los hombres con tal de aceptar el correcto juicio de Dios para convertir a los pecadores injustos en los recipientes de justicia.

El juicio del Cordero

Así que en el versículo 7, como ya vimos, tiene la imagen de su juicio. Él es llevado para ser sacrificado y va en silencio de camino al matadero. El versículo 8 nos lleva a su muerte: "Por cárcel (siendo oprimido)", nos traslada a de regreso al versículo 7 a su juicio, "y por juicio fue quitado". Términos legales. La cárcel fue lo que le otorgaron por medio de injusticias; el juicio es el veredicto y la expresión "fue quitado" esto es simplemente el hecho de que fue entregado para ser ejecutado, entregado a su sentencia. Todo esto está hablando acerca de un proceso, un proceso legal. La cárcel, su arresto, el ser confinado, juicio, es un proceso judicial, y el veredicto final es "ser quitado" significa justo lo que dice, ser ejecutado. Pilato ordenó su ejecución, y ordena que sea llevado a cabo de la manera que los esclavos eran ejecutados. Él es el Esclavo de Jehová. Él es ejecutado a la manera de esclavo y su muerte es descrita en esas palabras: "fue quitado de la tierra de los vivientes," versículo 8. Ser cortado de la tierra de los vivientes, una expresión judía que aparece muchas veces en el Antiguo Testamento. Daniel 9:26, hablando acerca del Mesías, dice: "se quitará la vida al Mesías". Daniel también predijo su muerte.

Será ejecutado, esto es lo que significa esta expresión; será asesinado, es una manera más dramática de decirlo, cortado de la tierra de los vivientes, ejecutado, como un Cordero es llevado al matadero. Esta misma expresión es usada en Jeremías 11:19 para referirse a sí mismo. Jeremías se vio a sí mismo como un cordero que iba ser sacrificado. Así que vemos que esta es una expresión común, ser cortado de la tierra de los vivientes. A pesar de todo lo que Él era, a pesar de todo lo que hizo, y todo lo que dijo, la más horrenda injusticia de la historia humana es cometida en contra de Él y es ejecutado.

La declaración principal en este versículo es acerca de su generación; se hace una pregunta ¿quién la contará? Esta generación se refiere a aquellos que consideraron que Él había sido cortado de la tierra de los vivientes. ¿Quiénes son los que consideraron esto? ¿Quién consideró que Él había sido violentamente ejecutado? ¿Quién se levantó para hacer una protesta? Esto es lo que significa quien la contará. ¿Quién lo vio como era? ¿Dónde estaban los abucheos por los fariseos o cualquier otro aguerrido adherente a la orden y tradición judía y de la ley? ¿Dónde estaban los rabinos? ¿Dónde estaban los escribas? ¿Dónde estaban todos?

Aquí encontramos en una profecía 700 años antes de que suceda, el pronunciamiento de que nadie lo defendería, nadie va a hacer ninguna acción con la intención de defenderlo. ¿Dónde estaban los discípulos? Bueno, ellos estaban viviendo exactamente lo que dice Zacarías 13:7 "Hiere al pastor, y serán dispersadas las ovejas". Ellas ya se habían ido. Ellos ya se habían dispersado. Mateo dice que huyeron y Marcos dice exactamente lo mismo, que el pastor fue herido y las ovejas fueron esparcidas. ¿Quién estaba ahí para defenderlo?

Cabe mencionar que había una costumbre de lo más fascinante entre los judíos, cuando se llevaba a cabo un juicio que pudiera llevar al veredicto de ejecución, se requería que antes de que este se realizara hubiese un período de tiempo para permitir que alguna persona viniera y defendiera la inocencia de aquel que iba a ser ejecutado. Básicamente este periodo consistía en 40 días. Esto lo encontramos en su literatura; 40 días deberían pasar entre la declaración de muerte y la ejecución en sí misma, un período de tiempo dentro del cual alguien podía hablar a favor del acusado y defender su inocencia, esto solo nos hace pensar en el horror que fue todo este proceso.

Ellos no respetaron esto; de hecho esta es la razón por la que desarrollaron el juicio durante la noche, para que así no hubiera nadie que los pudiera interrumpir. Y ese mismo día, al amanecer, simple y llanamente ejecutaron todas esas acciones que provocaron su muerte justo después del mediodía. ¿Dónde estuvieron los 40 días? En la historia temprana del cristianismo esto debió haber sido preguntado, ¿por qué los judíos violaron esto? La respuesta a esto parece encontrarse en una declaración del sanedrín quien hizo la siguiente afirmación. Esta se encuentra en el Talmud judío, folio 43. Esta dice así: "Hay una tradición sobre la víspera del sábado y la Pascua en que colgaron a Jesús. Y el heraldo fue delante de él durante 40 días clamando: 'Jesús va a ser ejecutado por que ha practicado la brujería y sedujo a Israel y lo alejó de Dios. Permitamos que alguien venga y de una súplica a su nombre, que venga y nos dé información concerniente a su inocencia, pero ningún alegato para justificarlo fue encontrado y entonces fue colgado la víspera del sábado y la Pascua'". Esto se encuentra en el Talmud de los judíos, una mentira acerca de que sentenciaron a Jesús y esperaron 40 días antes de ejecutarlo para ver si alguien aparecía, y nadie apareció. Esto se encuentra en el Talmud judío que fue escrito por el sanedrín para cubrir sus huellas.

Un rabino llamado Ulla, comentando acerca de esto, dice: "¿Pero creen ustedes que él puede pertenecer a aquellos de los cuales se esperaba una súplica por su inocencia?" En otras palabras, Él ni siquiera pertenecía a la categoría de personas para quienes quisieran buscar un alegato de justificación. Él era un seductor que alejaba a la gente de Dios y el Dios todo misericordioso había dicho: "No perdonarás a quien tal haga". Este rabino dijo que Él no valía ni siquiera la pena de una súplica de inocencia a su favor.

Así que cuando Isaías 53 inicia: "¿Quién ha creído a nuestro anuncio? ¿Y sobre quien se ha manifestado el brazo de Jehová?" No fuimos nosotros.

¿Y qué tan extremo fue su rechazo? Fue tan extremo que aun después de que le hicieron todo eso, y aún después de que resucitó de los muertos, y aún después de que la Iglesia nació delante de su vista y empezó a crecer, ellos tramaron una mentira para ponerla en el Talmud y decir que le habían dado 40 días y que nadie apareció para defenderlo. Después de esa declaración, ¿cómo aparecería alguien? Según ellos Él no pertenecía a la categoría de personas que eran consideradas dignas de que alguien alegara a su favor. Ellos despreciaron cualquier cosa que tuviera que ver con Jesús, y esto es muy profundo. Y déjenme decirles algo: la forma como los llamados cristianos —falsos cristianos— han tratado a los judíos a lo largo de la historia de la humanidad no ha ayudado a cambiar esto. Si nos remontamos muchos años atrás en la historia, en los primeros años de la Iglesia Católico Romana, vemos que ahí había un antisemitismo muy marcado, este creció y se desarrolló bajo su dogma católico. Y aun con los reformadores continuó desarrollándose esta animosidad contra los judíos.

Así llegamos a la Ilustración, esa etapa de la historia denominada también como Siglo de las Luces, conocido por su progresismo, esa etapa cuando la humanidad rechazó la religión y tomaron corrientes racionalistas. Después surgió la etapa de Hitler, y fue provocada por movimientos cristianos, falsas formas de cristianismo. Y podemos decir que eso continúa hasta nuestros días. Nuestra actitud hacia el pueblo judío tiene que ser una de amor ilimitado y compasión y tener celo evangelístico hacia ellos, a pesar de que ellos han rechazado todo acerca del Mesías.

El sanedrín declara esto acerca de sí mismo. Ellos estaban para justificar y no para condenar, para salvar vidas y no para destruirlas. Este era como su código personal. Consecuentemente este tratamiento que dieron a Jesús violaba todo lo que ellos mismos decían, esto nos habla de lo mucho que lo odiaron.

Lo que ellos están diciendo en este pasaje del Talmud es que ninguno se atrevió a levantarse y tratar de defender a ese vil seductor. A nadie le importó, esto es exactamente lo que dice Isaías que sucedería. "Y en cuanto a su generación, ¿quién tuvo en cuenta que él fuera cortado de la tierra de los vivientes…?" (Isaías 53:8, LBLA). De la gente que vivió en los tiempos de Jesús, ¿quién pensó en esto? ¿Quién consideró lo que estaba pasando, que Él estaba siendo ejecutado? ¿Quién supo que él estaba siendo cortado" por las transgresiones de su pueblo", los judíos? A eso se refiere la frase "mi pueblo", este es un término técnico para los judíos, usado en el capítulo 40, en el capítulo 51, en el capítulo 52, y nuevamente aquí para referirse a Israel. ¿Quién tuvo siquiera idea de que Él estaba recibiendo un golpe de juicio por parte de Dios, no por sus propias transgresiones, sino por las transgresiones de su pueblo? Nadie lo pensó así, ninguno de los judíos pensó así y continúan sin pensarlo así.

Recordarás también a Caifás en Juan capítulo 11, quien estaba muy preocupado acerca de lo que los romanos iban a hacer, quitarle su poder, y entonces él dice, ¿es mejor que matemos a Jesús o que los romanos nos maten? Es mejor que muera un hombre y no una nación. Entonces pronunció la profecía de que moriría por la nación; y Él murió por la nación, por los judíos y por todas la naciones que pusieren su fe en Él.

En Isaías 55:5 leemos: "llamarás a gente que no conociste, y gentes que no te conocieron correrán a ti, por causa de Jehová tu Dios, y del Santo de Israel que te ha honrado". Esta es la promesa de salvación a los gentiles; y entonces la promesa es extendida a todo el mundo: "Buscad a Jehová mientras puede ser hallado, llamadle en tanto que está cercano. Deje el impío su camino, y el hombre inicuo sus pensamientos" (vers. 6-7), y así continúa. Aquí se encuentra una invitación a venir desde cualquier nación que no haya conocido a Dios. Como lo dijo Jesucristo, "ovejas de otro rebaño". Los judíos supieron que Jesucristo fue golpeado con la muerte, ellos creyeron que Dios mismo lo golpeó con la muerte a causa de sus propias blasfemias. Y tal blasfemo no valía la pena para nadie, y así nadie presentó defensa en su favor. La verdad es esta, Él fue golpeado con la muerte por Dios a causa de las transgresiones de su pueblo, incluyendo judíos y gentiles, y en especial un día la nación de Israel lo reconocerá.

El Cordero sepultado

Esto nos lleva al versículo 9 en su sepultura: "Y se dispuso con los impíos su sepultura". Detengámonos aquí por un momento. Este es un relato sorprendente y encontramos muchísimos detalles. "Y se dispuso con los impíos su sepultura". ¿Porqué su sepultura fue junto con hombres malvados y pecadores? Bueno porque Él murió como un criminal, le colocaron a un criminal en cada uno de sus lados. Si tú mueres a causa de una vida pecaminosa y malvada, de acuerdo a Jeremías 25:33, tendrías que ser tratado en una forma degradante y no merecerías una sepultura adecuada. Esto era en gran manera parte de su cultura; el máximo desprecio era dejar un cuerpo para que se desintegrara, o fuera atropellado, o simplemente lanzado al fuego sin tener una sepultura adecuada. De acuerdo a Jeremías 25:33 esto es una ilustración de ello. Jesús fue crucificado en medio de dos criminales (Lucas 23:33; Mateo 27:38). Esto era algo normal, morir en la cruz por asfixia, y lo dejaban ahí. Lo dejaban ahí muerto para que las aves destrozaran sus rostros, o bien para que todo tipo de animal que fuera capaz de trepar a la cruz mordiera su carne; lo dejaban ahí con el propósito de advertir a otros que estuvieran viendo lo que sucedería a la gente que violaba las leyes romanas, o bien que se revelaba en contra del poder romano. Esto fue lo que planearon para Él. Luego tomarían los restos que quedaran y los lanzarían a la basura. El basurero de la ciudad de Jerusalén se encontraba en el valle de Hinom, el lado sureste de Jerusalén, era literalmente el basurero, y había ahí un fuego que nunca se apagaba, un fuego constante. Este es un punto de mucho interés histórico; este era el lugar donde los judíos apostatas y los seguidores de Baal, así como de otros dioses de Canaán, quemaban a sus hijos al dios Moloc. Pueden leer esto en 2 Crónicas 28:33. En Jeremías 7 se habla acerca de esto. Este es el lugar donde ofrecían a sus pequeños hijos a Moloc; ahí fue donde el rey Acaz sacrificó a sus hijos (2Cr. 28).

Este es el lugar que Isaías identifica al final de su profecía como el lugar en donde el gusano nunca muere, y Jesús nos dice que esta es una descripción del infierno en Marcos 9, y lo repite tres veces. Este era un horrible lugar donde tiraban todo lo que sobraba de las cosechas, los rabinos lo describían como el lugar de un fuego perpetuo que consumía todas las inmundicias y los cadáveres que eran lanzados ahí. Así que Él fue ejecutado con criminales y terminaría como los criminales.

Pero Dios no permitiría que esto sucediera. El Salmo 16 dice que no permitiría que su Santo viera corrupción. Dios nunca permitiría que esto sucediera, así que el verso 9 dice que aquí hay un cambio sorprendente. "Y se dispuso con los impíos su sepultura, mas con los ricos fue en su muerte". ¿Cómo sucedió eso? En su muerte se encontraba allí junto a Él todo el tiempo un hombre rico llamado José de un lugar llamado Arimatea. Este hombre, José, se había convertido calladamente en un discípulo de Jesucristo, digamos que en secreto, y era muy rico. Mateo 27:57-60: "Cuando llegó la noche, vino un hombre rico de Arimatea, llamado José, que también había sido discípulo de Jesús. Éste fue a Pilato y pidió el cuerpo de Jesús. Entonces Pilato mandó que se le diese el cuerpo. Y tomando José cuerpo, lo envolvió en una sábana limpia, y lo puso en su sepulcro nuevo, que habían labrado en la peña; y después de hacer rodar una gran piedra a la entrada del sepulcro, se fue". Él debería haber sido atropellado, debería haber estado en el basurero, pero termina en un sepulcro completamente nuevo que era propiedad este hombre rico. Exactamente como el Espíritu Santo lo reveló a Isaías años atrás.

¿Por qué? ¿Por qué es importante? Esto se nos dice al final del versículo 9; esto es lo más interesante: "aunque nunca hizo maldad, ni hubo engaño en su boca". Esta es otra manera de decir que Él era Santo por dentro y por fuera. Porque de la abundancia del corazón habla la boca. No hubo nada en su boca referente a cuestiones pecaminosas. No hubo un comportamiento de una naturaleza pecadora, debido a su santidad, Hebreos nos dice que era Santo, sin engaño, separado del pecado, que era una persona sin pecado, un Cordero sin mancha, y el Padre no permitió que acabara en el basurero, es decir que viera corrupción.

¿Y porqué todo esto? Este es un pequeño testimonio de su perfección Santa, sin pecado, que es dada por el Padre y este es el pequeño paso que da el Padre para su exaltación, aun antes de su resurrección el Padre está diciendo: "No permitiré más humillación". No puede haber más humillación. Esto es lo más bajo a lo que Él puede llegar, al darse asimismo a la muerte, y aun a una muerte de Cruz, y ahí es donde la humillación termina. Este es el primer paso que Dios está dando para honrar a Jesús en su sepultura porque no había pecado ni dentro ni fuera de Él. Y en unas pocas horas al tercer día, saldrá de la tumba, y en su ascensión recibirá toda la gloria del Señor, este es un dulce testimonio del hecho de que la humillación había terminado.

Y saben, Pablo era uno de estos judíos incrédulos. Pablo tenía tanto odio por Jesucristo que mataba cristianos. Respirando amenazas de muerte contra la Iglesia, como dice Hechos 9, iba por todas partes, por donde podía, con cartas de las autoridades y mataba a todos los cristianos que encontraba o bien los lanzaba a la cárcel para deshacer ese movimiento. Pablo fue un verdugo tan malo como pudo serlo hasta el momento en que se encontró camino a Damasco, llevando en sus manos órdenes para perseguir cristianos, y recordarán lo que sucedió, el Señor lo detuvo, lo cegó, se presentó así mismo, y esto culminó en una transformación total del apóstol Pablo. Y Pablo da un testimonio que en realidad es una especie de microcosmos, es una vista previa del tipo de testimonio que los judíos van a dar en el futuro, y también es tu testimonio y el mío. En 2 Corintios 5:16 Pablo dice: "a Cristo conocimos según la carne". El apóstol está diciendo que supo acerca de Jesucristo, que lo conoció como hombre; y que tenía la típica visión de un rabino celoso y apasionado, él tenía la misma actitud que tenían los judíos en contra de Jesucristo. Esto es a lo que se está refiriendo con "a Cristo conocimos según la carne, (pero) ya no le conocemos así".

Pablo no vio a Cristo en la forma en la que lo había visto siempre. En el camino a Damasco su punto de vista fue completamente alterado, de este modo también fue alterado tu punto de vista y el mío acerca de Jesucristo. Él vio a Cristo en el camino a Damasco y nunca volvió a ver a Cristo de la misma manera. Tú y yo podemos no haber estado nunca en el camino a Damasco o en cualquier lugar cerca a Damasco, pero tú has tenido una experiencia tipo Damasco si eres creyente, porque ahora ves a Jesucristo completamente diferente a como lo veías antes de que lo conocieras. Y de esta manera lo harán los judíos; porque Pablo, en Romanos 1 estaba escribiendo teniendo en su mente a Isaías 53. Esta es la manera en la que comienza Romanos: "Pablo, siervo de Jesucristo, llamado a ser apóstol, apartado para el Evangelio de Dios, que él había prometido antes por sus profetas en las santas Escrituras". Pablo conocía Isaías 53 porque este aparece en sus escritos. El Evangelio que él predicaba era un Evangelio que estaba fundamentado en este capítulo. Así que aquí tenemos al Cordero en silencio, que es cortado de la tierra de los vivientes por las transgresiones de mi pueblo, y por la transgresión de mi pueblo fue herido. Nosotros no somos Israel sino la Iglesia, y esta es incorporada en el Nuevo Pacto, ahora nosotros somos parte de su pueblo, ¿de acuerdo?

Oración

Señor, te agradecemos nuevamente por la claridad y el poder de esta maravillosa porción de la Escritura. No nos sorprende que este sea llamado el quinto evangelio porque este contiene todas las cosas que son ya familiares para nosotros en el Evangelio de Mateo, Marcos, Lucas y Juan. Estamos sorprendidos de lo que contienen las Escrituras que están en nuestras manos, documentos antiguos con detalles acerca del futuro, y cada uno de ellos preciso y perfecto en cada detalle. Este es tu libro y tú lo has escrito, y este es la verdad, la verdad que salva. Nosotros sabemos que la fe que salva viene por el oír la verdad referente a Cristo, las palabras concernientes a Cristo, el mensaje concerniente a Cristo, y nosotros lo hemos escuchado. Lo hemos escuchado y estamos ansiosos de llegar a la siguiente sección para hablar acerca de su resurrección, porque la salvación viene a aquellos que creen en Él, en su muerte y su resurrección, confesando a Jesucristo como Señor, y confesando que tú lo levantaste de los muertos, creyendo en esto podemos ser salvos. Esta es la manera en la que tú darás a conocer la salvación a todos los que están aquí y que continúan fuera de tu reino, a todos aquellos que se dirigen al infierno eterno sin esperanza. Permite que ellos vean la gloria de Cristo, y por tu poder sean ellos capaces de cambiar su forma de pensar acerca de Jesucristo. No permitas que ellos no vean a Cristo de una manera diferente a partir de hoy, sino que ellos sean capaces de ver la gloria y la verdad que hay en Él.

Padre, ahora te pedimos que tú pongas estas cosas en nuestros corazones, que las coloques dentro de nuestras mentes de tal manera que nosotros seamos capaces de pasarlas a otros y proclamar este maravilloso Evangelio. Estamos profundamente agradecidos por ese sacrificio que hiciste tú, nuestro bendito Salvador, tomando la paga por nuestras transgresiones. Ahora tomamos todo esto no solo con fe sino también con gratitud y te damos a ti toda la gloria. Amén.

REFLEXIONES PERSONALES

06_El Siervo Soberano.
Parte 1

Con todo eso, Jehová quiso quebrantarlo, sujetándole a padecimiento. Cuando haya puesto su vida en expiación por el pecado, verá linaje, vivirá por largos días, y la voluntad de Jehová será en su mano prosperada.

Verá el fruto de la aflicción de su alma, y quedará satisfecho; por su conocimiento justificará mi siervo justo a muchos, y llevará las iniquidades de ellos.

Por tanto, yo le daré parte con los grandes, y con los fuertes repartirá despojos; por cuanto derramó su vida hasta la muerte, y fue contado con los pecadores, habiendo él llevado el pecado de muchos, y orado por los transgresores.

Isaías 53:10–12

BOSQUEJO

— Introducción

— Las dos Teologías: Sufrimiento y Gloria

— El enigma mesiánico

— La salvación futura de Israel

— La perspectiva de Dios

— Las ofrendas judías

— La obra de Cristo completada

— Oración

NOTAS PERSONALES AL BOSQUEJO

SERMÓN

Introducción

Este es el mensaje número nueve de nuestro estudio, y creo que concluiremos esta serie con un siguiente mensaje. Tengo que confesarles a ustedes que lo que les enseño no es el 100% de lo que yo he aprendido acerca de este capítulo. Y nada de lo que les he enseñado se acerca al límite de las profundidades, de las alturas y de la anchura de esta sorprendente porción de la Escritura. En mi opinión esta es una porción que no tiene fin en cuanto a lo que podemos aprender de ella, ya sea en su profundidad o en su extensión. De hecho se podría predicar literalmente cada línea que hay en este increíble pasaje de la Escritura.

También diré que tal vez sea la más grande evidencia de la inspiración y autoría divina de la Santa Escritura, de cualquier parte de la Escritura, porque 700 años antes de la llegada de Jesucristo, registra los detalles que fueron cumplidos durante Su encarnación, Su humillación y Su exaltación. Es una sorprendente porción de la Escritura, y aunque hemos pasado diez semanas en ella, no es sino una cata de este capítulo, y les recomendaría que con diligencia y fidelidad se entregaran a sí mismos a este capítulo mucho más allá de la conclusión de esta serie, que probablemente ocurra el próximo domingo.

El tema de esta porción de la Escritura que hemos estado viendo, comenzando en el 52:13 y hasta llegar al 53:12, es el Siervo de Jehová. Es un cántico del Siervo, el Mesías, quien es prometido por Dios para venir a traer salvación a Su pueblo y al mundo. Es el cuarto cántico del Siervo en esta porción de Isaías. Hay uno en el capítulo 42, otro en el 49, otro más en el 50, y luego este, que es el más poderoso y completo de estos cánticos del Siervo. También es la profecía más completa e inclusiva acerca del Señor Jesucristo en cualquiera de las páginas del Antiguo Testamento. Y debido a que hemos iniciado un estudio titulado: "Hallando a Jesús en el Antiguo Testamento", hemos venido primero aquí, porque aquí en Isaías 53 es donde se le encuentra de manera más inclusiva y completa. Y aunque ese será nuestro tema de hoy, no quiero comenzar allí.

Quiero comenzar en Lucas 24, así que, abran allí sus Biblias. Aquí encontramos a nuestro Señor Jesús en el camino a Emaús. Ha sido crucificado, pero ahora es domingo y Él está vivo. Ha muerto y ha resucitado. Va andando por el camino a Emaús con un par de sus discípulos que están lamentando el hecho de que Él ha muerto y no saben de su resurrección. Jesús les habla, y veamos lo que dice en los versículos 25-27: "Entonces él les dijo: ¡Oh insensatos, y tardos de corazón para creer todo lo que los profetas han dicho! ¿No era necesario que el Cristo padeciera estas cosas, y que entrara en su gloria? Y comenzando desde Moisés, y siguiendo por todos los profetas, les declaraba en todas las Escrituras lo que de él decían".

Las dos teologías: Sufrimiento y Gloria

El ministerio del Mesías, de acuerdo a lo que nos dice nuestro Señor, cae dentro de dos categorías. Dos grandes épocas; sufrimiento y gloria, humillación y exaltación; ellos debieron haber sabido esto porque los profetas habían hablado acerca de ello. Los profetas del Antiguo Testamento habían revelado que el Mesías tendría un ministerio que podría ser descrito como de sufrimiento y un ministerio que pudiera ser descrito como de gloria.

Después en el mismo día, Jesús se reúne con el resto de los discípulos, y si vamos hasta el versículo 44, encontramos lo que les está diciendo: "Estas son las palabras que os hablé, estando aún con vosotros: que era necesario que se cumpliese todo lo que está escrito de mí en la ley de Moisés, en los profetas y en los salmos". Estas eran las tres secciones del Antiguo Testamento que eran familiares a los judíos… "les abrió el entendimiento, para que comprendiesen las Escrituras". Y nuevamente les dice "Así está escrito, y así fue necesario que el Cristo padeciese, y resucitase de los muertos al tercer día".Esta era la parte que no habían comprendido de su teología Mesiánica. Tenían una teología de gloria no una teología de sufrimiento. Nuestro Señor tiene que identificar para ellos que tenía que sufrir; que sufriría. Y cuando Él dice esto ya ha sufrido. En su teología no había lugar para un Mesías sufriente. Como ya les dije, haciendo una profunda investigación de toda la literatura judía del pasado, no hay evidencia de que ellos hayan creído que el Mesías vendría a sufrir, menos aún que Él fuera el sacrificio por sus pecados. Así que les digo nuevamente, ellos tenían una teología de un Mesías glorioso, de que el Mesías sería un rey y un gran gobernante, pero no una teología de alguien que sufriría. Así que Jesucristo le recuerda lo que los profetas habían dicho, que Él sufriría, que moriría, que resucitaría, y que sería glorificado. Este es el ministerio completo del Mesías. Existen estas dos grandes realidades en toda su labor; Él sufre y muere, Él resucita y reina.

Pedro comprendió esto en 1 Pedro 1:10-11, él dice, "acerca de esta salvación, escudriñando qué persona y qué tiempo indicaba el Espíritu de Cristo que estaba en ellos, el cual anunciaba de antemano los sufrimientos de Cristo, y las Glorias que vendrían tras ellos". No puedes entender a la persona y obra de Jesús fuera de estas dos categorías: el sufrimiento y la gloria. Estos son los elementos del ministerio y obra del Mesías, y estas dos resumen toda la presentación que hace el Antiguo Testamento acerca del Mesías. Estas son un resumen de las profecías Mesiánicas del Antiguo Testamento.

Puedes encontrar en muchos lugares del Antiguo Testamento, en la ley, los profetas y los santos escritos, acerca del ministerio de sufrimiento del Mesías y su humillación. Están esparcidas por todo el Antiguo Testamento. Y también puedes encontrar a través del Antiguo Testamento muchas declaraciones acerca de su gloria, su exaltación; pero en ningún otro lado del Antiguo Testamento las puedes encontrar claramente juntas y con tanto detalle como lo encontramos en Isaías 52:13 y hasta 53:12. Aquí está la profecía mesiánica más completa del antiguo Testamento, detalles tan sorprendentes acerca del ministerio del Mesías 700 años antes de que Él llegue. Y todos estos detalles son comprobados con sorprendente precisión en el relato histórico; este es el lugar del Antiguo Testamento en donde podemos encontrar a Jesús.

Y lo que aprendemos aquí es que habrá dos tiempos en los que el Mesías vendrá a la tierra: la Primera Venida, sufriendo, muriendo y resucitando; su Segunda Venida, en exaltación y gloria. Él viene por primera vez como un sacrificio por el pecado, la segunda vez como el rey que va a reinar siendo Rey de Reyes y Señor de señores. Estos dos tiempos son presentados en las profecías del Antiguo Testamento. Estas profecías son presentadas juntas en Isaías 53 en una manera que pareciere que es el relato del Nuevo Testamento, donde ambas profecías son colocadas de manera clara desde Mateo hasta Apocalipsis.

Ahora para nuestro estudio de Isaías 53, y ustedes pueden regresar a esa sección, llegamos a la última estrofa, la última de cinco que hay en esta poesía acerca del Siervo, estos son los versículos 10 al 12. Aquí volvemos a ver al Siervo, quienes identifican dentro de esta sección como el Siervo de Jehová, el Siervo del Señor, y quien no es otro más que el Mesías. En la primera estrofa, el ser sorprendente Siervo; y en la segunda estrofa es el Siervo despreciado; el estrofa número tres es el Siervo sustituto; y en la estrofa número cuatro es el Siervo que está siendo sacrificado en silencio. Y ahora venimos a la sección final donde lo vemos como el Siervo soberano.

El enigma mesiánico

Para entender la sección final, versículos 10-12, necesitamos regresar a la sección de apertura en el 52:13-15, así que déjenme leer las dos en secuencia. Isaías 52, verso 13: "He aquí"… Este es Dios hablando, el señor Yahwe, Jehová mismo… "Mi siervo será prosperado, será engrandecido y exaltado, y será puesto muy alto. Como se asombraron de ti muchos, de tal manera fue desfigurado de los hombres su parecer, y su hermosura más que la de los hijos de los hombres, así asombrará él a muchas naciones; los reyes cerrarán ante él la boca, porque verán lo que nunca les fue contado, y entenderán lo que jamás habían oído". Esto presenta un enigma mesiánico, un enigma mesiánico para los judíos, para los lectores. Aquí nosotros conocemos al Mesías, al Siervo, el ebed Yahweh, el Esclavo de Dios, llamado el Esclavo de Dios debido a su perfecta obediencia. Aquí es donde nosotros lo conocemos y encontramos que Él es divino, Él es Dios, porque en el verso 13 se nos dice: "será prosperado, será engrandecido y exaltado, y será puesto muy alto". Estos tres verbos son usados para describirlo y son los mismos que se usan para describir a Dios mismo en Isaías 6. Cuando dice en Juan 12 que la visión en Isaías seis de Dios, como el alto y sublime y sentado en el trono y Santo, Santo, Santo, fue la visión de Jesucristo. Así que aquí aprendemos que el Mesías será como es Dios, será la misma esencia de Dios.

Aprendemos que Él será puesto muy en alto y exaltado; esto es lo que los judíos tenían en su teología acerca del Mesías. Él asombraría a muchas naciones; y literalmente cerraría las bocas de monarcas y gobernantes y reyes quienes quedarían asombrados ante su majestad y gloria cuando se haga presente. Ellos verán cosas en Él que nunca antes habían visto y escucharán cosas que nunca antes habían escuchado. Todo esto coincide perfectamente con la teología mesiánica de los judíos que solo enfatiza la gloria del Mesías. Él es Dios; ellos no lo vieron claramente, pero así es descrito aquí. Él es exaltado, tiene éxito, prospera; esto es lo que los verbos significan en el versículo 13. Él conquista al mundo, somete a las naciones, hace y dice cosas que nunca han sido dichas y nunca han sido hechas antes de que Él ejerza su majestad y su gobierno. Pero hay un enigma en esta declaración de apertura que viene de Dios, y está en el versículo 14. Él causará asombro por su gloria, pero también causará asombro por esta razón tan extraña: "fue desfigurado de los hombres su parecer, y su hermosura más que la de los hijos de los hombres" (Isaías 52:14). Dos veces se le identifica como hombre. Él es Dios en el versículo 13, y Él es hombre en el versículo 14. Como Dios, Él es exaltado muy en alto, como Dios debe ser exaltado. Como hombre, Él es desfigurado, le hacen cicatrices, está maltratado tan severamente, más que cualquier otro hombre, más que cualquiera de los hijos de los hombres. Esto es un enigma, el enigma de las palabras que abren esta sección de las Escrituras. ¿Quién es éste? Y esto viene de Dios mismo. Jehová Dios está hablando. Aquí es donde se encuentra el misterio; aquí está el misterio que es imposible, que a primera vista sea revelado, cómo es que esta gloriosa persona, está asombrosa, maravillosa, majestuosa, y poderosa persona puede al mismo tiempo ser desfigurada y herida, más desfigurada que cualquier otro ser humano, y finalmente se nos dice en el versículo 15, y será glorificado.

¿Quién es este y qué significa todo esto? Bueno, nosotros sabemos lo que significa. El Mesías será tanto exaltado como humillado. Lo encontramos en Filipenses 2: se humilló asimismo y Dios lo exaltó grandemente. El Siervo sufriente encaja bien dentro del propósito de Dios, y el propósito de Dios es que vendría en humillación pero también vendría en exaltación. Ambos, su humillación y su exaltación, son prometidos por Dios aquí. Jehová es el que está hablando; este es el plan de Dios; esta es la promesa de Dios; estas son las palabras de Dios. El Siervo sufriente de Jehová, el Mesías desfigurado, no es una víctima sino más bien el victorioso Hijo de Dios escogido por el Padre, capacitado por el Espíritu para sufrir y para recibir la gloria. ¿Cómo sucedió esto?

La respuesta a este enigma se encuentra en los versículos 13 al 15 del capítulo 53. Esto explica tanto su sufrimiento y su propósito, como su gloria y su propósito. Este capítulo entonces, el capítulo 53, contiene las más importante verdad que jamás haya sido dada. Las buenas nuevas de salvación para los pecadores a través de la muerte del Siervo de Jehová, el único sacrificio aceptable que pudo quitar los pecados del mundo, esta sorprendente revelación comienza con Dios hablando en los versículos del 13 al 15 y culmina con Dios hablando nuevamente iniciando a la mitad el versículo 11 y hasta el 12, Dios principia y culmina esta gran profecía. Dios prometió el plan que está en los versículos 13 al 15, y hasta el final, en los versículos 11 y 12, afirma su cumplimiento. Así que es Dios quien ha planeado tanto la exaltación como la humillación de su Siervo, el Mesías. Lo que pasó con Jesucristo cuando vino, estaba en el plan de Dios, no fuera de su plan. Este era el plan de Dios. Este era el propósito de Dios.

En medio de esta declaración de los propósitos de Dios y la afirmación de esos propósitos, desde el principio y hasta el final de esta porción de la Escritura, se encuentra la sección con la cual nosotros estamos familiarizados, esto es versículo 1 hasta la primera parte del versículo 11. Aquí se nos habla acerca de una época, la penitente confesión del rechazo y el odio hacia el Mesías hecha por una futura generación de judíos. Hemos estado estableciendo en cada uno de estos sermones, comenzando desde el versículo 1, que todos los verbos están en tiempo pasado, y ellos continúan en el tiempo pasado.

¿Qué significa esto? Esto significa que no es una predicción de algo que está en el futuro, esta es una predicción de algo que está en el pasado. Pero esta claramente describe la muerte y la resurrección de Jesucristo, la cual está en el futuro. Sí, pero los judíos quienes están haciendo esta confesión están mirando hacia el pasado y reconociendo que ellos estaban muy equivocados. Los versículos 1 al 11 son básicamente el contenido de la confesión de la nación de Israel en el futuro cuando ellos hagan lo que dice Zacarías que ellos harán, "mirarán al que ellos traspasaron y se lamentarán y una fuente de limpieza será abierta para ellos y la nación será salva". Esta será su confesión.

La salvación futura de Israel

La promesa de la salvación futura de Israel se encuentra expresada en Jeremías 31, y ya la hemos visto: el Nuevo Pacto. Este se repite en Ezequiel 36, versículos 22 al 29, y hemos visto que ahí es donde Él los salva y les da un nuevo corazón y un nuevo espíritu y perdona sus pecados poniendo en ellos entendimiento acerca de Él. La promesa de la futura salvación de Israel está reiterada en Zacarías 12:13, y todo esto es afirmado por Pablo en Romanos 11:25 al 27, "y todo Israel será salvo". Sin duda alguna esta es una promesa del futuro, la salvación nacional de Israel. Y cuando llegue este momento y el Espíritu de gracia venga sobre ellos, como lo describe Zacarías, y recibirán vida repentinamente y vista al grado que se darán cuenta que ellos rechazaron y mataron y continúan odiando a su único Salvador, ellos cambiarán, cambiarán sus consideraciones, y la confesión serán estas palabras que se encuentran en Isaías 53. Es entonces cuando ellos dirán, Él fue herido por nuestras rebeliones, molido por nuestros pecados, el castigo de nuestra paz fue sobre Él, despreciado para que nosotros fuésemos sanados. El Señor hizo que nuestra iniquidad cayera sobre Él. Él fue llevado como un Cordero al matadero. Él fue cortado de la tierra de los vivientes debido a las transgresiones de mi pueblo, y por mi pueblo fue herido. Hay una salvación futura para la nación de Israel que es prometida en el Antiguo Testamento y reiterada en el Nuevo Testamento.

Ahora solo una acotación al margen, algunas personas piensan que esto es un tipo de enfoque premilenial que muchos de los teólogos históricos, y algunos teólogos amileniales, no creerían esto. Miren, no hay forma posible de descartar lo que la Biblia dice acerca de la futura salvación de Israel. Tendríamos que deshacernos de Jeremías, Ezequiel, Isaías y Zacarías. Te tendrías que deshacer de la predicación de Jesucristo, la predicación de los apóstoles, o el libro de Romanos. Y no puedes hacer esto. La futura salvación de Israel es tan clara que si tú vas a revisar la historia, por ejemplo al tiempo de los reformadores en el siglo XVII y en los siglos subsecuentes de los puritanos y reformadores, vas a encontrar que ellos creían completamente en la futura salvación nacional de Israel. Nada menos que Juan Calvino, quien murió en 1564 (siglo XVI), dice esto: "Cuando entren los gentiles, los judíos también regresarán de su error a la obediencia de la fe y de este modo será completada la salvación de todo el Israel de Dios, será de tal manera que los judíos obtendrán el primer lugar conforme a los propósitos eternos de Dios. Él amó a esta nación y lo confirma por esta sorprendente declaración; la gracia del divino llamado no puede ser eliminada". Calvino y sus amigos quienes trabajaban en la Biblia, la llamada "Biblia de Génova", escribieron en las notas de Romanos 11 este párrafo: "La ceguera de los judíos no es total al grado que pudiéramos decir que Dios no tiene elegidos en esa nación, tampoco será continua porque habrá un tiempo en el cual ellos, como los profetas lo predijeron, abrazarán de manera efectiva eso que por ahora ellos rechazaron neciamente". Todo el Comité de traductores, eruditos y teólogos que trabajaron en la Biblia de Génova afirmaron la futura salvación de Israel, y también lo hicieron una larga lista de escritores puritanos que pudiera ser nombrada en no menos de 20 o 30 minutos.

Este pensamiento también se encuentra en hombres cuyos nombres son familiares para ti, teólogos como Charles Hodge y Robert Haldane, gente como Martín Lloyd-Jones, y aun antes que ellos Charles Haddon Spurgeon. John Owen, 1616-1683, dijo lo siguiente: "Se guardan días de oración y humillación en Escocia. El objetivo en particular es que la promesa de conversión de todo el pueblo de Dios, esto es la conversión de los judíos, sea acelerada". Esta es una verdad incuestionable. Todos aquellos que fueron fieles intérpretes de la Escritura lo afirman. Uno de mis puritanos favoritos, Tomás Boston, escribió: "Viene un día en el cual ocurrirá la conversión nacional de los judíos; los judíos que ahora están cegados y han sido rechazados serán convertidos a la fe en Jesucristo en un futuro".¿No son maravillosas noticias para los que vivimos en el mundo y percibimos cómo es Israel hoy en día? De acuerdo con Iain Murray, esta creencia de la salvación futura de Israel se encuentra ampliamente detallada en mucha de la literatura puritana del siglo XVII. Y podría continuar, pero no quiero, simplemente digamos que se encuentra por todos lados. Jonathan Edwards, en el siglo XVII en los Estados Unidos, afirmaba la salvación nacional de Israel. Todos los que son fieles estudiantes de las Escrituras encuentran imposible escapar a esta verdad. Así que cuando esto suceda, de acuerdo a lo que les he estado diciendo, esto será lo que ellos dirán, las palabras que se encuentran en Isaías capítulo 53. Cuando ese día llegue, cuando ese día se haga realidad, ellos mirarán nuevamente hacia aquel al cual ellos traspasaron y entonces revertirán su opinión y de sus bocas saldrán estas palabras de confesión abierta, penitente, lo que es el corazón de esto; ellos dirán: "Nosotros pensábamos…" Versículo 4… "Que Él fue herido y golpeado por Dios y afligido por sus propias blasfemias". Ahora sabemos que fue herido y golpeado por Dios y afligido debido a nuestras transgresiones, a nuestras iniquidades y todo esto fue por nuestro bien, para que nosotros fuésemos sanados espiritualmente. "Y que nuestros pecados fueron puestos sobre él y que él fue cortado por nuestras transgresiones y por nuestros pecados fue herido".

Ellos harán esta confesión, todo esto hasta llegar al versículo 11, y la palabra final le corresponde a Dios. Y desde la mitad el versículo 11 hasta el versículo 12, Dios afirma su confesión. Dios afirma que esta confesión es la verdadera confesión, y es Dios mismo el que dice justo a la mitad del versículo 11: "por su conocimiento justificará mi siervo justo a muchos, y llevará las iniquidades de ellos." Versículo 12… "derramó su vida hasta la muerte, y fue contado con los pecadores, habiendo él llevado el pecado de muchos, y orado por los transgresores". Esta es la afirmación final de Dios de que la confesión que los judíos han hecho es en efecto una confesión precisa y adecuada. Es entonces cuando Dios contesta al enigma, ¿cómo puede ser Él exaltado y humillado? Dios dice: "será humillado para cargar las iniquidades, para cargar con el pecado de muchos, pero…" En el versículo 12… "Le dará parte con los grandes, y con los fuertes repartirá despojos"; esta es su exaltación.

Así que todo esto te da el panorama acerca de lo que estamos observando aquí. Los judíos en una futura generación dirán lo que tú ya has dicho, y lo que yo ya he dicho, que Jesucristo es el único Salvador, que su muerte es una muerte vicaria, un sacrificio sustitutorio hecho por mí, hecho a favor de los pecadores. Muere como el Cordero escogido de Dios para quitar los pecados del mundo; ya que no hay salvación en ningún otro nombre sino en el nombre de Jesucristo.

La perspectiva de Dios

Habiendo hecho este repaso vayamos ahora a nuestra última estrofa. Hasta este punto las provisiones y los beneficios de la muerte del Siervo han sido vistas desde la perspectiva del pueblo, como ya dije. Y esto será verdad hasta llegar a la mitad el versículo 11. Las líneas finales de la mitad del versículo 11 hasta el 12, harán un cambio y ya no vamos a escuchar acerca de la perspectiva de los judíos, o de la perspectiva de los pecadores; ahora vamos a escuchar acerca de la perspectiva de Dios. De este modo concluye de una forma poderosa al tiempo que Dios afirma la realidad de su confesión. Esto nos lleva al versículo 10, así es que vayamos ahí.

Esto es lo que el Señor le ha hecho a su Siervo. Los judíos ahora tienen una comprensión soteriológica acerca del significado de la Cruz de Cristo. Estos judíos de la generación futura quienes hacen esta confesión muestran que ahora tienen un completo entendimiento. Ya no hay nada que le falte a su soteriología. Su Evangelio está completo, esto es sorprendente porque, recordemos, que esto está siendo dicho 700 años antes de Cristo y estas palabras que van a provenir de los judíos están siendo dichas miles de años antes de que ellos tengan un completo entendimiento de la Cruz. Ahora conocen la realidad acerca de esto. Comprenden el versículo 10 que nos dice que Jehová quiso quebrantarlo sujetándolo a padecimiento imponiendo su vida como una ofrenda por la culpa; ahora ellos lo entienden. Ellos comprenden el sacrificio vicario, sustitutorio y sacrificial hecho por Cristo tomando el lugar de los pecadores. Ellos comprenden esta doctrina medular. Ellos entienden que Él fue hecho pecado por nosotros y no conoció pecado, ellos entienden que llevó en su cuerpo nuestros pecados en la Cruz. Ellos lo entienden. Entienden lo que las epístolas del Nuevo Testamento explican en detalle, y por cierto, en el término hebreo, Señor, Yahweh, el tetragramatón, es usado aquí y es enfático. El Señor quiso quebrantar. El término "con todo esto" es enfático ya que el versículo 9 nos dice que nunca hizo maldad ni hubo engaño en su boca. En otras palabras, Él es perfectamente Santo, perfectamente justo y perfectamente libre de pecado. A pesar de su falta de pecado, el Señor quiso quebrantarlo y sujetarlo a padecimiento. No solo quebrantarlo sino que se nos habla de un tipo de quebrantamiento que es descrito con una frase que lo modifica, "sujetándolo a padecimiento".

Dicho de otra manera, el Señor le está haciendo algo que es completamente horrible. Desde luego que los hombres lo están quebrantando injustamente. Vimos esto en versículos anteriores. Los hombres están haciendo lo peor que pueden hacerle, con un juicio injusto y brutalidad y abuso, hostigamiento, golpes y bofetadas, golpeándolo con palos y coronándolo con espinas, clavándolo y traspasándolo. Los hombres están haciendo lo peor que ellos pueden hacer, lo peor que los pecadores pueden hacer y ellos se están deleitando haciendo esto. Pero aquí Dios quiso, y literalmente se deleita, en quebrantarlo. Mientras que los hombres están haciendo lo peor que ellos pueden hacer, al mismo tiempo Dios está haciendo lo mejor que puede hacer. Los hombres están haciendo lo peor por el que no tiene pecado, y Dios está haciendo lo mejor que Él puede hacer por los pecadores. Su muerte es obra de Dios; Él es el Cordero de Dios; escogido por Dios (Hechos caps. 2 y 4), elegido por el anticipado consejo de Dios; el propósito y consejo de Dios ha determinado que Él morirá. Es Dios quien colocó sobre Él la iniquidad de todos nosotros. Es Dios quien lo quebranta. Es Dios quien lo corta de la tierra de los vivientes.

Dios, quien no encuentra placer en la muerte de los malvados, como lo dice Ezequiel 18, encuentra un completo placer en la muerte del único Justo. Así es como lo llaman en el versículo 11, mi único Siervo Justo. Dios quien no encuentra placer en la muerte de los pecadores encuentra placer en la muerte del único que es sin pecado.

Ahora escuchen con mucho cuidado. El placer y disfrute de Dios en la muerte de Cristo, el placer de Dios en quebrantarlo, el placer de Dios en sujetarle a padecimiento, y déjenme decirles algo acerca de esta frase "sujetándolo a padecimiento", es una frase muy poderosa, "sujetándolo a padecimiento," porque esta nos da la idea de enfermarlo, no con algún tipo de enfermedad o dolencia, sino literalmente someterlo a una experiencia tan atroz que debilitará por completo todo su ser. Dios no solamente lo quebrantó en el sentido de matarlo, si no que se llevó a cabo una ejecución tan dolorosa como puede ser concebible o más bien inconcebible. Él es quebrantado hasta la agonía, dolorosa e insoportable. Y es Dios quien lo está quebrantando.

Esta no es la muerte de un mártir como algunos han sugerido; porque las muertes de mártires no son como esta. Cuando las dificultades físicas están presentes, ya sea que ellos sean quemados vivos, o muertos de alguna otra manera, si tú estudias la historia de los mártires encontrarás algo interesante. Hay un libro que es muy conocido, *El libro de los mártires* de un autor llamado John Foxe, si tú lees acerca de los miles de relatos de los mártires que hay allí, encontrarás que los mártires mueren entonando canciones con sus bocas. Los mártires mueren cantando, mueren declarando su fe en el Señor. Los mártires mueren con una esperanza en sus corazones, sorprendentemente, los mártires mueren... escucha... bajo el dulce consuelo de la gracia. Los mártires mueren bajo el dulce consuelo de la gracia. Los mártires mueren con el Espíritu Santo dentro de ellos, los mártires mueren palpando la presencia de Dios, los mártires mueren bajo el dulce consuelo de la gracia. Al morir, los mártires comienzan a saborear el cielo, esta es la gracia.

La muerte de Nuestro Señor no fue de esta manera. Ningún himno fue cantado después de que pasó la Pascua. Ningunas Escrituras fueron citadas, no hubo consuelo, no hubo Espíritu Santo, no hubo Padre, no hubo ninguna fuente de consuelo. ¿Por qué?, porque Jesucristo no murió bajo el dulce consuelo de la gracia. Jesucristo murió bajo los terrores de una ley implacable. Jesús murió bajo una ira divina que no pudo mitigar, no hubo consuelo, solamente hubo ira divina. Literalmente podemos decir que Jesucristo murió probando el infierno. "¿Padre, padre, porqué me has desamparado?" Ningún creyente nunca ha muerto de esta manera. Todo impío muere de esta manera. Los creyentes mueren acariciando el cielo. Todo incrédulo muere probando el infierno, de esta manera murió Jesús, probando el infierno. Él murió la muerte de un incrédulo sin consuelo, sin gracia y sin misericordia.

Los judíos no entienden, ellos no tienen un buen entendimiento acerca de la muerte del Mesías. ¿Pero cómo es que Dios "quiso"? ¿Por qué? ¿Qué fue lo que hizo que Dios quisiera? ¿Cómo es que Dios se agradó? ¿Cómo es que Dios pudo agradarse con una agonía como esta?

Pon atención, el deleite y placer de Dios en quebrantar a su Hijo de esta manera no se encuentra en el dolor que Él sufrió, sino en el propósito que esto tenía. No fue en su agonía, sino que fue en lo que esto cumplía. No fue en su sufrimiento, sino que fue en su salvación, y esto es lo que Él dice: "¿Por qué se agradó el señor? ¿Porque se agradó en quebrantarlo, en sujetarlo a padecimiento"? Literalmente en hebreo dice: "Porque se entregaría asimismo como una ofrenda por el pecado, porque Él daría su vida para salvar a los pecadores". El resultado fue lo que agradó a Dios, no el dolor, pero el dolor y la agonía fueron necesarios. Él tenía que morir bajo un completo, absoluto, sin descanso, sin consuelo, peso de la ley y de la ira de Dios.

Los judíos no lo comprendieron; Él fue la ofrenda por la culpa. ¿Por qué dirían esto?

Las ofrendas judías

¿Porque el Espíritu Santo pondría estas palabras para que Isaías las escribiera?

Te diré porqué. Existían cinco ofrendas que tenían que ofrecer los judíos, de acuerdo al libro de Levítico, donde ellos tenían el sistema sacrificial prescrito por Dios, existía la ofrenda encendida, la ofrenda de granos, la ofrenda de paz, ofrenda por el pecado y la ofrenda por la culpa. Tres de estas eran sacrificios. La primera, la ofrenda encendida; la cuarta y la quinta, la ofrenda por el pecado y la ofrenda por la culpa, eran sacrificios de animales. Las otras dos, la de granos y la de paz, no lo eran. Sin que vayamos a estudiar mucho en detalle cabe decir que tres de ellas hacían referencia a sacrificio de animales. Estas tres que referían sacrificios de animales eran imagen de los resultados de la muerte por el pecado; el pecado produce muerte. Estas también eran una esperanza ya que Dios permitía que un sustituto estuviera en lugar del pecador, y el sacrificio de un animal simbolizaba el hecho de que Dios proveía un sustituto. Y justamente ninguno de estos animales era ese sustituto; estos solo apuntaban a la realidad de que habría un sustituto.

Pero de esas tres ofrendas que involucraban animales —el holocausto, la ofrenda por el pecado y la ofrenda por la culpa— la última es la ofrenda más inclusiva. Esta añade una dimensión que las otras no tienen. No quiero entrar en todos los detalles, pero esta añade una dimensión que las otras no tienen. Y la mayoría de los comentaristas estarían de acuerdo en que la característica de la ofrenda por la culpa, también llamada la ofrenda por la transgresión, es que añadía la dimensión de restitución, o satisfacción, o propiciación, que es un verbo que significa ser satisfecho. Esta es la última ofrenda que se encuentra en los primeros siete capítulos del libro de Levítico. Es un avance de las otras. Por cierto, la ofrenda por el pecado y la ofrenda por la culpa eran ofrendas que se ofrecían todos los días en los sacrificios de la mañana y de la tarde. Así que los judíos tenían estas ofrendas todo el tiempo. La ofrenda por la culpa avanzaba las nociones e ideas de la ofrenda por el pecado. En la ofrenda por el pecado se expresaba arrepentimiento. En la ofrenda por el pecado se reconocía que el pecado trae muerte y se reconocía la esperanza de un sustituto. Pero en la ofrenda por la culpa, debido a que todo el animal debía ser puesto sobre el altar, había una imagen de culminación o completa satisfacción.

Los judíos verían que la ofrenda de Cristo era la ofrenda por la culpa en el sentido de que era la ofrenda más completa. Esta proveía entera satisfacción, completa restitución, total propiciación. La satisfacción de la justicia de Dios se demuestra en la plenitud de ese sacrificio. La deuda está completamente pagada y el pecador queda libre. ¡Qué bueno es saber que Él es el holocausto y la ofrenda por el pecado! Él es la ofrenda por la culpa que cubre todo lo que las otras dos cubren y agrega la maravillosa dimensión de satisfacción divina completa, el sacrificio del Siervo como el pago compensatorio pleno a Dios para satisfacer su justicia Santa y para pagar por completo la pena por todos los pecados de todos los que creerían. Entonces aquellos cuyos pecados están pagados, serán perdonados para siempre. Juan dice: "Y él es la propiciación (la ofrenda por la culpa, la ofrenda por la transgresión) por nuestros pecados; y no solamente por los nuestros, sino también por los de todo el mundo".

Esto es entender el Evangelio, que Cristo es la completa satisfacción. El sacrificio completo al cual nada se le puede añadir. Dios quedó satisfecho. Esta es la razón por la que Dios se agradó. Él quiso quebrantarlo, no porque se deleitara en la agonía, sino porque se deleitó en el sacrificio sustitutorio. Satisfecho porque Él era la ofrenda por la culpa para todos los creyentes desde Adán hasta el final. Él pagó por completo la justicia divina. Los judíos pueden tener un completo entendimiento del significado de la Cruz.

La obra de Cristo completada

Pero no nos detengamos aquí. Aquí hay más acerca de su confesión. La segunda mitad del versículo 10 y la primera del 11: "verá linaje, vivirá por largos días, y la voluntad de Jehová será en su mano prosperada. Verá el fruto de la aflicción de su alma, y quedará satisfecho".¡Un momento! Él está muerto. ¿Qué está sucediendo aquí? ¿Cómo podrá ver su linaje, o su descendencia? ¿Alargará sus días? ¿Llevará a cabo la obra de Dios con sus manos? ¿Lo verá y quedará satisfecho? Tendría que estar vivo, ¿no lo creen? Esta es una confesión de la resurrección, y es la imagen del nacimiento de un niño. Esto es simplemente magnífico. "Verá linaje, verá su posteridad". Esto se encuentra en tiempo futuro. Ahora los judíos cambian, en el tiempo futuro los resultados de lo que Él ha hecho: Verá linaje.

Esta es una analogía tan obvia. A todos nos gustaría ver las generaciones futuras. Por eso estamos tan preocupados por los que vienen detrás de nosotros. Existen sitios en Internet donde puedes ir y revisar una lista de toda la gente que ha muerto de tu familia. Esta es una especie de mal sustituto por el hecho de que no vas a ver a los que vengan en el futuro. Pero todos decimos: "Me encantaría ver a mis hijos, me encantaría verlos casarse; me encantaría ver a los hijos de mis hijos, mis nietos; me encantaría ver a los nietos de mis nietos; me encantaría ver hacia dónde se dirige todo esto; me encantaría ver algunas generaciones hacia adelante para ver si se mantiene la fidelidad al Señor; me encantaría ver hacia dónde va el Reino y cómo mi familia encaja dentro de los propósitos futuros de Dios". Pero yo nunca veré eso. Ustedes saben que he sido bendecido. En tiempos antiguos, después del diluvio, hubieras sido bendecido si hubieras visto una generación o dos. Yo he sido bendecido en poder ver a mis hijos y a mis nietos. No sé si veré a mis bisnietos. Ciertamente no podré ver más allá de eso porque estaré muerto.

Así que, si Él ve su linaje, si ve su posteridad, tiene que estar vivo por mucho tiempo, y lo estará. Vivirá por largos días. Esto es un hebraísmo para una vida larga y perdurable. Él está vivo ahora. Así que aquí está Romanos 10:9-10. Los judíos no solamente creerán en la muerte de Jesucristo, sino que reconocerán que Dios lo levantó de entre los muertos. Aquí está la resurrección. Él verá su posteridad, verá las generaciones futuras, las verá todas porque está vivo.

Y Él tendrá que estar vivo para reinar, para ser exaltado. Me encanta esto. En Hebreos 2:9 dice: "vemos a aquel que fue hecho un poco menor que los ángeles, a Jesús, coronado de gloria y de honra, a causa del padecimiento de la muerte, para que por la gracia de Dios gustase la muerte por todos". Y luego el versículo 10: "Porque convenía a aquel por cuya causa son todas las cosas, y por quien todas las cosas subsisten, que habiendo de llevar muchos hijos a la gloria…" Detengámonos aquí un momento.

Los verá a todos. Verá a todos aquellos a quienes traiga a la gloria. Juan 6:37 y 39 dice: "Todo lo que el Padre me da, vendrá a mí… no [perderé] yo nada, sino que lo [resucitaré] en el día postrero". Vivirá para ver su posteridad. Él siempre vive para ver a sus hijos. Verá a su novia completa. Verá su rebaño reunido en la gloria. Verá a sus hijos. Maravillosa realidad.

Sí, Él prospera, eso es lo que se nos dice en el 52:13: "mi siervo será prosperado". Y aquí su prosperidad es indicada en la frase final del 53:10, "la voluntad de Jehová será en su mano prosperada". ¿Y cuál es la voluntad de Jehová? Que a través de quebrantarlo salve a los elegidos. Él lo verá. No solamente lo verá, sino que lo hará. La voluntad de Jehová tendrá éxito en Su mano. "Todo lo que el Padre me da, vendrá a mí… no [perderé] yo nada, sino que lo [resucitaré] en el día postrero".

La obra de Cristo estará completa. La voluntad y satisfacción se encuentran en salvar a los pecadores. El placer de Dios es salvar a los pecadores. Y para satisfacer su placer en salvar a los pecadores, Él tuvo que sacrificar a Su Hijo. Pero Él se deleita en quebrantar a Su Hijo para poder deleitarse en salvar a los pecadores, quienes lo adorarán y glorificarán por los siglos de los siglos. Toda esta salvación, como dice Efesios 1, es para alabanza de Su gloria.

Y existe una palabra final en su confesión, en el versículo 11: "Verá el fruto de la aflicción de su alma, y quedará satisfecho". ¿Qué es lo que Él verá? Verá que este plan llegó a su culminación. Él verá la buena voluntad del Señor siendo cumplida. Verá a su descendencia espiritual. Él verá a todos los redimidos reunidos. Dios está satisfecho por el sacrificio sustitutorio de Cristo, y Cristo está igualmente satisfecho al ver a todos sus hijos reunidos alrededor de su trono para siempre: la descendencia espiritual, los redimidos de todas las edades. Tendrá para siempre su amor, serán para siempre su novia, serán para siempre sus hijos e hijas; amándolo, adorándolo, honrándolo, sirviéndolo en su presencia y en las glorias del cielo. Y especialmente, sí especialmente, se deleitará en la salvación de esa esposa adúltera, Israel.

Escuchen Isaías 62:1-5: "Por amor de Sión no callaré, y por amor de Jerusalén no descansaré, hasta que salga como resplandor su justicia, y su salvación se encienda como una antorcha. Entonces verán las gentes tu justicia, y todos los reyes tu gloria; y te será puesto un nombre nuevo, que la boca de Jehová nombrará. Y serás corona de gloria en la mano de Jehová, y diadema del reino en la mano del Dios tuyo. Nunca más te llamarán Desamparada, ni tu tierra se dirá más Desolada, sino que serás llamada Hefzi-bá, y tu tierra, Beula; porque el amor de Jehová estará en ti, y tu tierra será desposada. Pues como el joven se desposa con la virgen, se desposarán contigo tus hijos; y como el gozo del esposo con la esposa, así se gozará contigo el Dios tuyo".Dios se regocijará en la salvación de Israel de la cual estamos hablando que sucederá en el futuro. Y del mismo modo Cristo. Y como resultado de la angustia de su alma, literalmente verá a su descendencia espiritual, incluyendo a Israel, y será completamente satisfecho.Otra manera de traducir esto sería: "Lo disfrutará al máximo". El pleno gozo y satisfacción del Siervo viene por proveer justicia, redención, perdón y cielo eterno para Sus hijos. ¡Qué día será aquél!

Las palabras finales son de Dios, la segunda mitad el versículo 11, y las veremos en nuestro próximo mensaje.

Oración

Padre, te agradecemos, conforme llegamos a la conclusión, de toda esta experiencia de adoración en esta mañana, porque Tú eres soberano y lo hemos cantado, y lo hemos visto, y lo hemos dicho y lo hemos leído, y lo hemos declarado, y hemos escuchado al profeta declararlo, y te escuchamos a Ti declararlo en Tus propias palabras, Señor, y lo afirmamos. Afirmamos que tú llamas a los hombres. Los llamas a la salvación, primero que nada, y luego los llamas a Tu Iglesia. Te agradecemos por esta congregación, esta iglesia, y porque sabemos que Tú eres el que ha provisto todos los medios para nuestra salvación. Amén.

REFLEXIONES PERSONALES

07_El Siervo Soberano. Parte 2

Con todo eso, Jehová quiso quebrantarlo, sujetándole a padecimiento. Cuando haya puesto su vida en expiación por el pecado, verá linaje, vivirá por largos días, y la voluntad de Jehová será en su mano prosperada.

Verá el fruto de la aflicción de su alma, y quedará satisfecho; por su conocimiento justificará mi siervo justo a muchos, y llevará las iniquidades de ellos.

Por tanto, yo le daré parte con los grandes, y con los fuertes repartirá despojos; por cuanto derramó su vida hasta la muerte, y fue contado con los pecadores, habiendo él llevado el pecado de muchos, y orado por los transgresores.

Isaías 53:10–12

BOSQUEJO

— Introducción

— La pregunta más trascendental

— La respuesta

— El corazón de la teología

— La confesión

— El enigma resuelto

— La confirmación de Dios

— El conocimiento de Dios

— La entrega del Mesías

— La oración de Mesías

— Oración

Notas personales al bosquejo

SERMÓN

Introducción

Este es el mensaje número 10 en esta serie y debo decirte con gran tristeza que esta es nuestra despedida a este pasaje. Todo él ha llegado a ser parte de mi alma, puedo decir que es ahora parte de mi ADN. Todos los textos parece que hacen lo mismo que este, sin embargo, resalta sobre el resto de los otros en muchas maneras. Esto es lo que he estado tratando de compartir con ustedes las últimas nueve horas que hemos invertido en este capítulo.

Cuando nosotros comenzamos con este estudio unos meses atrás, los introduje al hecho de que la verdad de este capítulo respondería de manera importante, esencial, vital, a la pregunta más crítica que puede ser formulada, les dije que este capítulo proveería la respuesta a una de las más profundas, serias y significativas búsquedas de todas; Este capítulo responde a la pregunta más importante; es más importante que todas las otras preguntas combinadas. Esta es infinitamente más importante que todas las otras preguntas combinadas.

La pregunta más transcendental

Y la pregunta que está siendo respondida en este capítulo no tiene nada que ver con la salud, no tiene que ver nada con la riqueza, no tiene nada que ver con el éxito, no tiene nada que ver con la educación, no tiene nada que ver con la sociología, no tiene nada que ver con la religión, no tiene nada que ver con política, moralidad o filosofía. Esta trasciende a todas esas preguntas y de hecho, la pregunta que este responde es la razón por la cual toda la Biblia fue escrita. La Biblia fue escrita para responder la pregunta que es preeminentemente contestada en este capítulo. ¿Cuál es esta pregunta? Es esta: ¿cómo puede ser un pecador perdonado completamente y reconciliado con un Dios Santo y entonces ser capaz de escapar del infierno eterno y entrar al cielo eterno? Esta es la pregunta que sobresale de todas las preguntas.

Y debido a que todo ser humano vivirá para siempre, ya sea en el infierno eterno o en el cielo eterno, esta es la pregunta que más desesperadamente necesita ser contestada, ¿cómo puede un pecador ser completamente perdonado y reconciliado con un Dios Santo de tal manera que él pueda escapar del infierno y entrar al cielo eterno? Esta es la suprema pregunta moral. Esta es la suprema pregunta espiritual. Esta es la suprema pregunta religiosa que ningún sistema de moralidad, ninguna espiritualidad mística y ninguna religión tiene respuesta fuera del cristianismo. La Biblia fue escrita para que Dios diera esta respuesta. Y si llevas esta pregunta y esta respuesta fuera de la Biblia, será que estás considerando la Biblia como cualquier otro libro. Esta es la pregunta y la respuesta por la cual la Escritura fue revelada.

La respuesta

En lo que respecta al Antiguo Testamento esta pregunta no es mejor respondida que en Isaías 53, como hemos estado aprendiendo. Esto es lo que hace que este capítulo sea el pináculo del Antiguo Testamento. Es como el monte Everest del Antiguo Testamento. Esta es una profecía inspirada por el Espíritu Santo acerca del significado de la muerte y la resurrección de Jesucristo, 700 años antes de que Él estuviera presente en la tierra. Cuando iniciamos esta serie les dije que muchos comentaristas a través de los años han llamado este capítulo el quinto evangelio. Yo no le llamaría así, yo más bien le llamaría el primer Evangelio, y Mateo es el número dos, Marcos el número tres, Lucas el número cuatro, y Juan el número cinco. Este es el primer Evangelio.

Este es un relato del Dios hombre que vino al mundo para morir por los pecadores, resucitó y proveyó la salvación y ha sido exaltado al cielo. Este no es solamente el primer Evangelio, sino que yo me arriesgaría a decir que también es la primera epístola. Lo puedes poner justo después del libro de los Hechos, y antes de Romanos, porque el mensaje que se encuentra aquí no solamente es el mismo mensaje que tienen los cuatro Evangelios sino que es la misma interpretación de los evangelios que tú encuentras en los escritos de Pablo, de Pedro y Juan. De este modo esta es una demostración sin paralelo dentro del Antiguo Testamento inspirado por Dios, ya que aquí se encuentra el registro de la vida y la muerte de nuestro Señor Jesucristo por medio de crucifixión, está registrado como es traspasado y enterrado 700 años antes de su tiempo con muchísimos detalles. Aquí está la interpretación del Nuevo Testamento, de su muerte y su resurrección y dice exactamente lo que nosotros leemos en las epístolas.

Conforme hemos estado aprendiendo las palabras de este glorioso capítulo, el capítulo 53, hemos visto que todas están en tiempo pasado. Y mientras que esta es una profecía acerca del futuro, no es primariamente una profecía acerca de los eventos de la vida de Cristo. Primeramente es una profecía de la conversión final de Israel cuando en el futuro, como Zacarías lo dice, ellos mirarán al que traspasaron, y se lamentarán por Él como se lamentan por un hijo, y el Espíritu de gracia y súplica llegará a ellos y la fuente de limpieza será abierta para que ellos lleguen al conocimiento de Dios. Esto es lo que Zacarías 12:13 dice, esto va a suceder en el futuro.

La promesa de Dios en Ezequiel 36 es la salvación futura de Israel. Es repetida en Jeremías 31 y afirmada en Zacarías 12, 13 y 14. De ahí saca Pablo lo que dice en Romanos 11:26, que todo Israel será salvo. Al profeta

Isaías le es dada una visión de la salvación futura de Israel al final de la historia de la humanidad, justo antes de la llegada de Jesucristo, cuando ellos miren en retrospectiva a Aquel a quien traspasaron y lo vean por quien Él es en realidad, y lo reciban como Señor y Salvador, y sean limpiados de sus pecados, salvados y vengan al verdadero conocimiento de Dios. Cuando esto suceda en el futuro estas serán las palabras que digan, esta es su confesión. Esta es la razón por la que todos los verbos están en tiempo pasado y todos los pronombres están en plural. Aquí está Israel haciendo su confesión en el futuro. Y mientras que esta es la confesión futura de Israel que traerá salvación a toda la nación, también es la misma confesión que todo judío y gentil ha hecho desde Cristo para que seamos salvos. Un día Israel hará esta confesión, nosotros ya lo hemos hecho. Nosotros ya hemos reconocido que Él fue traspasado por nuestras transgresiones, quebrantado por nuestras iniquidades. Nosotros ya hemos reconocido que el Señor hizo que todas nuestras iniquidades cayeran sobre Él. Hemos reconocido que agradó al Señor quebrantarlo porque Él era una ofrenda por la culpa. Nosotros hemos creído esto y lo entendemos. Nosotros creemos en el sacrificio vicario y sustitutorio de Jesucristo por los pecados. Nosotros creemos que Él fue cortado de la tierra de los vivientes por las transgresiones del pueblo de Dios. Él tomó nuestra culpa, nuestro juicio y pagó por nuestros pecados. Nosotros lo creemos y esta es la razón por la que nosotros somos salvos.

El corazón de la teología

Este es el Evangelio. Esta confesión es el corazón de la teología de la salvación. Aquí se encuentra la doctrina de la justificación por medio de la imputación de nuestros pecados al único justo, el Siervo de Jehová, quien se convierte en el sacrificio sustitutorio, muriendo en nuestro lugar y tomando el castigo que merecíamos que Dios nos diera debido a nuestros pecados, y por todos los pecados de todos aquellos que creerán en Él algún día. Y un día los judíos la pronunciarán; nosotros ya la hemos pronunciado, "él herido fue por nuestras rebeliones, molido por nuestros pecados; el castigo de nuestra paz fue sobre él, y por su llaga fuimos nosotros curados".

Un día en el futuro los judíos dirán: "El Señor causó que todas nuestras iniquidades cayeran sobre Él. Por la rebelión del pueblo fue herido y fue cortado de la tierra de los vivientes". Algún día ellos dirán eso. Y escucha, mientras alguien no diga eso no puede ser salvo. No hay otra manera para ser salvo. Existen predicadores, pastores, quienes anuncian fervientemente que los judíos pueden ser salvos hoy en día sin Cristo. Esto no es verdad. Cualquier judío como cualquier gentil puede ser salvado hoy en día si es que hacen esta confesión. Esta congregación está formada por judíos y gentiles que ya la han hecho. Pero nadie puede ser salvo sin hacer esta confesión.

Nos regocijamos de que algún día en el futuro la nación de Israel la hará en un acto soberano de gracia, cuando el Señor a través de su Santo Espíritu de gracia sobre ellos, los regenere, entonces ellos mirarán atrás, verán a Cristo, y cambiarán la decisión que habían hecho hace 2000 años y lo recibirán a Él como su Salvador.

La confesión

Esta es su confesión. Esta es mi confesión. Esta es tu confesión. No se detuvo en la Cruz. Nosotros también, junto con ellos confesamos que aun cuando Él era una ofrenda de culpa, según los versículos 10–11, "verá linaje, vivirá por largos días, y la voluntad de Jehová será en su mano prosperada. Verá el fruto de la aflicción de su alma, y quedará satisfecho". La confesión también incluye su resurrección. Si Él está muerto, ¿cómo puede ver a su linaje? ¿Cómo es que vivirá por largos días? ¿Cómo puede ser la voluntad de Jehová en su mano prosperada, ver el fruto de su aflicción y quedar satisfecho? Solamente si se levanta de entre los muertos. Confesamos que Jesús no solamente murió, sino que también resucitó. Romanos 10:9 dice: "si confesares con tu boca que Jesús es el Señor, y creyeres en tu corazón que Dios le levantó de los muertos, serás salvo".Esto es lo que creemos. Así es como lo vemos. Así es como lo verán los judíos. Pero esta no es la última palabra. ¿Estamos de acuerdo? Escuchen, este entendimiento de la doctrina de la justificación —expiación vicaria y sustitutoria— ha estado bajo ataque desde el tiempo del Nuevo Testamento. Y continúa bajo ataque en nuestros días; hay teólogos que niegan la expiación sustitutoria de Jesucristo como una provisión por los pecados de todos aquellos que algún día creerán de manera individual. Siempre hay una batalla por esta doctrina. De hecho, durante mil años pareció que se había perdido la batalla, hasta que la Reforma la recuperó.

¿Entendemos esto? Lo que nosotros leemos aquí, esta confesión futura de los judíos, ¿es un entendimiento preciso de la Cruz? ¿Es este un entendimiento preciso del significado de la muerte y resurrección de Cristo, así como de su exaltación? Porque de acuerdo al 52:13, 15, Él "será engrandecido y exaltado, y será puesto muy en alto… asombrará él a muchas naciones; los reyes cerrarán ante él la boca", porque será tan superior a ellos. Esto no solamente habla de su Primera Venida para morir, sino de su Segunda Venida para reinar.

¿Lo entendieron correctamente los judíos? ¿Lo ven de manera correcta? ¿Es esa la manera en la que lo vemos? ¿O es esa la manera en que Dios lo ve? ¿Cómo ve Dios la Cruz? Bueno, sabemos desde el principio de este texto, 52:13–15, que Dios es el que está hablando, "He aquí que mi Siervo", mi esclavo, *ebed*, el esclavo de Jehová, el cual ha sido el título del Mesías desde el capítulo 42. Así que sabemos que aquí Dios es el que está hablando, en primera persona, y está describiendo el ministerio del Mesías, su esclavo, y dice que tendrá éxito, será engrandecido y exaltado, y será puesto muy en alto, asombrará a muchas naciones. Así que habla de su exaltación y su soberanía.

En el versículo 14, justo a la mitad, habla de su desfiguramiento, sus golpes, sus heridas, y que aparcería peor que cualquier otro ser humano. Su forma sería más despreciable, más desfigurada que la de cualquier otro hombre. Así que nos está diciendo que el ministerio de su Siervo que ha de venir incluirá gloria y sufrimiento. Eso es un enigma para los judíos.

El enigma resuelto

Estaba leyendo un libro que describe el pensamiento de los Rabís acerca de esta porción de la Escritura. Explica el por qué ellos no pudieron resolver este enigma y se preguntaban ¿cómo es que el Mesías será exaltado y glorificado y es desfigurado más que cualquier otro hombre? Todas las maquinaciones con las que ellos trataron de resolver este enigma en su historia, todo el tiempo antes de que Cristo llegara a la Tierra, hasta los tiempos modernos después de Cristo, han sido infinitas, pero no han resuelto el enigma del Mesías. ¿Cómo resuelves esto?

El capítulo 53 lo resuelve de manera simple diciendo que antes de que Él sea exaltado, será humillado. Lo entendemos. Su Primera Venida fue para ser desfigurado y ejecutado. Su Segunda Venida será para reinar y gobernar. Así es como lo entendemos. Pero, ¿es esto consistente con la forma en la que Dios lo entiende? Después de todo, es la perspectiva de Dios la que importa. El problema de la salvación, el problema del perdón, el problema de la reconciliación, el problema de la vida eterna o el asunto de la vida eterna no tiene que ver con la forma en que nosotros vemos las cosas. La cuestión no tiene nada que ver con la manera en como nosotros percibimos las cosas, sino más bien en como las ve Dios. Es por eso que queremos tener la perspectiva de Dios acerca de la muerte de Cristo y de su resurrección. Y esto es lo que tenemos en los últimos dos versículos de este sorprendente capítulo.

Comenzando a la mitad el versículo 11, Dios habla. Todos los pronombres cambian. Pasan del plural al singular. Los verbos pasan de estar en tiempo pasado a tiempo futuro. Va desde los judíos como nación, mirando en retrospectiva, y pasa a decirnos cómo está Dios mirando hacia adelante, a la Cruz. ¿Y cuál es la perspectiva de Dios? Comenzando con "por su conocimiento" —versículo 11— "justificará mi siervo justo a muchos, y llevará las iniquidades de ellos. Por tanto, yo le daré parte con los grandes, y con los fuertes repartirá despojos; por cuanto derramó su vida hasta la muerte, y fue contado con los pecadores, habiendo él llevado el pecado de muchos, y orado por los transgresores". Estas son las palabras de Dios, resolviendo el enigma de 52:13–15. Esta es la perspectiva de Dios. Los pronombres "mi" y "yo"; y los verbos futuros; Dios hablando personalmente, prediciendo la realidad misma que los judíos confesarán. Él está prediciendo la muerte del justo. Está diciendo que Él se entregará a sí mismo a la muerte. Él está prediciendo que su muerte será a causa de los pecados, que cargará con los pecados de muchos, y que por medio de esto justificará a muchos. Esta es la doctrina del sacrificio vicario o sustitutorio, de la justificación por medio de la imputación. Esta es la gran doctrina que ha sido confesada por la generación futura de judíos Y por todos nosotros, y Dios lo afirma.

La confirmación de Dios

Dios confirma la visita de su Siervo cuando en el versículo 11 Él lo identifica como el único Justo. Explicaré un poco más acerca de esto en un momento. Él confirma su humanidad y habla de cómo se entregó a sí mismo a la muerte y como fue incluido entre los transgresores. Pero lo que más está haciendo es refiriéndose a su sacrificio vicario institucional cuando dice en el versículo 11 que "llevará sus iniquidades", y en el versículo 12, que "llevará el pecado de muchos". Dios también confirma su resurrección porque tendrá una parte con los grandes y dividirá los despojos con los fuertes. Él confirma su mediación, su intercesión y por último, Él "ora por los transgresores".Esta es palabra de Jehová, palabra que proviene de Jehová, declarando la respuesta a esta pregunta suprema de la vida: ¿cómo puede un pecador ser perdonado por completo y reconciliado con Dios; ser liberado del infierno eterno y llevado al cielo eterno? La respuesta que Dios nos da, es que es a través de la muerte del único Justo quien muere en lugar de los pecadores, pagando de esta manera la pena total por los pecados. Esta es una afirmación de Dios mismo.

Veamos esto más de cerca. Como ya dije, Dios es el que está hablando, Jehová, Dios el Padre es el que habla nuevamente. Y Él nos presenta a su Siervo una vez más. "Mi siervo", es como lo llama en el versículo 11. Y esta es la manera en la que lo presentó en el capítulo 52:13: "mi siervo, el siervo de Jehová". Este es un título mesiánico con el cual nosotros estamos familiarizados. Pero quiero enfocarme en el Justo, el único Justo. Solamente hay uno que pudo llevar este título. Solo uno en este mundo, un hombre que pudo llevar este título, el Justo. Y esta es una maravillosa designación para el Mesías en el Antiguo Testamento la cual es familiar para los creyentes del Nuevo Testamento quienes conocían el Antiguo Testamento.

Por ejemplo, Pedro predica este gran sermón en el capítulo 3 de Hechos usando este título. Él dice: "el Dios de Abraham, Isaac y Jacob, el Dios de nuestros padres, ha glorificado a su Hijo Jesús, a quien vosotros entregasteis y negasteis delante de Pilato, cuando este ya había resuelto ponerle en libertad. Mas vosotros negasteis al Santo y al Justo", el único Justo (vv. 13-14).

Él es el único Justo. Esteban predicó ese gran sermón antes de ser apedreado, y dijo a los judíos: "¿A cuál de los profetas no persiguieron vuestros padres?" Ellos mataron a aquellos quienes les anunciaron previamente la venida del Justo. El único Justo. Este se convirtió en el título mesiánico. Y en el capítulo 22, Pablo reitera su testimonio acerca de su experiencia en el camino a Damasco y dice: "fui a la casa de Ananías, y Ananías me habló acerca del Justo". Regresando al capítulo 53, Dios también establece ahí este título al llamar a su Siervo el Justo, el único Justo que era Santo, sin mancha, sin contaminación, separado de los pecadores y en quién no había pecado, acerca de que Él dice: "este es mi siervo amado en quien tengo..." ¿qué?... "complacencia".

El conocimiento de Dios

Dios está hablando aquí de su Hijo, su Esclavo, el Justo, y dice lo siguiente: "por su conocimiento justificará mi siervo justo a muchos", "los muchos" significaba aquellos que creen; "los muchos" significa el pueblo de Dios, "los muchos" significa aquellos por los cuales Él murió y fue sacrificado; a ellos Él justificará; esto es, proveerá justicia para ellos. Por medio de su sacrificio, por medio de llevar sobre él sus pecados, podrá garantizarles su justicia. Nosotros entendemos la doctrina de la justificación, que Él muere, el Justo, para justificar a muchos pecadores.

La frase en la cual yo me quiero enfocar es "por su conocimiento". ¿Acerca del conocimiento de quién estamos hablando aquí? Me puedo ir a analizar el griego y encuentro que dice lo mismo, "por su conocimiento". Y esto es exactamente lo que dice la Reina Valera: "Por su conocimiento" dando a entender al Siervo, el Justo; Él justificará a muchos. Esto se podría estar refiriendo a su conocimiento acerca del plan de Dios, su entendimiento del plan de Dios, esto es la perfecta sabiduría que Él poseía.

Isaías habla claramente en el capítulo 1 y en el capítulo 5 acerca de la falta de conocimiento de los israelitas. Y también enfatiza en el capítulo 44 la falta de conocimiento de las naciones. Así que tal vez él está diciendo, "pero el Justo tiene el conocimiento que se requiere para llevar acabo la voluntad de Dios y para proveer justificación para los muchos". El problema con eso es que Él no nos justifica por su conocimiento; Él nos justifica por su muerte. El hebreo lo podríamos traducir de esta manera: "por medio de su conocimiento, el Justo, mi Siervo, justificará a los muchos". La justificación llegará a aquellos quienes lo conocen. Es mejor interpretar esto como nuestro conocimiento de Él, de su persona, de su obra, de su provisión, en su muerte y resurrección, el evangelio. Aquí Dios valida la Gran Comisión.

Aquí Dios dice que justificará a los muchos quienes tienen el conocimiento de Él. No hay salvación en ningún otro nombre. "Nadie viene al Padre sino es por mí".

En Romanos 10, Pablo tiene en mente a Isaías cuando escribe, e incluso hace varias referencias directas a Isaías. Pablo dice esto: "todo aquel que invocare el nombre del Señor" —v. 13— "será salvo". Y entonces dice: "¿Cómo pues invocarán a aquel en el cual no han creído?" No se puede. Entonces dice, "¿y cómo creerán sin que ellos escuchen primero?" Y dice finalmente, "¿cómo escucharán sin que haya quien les predique? ¿Y cómo predicaran sin que alguien lo envíe?"

Y luego esta maravillosa afirmación: "¡Cuán hermosos son los pies de los que anuncian la paz, de los que anuncian buenas nuevas!" Solo aquellos que lo conocen pueden ser salvos. Y esto es lo que está diciendo: "por su conocimiento justificará mi siervo justo a muchos". Por eso vamos hasta lo último de la tierra con el evangelio. Por eso predicamos a toda criatura. No hay otra manera en que puedan ser salvos. Israel no será salvada porque son judíos, ni porque son monoteístas. Ellos no serán salvos sino hasta que, de manera individual, ahora en la época de la iglesia o en el futuro al final de los tiempos, ellos miren a Aquel a quien traspasaron y hagan lamento por Él y lo confiesen como Señor.

Este es el testimonio de Dios que nos habla acerca de la urgencia de proclamar el mensaje de Jesucristo hasta los confines más escondidos de la tierra. "Los muchos", la gente por la cual Cristo murió, pueden ser salvados cuando escuchen, ya que la fe viene por el oír, y el oír el mensaje concerniente a Cristo (Romanos 10:17). La fe viene por el oír la palabra que concierne a Cristo. Este es nuestro mandato y aquí este mandato está siendo dado por Dios mismo. Entonces podemos decir que en este pasaje de la Escritura se encuentra la Gran Comisión y el llamado a la fe; la fe basada en el conocimiento de la verdadera revelación de Cristo.

Entonces Dios dice esto: conocerlo a Él de una manera salvadora, conocerlo a Él por medio de una fe penitente, justificará a los muchos. ¿Cómo? ¿Cómo puede justificar el conocerlo a Él? Porque Él llevará sus iniquidades. Dios cree en la doctrina de la justificación. Dios cree en la doctrina de la imputación porque Dios la ordenó.

La entrega del Mesías

Y tiene más que decir en la segunda parte del versículo 12. Siguen siendo estas las palabras de Jehová, y dice acerca de su Siervo, el Justo: "Él se entregó a sí mismo a la muerte". Estos son verbos que expresan su voluntad. Él se entregó a sí mismo a la muerte. Como en el versículo 7, "él fue oprimido, permitió ser afligido". Él pasó por todo esto. Vemos en esta porción de la

Escritura que su voluntad está siendo expresada. Esto significa literalmente que Él entregó su alma para morir. De este modo Dios está haciendo eco a la confesión que nosotros hemos leído que harán los judíos. Sí, Él se entregó a sí mismo a la muerte.

Entonces llega esta maravillosa declaración: "Y fue contado con los transgresores". Literalmente en hebreo significa que Él permitió ser incluido entre los transgresores. Jesús cita esto es Lucas 22:37 antes de ir a la Cruz. Cita estas mismas palabras. Esta es una referencia a su encarnación, que Él fue literalmente colocado entre transgresores. Él vivió entre transgresores. Él se mezcló en este mundo. Y desde un punto de vista visual, Él no lució nada diferente a cualquier otra persona. No había una aureola sobre su cabeza. Él no levitó. No había nada majestuoso en Él. Nada en su apariencia lo hizo atractivo. Su apariencia era como la de cualquier otro hombre. Caminaba como cualquier otro hombre. Su voz fue como la de cualquier otro hombre. Comía. Hizo todo lo que cualquier otro hombre haría.

No había nada en Él que pudiera llevarlos a la conclusión de que Él era sobrenatural. Esto era parte del problema cuando Él hacía milagros. Había tal desconexión entre lo que Él parecía ser y el poder que tenía, que ellos decidieron, en su incredulidad, que eso era el poder de Satanás obrando de alguna manera a través de Él. Aquí Dios afirma la encarnación. Aquí Dios mismo, en sus propias palabras, dice que Él descendió y permitió ser incrustado en el mundo de los hombres caídos. Esto lo encontramos en Filipenses 2, que Él se humilló a sí mismo, tomando forma de siervo, hecho semejante a los hombres y asumió la muerte y muerte de cruz.

Así que esto no tiene que ver acerca de la muerte con criminales, sino que con el hecho de que tomó su lugar en medio de los pecadores. Y a pesar de que Él se mezcló con los pecadores, a pesar de que fue contado como uno más entre los transgresores, y a pesar de que pudo hacer lo que ningún otro ser humano era capaz de hacer, Él cargó en el pecado de muchos. A pesar de que se mezcló con los pecadores del mundo, Él fue el único cualificado para levantarse por encima de todos y hacerse el sacrificio por sus pecados. Él es el Justo, Dios lo hizo humano, el Dios hombre, que tuvo la apariencia de cualquiera de nosotros, pero Él fue capaz de pagar por el pecado de todos. Como un chivo expiatorio el día del sacrificio (Levítico 16), se deshizo de ellos. Y esta referencia se hace varias veces, como hemos podido ver en este capítulo.

La oración del Mesías

Y una palabra final del Padre acerca de su muerte e incluso su resurrección. En la última línea: "orado por los transgresores". Quisiera que los traductores hubiesen usado mejor la palabra "orado". La palabra significa "interceder", "mediar," "ir en medio" o "pararse en medio". Y esta es la declaración de Dios, que Cristo es el que está en medio de Dios y el hombre. 1 Timoteo 2:5, "hay… un solo mediador entre Dios y los hombres, Jesucristo hombre". Y como mediador, Él es el intercesor. Él es quien defiende nuestro caso. Él es el que hace un puente hacia Dios, un puente al cielo. Él hizo posible la mediación requerida por medio de su muerte. Su mediación por nosotros en realidad inició en el Nuevo Testamento, en Juan 17, antes de que fuera a la Cruz, cuando Él oró aquella oración sumo sacerdotal la noche que fue traicionado y comenzó a orar por nosotros. Él comenzó a orar esa increíble oración para que Dios nos llevara a todos al cielo, que todos los que le pertenecemos a lo largo de toda la historia de la humanidad fuéramos reunidos juntos y que todos fuéramos llevados a la gloria, donde le pudiéramos ver en su gloria, ver la gloria del Padre. Y Él empezó a interceder por aquellos por los que murió.

Pero hay una nota muy importante que debemos tener en cuenta con el verbo hebreo "orado". Es un verbo imperfecto, lo que significa continuo. Todos los verbos anteriores están en tiempo perfecto, lo que significa una acción completada. Veamos los tres verbos anteriores, "derramó su vida hasta la muerte", esto está completado, Él lo hizo una sola vez. "Él fue contado con los pecadores", esto es su encarnación, lo hizo una sola vez. "Habiendo él llevado el pecado de muchos", eso lo logró en la Cruz, y nunca se repetirá. Todo eso está completo, perfeccionado. Pero su intercesión está descrita en verbo imperfecto porque continúa. "Viviendo siempre para interceder por ellos" (Hebreos 7:25). Él es siempre nuestro defensor. Él es siempre nuestro intercesor. Él siempre será nuestro mediador hasta que finalmente vayamos al cielo. Hebreos 7:25 y Romanos 8:34 celebran la obra mediadora e intercesora de Cristo.

Entonces, Dios mismo, en esta sección confirma el sacrificio vicario y sustitutorio de Cristo como la única ofrenda que puede satisfacer su justicia, proveer salvación para los pecadores, y traerles justificación, es decir, son declarados justos por Dios. Esto sucede solo a aquellos que lo conocen. Conocerlo, así es como tiene lugar la justificación, individualmente. Por lo tanto, el conocerle es crítico. Ese, por lo tanto, se convierte en el mandato para nosotros: dispersar por el mundo el conocimiento de Él. Esta es una confesión que los judíos harán algún día. Esta es una confesión que nosotros ya hemos hecho. Y esta es una confesión que Dios mismo afirma.

Esto, finalmente, nos lleva a la última palabra, versículo 12. Hemos visto al Siervo que va a maravillar a las naciones, al Siervo menospreciado, hemos visto al Siervo sustituto, al Siervo en silencio, al Siervo sacrificado, y aquí al final encontramos al Siervo soberano. Comenzando en el versículo 12: "Por tanto, yo le daré parte con los grandes, y con los fuertes repartirá despojos". Aquí la resurrección está implícita, porque ahora Él será recompensado. Después del sufrimiento, la satisfacción; después de la tristeza, la salvación; después de la muerte, la liberación; después de la sangre, la Gloria; después del dolor, el placer; después de las espinas, el trono; después de la Cruz, la corona. Su Primera Venida en humillación; Su Segunda Venida en exaltación.

Así que este texto concluye en la Segunda Venida. El texto finaliza donde empezó, en 52:13. Él será prosperado, será engrandecido, será puesto muy en alto, asombrará a muchas naciones, silenciará a los reyes. El texto concluye con un desfile de triunfo y victoria, cuando Dios mismo ponga a su Siervo sobre el trono y lo recompense con el botín de su triunfo conquistador. Él es exaltado, todo glorioso, colocado sobre un trono; Apocalipsis 11, cuando los reinos de este mundo se conviertan en los reinos de nuestro Dios y de Su Cristo. También hace referencia a Apocalipsis 19 cuando Él venga en un caballo blanco con todos los santos para juzgar y hacer guerra en contra de los impíos, y entonces establezca su glorioso Reino sobre la tierra durante mil años, seguidos por los cielos nuevos y tierra nueva que serán eternos y en los cuales Él reinará y será exaltado para siempre. Esta es una imagen poderosa y de realeza. Esta es la imagen de un héroe conquistador que regresa con todo el botín de su triunfo. Habiendo vencido a todas las fuerzas hostiles y avergonzado a todos los reyes, Él viene triunfante.

Entonces Dios declara dos cosas acerca de Él: "yo le daré parte con los grandes, y con los fuertes repartirá despojos". Esta es una declaración de magnificencia. Nosotros esperaríamos que hubiese dicho: "te daré todo". Esto es verdad. "Yo lo exaltaré". Como Pablo dice en Filipenses: "le daría un nombre que es sobre todo nombre, para que en el nombre de Jesús se doble toda rodilla". Y este nombre, por cierto, es Jesús; es el nombre de Jesús el Señor. Este es el nombre que hace que todo mundo doble su rodilla ante Él.

Hubiésemos entendido si Él hubiera dicho: "Yo le daré todo". Y Él le dará todo, a pesar de que este no es el énfasis aquí. El énfasis es acerca de compartir. "Yo le daré parte con los grandes, y con los fuertes repartirá despojos". ¿Quiénes son los grandes y quiénes son los fuertes?

Somos nosotros. ¿Cómo es que nosotros nos convertimos en grandes y en fuertes cuando nosotros éramos insignificantes y débiles? En realidad la palabra "grandes" es *harabim*, literalmente significa "los muchos", los muchos que Él ha justificado. Ya hemos visto el significado de esta palabra "muchos", es justificar a los muchos. Al final del versículo 12 "habiendo Él llevado el pecado de muchos". Aquí están los muchos. Por lo tanto, yo les daré parte con los muchos.

¿Cuál es la razón por la que el traductor tomó esta y cambió "los muchos" por "los grandes"? La razón es porque en ese tiempo nosotros habremos sido hechos grandes. Y tú puedes preguntar: "¿Nosotros vamos a ser exaltados?" Sí, lo seremos. Todo lo que el Siervo posee nosotros lo poseeremos. ¿No es magnífica la gracia de nuestro Señor? No nos vamos a sentar en la eternidad con un sentido de pobreza, viendo solamente como Cristo disfruta de sus recompensas. Sino que todo lo que Él poseerá nosotros lo poseeremos porque Él nos lo compartirá. Esto nos muestra la extensión de la masiva gracia de Dios; Él divide los despojos, el botín, con los fuertes. ¿Quiénes son los fuertes? Ellos son los débiles que fueron hechos fuertes. Nosotros somos "los muchos" que fuimos hechos grandes, y nosotros somos los débiles que hemos sido hechos fuertes. Nosotros somos triunfantes junto con el hombre, esto es lo que eso significa. Nosotros marchamos a su ritmo. Me encantaría poderles explicar esto desde el libro de Pablo a los Corintios donde nos dice: "nosotros triunfaremos junto con él". Y el botín que Cristo ganó en la Cruz, todos los redimidos de todas las edades, serán parte de la comunión sempiterna que enriquecerán nuestras vidas. Todo lo que Él posea en la gloria eterna, los nuevos cielos y la tierra nueva, será nuestro también. Nosotros reinaremos sobre la tierra en el reino milenario junto con Él. Nos sentaremos en tronos junto con Él, y reinaremos para siempre junto con Él en las glorias del cielo nuevo y la tierra nueva. Y todo lo que es de Él será nuestro también.

Así que la promesa de Isaías es que la generación futura de Israel será salva al final, y esta será su confesión. Y Dios mismo afirma que esta confesión es un entendimiento verdadero de la obra de Cristo en la Cruz. Pero esta confesión también debe de ser tu confesión. Arrepentirte de tus pecados, conocer lo que Cristo ha hecho, aceptarle con fe como el sustituto que tomó tu lugar, confesarle como el Señor resucitado, eso significa ser salvo. Cualquiera que invoque su nombre será salvo, escapará del infierno eterno y entrará al cielo eterno. Esta es la única pregunta que tiene una respuesta que te afecta para siempre.

Inclinémonos en oración.

Oración

Padre nuestro, te agradecemos porque nos has dado tu Palabra que es tan poderosa y penetrante, gracias por darnos una maravillosa visión acerca de la cruz de Cristo. Para aquellos que no conocen a Cristo, puede ser que este sea el tiempo de que ellos despierten sus corazones y vengan a recibir al Salvador como su única esperanza. Que sea este momento de oración y ruego el momento por el cual ellos logren tener convicción y arrepentimiento.

Amén.

REFLEXIONES PERSONALES

08_Calmando la Tormenta

Aquel día, cuando llegó la noche, les dijo: Pasemos al otro lado.

Y despidiendo a la multitud, le tomaron como estaba, en la barca; y había también con él otras barcas.

Pero se levantó una gran tempestad de viento, y echaba las olas en la barca, de tal manera que ya se anegaba.

Y él estaba en la popa, durmiendo sobre un cabezal; y le despertaron, y le dijeron: Maestro, ¿no tienes cuidado que perecemos?

Y levantándose, reprendió al viento, y dijo al mar: Calla, enmudece. Y cesó el viento, y se hizo grande bonanza.

Y les dijo: ¿Por qué estáis así amedrentados? ¿Cómo no tenéis fe?

Entonces temieron con gran temor, y se decían el uno al otro: ¿Quién es éste, que aun el viento y el mar le obedecen?

Marcos 4:35–41

BOSQUEJO

— Introducción

— La calma antes de la tormenta

— La calma durante la tormenta

— La calma después de la tormenta

— La tormenta después de la calma

— Oración

NOTAS PERSONALES AL BOSQUEJO

SERMÓN

Introducción

Vayamos al cuarto capítulo del evangelio de Marcos, y en especial a la parte final que comprende los versículos 35 al 41. Recordemos que el propósito de Marcos al escribir este evangelio nos lo declara en el capítulo uno versículo uno, "principios del evangelio de Jesucristo, hijo de Dios". Marcos, al igual que los otros escritores, Mateo, Lucas y Juan, tiene como objetivo principal declarar de una manera clara que Jesucristo no es otro más que Dios mismo, que es un hombre totalmente, pero también que es Dios, por lo tanto Dios-Hombre. Esto será demostrado de manera más eficiente en el pasaje que tenemos delante de nosotros. Veremos un hermoso retrato de su humanidad y una sorprendente demostración de su deidad.

Veamos la historia comenzando en el versículo 35. "Aquel día, cuando llegó la noche, les dijo: Pasemos al otro lado. Y despidiendo a la multitud, le tomaron como estaba, en la barca; y había también con él otras barcas. Pero se levantó una gran tempestad de viento, y echaba las olas en la barca, de tal manera que ya se anegaba. Y él estaba en la popa, durmiendo sobre un cabezal; y le despertaron, y le dijeron: Maestro, ¿no tienes cuidado que perecemos? Y levantándose, reprendió al viento, y dijo al mar: Calla, enmudece. Y cesó el viento, y se hizo grande bonanza. Y les dijo: ¿Por qué estáis así amedrentados? ¿Cómo no tenéis fe? Entonces temieron con gran temor, y se decían el uno al otro: ¿Quién es este, que aun el viento y el mar le obedecen?"

La respuesta es simple a esta pregunta: "Él es Dios porque solo Dios tiene un tipo de poder como este sobre el viento y las olas". No deberíamos sorprendernos por esto, ya hemos escuchado el testimonio de Juan en Juan 1:1-3: "En el principio era el Verbo", —dando a entender a Cristo— "y el Verbo era con Dios, y el Verbo era Dios. Era en el principio con Dios. Todas las cosas por él fueron hechas, y sin él nada de lo que ha sido hecho, fue hecho". Esto es para decir que Cristo, el Verbo, es el Creador de todo lo que existe. Si Él tiene el poder para crear, Él tiene el poder para controlar lo que ha creado.

En Hebreos capítulo 1 habla acerca del Hijo de Dios quien fue constituido como heredero de todas las cosas, versículo 2: "Y por quien asimismo hizo el universo". Y en el verso 3: Él sustenta todas las cosas por medio del poder de su palabra. Aquí se nos dice que Dios hizo el mundo a través de la intervención de Cristo y que Cristo sustenta todo por medio de su poder.

En Colosenses 1:16 encontramos un testimonio similar que da el apóstol Pablo donde nos dice: "Porque en Él", esto es Cristo, "fueron creadas todas las cosas, las que hay en los cielos y las que hay en la tierra, visibles e invisibles; sean tronos, sean dominios, sean principados, sean potestades; todo fue creado por medio de Él y para Él. Y Él es antes de todas las cosas, y todas las cosas en él subsisten". Este es el testimonio de la Escritura. Y estos son solo ejemplos del tipo de testimonios que encontramos acerca de Cristo esparcidos por todo el Nuevo Testamento. Otro se encuentra en 1ª Corintios 8:6 donde de manera similar se nos dice que Él es el que ha hecho todo lo que ha sido hecho: "sólo hay un Dios, el Padre, del cual proceden todas las cosas, y nosotros somos para él; y un Señor, Jesucristo, por medio del cual son todas las cosas". Él es el Creador del universo, todas las cosas existen porque Él las hizo y todas subsisten porque Él las sustenta.

Así que cuando llegamos a una ocasión como ésta, lo que estamos viendo anecdóticamente, lo que estamos viendo en el incidente que ocurre, es este poder creativo. El poder creativo es demostrado en cada una de las sanidades milagrosas. Siempre que Jesús sanó a alguien, fue un milagro creativo. Él tuvo que darles a las personas nuevos miembros o nuevos órganos. Esto es creación. Pero aquí, a gran escala, Él demuestra su poder sobre el mundo inanimado, el viento y las olas. Él ha desplegado su poder sobre los demonios, puede controlar el mundo espiritual. Él ha desplegado su poder sobre la enfermedad. Él puede controlar el mundo humano aun físicamente. Y aquí Él tiene poder sobre la creación natural.

Esta demostración es única en el Nuevo Testamento. Existen otros milagros físicos como la alimentación de los 5000 y la alimentación de los 4000 dónde Él creará virtualmente comida de la nada, Él habla y las cosas existen. Estas son claras indicaciones de su poder creador.

Pero esto es de una escala mucho mayor y más poderosa. Y el Señor no pudo haber seleccionado un mejor lugar para demostrar su poder sobre su creación. El lago que se tiene en perspectiva aquí es el muy familiar Mar de Galilea. No se le menciona aquí, pero no es necesario porque conocemos el contexto. El ministerio de Jesús está ocurriendo en Galilea. Su cuartel general se encuentra en Capernaum, en la orilla norte del Mar de Galilea. Él se ha estado moviendo en esa área y ha estado enseñando en las villas y pueblos de Galilea. Y en este día en particular ha pasado todo el día en esa área a la orilla del mar. Si regresamos a 4:1–2: "Otra vez comenzó Jesús a enseñar junto al mar, y se reunió alrededor de él mucha gente, tanto que, entrando en una barca, se sentó en ella en el mar; y toda la gente estaba en tierra junto al mar. Y les enseñaba por parábolas muchas cosas".La escena se repitió varias ocasiones. La multitud era tan grande que lo empujaban hacia la orilla del mar, y la única forma en que podía tener algo de espacio entre sí mismo y la multitud, y decir lo que quería decir, era subir a una barca y alejarse un poco de la orilla. El agua serviría un poco para rebotar su voz y las orillas de los acantilados podrían crear una especie de anfiteatro para que fuera más fácil para ellos escucharlo.

Así que, tenemos el conocido territorio del Mar de Galilea, que en realidad no es un mar, es un lago de agua dulce, conocido actualmente como Lago Cirenet en Israel. Es el lago de agua dulce que se encuentra a menor altitud en todo el planeta. Se encuentra a un poco más de 200 metros debajo del nivel del mar. No es tan bajo como el Mar Muerto pero el Mar Muerto no es de agua dulce, sino que es rico en minerales, y la gran cantidad de sales que contiene hace que puedas flotar fácilmente. Pero el Mar de Galilea es el lago de agua dulce más bajo del mundo. Como resultado de eso ha sido muy estudiado y se sabe que es único en muchas de sus propiedades. Tiene una estratificación de agua. Literalmente hay tres estratos de agua que descienden 45 metros y tiene mucho que ver con la superficie del lago en varias épocas del año. Tiene mucho que ver con el contenido de algas, lo cual tiene mucho que ver con el contenido de peces. En 1896, un solo barco pesquero sacó más de cuatro toneladas de pescado. Es un lago muy prolífico en cuanto a producción del pescado, y tener este tipo de agua y este tipo de recurso en Galilea era una gran bendición para la gente que vivía en sus alrededores.

Este lago está rodeado de montañas. Esencialmente en el oeste y en el noroeste las montañas se elevan más de 450 metros. En el noroeste y el este se elevan más de 900 metros, a los Altos del Golán los cuales tienen casi 70 kilómetros de longitud, mientras que el lago solo tiene 21 kilómetros, así que va mucho más allá del lago. El lago tiene 21 kilómetros por 13. Así que está asentado en una cuenca y el agua que entra al lago proviene parcialmente de algunas fuentes termales, pero su afluente principal es el Río Jordán, que fluye desde el monte Hermón. El monte Hermón se encuentra en el lado norte cerca de la frontera con Líbano, y su cumbre se encuentra a unos 2800 metros sobre el nivel del mar. Así que el agua desciende más de 3000 metros para llenar la cuenca de este lago. Es un agua tan prístina que aún en nuestros días provee aproximadamente el 50% del agua que consume la nación de Israel. Así que era para ellos una tremenda fuente de agua, así como también de pescado.

Esta es la razón por las que tantos de los discípulos eran pescadores, hasta siete de ellos. Sabemos que Jacobo y Juan, Pedro y Andrés, y tal vez otros tres más también eran pescadores en el lago. Debido a su localización única, ya que está a menos de 50 kilómetros del Mar Mediterráneo y está tan bajo, tiene propiedades muy especiales porque está rodeado de montañas, lo que añade algo muy especial a este lago. Como resultado, a lo largo de los años los científicos han hecho muchas investigaciones sobre este lago para estudiarlo. Es completamente diferente a cualquier otro cuerpo de agua que existe en el mundo. Y lo que lo hace particularmente único es el hecho de que está sujeto a vientos muy severos. Tanto en el verano, durante la parte cálida del año; como en el invierno, durante la parte fría del año, experimenta este tipo de vientos. Los vientos que llegan en el verano son los vientos siroco del este. Son vientos que vienen todos los días a partir del mediodía y hasta las seis de la tarde. Son bastante predecibles. Los vientos descienden con mucha fuerza desde los Altos del Golán y un poco más al norte, y esto convierte al lago en un caldero hirviente. Y esta es la rutina todos los días durante el verano. Esto lo convierte en un lugar muy traicionero para estar en una barca en el momento equivocado.

El invierno es peor porque los vientos del invierno son fríos que provienen del norte y del noroeste. Y cuando el aire frío desciende y choca con el aire caliente que se asienta naturalmente en esta cuenca, provoca una tremenda agitación en el lago.

Así que ya sea en el verano o en el invierno, está sujeto a esto. Yo he estado allí en varias ocasiones y he visto este tipo de vientos que repentinamente vienen de la nada. Recuerdo una ocasión en la que estábamos en una barca de metal e íbamos a cruzar el Mar de Galilea. Nos encontrábamos de pie en la proa disfrutando del viaje cuando de repente el lago comenzó a espumar, las olas comenzaron a levantarse y muy pronto tuvimos que correr a la popa para evitar ser salpicados por el agua que azotaba la proa, solo para ser empapados por el agua que pasaba por encima de la cabina y nos pegaba de lleno en la popa. Así que puede ser un lugar muy problemático si estás allí en el momento equivocado.

Me parece que entre noviembre y abril es el tiempo más peligroso y traicionero. Los vientos fríos pueden llegar de forma inesperada y las olas pueden alcanzar de 1,5 a 3 metros de altura, cosa que no sucede en un lago, pero ocurre allí y puede ser una experiencia aterradora. De hecho, un historiador registra que una ocasión estaba en Tiberias, en la orilla occidental del lago, y las olas eran tan altas que, partiendo de este pequeño lago, entraban más de 180 metros a la ciudad de Tiberias. Y todo esto básicamente es producto del viento.

Este es el lugar donde sucede nuestra historia, y cómo podemos ver no pudo haber sido un lugar mejor para que el Señor demostrara su poder sobre la naturaleza. Y esto es lo que Él está haciendo justamente aquí. Vamos a iniciar viendo lo que es la calma antes de la tormenta, después veremos lo que es la calma durante la tormenta, Y posteriormente veremos la calma después de la tormenta, para finalmente ver la tormenta después de la calma.

La calma antes de la tormenta

Bien, veamos la calma antes de la tormenta, versículo 35; "Aquel día, cuando llegó la noche". "Aquel día" apunta a un día muy específico. ¿Qué día? El mismo día que empezó en el versículo 1: "comenzó Jesús a enseñar junto al mar, y se reunió alrededor de él mucha gente, tanto que entrando en una barca, se sentó en ella en el mar; y toda la gente estaba en tierra junto al mar. Y les enseñaba por parábolas muchas cosas". Y les enseñó la parábola del sembrador y luego llevó a los discípulos aparte y les explicó el significado de la parábola, pero no a la multitud. Y luego, como recordarán, les contó la parábola de la luz y el almud. Y luego contó la parábola de la semilla plantada que crece sin que el sembrador sepa cómo. Y luego contó la parábola de la semilla de mostaza. Este había sido un día muy largo y estas son solo representativas de las parábolas que dio. Muy probablemente dio muchas parábolas más aparte de estas, y fue un día lleno de enseñanza. También podemos asumir que la gente le había traído algunos enfermos y necesitados, y que también hubo sanidades. Asumiríamos entonces que fue un extenuante día típico para el Señor. La enseñanza por sí misma puede ser muy, pero muy extenuante. Y Él lo hacía día tras día, tras día, con tremendas demandas que se le requerían.

Asumimos pues que estaba en algún lugar del noroeste de la orilla del mar de Galilea, sentado en una pequeña barca, cerca de la ciudad de Capernaum, llegando la tarde. Posiblemente el gentío ya se había disipado, se habían ido a sus casas, "Y él les dijo", esto puede ser solo a los discípulos quienes son referidos en el versículo 34, sus discípulos; les dijo: "Pasemos al otro lado". Asumimos también que deseaba ir al otro lado solamente para obtener un poco de descanso, lo cual sería perfectamente razonable. Hubo muchas ocasiones cuando quiso esto, cuando él trató de escapar de la multitud que lo oprimía. Podemos asumir que, debido a que no habían ciudades tan grandes en la costa este del Mar de Galilea, y que las ciudades grandes se encontraba en el lado oeste, quizás simplemente estaba yendo allá para apartarse de todo, hacer una pausa y tener un poco de descanso.

Pero si entendemos lo que sigue en el evangelio de Marcos podemos entender que ese no era el punto, debido a lo que encontramos en el capítulo 5:1–2: "Vinieron al otro lado del mar, a la región de los gadarenos. Y cuando salió Él de la barca, en seguida vino a su encuentro, de los sepulcros, un hombre con un espíritu inmundo". Jesús llega a un encuentro que había sido ordenado por su Padre con este maniático gadareno, el cual está lleno de demonios, y finalmente Jesús envía a estos demonios a un hato de cerdos que se lanzan desde un despeñadero para terminar en el mar. Así que, mientras que se podría haber asumido que esta era una manera de apartarse y tener un poco de descanso, termina trayendo a Jesús a uno de los más formidables y dramáticos encuentros de toda su vida con este maniático endemoniado que se encontraba al otro lado. Jesucristo siempre operaba con base en una cita divina. El descanso quizás era algo incidental para Él. Sin embargo, al final de un día muy largo, sería bueno tener un tranquilo viaje en la barca hacía el otro lado, y tal vez unas pocas horas de descanso.

Así, el versículo 36 dice: "Y despidiendo a la multitud", y recuerden que ya está en un bote, "enseñando", porque dice que "le tomaron como estaba, en la barca". Posiblemente esta barca pertenecía a Pedro o a Juan, a Andrés o a Jacobo, alguno de aquellos pescadores. Y le tomaron como estaba, lo que nos indica que no fue a ninguna parte, no se fue a cambiar, no fue a comer, simplemente lo tomaron como estaba y se dirigieron mar adentro, "y había también con él otras barcas". Por cierto, la palabra "barca," *ploion* en griego, no nos dice nada acerca del tamaño de esta embarcación, ya que es una palabra muy genérica. No nos dice si es un bote grande o pequeño, pero sabemos que era una barca relativamente pequeña, porque el tipo de botes que eran usados para pescar en el Mar de Galilea eran relativamente pequeños. Habrán visto que durante el último mes, en un programa de investigación, dieron la noticia de que habían descubierto una de estas barcas que pudieron excavar del fondo del lago, y lo que aún queda es el armazón de la barca. Y por lo que se puede ver, probablemente uno de estos botes podría llevar cómodamente entre 15 y 20 personas.

De ningún modo podría transportar a todos los apóstoles junto con los discípulos que lo estaban siguiendo. Es por eso que se nos dice que había otras barcas. Cualquier otra persona que tuviera un barco que fuera seguidor de Jesucristo se les podía unir para formar una pequeña flotilla que estaba cruzando este mar de Galilea, así que no iban en un solo bote sino que iban varios junto con éste.

Lucas nos dice que ellos iban navegando juntos. Lucas usaba un verbo en específico, el verbo es *pleo* el cual significa "navegar", no usa *elauno*, el cual significa "remar". Remas cuando no hay viento; navegas cuando hay viento. Esta era una situación ideal, el agua estaba en calma así que podía navegar con el viento. Estas barcas también tenían la capacidad de ser movidas por medio de remos. Tenían remos pero también tenía un mástil y vela para navegar. Así que, si se encontraban remando y llegaban los vientos, entonces ellos podían navegar. Salieron de la orilla y estaban navegando con la brisa suave, en las aguas calmadas de la tarde, la cual los empujaba hacia el lado este, el lado opuesto al cual ellos iban.

En este punto podemos ver lo que dice Lucas: "Pero mientras navegaban, él se durmió". Marcos 4:38 dice que estaba "durmiendo sobre un cabezal". Literalmente, una almohada. La palabra griega contiene la palabra *kephale* que es la palabra para "cabeza". Algo sobre lo que se pone la cabeza. Así que este era el tipo de cabezal del que se habla, una almohada para su cabeza. Un tipo de almohada que usaban los marineros cuando necesitan recostarse y tener un poco de descanso.

Así que se recostó en la barca e inmediatamente se quedó dormido. Esta es una hermosa ilustración del Jesús verdaderamente humano quien está exhausto, está agotado. Él es quien creó el agua; Él es quien creó el cielo; Él creó la madera con la cual estaba hecho el bote. Él incluso creó el sueño, y ahora emplea estas cosas para su propio beneficio. Y se va a dormir a la barca. Y detrás de ella, van otras barcas con aquellos que eran sus seguidores.

Y sabemos que no todos estos son verdaderos seguidores; algunos de ellos son los que cayeron en pedregales, otros son los que cayeron entre espinos, como lo dice la parábola del sembrador versículos antes; también sabemos esto porque en Juan 6:66 después nos dirá que muchos de sus discípulos ya no caminaban con Él. Así que no todos ellos eran verdaderos pero al menos son los que lo están siguiendo en este momento. Esto es lo que nosotros vamos a llamar la calma antes de la tormenta. Una preciosa imagen de Cristo, totalmente cansado y durmiendo en un lugar confortable.

La calma durante la tormenta

Bien, la calma antes de la tormenta nos lleva a la calma durante la tormenta, porque la tormenta estalló, de acuerdo al versículo 37: "Pero se levantó una gran tempestad de viento, y echaba las olas en la barca, de tal manera que ya se anegaba". Un fiero vendaval, lo cual es un término para un huracán. Estamos hablando de un viento realmente grande, quizás de más de 110 km/h. La palabra para viento es justo eso. ¿Qué tipo de viento era este? Un fiero vendaval, un viento que podría ser clasificado como un huracán. Es un lenguaje muy descriptivo y muy fuerte. Lucas dice que descendió sobre el lago, *katabaino*. Simplemente descendió a toda velocidad por las laderas. El lenguaje es muy fuerte.

Los mejores cálculos han situado esto probablemente en el invierno del año 29 d.C. Este sería el tiempo de los peores vientos, cuando el aire frío se canaliza hacia abajo por los barrancos y laderas aumentando su velocidad conforme desciende, chocando con el aire tibio de las partes bajas de la cuenca del lago y creando una violenta turbulencia que comenzó a azotar y a arremolinar el agua, haciendo espuma y olas muy altas. Y debido a que el lago es tan pequeño —21 por 13 kilómetros— una vez que estas olas golpean la orilla, simplemente revientan y regresan para chocar una y otra vez, causando estragos.

Los que viajaron con Él estaban familiarizados con las tormentas del lago. Vivían alrededor del lago pero ahora sabían que estaban en una tormenta fuera de lo normal. Esto nos hace ver que era una tormenta ordenada por Dios. Podríamos asumir que estos eran vientos especialmente escogidos para realizar este milagro, para colocar a nuestro Señor en una posición en la que pudiera demostrar que Él estaba controlando su creación. Todo esto fue formado para darme una lección. ¿Qué era lo que iba a enseñar? Veamos en el versículo 40: "¿Por qué estáis así amedrentados? ¿Cómo no tenéis fe?". Esta es una lección de fe.

El punto es que el Señor quiere enseñar a sus discípulos que pueden confiar en Él aun estando en las aguas de las circunstancias más amenazadoras.

Mateo, relata esta misma historia, porque se repite tanto en Mateo 8 como, en Lucas 8, como aquí en Marcos 4. En Mateo 8:24 lo que sucede es descrito como *seismos megas*. Entendemos por seísmo un sismo de grandes proporciones. En realidad esta es la palabra que se usa para "terremoto". De modo que este evento tenía proporciones masivas, así como una sacudida fuerte de la tierra, como una sacudida violenta del agua generada por la fuerza de un huracán originado por la fuerza de los vientos. Esto es algo realmente grande. El versículo 37 dice: "echaba las olas en la barca, de tal manera que ya se anegaba". Lucas 8:23 lo dice de esta manera: "Y se desencadenó una tempestad de viento en el lago; y se anegaban y peligraban". Literalmente ellos no podían sacar el agua tan rápido como esta estaba entrando.

Mateo 8:16 dice: "Y cuando llegó la noche". Así que están en medio de la oscuridad, lo que añadía terror a la situación. Mateo dice que las olas cubrían la barca, literalmente estaban anegando el pequeño bote. Llegaban tan rápido que ellos no podían hacer nada y Mateo dice que a pesar de la tormenta, "él dormía".¿Les da esto da una idea de su verdadera humanidad? Él se encuentra durmiendo durante la tormenta. Así de cansado estaba. El versículo 38 dice: "Y él estaba en la popa, durmiendo sobre un cabezal". ¿Alguna vez han estado tan cansados? Este es un hombre que realmente está cansado. Puedo pensar en algunas ocasiones durante mi vida, como una ocasión en la que fui a un viaje a Rusia en el cual estuve hablando, no recuerdo, posiblemente ocho horas al día durante dos semanas. Fue extenuante. Recuerdo que subí al avión en Moscú y alguien tuvo que despertarme para bajarme cuando el avión aterrizó en Nueva York. No recuerdo nada de lo que sucedió desde que me subí al avión. Y recuerdo que luego me subí al siguiente avión en Nueva York y no me desperté sino hasta que llegamos a Los Ángeles. Pienso que algunos de nosotros hemos experimentado esto en formas que identificaríamos como una respuesta muy humana al estar sumamente cansados, exhaustos. Y esto es justamente lo que experimentó nuestro Señor. De nuevo, esto nos hace ver su humanidad, ¿no lo creen? Él es un hombre real, un ser humano real. Y podía comprender lo que era el estar cansado; estaba tan cansado que está durmiendo aun cuando el agua está golpeando la barca. Un sueño profundo y en paz. Esto es a lo que yo llamo "la calma durante la tormenta". Fatigado, totalmente en calma con su cabeza sobre una almohada, Él es el que está calmado en medio de la tormenta, como si estuviera justo en el centro del ojo del huracán.

Nadie más estaba en calma, el versículo 38 dice: "le despertaron y le dijeron: Maestro, ¿no tienes cuidado que perecemos?". ¿Cómo es posible que estés durmiendo mientras estamos pasando por todo este peligro? ¿No tienes cuidado que perecemos? Al parecer ellos entendían que esto culminaría inevitablemente en su muerte; pensaron que no sobrevivirían. Tal vez habría apóstoles en esa barca, tal vez había hombres y mujeres en esa pequeña flotilla y todos estaban en la misma situación. Todos estaban muy conscientes de la severidad de este peligro. Sabían perfectamente en qué situación se encontraban Y estaban en pánico; el pánico es una respuesta humana normal a este tipo de circunstancias. Ante esto sabían que Jesucristo tenía poder sobre los demonios, sabían que tenía poder sobre las enfermedades, sabían que tenían poder sobre el mundo natural así como el mundo sobrenatural. Pero la pregunta surgía, ¿podrá salvarnos de estas circunstancias? ¿Podrá librarnos de esta tormenta?

No pienso que ellos tuvieran en su mente que Él pudiera calmar la tormenta. Pero probablemente sí tenían en sus mentes que, si iban a ser librados de la muerte, tendría que ser Él quien hiciera posible alguna salida milagrosa. No tenían a dónde más volverse. Era un pandemónium, estaban en pánico. Están gritando por encima del fuerte viento y del choque del agua: "Maestro, ¿no tienes cuidado que perecemos?". Lucas reporta que dijeron: "Maestro, Maestro", usando en griego la palabra *epistates*, que quiere decir "comandante". Mateo dice: "Señor". Así que Él es amo en una cosa, Señor en otra, y Maestro en otra. Alguien dirá: "Esto es una inconsistencia bíblica". Pero no, no lo es. Escuchen, esta no fue una sola declaración, esto es pánico y pandemónium. Usaron todas las palabras que les llegaron a la mente. Es como si le estuvieran disparando desde todos los ángulos. "Maestro", "Amo", "Señor"... esto no es un discurso organizado, sino el clamor de gente que está aterrorizada. Y Mateo 8:26 dice que estaban temerosos. ¡Por supuesto! Iban a morir. Era inevitable si no sucedía algo. Podemos estar seguros de que es un día oscuro cuando los marineros claman a un carpintero para que los libre de la tormenta. Nazaret está lejos del mar. Jesús no fue criado en el mar.

Así que ellos no están buscando la solución de un carpintero para un dilema de pescadores, ellos están buscando una solución divina. En este momento ellos tienen conocimiento del tipo de conexión que tiene Jesucristo con Dios; y por lo tanto ellos saben que aquí va a verse una intervención divina. Esta es su esperanza, ellos lo saben. Y dicen, tal vez el que tiene control sobre las enfermedades, y sobre los espíritus, va a recibir algún tipo de solución de parte de su Padre para que salgamos de esta situación tan peligrosa. Todos ellos habían sido criados con el Antiguo Testamento, por lo que sabrían los Salmos. Conocerían cosas como las que dice el Salmo 65: 5-7: "Oh Dios de nuestra salvación, esperanza de todos los términos de la tierra, y de los más remotos confines del mar. Tú, el que afirma los montes con su poder, ceñido de valentía; el que sosiega el estruendo de los mares, el estruendo de sus ondas". El salmista nos dice que Dios tiene el poder de calmar el estruendo de los mares y de las olas. O tal vez recordarían el Salmo 89:9: "Tú tienes dominio sobre la braveza del mar; cuando se levantan sus ondas, tú las sosiegas". Tal vez ellos recordaban ese Salmo tan familiar y amado, el Salmo 107, en los versículos 23–29 que dicen: "Los que descienden al mar en naves, y hacen negocio en las muchas aguas, ellos han visto las obras de Jehová, y sus maravillas en las profundidades. Porque habló, e hizo levantar un viento tempestuoso, que encrespa sus ondas. Suben a los cielos, descienden a los abismos, sus almas se derriten con el mal. Tiemblan y titubean como ebrios, y toda su ciencia inútil. Entonces claman a Jehová en su angustia, y los libra de sus aflicciones. Cambia la tempestad sosiego, y se apaciguan sus ondas". Tal vez recordarían este Salmo y pensarían que Dios es el único que tiene el poder de calmar la tormenta y apaciguar sus olas. No podemos asegurar en que estaban pensando pero si podemos decir que estaban esperando una solución divina, no una humana. Sabían que Jesucristo tiene acceso directo a Dios por lo tanto que tenía acceso al poder divino. Nunca habían visto algo como esto. Nunca lo habían visto actuar en una situación como esta. De todos los milagros que lo habían visto llevar a cabo, ninguno de ellos había sido librarlos del peligro. No habían visto un milagro en el que Jesucristo se librara a sí mismo del peligro y de la muerte.

¿A dónde más podrían mirar buscando salvación? Solo a aquel que ellos saben que tiene conexiones con Dios, a aquel que algunos de ellos ya reconocen como Dios mismo. Así que aplican su simple, humilde, débil, y poca fe, como les dijo el mismo Cristo, y hacen su suplica. Lo que resulta en que la tormenta es calmada en su totalidad. Versículo 39: "Y levantándose" sale del lugar en donde estaba recostado, quita su almohada y "reprendió al viento, y dijo al mar: Calla, enmudece".

La calma después de la tormenta

Entonces fueron e interrumpieron el sueño de Jesucristo; esto es algo común en la gente que está sufriendo algún problema o bien que está desesperada. Posiblemente pensaron en el Salmo 10:1, "¿Por qué estás lejos, oh Jehová, y te escondes en el tiempo de la tribulación?" O en el Salmo 44:23-24, "Despierta; ¿por qué duermes, Señor? Despierta, no te alejes para siempre. ¿Por qué escondes tu rostro, y te olvidas de nuestra aflicción, y de la opresión nuestra?"

El Señor escuchó sus clamores desesperados, se levantó y reprendió al viento y dijo al mar, calla, enmudece. Ningún teatrito, ningún esfuerzo. Habló y el viento y las olas se detuvieron instantáneamente. El viento y el agua reconocieron la voz de su Creador, así como le diría a la muerte que dejara a Lázaro, le dice al viento y a las olas y ellas obedecen.

Los dos se detuvieron, y Marcos dice que llegó una perfecta calma. La palabra perfecta probablemente no es el término más acertado en la traducción, sin embargo entiendo que los traductores quisieron decir esto, la palabra en el Griego *megalei*, mega, algo mega es algo muy grande. *Megalei* es la calma más grande que pudo haber, todo el lago estaba tan calmado como una balsa. El viento se detuvo inmediatamente, y las olas se apaciguaron por completo. Esto no hubiera sucedido si solo el viento se detuviera, las olas seguirían su ritmo por algo de tiempo, llegando a la orilla, y chocando con las olas que venían de regreso. Esto sucedería por mucho tiempo después de que el viento se detuviera. Pero Cristo los detuvo simplemente hablando. Estos hombres habían visto los vientos arreciando y a las olas saltando de un lado a otro, pero aun cuando en su experiencia habían visto al viento calmarse, no habían visto que al mismo tiempo las olas lo hicieran. Sin embargo ahora el viento y las olas se calman al mismo tiempo y crean una perfecta calma, una calma nunca antes vista.

El poder sobrenatural de Jesús es tal que con una palabra, millones de caballos de fuerza del viento, se detienen. Millones de litros de agua se detienen y se calman. ¿Qué nos está diciendo Marcos con esto? Que estamos viendo aquí al Creador. Este es el Hijo de Dios, es el Hijo de Dios porque lo probó con su nacimiento, lo probó con su victoria sobre Satanás, lo probó con su poder milagroso y lo probó con su maravilloso poder controlando la creación.

Él puede hacer una nueva creación. Puede restaurar la tierra para que tenga las características que tuvo en Edén. Sí, Él puede hacer que en el desierto se produzcan rosas. Él puede abrir un río en Jerusalén que fluya del desierto y se convierta en un jardín. Puede cambiar la naturaleza de tal modo que el león y el cordero se echen juntos y puede hacer que la serpiente y el niño jueguen juntos. Él tiene el poder de controlar su creación y la duración de la vida de tal modo que si alguien muere con cientos de años muera como si fuera tan solo un niño. Sí, Él tiene el poder. Tiene poder completo sobre la naturaleza que Él controla. Él la creó, la sustenta y la puede recrear en el futuro Reino Milenario, y la puede deshacer y rehacer cuando los elementos se fundan con el calor y entonces haga algo completamente nuevo. Él puede hacer una implosión atómica para entonces crear nuevos cielos y tierra nueva. Quisiera que por un momento, la gente que piensa que tiene control sobre el futuro del planeta, pensara en lo que la Biblia dice. Ellos entenderían que no están al control de lo que sucede en el planeta, ninguno de ellos lo está, ni colectivamente lo están, no podrán hacer que este planeta dure un segundo más de lo que Dios ya tiene planeado. No tienen nada que hacer al respecto. Todo lo que hacen no tiene sentido, ningún sentido en absoluto.

Primero que nada, no tiene sentido científicamente. Y peor aún, no tiene sentido teológicamente. El Creador es el sustentador y el consumador de su creación. Esta milagrosa demostración de su poder parece ser suficiente para convencerme y saber con quién estoy tratando y es una lección para los que van con Él. Así que les dice: "¿Por qué estáis así amedrentados? ¿Cómo no tenéis fe?", estoy viendo su pánico y su temor y cómo es que no tienen fe. O en las palabras de Mateo: "¿Por qué teméis, hombres de poca fe?" Detiene la tormenta y les señala la debilidad de su fe. No tuvieron la suficiente fe para saber que yo los protegeré y que me importan. No tienen por qué entrar en pánico, no necesitan estar completamente atemorizados.

Finalmente se sienta en la placidez de la calma después de la tormenta y Jesús les dice, "¿Por qué tanto miedo? ¿Por qué su falta de fe? ¿No les he probado ya que pueden confiar en mí?

Su fe debió recibir un fuerte empujón ese día, ellos debieron recibir mucho aliento para seguir confiando en Cristo. Pero la verdad es que su reacción no demuestra esto. Nos gustaría escuchar: "Señor, nunca más tendremos miedo, bueno siempre y cuando estés con nosotros. No nos vamos a preocupar por nada. Ya hemos visto lo suficiente, estamos plenamente convencidos". Pero esta no es su reacción.

Su reacción es algo predecible.

La tormenta después de la calma

El versículo 41, es el último punto. Este es "la tormenta después de la calma". "Entonces temieron con gran temor". Si observan el versículo 40, ellos estuvieron amedrentados durante la tormenta, pero ahora ellos están con "gran temor". ¿Por qué? Bueno, qué es lo que es más importante que tener una tormenta fuera de la barca, bien, pues tener a Cristo dentro de ella. Sería más aterrador darte cuenta que Dios está a tu lado, observando todo lo que haces.

Se dieron cuenta con quien estaban tratando. El Dios viviente estaba con ellos, el Creador, el controlador de su creación. Los aterró, los puso en pánico. ¿Recuerdan otra ocasión cuando estaban en el mar y Pedro no consiguió pescar nada? En Lucas 5 Jesús les dijo: "Boga mar adentro, y echad vuestras redes para pescar". Pedro lanzó su red donde le indicó, y había tantos peces que no podían subir la red a la barca. Y ¿cuál fue la respuesta de Pedro? "Apártate de mí Señor, porque que soy hombre pecador".

¿Qué tipo de reacción es esta? Esta es la reacción de alguien que sabe que el Creador controla a todos los animales, a todos los peces del mar y que ellos van a donde Él les dice que vayan. Esto es aterrador. Porque si tú puedes ver a Dios, entonces estás seguro de que Él te está viendo. Tú ves su gloria, Él ve tu pecado. Esta es una respuesta muy normal dentro de la Escritura.

Abraham en Génesis 18:27 tuvo la misma reacción, un tipo de pánico inmediato cuando él se encontró con Dios y se dio cuenta de que tipo de hombre era él. Manoa, el padre de Sansón, llegó a su casa y le dijo a su mujer: "Ciertamente moriremos, porque a Dios hemos visto" (Jueces 14:22). Job tuvo la misma experiencia e Isaías. En Isaías 6:5 pronunció una maldición para sí mismo, "¡Ay de mí! que soy muerto... soy hombre inmundo de labios". Él se estaba maldiciendo a sí mismo.

Ezequiel tuvo la misma experiencia en la visión del capítulo 1. Daniel tuvo la misma experiencia en el capítulo 10. El apóstol Juan en Apocalipsis 1 cuando vio en visión al Señor dijo: "caí como muerto". El darse cuenta que estás en la presencia del Señor es una experiencia aterradora. La presencia de Dios debe producir temor en nosotros.

No hay otra explicación, ellos se dieron cuenta que esto era algo sobrenatural. Se dijeron unos a otros: "¿quién es éste, que aun el viento y el mar le obedecen?". Esta es una pregunta retórica, no debe tener una respuesta. Marcos ni siquiera intenta dar una. ¿De dónde viene esta persona? No es de por aquí. Es una persona completamente extraña. Es una persona que viene de algún lugar desconocido.

Con este tipo de poder y, desde luego, la implicación es que ellos estaban hablando acerca de aquel que vino del cielo. Mateo 14 nos relata otra ocasión cuando Jesús camina sobre las aguas, ¿recuerdan? Y cuando regresó a la barca les dijo: "hombres de poca fe". La misma cosa. ¿Por qué dudaron? Aquí vamos nuevamente, Mateo 14:33, después de ver su poder ellos dicen: "Verdaderamente eres Hijo de Dios".La segunda vez que vieron un incidente sobre las aguas en el cual Él controló las aguas; caminó sobre ellas, detuvo la tormenta, ellos contestaron con una pregunta retórica. Aquí ellos dijeron: "Él no es de aquí", la próxima vez dijeron: "Él es el hijo de Dios". Pienso que esto es lo que había en sus mentes en este momento. No hay razón para que Marcos conteste esta pregunta. Solo existe una posibilidad, solamente Dios controla los elementos y lo hace a su propia discreción. Este es el caso, lo hizo para su propia protección, la de sus discípulos y la de los apóstoles. Necesitaban saber, no solo que su Señor era Dios, sino que también era su protector.

El Salmo 55:22 dice: "Echa sobre Jehová tu carga, y él te sustentará". O 1 Pedro 5:7, así lo dice: "Echando toda vuestra ansiedad sobre él, porque él tiene cuidado de vosotros".El Señor está comunicando dos cosas aquí; está comunicando su deidad expresándolo por medio de su poder, también está expresando su simpatía, su compasión y el cuidado para los suyos protegiéndolos de una muerte prematura. ¿Significa esto que los cristianos no mueren? No, pero lo hacen cuando su tiempo ha llegado; y mientras que esto sucede el Señor protege, cuida y preserva a los suyos como lo hizo aquí. Esta es una historia que no tiene sentido aparte de la deidad de Jesucristo.

No existe explicación humana para esto. Aun cuando tú pudieras decir que el viento se detuvo por sí solo, nunca hubieran respondido con terror porque ellos sí vieron que este era un ser divino, no cualquier hijo de vecino. Ellos también dijeron: "El viento y el mar le obedecen", lo que significa que el hecho de que se detuviera el viento y el mar estaba directamente relacionado con el pronunciamiento de sus palabras.

Fue un viaje muy interesante el llegar al otro lado, y será más interesante cuando bajen de la barca al llegar como lo veremos en el siguiente mensaje. Oremos.

Oración

Tu Palabra siempre es tan fresca para nosotros, Señor. Muy motivadora, nos invita a obedecer, porque te presenta en toda tu majestad y gloria, particularmente cuando observamos los incidentes con respecto a la vida de Jesucristo, la majestad de su persona, y la maravilla de saber que Él es ambas cosas: hombre y Dios. Lo vemos expresado de una forma maravillosa aquí. Tan cansado que pudo dormir en medio de la tormenta, y tan poderoso que pudo detener la tormenta con solo sus palabras. Este es nuestro Salvador, completamente Dios y completamente hombre, esto para que Él pudiera proveer un sacrificio infinito por los pecados y morir tomando el lugar del hombre.

Gracias nuevamente Señor por tu Palabra. Somos grandemente enriquecidos por ella, siempre somos sorprendidos ante sus gloriosas verdades y por su consistencia. Y te rogamos que nos permitas seguir conociendo a Cristo por todo lo que Él es y no seamos como los que tienen poca fe o como los que no tienen fe en quién es Él. Llévanos al entendimiento de que Jesús fue Dios/hombre, el Cristo, tú Hijo el Mesías y el Salvador. Que se convierta Él en el objeto de nuestra fe, de una fe verdadera y salvadora. Oramos para tu gloria y para nuestra bendición eterna. Amén.

REFLEXIONES PERSONALES

09_Dominando todo poder. Parte 1

Vinieron al otro lado del mar, a la región de los gadarenos.

Y cuando salió él de la barca, en seguida vino a su encuentro, de los sepulcros, un hombre con un espíritu inmundo,

que tenía su morada en los sepulcros, y nadie podía atarle, ni aun con cadenas.

Porque muchas veces había sido atado con grillos y cadenas, mas las cadenas habían sido hechas pedazos por él, y desmenuzados los grillos; y nadie le podía dominar.

Y siempre, de día y de noche, andaba dando voces en los montes y en los sepulcros, e hiriéndose con piedras.

Cuando vio, pues, a Jesús de lejos, corrió, y se arrodilló ante él.

Y clamando a gran voz, dijo: ¿Qué tienes conmigo, Jesús, Hijo del Dios Altísimo? Te conjuro por Dios que no me atormentes.

Porque le decía: Sal de este hombre, espíritu inmundo.

Y le preguntó: ¿Cómo te llamas? Y respondió diciendo: Legión me llamo; porque somos muchos.

Y le rogaba mucho que no los enviase fuera de aquella región.

Estaba allí cerca del monte un gran hato de cerdos paciendo.

Y le rogaron todos los demonios, diciendo: Envíanos a los cerdos para que entremos en ellos.

Y luego Jesús les dio permiso. Y saliendo aquellos espíritus inmundos, entraron en los cerdos, los cuales eran como dos mil; y el hato se precipitó en el mar por un despeñadero, y en el mar se ahogaron.

Y los que apacentaban los cerdos huyeron, y dieron aviso en la ciudad y en los campos. Y salieron a ver qué era aquello que había sucedido.

Vienen a Jesús, y ven al que había sido atormentado del demonio, y que había tenido la legión, sentado, vestido y en su juicio cabal; y tuvieron miedo.

Y les contaron los que lo habían visto, cómo le había acontecido al que había tenido el demonio, y lo de los cerdos.

Y comenzaron a rogarle que se fuera de sus contornos.

Al entrar él en la barca, el que había estado endemoniado le rogaba que le dejase estar con él.

Mas Jesús no se lo permitió, sino que le dijo: Vete a tu casa, a los tuyos, y cuéntales cuán grandes cosas el Señor ha hecho contigo, y cómo ha tenido misericordia de ti.

Y se fue, y comenzó a publicar en Decápolis cuán grandes cosas había hecho Jesús con él; y todos se maravillaban.

Marcos 5:1–20

BOSQUEJO

— Introducción

— Tres despliegues de poder

— Oración

Notas personales al bosquejo

SERMÓN

Introducción

Cuando entrenamos a hombres jóvenes para que sean capaces de predicar, una de las cosas en las que trabajamos mucho es en la introducción porque esta es importante para lograr tener la atención de la gente. Existen muchas formas de hacer esto y es el momento donde nos volvemos un poco creativos para poder desarrollar la mejor introducción de acuerdo a nuestra capacidad. Hay muchas maneras de hacerlo, pero lo importante de una introducción es captar la atención de la gente e interesarlos en lo que estamos a punto de decir. Se puede hacer de muchas maneras.

Lo puedes hacer sorprendiéndolos un poco. Lo puedes hacer contando una historia de mucho interés. Lo puedes hacer enfocándote en algo que ellos puedan aplicar a sus vidas, dando una idea práctica en la que muchos estén interesados. Lo puedes hacer enfocándote en un problema y dando solución a dicho problema, tú estás a punto de darles una solución. Existen muchas maneras en las que puedes provocar su interés.

Pero también existen muchas porciones de la Escritura que no necesitan esto. Existen muchos textos que con solo leerlos se vuelven en algo interesante y como consecuencia la gente presta mayor interés. Este es el caso de muchas de las narrativas de la Escritura. Por narrativa quiero decir que son aquellas porciones de la Escritura que nos cuentan una historia, ya sea una historia real o una parábola. Se crea mucho interés en la misma historia y esta es la motivación que nos atrae a escuchar y prestar atención.

Esta es una de ellas. Si este no es el más interesante momento en la vida de Jesús, si es uno de ellos. Atrae nuestra atención por ser tan extraño y tan sorprendente, y al mismo tiempo tan fascinante que con solo leerlo coloca tu mente en el lugar correcto para aprender todo acerca de Él.

Así que leamos el capítulo 5 de Marcos y veamos cómo se desenvuelve esta historia tan rara y tan singular.

"Vinieron al otro lado del mar, a la región de los gadarenos. Y cuando salió él de la barca, en seguida vino a su encuentro, de los sepulcros, un hombre con un espíritu inmundo, que tenía su morada en los sepulcros, y nadie podía atarle, ni aun con cadenas. Porque muchas veces había sido atado con grillos y cadenas, mas las cadenas habían sido hechas pedazos por él, y desmenuzados los grillos; y nadie le podía dominar. Y siempre, de día y de noche, andaba dando voces en los montes y en los sepulcros, e hiriéndose con piedras.

Cuando vio, pues, a Jesús de lejos, corrió, y se arrodilló ante él. Y clamando a gran voz, dijo: ¿Qué tienes conmigo, Jesús, Hijo del Dios Altísimo?

Te conjuro por Dios que no me atormentes. Porque le decía: Sal de este hombre, espíritu inmundo. Y le preguntó: ¿Cómo te llamas? Y respondió diciendo: Legión me llamo; porque somos muchos. Y le rogaba mucho que no los enviase fuera de aquella región.

Estaba allí cerca del monte un gran hato de cerdos paciendo. Y le rogaron todos los demonios, diciendo: Envíanos a los cerdos para que entremos en ellos. Y luego Jesús les dio permiso. Y saliendo aquellos espíritus inmundos, entraron en los cerdos, los cuales eran como dos mil; y el hato se precipitó en el mar por un despeñadero, y en el mar se ahogaron.

Y los que apacentaban los cerdos huyeron, y dieron aviso en la ciudad y en los campos. Y salieron a ver qué era aquello que había sucedido. Vienen a Jesús, y ven al que había sido atormentado del demonio, y que había tenido la legión, sentado, vestido y en su juicio cabal; y tuvieron miedo. Y les contaron los que lo habían visto, cómo le había acontecido al que había tenido el demonio, y lo de los cerdos. Y comenzaron a rogarle que se fuera de sus contornos. Al entrar él en la barca, el que había estado endemoniado le rogaba que le dejase estar con él. Mas Jesús no se lo permitió, sino que le dijo: Vete a tu casa, a los tuyos, y cuéntales cuán grandes cosas el Señor ha hecho contigo, y cómo ha tenido misericordia de ti. Y se fue, y comenzó a publicar en Decápolis cuán grandes cosas había hecho Jesús con él; y todos se maravillaban".

La sorpresa final puede relacionarse con el hecho de que quién podría estar interesado en hacer el bien a un monstruo horrendo como este.

Uno de los más sorprendentes pasajes de narrativa dentro de la Escritura es este, donde se despliega el poder de Cristo sobre los demonios y no es nada sorprendente entender que Dios mismo lanzó a Satanás, y a los ángeles que se revelaron junto con él, fuera del cielo. Esta fue una agitación masiva, donde Dios barrió con Satanás y un tercio de los ángeles, los que se revelaron. Miles y miles, la cantidad es incontable de ángeles que fueron lanzados fuera del cielo en tan solo un momento con el poder de Dios.

No había habido una demostración tal hasta que llegamos a este punto de la narrativa. No habrá otra como esta hasta que llegue el final de la tribulación, Cristo instala su Reino, ata a Satanás y a todos sus demonios por un periodo de mil años, y al final los lanza al lago de fuego.

Este tipo de poder sobre el reino de la oscuridad solo es posible cuando Dios lo manipula… sea en lanzarlos del cielo, o en lanzarlos al lago de fuego, o como aquí lanzando a miles de demonios fuera de un hombre; este es el poder de Dios en plena demostración. Este es el enfrentamiento más extremo con los poderes sobrenaturales de maldad que podemos ver dentro de la Escritura. No existen relatos como este en el Antiguo Testamento. Y en el Nuevo Testamento este es el más extremo y extenso. Nuestro Señor venció demonios, lo hizo de manera regular, lo hizo de manera repetida, y lo hizo con frecuencia. Pero de todos este es el encuentro más significativo, y lo es para que pueda ser identificado como el Mesías, como el Salvador, para que se sepa que Él es el hijo de Dios, que es Dios encarnado demostrando un poder absoluto e ilimitado sobre las fuerzas del infierno, Satanás y su reino.

Esta es una parte de las pruebas que ofrece Marcos. Si vamos a ver cuál es su propósito, el capítulo 1 versículo 1: "Principio del evangelio de Jesucristo, Hijo de Dios". Marcos está escribiendo la historia de Jesús para probar que Él es el Hijo de Dios. Juan resume este objetivo para todos los escritores, Mateo, Marcos, Lucas y Juan, cuando al final del cuarto evangelio, Juan es el último de ellos, dice: "Éstas se han escrito para que creáis que Jesús es el Cristo, el Hijo de Dios, y para que creyendo, tengáis vida en su nombre" (Juan 20:31).

El propósito de esto es evangelístico. Pero para que puedas creer en Cristo tú tienes que saber quién es Él, y aquí está una de las evidencias más poderosas de que Él es de hecho el Hijo de Dios. Él es Dios. Y si Él es el verdadero Mesías, si Él es el Señor de los cielos que descendió, Él debe ser capaz de conquistar a Satanás pues de otro modo no podría traer su Reino eterno. Él debe tener poder sobre las fuerzas de la naturaleza ya que las promesas de los profetas son que Él, el Mesías, va a venir a restaurar la tierra y el león se echará con el cordero y el desierto florecerá. Habrá una tierra restaurada, rejuvenecida y reestructurada que se aproximara a lo que fue el Huerto de Edén.

¿Tuvo el poder para controlar la naturaleza? En el último incidente que vimos Él controló los vientos y el mar. Sí, Él tiene el poder de hacer esto. El Reino que está por venir y la reunión con los santos es para aquellos que han sido transformados por su poder. ¿Tiene Él el poder de transformar las vidas de las personas? Esto lo ha demostrado una y otra vez, y otra vez. Él puede vencer todo, Él puede vencer la maldición en términos de la naturaleza, Él puede vencer la maldición en términos de enfermedad y padecimiento, Él puede resucitar a los muertos, Él tiene todo el poder necesario para establecer un Reino eterno. Y como parte de esto, Él ha demostrado su poder sobre Satanás y todas sus huestes. Y aquí, en una forma que no tiene paralelo, su divino poder vence, por medio de una orden dada por su palabra, a miles de demonios.

Ahora recuerda, esto fue dicho, primero que nada, acerca del Mesías en Génesis 3:15 que Él aplastaría la cabeza de Satanás. De modo que quien sea este Mesías, tiene que operar su divino poder sobre Satanás y sus huestes; esto será exhibido aquí una vez más.

Recuerda 1 de Juan 3:8, que dice: "... Para esto apareció el Hijo de Dios, para deshacer las obras del diablo". Este es el pasaje del Nuevo Testamento que nos habla del cumplimiento de Génesis 3:15. Él será la simiente de la mujer que vendrá y aplastará la cabeza de la serpiente, esto dice el Antiguo

Testamento. El Nuevo Testamento dice: "El Hijo de Dios ha venido con este propósito, para destruir las obras del diablo". Destruir, *luo*, deshacer, remover, aniquilar, arrasar las obras, erga, acción, efecto, impacto. Esta es la razón por la que Juan 12:31 dice: "el príncipe de este mundo será echado fuera". Juan 16:11 dice: "el príncipe de este mundo ha sido ya juzgado". Romanos 16:20: "Satanás estará bajo sus pies". Nuestro Señor está demostrando su habilidad para cumplir con sus propósitos de destruir, arrasar, los poderes del diablo. Él tiene poder total sobre ellos, y tiene el poder de hacer lo que Él dijo que haría en Mateo 25:41, que Él ha preparado el lago de fuego para el diablo y sus ángeles. Él tiene el poder de colocarlos ahí. La Escritura lo deja muy claro, y créeme, los demonios lo saben…sí, los demonios lo saben.

Esta es una comprobación de su labor como Mesías. Las palabras de nuestro Señor lo dejan claro en Lucas 11:20. "Mas si por el dedo de Dios echo yo fuera los demonios, ciertamente el reino de Dios ha llegado a vosotros". Si echo demonios con solo mi palabra, con el poder de Dios, entonces ustedes saben que el reino de Dios ha llegado. Cuando un hombre completamente armando guarda su casa, sus posesiones no son quitadas. Pero cuando llega alguien más fuerte que él, lo vence, le quita su armadura en la que ha confiado y le quita sus posesiones y las reparte, este es Cristo. Satanás es el hombre que está haciendo todo como él quiere hasta que aparece Cristo, lo deja devastado, y saquea su casa. Y cuando esto suceda, sabrás que el Reino de Dios ha llegado.

Teniendo esto como trasfondo, entendemos porque este es un incidente tan importante, porque no hay ninguna otra acción tan vasta y de este volumen en contra de Satanás que se registre en otro pasaje del Nuevo Testamento. Pero para recorrer estos veinte versículos lo haremos en dos partes, hay tres despliegues de poder que quiero que veas aquí. No es solo uno sino tres demostraciones de poder aquí.

Tres despliegues de poder

El primero que quiero que veas es el poder devastador y destructor de demonios… el poder devastador y destructivo de demonios. Ya hemos visto el despliegue de poder de Jesús en los versos anteriores al final del capítulo 4 versos 35 al 41, poder sobre el viento, y poder sobre el agua, poder para someter a la naturaleza, los elementos naturales. Y aquí el muestra su poder para someter al mundo sobrenatural, los elementos sobrenaturales. La experiencia que tuvieron los discípulos con la tormenta en el mar los atemorizó, y esta experiencia que acabamos de leer también va a ser una experiencia atemorizadora.

Los discípulos se atemorizaron con la experiencia sobre las aguas y el viento, se atemorizaron con el poder de Jesús. Y aquí vemos que sucede lo mismo. La gente está atemorizada con este maniático y están más atemorizados con la presencia de Cristo. Estos son elementos paralelos.

Recuerden como llegó Jesús a esta orilla del mar. Se fueron del lado noroeste de Capernaum. Se subieron en sus pequeñas barcas, se hicieron a la mar con la intención de llegar al lado este, un lugar menos poblado, probablemente los apóstoles y los discípulos pensaron que lo que su Maestro necesitaba era un poco de descanso, y ellos mismo tendrían un descanso de las masas de gente alrededor de ellos. Se subieron en sus pequeños barquitos, se hicieron a la mar y les rodeó una tormenta, fueron sacados de su ruta por la tormenta, pero al parecer finalmente retomaron su ruta, navegaron el resto de la noche sobre un lago calmado y finalizaron al amanecer en el lado este del lago precisamente en el lugar al que ellos querían llegar, aproximadamente nueve kilómetros de Capernaum.

Cuando llegaron a la otra orilla lo primero que vemos es el devastador y destructivo poder de los demonios. Veamos la historia. "Vinieron al otro lado del mar, a la región de los gadarenos". Solo un comentario acerca de esto, Lucas añade, "en la Rivera opuesta a Galilea". Se encuentra en el lado opuesto de Galilea la cual se encuentra en el lado oeste del Mar de Galilea. Lucas y Marcos dicen que es la tierra de los gadarenos. Esto no es difícil de entender, es ambos. Gadarenos porque había ahí un pequeño pueblo llamado Gadara, algunas veces es también llamado Gerasa. Pero es un pueblito muy, muy pequeñito que está cerca al que ellos llegaron. Como ya dije esta como a nueve kilómetros en la curva del lago, es el lugar de los gadarenos.

Pero la clave se encuentra en saber que es un pueblo gentil, y es en este lugar de gentiles que se encuentra el Señor con sus Apóstoles y los discípulos que los siguieron en otras barcas hasta aquí. Todos ellos esperaban un poco de descanso, ya que están lejos de los judíos. Este lugar es un lugar abierto con muchos campos, muy rural. Este sería para ellos un tiempo de descanso, pero no era lo que estaba planeado y al parecer el Señor lo sabía. El versículo 2 dice: "Y cuando salió él de la barca, en seguida vino a su encuentro, de los sepulcros, un hombre con un espíritu inmundo". Este no es el representante de la cámara de comercio del lugar, tampoco es el comité de bienvenida, sino que es una pesadilla real. Es un hombre que sale de entre los sepulcros que viene corriendo hacia ellos, baja la ladera apresuradamente para reunirse con ellos. Este es un hombre definido como uno que tenía un espíritu inmundo.

Probablemente ya está amaneciendo, acaban de atar sus barcas al muelle, es probable también que hubiera un pequeño embarcadero, y al tiempo que esto sucede sale este hombre de entre las tumbas para reunirse con ellos. Mateo 8:28 dice; "vinieron a su encuentro dos endemoniados". Al parecer eran dos hombres con esta misma condición. Pero conforme la historia se desenvuelve vemos que uno de ellos es dejado aparte y tanto Mateo, Marcos como Lucas, solo se concentran en uno de ellos en esta historia. Pero dos eran los que salieron corriendo hacia ellos.

Dice que salía de entre los sepulcros. Esto sería algo inusual; los judíos no se acercarían a un sepulcro por temor a ser contaminado con un cadáver. Pero esta es un área de gentiles y por lo tanto este es un hombre gentil, pero ¿qué está haciendo entre los sepulcros?

Bueno, al parecer, él vive ahí. Versículo 3 dice; "que tenía su morada en los sepulcros". Es alguien que habita entre los sepulcros. En esos tiempos este sería el lugar más común para una persona loca y peligrosa, un lugar insano, adecuado para alguien poseído por un demonio. Los sepulcros en ese tiempo y como ahora en muchos lugares del mundo son cavados en las laderas de los montes. Tú puedes ver esto en muchos lugares en el mundo en nuestros días, y puedes verlos así en este lugar llamado Gadara, actualmente es una pequeña villa llamada Kursi que está localizada cerca de algunas laderas y de algunos acantilados donde en la actualidad también sepultan a sus muertos. Aquí está un hombre que está cómodo con los muertos al grado que ahí vive. Y, por cierto, los muertos están más confortables con él que lo que lo está este ser viviente. Podemos decir que están ahí de mutuo acuerdo.

Este es definido como alguien que tiene un espíritu inmundo. Este es simplemente un término más descriptivo para alguien que tiene un demonio dentro. Un ángel caído llamado demonio, claramente se refiera a demonios porque el hombre es descrito como alguien poseído por un demonio, abajo en el versículo 18. Así que este espíritu inmundo es sinónimo con demonio, un ángel caído. Son seres espirituales que ocupan cuerpos de seres humanos. Son inmundos, todos ellos son inmundos, todos. Así que un espíritu inmundo es simplemente un término que se aplica a los ángeles caídos y a todos los demonios. Que finalmente son lo mismo.

Cuando estudiamos el evangelio de Lucas, vimos también esta historia en Lucas 8 y yo fui muy lejos, como lo quiero hacer ahora, y te di una explicación muy extensa acerca del mundo de los demonios. No lo voy a hacer ahora otra vez, ustedes pueden encontrar esta información disponible en las series de Lucas.

Entonces el versículo 3 dice, que él habitaba entre los sepulcros, indicándonos que no estaba simplemente visitando el lugar para visitar a un amigo ya fallecido, o poniéndole flores a su amada, o visitando a un famoso ya muerto. Este sería clasificado como alguien que vivía entre los sepulcros y por lo tanto un demente. Es un demente. Él está trastornado, es irracional y es peligroso. Es un sub humano, alguien antisocial, un sociópata e intensamente malvado. Es un monstruo, un horrible monstruo.

Lucas añade, solo para hacer la escena peor, que no se había puesto ropa por largo tiempo, lo que nos lleva a concluir que él no solo estaba expuesto a los elementos de calor o el frío, y ahí había días muy calientes y noches muy frías, especialmente en el invierno que sería la estación en este relato, era un pervertido. La desnudez era algo relacionado a su perversión. Es tan malo como puede ser. Este es un tipo de hombre que encaja perfectamente con la descripción de un hombre que ahora llamamos sociópata, y este también tiene actitudes de desviación sexuales que son peligrosas para sí mismo y para los demás que lo rodean. Este tipo de hombre encaja en la categoría de Charles Manson o algún otro tipo de asesino en serie o de algún otro tipo de esta naturaleza. Y estoy seguro de que si el día de hoy fuera correctamente diagnosticado como poseído por un demonio, es probable que tratarían de justificar sus acciones diciendo que el problema inicio cuando su mamá lo encerró en el armario y lo dejo sin cenar.

Su desnudez habla de su perversión, y esta es la razón por la que Lucas añade esto a su descripción. Recordarán que cuando Adán y Eva pecaron, ¿qué fue lo primero que hicieron? Trataron de cubrir su desnudez de inmediato. Después Dios reemplazó su cubierta temporal por una permanente hecha de piel. El Nuevo Testamento nos manda no solo estar vestidos o cubiertos, sino que también nos dice que debemos vestir con modestia. Es decir vestir modestamente. La desnudez es símbolo de maldad. Es una señal de perversión. De perversión sexual. De hecho, en la ley, descubrir la desnudez de una persona era un eufemismo para perversión sexual. En Apocalipsis 3:18 leemos: "la vergüenza de tu desnudez". Lo más desnuda que la persona estaba, lo más vergonzoso que esto era. Todo comienza con enseñar un poquito y continúa enseñando más y más, por lo cual la vergüenza se va perdiendo poco a poco, o bien se va mostrando más y más.

Este es un tipo de ser humano muy peculiar. También se caracterizaba por tener una fuerza sobrenatural. El versículo 3 nos dice que nadie podía detenerlo. Lo que significa que habían estado tratando de hacerlo. En la antigüedad todo lo que se podía hacer con un maniático era atarlo y mantenerlo atado. Y esto no es solo en la antigüedad hasta hace muy poco tiempo se hacía también. Ustedes han visto el uso de camisas de fuerzas y como ponen a estos en habitaciones forradas de acolchonamiento para que no se hagan daño a sí mismos, o bien, para que no hagan daño a otros. Esto ha sido así por muchos años dentro de la historia de la humanidad. La gente que es así de peligrosa se detiene y se aísla. Este hombre encaja en la descripción de un sociópata asesino en serie que se podía escapar para hacer lo que quisiera. Pero no se nos dice si hizo daño a alguien, o si había matado a alguien. Era atemorizante, peligroso, era una amenaza horrible. Este es un reto para un tipo de personas que son sensibles y morales socialmente.

Lo habían tratado de encadenar. Lo debieron golpear, lo debieron tratar de derribar con un golpe en la cabeza, todo tratando de encadenarlo. Pero esto no fue nada bien. Él rompía las cadenas. De hecho Lucas nos dice que rompía las cadenas y se dirigía hacia lugares deshabitados. Simplemente, un maniático fuera de control con una fuerza sorprendente. Es agresivo, es malvadamente agresivo, muy amenazante. Lucas dice que rompía las cadenas y que los demonios lo conducían a lugares desérticos y estos demonios lo torturaban, torturaban a toda la gente que tenía contacto con él y a este hombre poseído. Él es no solo el torturado sino que también es el canal de tortura para otros.

El versículo 5 dice que constantemente, contantemente, día y noche él gritaba entre los sepulcros y en las montañas y que se hería a sí mismo con piedras. Él es peripatético, no duerme, no se cansa, vaga entre los sepulcros, entra y sale de las montañas, se va a lugares deshabitados o al desierto llevado por los demonios que lo dominan, está siendo atormentado. Está viviendo un infierno. Es solo una probadita del infierno pues está completamente sometido a los demonios y está en su presencia. No hay nada bueno, no puede escapar, no descansa, no duerme, esto es como un infierno. Y buscando liberarse usa estas piedras y talla su piel o trata de matarse, está cortando su piel. Este hombre hace que los maniáticos modernos parezcan como niños exploradores. Se encuentra tan sometido que su personalidad no es percibida. Se encuentra mejor entre los muertos que con los vivos; es una amenaza para los vivos, una seria amenaza. Leemos en Mateo 8:28: "feroces en gran manera, tanto que nadie podía pasar por aquel camino", la palabra es feroces, feroces.

Registra esto en tu mente por favor. Si haces una encuesta en tu comunidad y les preguntas, ¿a cuál de tus vecinos te gustaría ver que se fuera de aquí? Sería alguien como este hombre, y quiero decir que si tuvieras que escoger entre Jesucristo y este hombre, ¿a quién escogerías? Más adelante veremos a quien escogieron ellos.

Actúa como rabioso, violento, amenazante, sobrenaturalmente fuerte, retador, pervertido; no hay alguien más así dentro de la Escritura. Porque Satanás no opera regularmente de esta manera. Él se disfraza, ¿cómo?, como ángel de luz. Le encanta ir a la iglesia vestido de traje, le gusta sentarse en la bancas, le encanta estar detrás del púlpito, le gusta enseñar dentro de un seminario. A él le gusta enseñar. Al disfrazarse como ángel de luz, busca estar cerca del cristianismo pues lo más cerca que esté de la verdad, más oportunidad tiene de desvirtuar la Palabra de Dios. Cuanto más cerca está de los cristianos, más puede alejarlos y más contento que está. Él se encuentra en una operación clandestina, o en encubierto. Solo muy ocasionalmente verás algo como esto. Y esto es visto de vez en cuando en nuestro mundo, ¿no es así? Estos son desviados, personas pervertidas que llamamos monstruos que hacen cosas que están más allá de la comprensión humana. Normalmente Satanás no opera de esta manera, le gusta esconderse entre las bancas y rodearse de personas que son religiosamente respetables.

Este hombre está sentado en la cima del monte en un sepulcro viendo como estos hombres están atando sus barcas y se da cuenta que tiene nuevas víctimas, personas que no son del lugar. Ellos no saben que se supone que nadie puede ir por ahí. No saben que no deben estar en este lugar. Este los ve atando barcas, descendiendo de las barcas y seguramente cerca de Jesús pues es su líder y aquí no hay nada preparado, no hay agenda; entonces el endemoniado inicia su acostumbrado acercamiento, baja la colina como volando con su compañero y gritando con su chillido endemoniado, listo para atacar, mutilar o matar a alguien.

Y repentinamente, en cuanto él puede acercarse y ver quiénes son estos que están llegando, en el versículo 6 dice: "vio a Jesús de lejos…" Vio a alguien a quien conocía desde hacía miles de años.

Tú puedes decir: "¿Cómo pudo saber quién era Jesús? Un demonio es un espíritu, ¿cómo pudo reconocer a Jesús? Las palabras salen de un demonio, existe una red de demonios operando; ¿y qué es lo que Jesús ha estado haciendo por los últimos dos años? Confrontando al reino de la oscuridad, expulsando demonios, las palabras están saliendo de demonios. Antes de pronunciar estas palabras, probablemente estas palabras atravesaron una red a alta velocidad diciendo que Jesús había dejado Capernaum y se dirigía a algún lugar. Y ya que ellos no son omniscientes, se dieron cuenta cuando lo vieron en este lugar. Cualquiera que haya podido ser el mensaje de reconocimiento, este endemoniado reconoció a Jesús. Lucas añade que cuando vio a Jesús chilló y gritó horrorizado. Esta es su respuesta estándar. Cuando Jesús entró a la sinagoga y había demonios entre la congregación, sentados en las bancas, si me permiten la expresión, entre la gente respetable, cuando Jesús estuvo ahí recordarán que los demonios gritaron, y fueron descubiertos.

Y después de esto, él hizo algo increíble, "se arrodilló ante él". Increíble, ¿no? Ahora está en sumisión, no por medio de cadenas, sino aterrorizado. El hombre colapsa, no sabe lo que está pasando, pero el demonio lo derriba sobre sus rodillas. El hombre no tiene interés en adorar a Jesús pero el demonio lo hace… los demonios lo hacen.

Cuando leemos que "el hombre vio a Jesús de lejos, corrió, y se arrodilló ante él", él está muy preocupado no en hacerle daño a Jesús, sino en arrodillarse delante de Él. Esta es la palabra en griego, *proskuneo*, esta significa adorar, demostrar sumisión, mostrar respeto a uno más grande o importante que yo. Nadie lo había podido someter. Nadie lo había podido limitar o controlar. Nadie lo había podido poner en estado de sumisión, pero la presencia del Señor Jesucristo hace que el caiga de rodillas. El hombre cae a tierra porque el demonio cae a tierra, el hombre está bajo su poder.

La fuerza del demonio dentro de este hombre está sometida, sometida ante la presencia de su Rey soberano, su Señor soberano, su Juez soberano. Los demonios reconocen a Jesús como el Hijo de Dios, el Señor sobre todo principado, sobre todos los poderes, sobre todos los gobernantes de este mundo, y sobre los poderes de la oscuridad. Ellos saben que es soberano, tiene la autoridad para controlarlos, sentenciarlos, y ejecutarlos eternamente encarcelándolos en el lago de fuego, y este es el plan que está por venir.

Y, por cierto, la teología de demonios es ortodoxa. Ya que ellos desarrollan la teología liberal, ellos se unen a la herejía errónea, en este sentido ellos son ortodoxos. Conocen la verdad acerca de Dios, de Cristo, del Espíritu Santo y de la salvación. Ellos son ortodoxos y odian aquello que saben que es verdad. El versículo 7 dice: "y clamando a gran voz…". Esta es la típica respuesta, los demonios dan la máxima expresión de terror y gritan a través de las cuerdas bucales de la persona en la cual han hecho su residencia. El alarido demoniaco, usando la voz del ser humano y haciéndolo el representante que habla en nombre de la revuelta de demonios, dice, esto es muy importante… "¿qué tienes conmigo, Jesús, Hijo del Dios Altísimo?"

Dije que son ortodoxos, ellos saben quién es Jesús exactamente. Y es interesante que si vemos todo el evangelio de Marcos, estos son los únicos seres que reconocen quien es Jesucristo antes de la mitad del libro. Ellos son los únicos que dicen: "tú eres el Hijo del Dios altísimo". La primera vez que un ser humano dice esto es hasta el final del libro, pero hasta la mitad al menos los discípulos han confesado que Él es el Cristo. Pero no hay otro hombre quien lo confiese sino hasta el final cuando el centurión gentil lo hace. Los demonios si saben quién es Él. Pero ellos, y esta es su respuesta estándar, y pienso que es estándar porque es la misma que vimos en el capítulo 1 en Capernaum en la sinagoga. Cuando Jesús enseñó en la sinagoga, el versículo 23 dice: "había en la sinagoga de ellos un hombre con espíritu inmundo, que dio voces". Esto fue lo que dijo el espíritu inmundo por medio de las cuerdas bucales de este hombre: "¡Ah! ¿Qué tienes con nosotros, Jesús nazareno? ¿Has venido para destruirnos? Sé quién eres, el Santo de Dios". Lo mismo, ¿qué tienes con nosotros? ¿Por qué estás aquí? Lo mismo podemos ver aquí.

¿Qué quieren decir con esto? ¿Qué tienes con nosotros, Jesús, Hijo del Dios Altísimo?

Dos cosas que remarcar. La primer mitad, ¿qué tienes conmigo? La segunda, Hijo del Dios Altísimo. ¿Qué quieren decir con, qué tienes conmigo? ¿Conocen ellos que existe el plan de lanzarlos al lago de fuego? Completamente seguro. ¿Sabrán ellos que Jesús es su juez? Completamente seguro. ¿Conocen ellos que Él tiene el poder para atraparlos y lanzarlos por los siglos de los siglos al infierno? Claro que sí. ¿Saben ellos que Él puede enviarlos al pozo, a un lugar de encarcelamiento de demonios que ya está ocupado por los demonios que pecaron en Génesis 6, y al lugar al que han sido enviados muchos demonios durante toda la historia? ¿Saben ellos que esto puede suceder? Sí. ¿Saben ellos que existe un juicio final establecido ya para ellos? ¿Saben ellos que serán encarcelados por un periodo de tiempo cuando la tierra va a ser restaurada y renovada dentro del glorioso reinado del Mesías, y que después serán lanzados al lago de fuego? Ellos saben todo esto, pues han estado presentes desde la creación, por lo tanto ellos lo saben. No solo lo saben sino que también lo entienden.

Entonces ¿por qué hacen la pregunta, qué tienes con nosotros? Lo que ellos no saben es cuando sucederá. ¿Por qué vienes en nuestra contra? No puedes encontrar en ningún pasaje de todo el Antiguo Testamento que algún profeta haga esto. No encuentras a los sacerdotes haciendo esto. Nadie confronta a los poderes demoniacos en el Antiguo Testamento, nadie. Esto solo sucede cuando llega Jesucristo. Pero ellos saben que el tiempo se acabó. Nadie ha hecho esto antes a nosotros, dicen. Su escatología es tan buena que saben que su juicio no corresponde a la Primera Venida de Jesús, sino a la segunda. Esta es la razón por la que dicen, ¿qué está pasando aquí? ¿Qué ocurre? ¿Qué tienes con nosotros?

De hecho en Mateo 8:29 el vocero de este grupo de demonios dice esto: "¿has venido a atormentarnos antes de tiempo?" ¿Nos vienes a atormentar antes de tiempo? Saben que aún no es tiempo. Esto está ligado a tu Segunda Venida, no a la primera. Sabían que esta era su Primer Venida. Escucha, ellos interpretaban Isaías 53 de manera perfecta. Sabían que Él era el Cordero que ofrecería su vida en sacrificio. Ellos entendían esto, pero también entendían el Salmo 16, que Él moriría y que resucitaría, que Dios nunca permitiría que viera corrupción sino que le mostraría el camino de vida. Esto no les cuadraba, ¿por qué vienes antes de tiempo?

Dije que eran ortodoxos en su escatología; ellos sabían que aún no era tiempo. Este era el tiempo de la muerte del Mesías y el tiempo de la resurrección del Mesías; este no es el tiempo de su reino ni de su reinado ni del juicio para ellos. Se preguntan, ¿qué está pasando?

Los primero que reconocen es que Jesús es el Hijo del Dios Altísimo, y lo segundo que reconocen es que aún no es tiempo del juicio final. Esta es una sorprendente declaración de su parte. El Dios Altísimo, un título glorioso para Dios en el Antiguo Testamento que generalmente va de este modo: "El Dios Altísimo, c-o-m-o, dueño del cielo y de la tierra". El Dios Altísimo es *El Elyon*, Dios soberano. El Altísimo significa soberano, que está por encima de otros, mucho más arriba que los demás. Esto lo ves en Génesis, Números, Isaías, Daniel, referencias al Dios Altísimo poseedor de los cielos y la tierra. El reconocimiento que hacen estos demonios es que Él es el Hijo del Dios Altísimo; esto es que Él es de la misma esencia de Dios.

En Lucas capítulo 1, el ángel Gabriel le dice a María que va a tener un hijo. En el versículo 32: "este será grande, y será llamado Hijo del Altísimo". Versículo 35: "El Espíritu Santo vendrá sobre ti, y el poder del Altísimo te cubrirá con su sombra; por lo cual también el Santo Ser que nacerá, será llamado Hijo de Dios".Este demonio sabe quién es Jesús, aun comprende que existe un plan y que todavía no es el tiempo para que se cumpla este. Ha tenido libertad de movimiento junto con todos sus compinches en esta vida, han estado ocasionando un caos en la región, haciéndose daño a sí mismo, y posiblemente a otros que pasan por allí. ¿Qué es lo que está haciendo Jesús en este lugar?

En Marcos 3 versículo 11 dice: "Y los espíritus inmundos, al verle, se postraban delante de él, y daban voces, diciendo: Tú eres el Hijo de Dios". Ese no fue un acto de arrepentimiento porque los demonios no se pueden arrepentir. Son inmundos y lo serán para siempre. Este solo fue el reconocimiento de quien era Él.

Regresando a la historia del capítulo 5. Aquí está este personaje terrible y monstruoso, un sociópata que en un salto llega y se postra delante de Jesús, sometiéndose ante Él. Al mismo tiempo grita aterrorizado. Y al final del versículo 7 dice: "Te conjuro por Dios que no me atormentes". Tú no vienes a atormentar a esta pobre alma. No me atormentes, *basanizo*, en griego, es "torturar", la peor experiencia posible de ser torturado.

¿Por qué dijo "no me atormentes"? Lucas 8:31 dice: "Y le rogaban que no los mandase ir al abismo". El lugar para encarcelar demonios, el pozo sin fondo. Esta descripción se usa cuatro veces en el libro de Apocalipsis. No me envíes a ese lugar. No me envíes, si a ti te place, a ese lugar de tormento, que es la antesala del lago de fuego. A este lugar es a donde fue Jesús, y es el lugar a donde fueron enviados los demonios que pecaron en Génesis 6, esto es lo que dice 2 Pedro 2:4, Judas 6 y 7, que los ángeles que no guardaron su estado original fueron encerrados y están encarcelados en este lugar hasta que sean enviados finalmente al lago de fuego.

Y pienso que muchos otros han sido añadidos a este lugar al paso de los años, debido a que estos demonios que pecaron en Génesis 6 están atrapados con cadenas para siempre, nunca van a salir de allí. Y nos dice el libro de Apocalipsis que en el tiempo de tribulación a muchos de estos demonios se les permitirá salir de allí. Los que han sido encarcelados en este lugar serán liberados durante el tiempo de la tribulación para añadir fuerza a los demonios que estén operando en ese momento. Pero estos demonios, por medio de su vocero, le ruegan a Jesús que no los envíe al abismo, al pozo sin fondo. Están felices en donde se encuentran, haciendo sus maldades y creando confusión en esta tierra de gentiles. Y podemos añadir más información, este tipo de posesión demoniaca masiva encaja con un ambiente gentil lleno de ídolos, lleno de falsa religión, lleno de exposición al mundo de la oscuridad en su máxima expresión.

Su ruego es este porque Jesús le está diciendo: "Sal de este hombre espíritu inmundo". No nos envíes al abismo.

Nos vamos a detener aquí un momento para solo decir esto, aquí podemos ver el poder destructivo de los demonios, el poder de Satanás. No te engañes a ti mismo, este tipo de acciones no son tan evidentes siempre. No siempre es así de visible en público; pero tenemos suficientes personas como estas dentro de la sociedad para poder comprender este tipo de comportamiento. ¿De qué otra manera puedes explicar a un asesino en serie como Charles Manson? ¿Cómo puedes explicar a alguien que comete crímenes deleznables, como comerse a sus víctimas? ¿Cómo lo explicas? Esto no es una desviación psicológica, es una posesión demoniaca. Tenemos suficiente evidencia para asegurar que la posesión demoniaca existe y está presente en nuestros días. Incluso usamos palabras para referirnos a alguien así llamándoles monstruos o maniáticos. Se nos acaban los adjetivos para describir personas como esas quienes literalmente han tenido una vida controlada por demonios.

Como ya lo dije, ellos son la excepción no la regla. Les gusta mostrarse en situaciones religiosas y se disfrazan o esconden detrás de clérigos y líderes religiosos devotos. Pero su poder es como de fieras, mortal, destructivo en incluso tienen el poder de condenar.

Así que la escena con la que abrimos es una escena de poder de demonios. Lo llamaremos "El poder Devastador, Destructivo de los Demonios". Pero ahora en el versículo 8 llegamos a una transición a otro tipo de poder, el poder libertador de la deidad. Y ahora este vocero de los demonios y estos demonios que habitan masivamente en este hombre, conocen el poder que porta el Hijo de Dios, y saben que este poder es superior, por mucho, al de ellos. Como dice la Escritura, "mayor es el que habita en nosotros que el que está en el mundo". Y saben que Jesucristo vino para destruir las obras del maligno. Saben que vino para herir en la cabeza a la simiente de la serpiente, para juzgar a Satanás y a todo su dominio. Ellos lo saben; es por esto que cuando Jesucristo comienza a condenarlos, todos ellos hacen esta suplica, no nos envíes al abismo, porque saben que Cristo tiene más y mejor poder que ellos y que puede enviarlos a donde Él quiera. Todo lo que pueden hacer estos demonios es rogar para alcanzar algún tipo de misericordia.

Podemos pensar que los mandaría al abismo pues de esta manera se desharía de ellos y entonces el mundo sería mejor hoy día pues tendríamos unos pocos de miles de demonios menos. Pero no lo hace pues ellos no son en realidad propiedad del diablo, son Sus demonios y, como todos los demonios y como Satanás mismo, le pertenecen a Dios y funcionan dentro de los propósitos y parámetros del diseño de Dios para los propósitos divinos. Esto lo veremos conforme desarrollemos el tema del poder libertador de la deidad la próxima vez.

Oración

Ahora vamos todos juntos a orar a nuestro Dios. Te agradecemos Señor por este maravilloso tiempo de oración esta mañana. Nuestros corazones fueron edificados con la belleza de la música y que contraste es encontrarse con estos hombres endemoniados. Que contraste es la dulzura de la comunión cristiana, con la vida en el Espíritu, con nuestra vida en el poder y la bendición de la presencia del Espíritu Santo en donde hay paz, gozo y amor, santidad y calma, comparado con esto. Que contraste entre estos dos tipos de mundos, y que diferencia entre este hombre frenético y la majestad de Jesús, entre la fealdad y el horror, la violencia y el terror, y la perfecta calma en la autoritativa presencia del Hijo de Dios. Te agradecemos Señor que hayamos sido librados del poder de Satanás, y por ser llevados a la presencia de Dios y poder vivir no por nuestra fuerza sino por el Poder de Cristo. Podemos decir junto con Pablo; "y ya no vivo yo, mas Cristo vive en mí". Te agradecemos que Él nos haya traído paz, gozo, amor, santidad y esta dulce comunión bendecida con todos estos hombres y que en tu plan hemos podido disfrutar por medio de tu gracia.

Gracias por esta gracia que toca a cualquier pecador, sin importar que tan torcido haya podido estar. Solo Cristo pudo haber deseado salvar a tan horrenda persona. Esa debe ser una expresión de gracia salvífica sin paralelo, siendo pecador fue amado y transformado por ti. Te agradecemos por la transformación que ha ocurrido en nuestras vidas, que nos hizo libres. Permite que nos regocijemos en tu trabajo poderoso y podamos darte solo a ti la gloria en nombre de Jesucristo. Amén.

REFLEXIONES PERSONALES

10_Dominando todo poder. Parte 2

Vinieron al otro lado del mar, a la región de los gadarenos.

Y cuando salió él de la barca, en seguida vino a su encuentro, de los sepulcros, un hombre con un espíritu inmundo,

que tenía su morada en los sepulcros, y nadie podía atarle, ni aun con cadenas.

Porque muchas veces había sido atado con grillos y cadenas, mas las cadenas habían sido hechas pedazos por él, y desmenuzados los grillos; y nadie le podía dominar.

Y siempre, de día y de noche, andaba dando voces en los montes y en los sepulcros, e hiriéndose con piedras.

Cuando vio, pues, a Jesús de lejos, corrió, y se arrodilló ante él.

Y clamando a gran voz, dijo: ¿Qué tienes conmigo, Jesús, Hijo del Dios Altísimo? Te conjuro por Dios que no me atormentes.

Porque le decía: Sal de este hombre, espíritu inmundo.

Y le preguntó: ¿Cómo te llamas? Y respondió diciendo: Legión me llamo; porque somos muchos.

Y le rogaba mucho que no los enviase fuera de aquella región.

Estaba allí cerca del monte un gran hato de cerdos paciendo.

Y le rogaron todos los demonios, diciendo: Envíanos a los cerdos para que entremos en ellos.

Y luego Jesús les dio permiso. Y saliendo aquellos espíritus inmundos, entraron en los cerdos, los cuales eran como dos mil; y el hato se precipitó en el mar por un despeñadero, y en el mar se ahogaron.

Y los que apacentaban los cerdos huyeron, y dieron aviso en la ciudad y en los campos. Y salieron a ver qué era aquello que había sucedido.

Vienen a Jesús, y ven al que había sido atormentado del demonio, y que había tenido la legión, sentado, vestido y en su juicio cabal; y tuvieron miedo.

Y les contaron los que lo habían visto, cómo le había acontecido al que había tenido el demonio, y lo de los cerdos.

Y comenzaron a rogarle que se fuera de sus contornos.

Al entrar él en la barca, el que había estado endemoniado le rogaba que le dejase estar con él.

Mas Jesús no se lo permitió, sino que le dijo: Vete a tu casa, a los tuyos, y cuéntales cuán grandes cosas el Señor ha hecho contigo, y cómo ha tenido misericordia de ti.

Y se fue, y comenzó a publicar en Decápolis cuán grandes cosas había hecho Jesús con él; y todos se maravillaban.

Marcos 5:1–20

BOSQUEJO

— Introducción

— El poder devastador de los demonios

— El poder liberado de la deidad

— El poder condenatorio de la depravación

NOTAS PERSONALES AL BOSQUEJO

SERMÓN

Introducción

Continuando con nuestro estudio del evangelio de Marcos, vamos a ver el capítulo 5 y los primeros 20 versículos, que ya estudiamos parcialmente, y hoy vamos a concluir con el tema.

El propósito por el cual Marcos escribe se encuentra en el versículo 1 del capítulo 1: "El principio del evangelio de Jesucristo, el Hijo de Dios". esta es una historia de la vida y el ministerio de Jesucristo, así como lo es el evangelio de Mateo, de Lucas y de Juan. Existen cuatro registros históricos, inspirados por el Espíritu Santo, que cuentan la vida y el ministerio de Cristo. Pero aun estos cuatro, con todo lo que contienen, no pueden comenzar a decirnos toda la historia. De hecho, Juan nos recuerda que ni todos los libros que haya en el mundo podrían contener un registro de todo lo que nuestro Señor hizo.

El propósito de estos cuatro evangelios nos es declarado por Juan al final del suyo. No solo nos dice cuál es el propósito de su evangelio, sino que nos resume el propósito de todos cuando dice, "éstas se han escrito para que creáis que Jesús es el Cristo, el Hijo de Dios, y para que creyendo, tengáis vida en su nombre". El propósito de estos escritores es que creamos que Jesús es el Cristo y que creyendo en Él podamos tener vida eterna por medio de su nombre. Esta es la razón por la que damos cuidadosa atención a estos evangelios, y es de tremendo gozo para nosotros poder recorrer nuevamente el registro que nos dejó Marcos.

¿Cómo puede Jesús demostrar que es el Hijo de Dios? Lo puede hacer con un conocimiento sobrenatural. Puede hacerlo diciendo cosas que nunca antes se han dicho, y para las cuales Él es la única autoridad, como lo hizo en el Sermón del Monte, cuando toda la gente quedó asombrada de que hablaba con autoridad propia, y de cómo esta era diferente a la de los rabinos, quienes siempre argumentaban citando a alguna otra persona. Esto daba cabida al comentario, "¡Jamás hombre alguno ha hablado como este hombre!" (Jn. 7:46). Él era abiertamente el más sabio, el más erudito, el más letrado, no solo tenía más conocimiento de las cosas con las que la gente estaba familiarizada, sino que tenía un conocimiento sobrenatural que solo podía provenir de la mente de Dios, de nadie más. Entonces Él demuestra su deidad por medio de su conocimiento, y Él lo dijo: "Creed en mí por mi palabra". También demostró quién era Él demostrando su deidad por medio de sus obras. El Antiguo Testamento dice que cuando el Mesías venga, cuando el Salvador venga, cuando el Redentor venga, Él cumplirá literalmente las promesas del Antiguo Testamento con una nueva creación, una nueva tierra, una tierra renovada como Isaías lo relata con gran detalle. Esta es completamente diferente a la que conocemos hoy en día. Este es un mundo caído. Habrá una renovación total del planeta, seguida de la implosión del universo y será reemplazada por una nueva tierra y unos cielos nuevos. Si es que Él es el Hijo de Dios, entonces deberá demostrar el poder que Dios tiene sobre la creación, y lo va a hacer.

Él controla el viento, como lo vimos en el capítulo 4. Controla las olas. Él crea los panes y los peces. De hecho, lo hace en dos ocasiones: una en la alimentación de los cinco mil; y veremos un poco después la alimentación de los cuatro mil. Y esto es contando solo a los hombres. Pueden añadir a las mujeres y a los niños. Estas son ocasiones masivas de creación de alimentos. Tiene control sobre el mundo físico, y lo demostró resucitando personas y dando nuevos órganos a personas cuyos órganos estaban enfermos; y también dando extremidades nuevas y frescas a personas cuyas extremidades estaban deformadas, paralizadas, dañadas por alguna razón o amputadas. Él tiene el poder.

El Mesías debe tener el poder sobre el mundo que creó, el mundo físico. Debe tener poder sobre otro reino, el mundo sobrenatural, puesto que Satanás es el príncipe de la potestad del aire, el gobernante de las tinieblas, quien ha extendido su dominio a todo el planeta y es quien controla el sistema del mundo. El Mesías, el Hijo de Dios, si de hecho es el Hijo de Dios, debe ser capaz de desplegar su poder por encima de los demonios y por encima de Satanás. Hemos visto en repetidas ocasiones cómo Jesús confrontó demonios en los primeros capítulos de Marcos, y los eliminó de personas a quienes habían poseído. Ya ha demostrado su poder al estar firme ante las tentaciones de Satanás. A través de todo su ministerio, demostró este poder al dar órdenes a los demonios, y ellos sucumbieron ante todos sus mandatos.

En Marcos 1:32–34 dice, con respecto a su ministerio en Galilea y Capernaum: "Cuando llegó la noche, luego que el sol se puso, le trajeron todos los que tenían enfermedades, y a los endemoniados; y toda la ciudad se agolpó a la puerta. Y sanó a muchos que estaban enfermos de diversas enfermedades, y echó fuera muchos demonios; y no dejaba hablar a los demonios, porque le conocían". Cuando Él no quiso que hablaran, no pudieron hablar, no pudieron ni siquiera reconocer quién era Él.

Por un lado, hubo ocasiones —esto ya lo vimos— cuando los demonios se expresaron y dijeron, "Sabemos quién eres, el Hijo del Dios Altísimo". Jesús quería minimizar este tipo de testimonio de demonios por la misma razón por la que los apóstoles no querían un testimonio de alguien poseído por un demonio en el Libro de los Hechos: no ayuda al avance del reino tener demonios como agentes.

Pero a pesar de esto, ellos expresaron la verdad acerca de Él porque conocían esa verdad. Y en el libro de Marcos, como hemos visto, el único testimonio acerca de quién es Él solo ha venido de demonios. De hecho, no escuchamos que un ser humano lo reconozca como el Hijo de Dios hasta el final del evangelio de Marcos cuando el centurión romano dice: "Verdaderamente este hombre era Hijo de Dios" (Mr. 15:39).

¿Tenía Él poder sobre la naturaleza? Absolutamente. ¿Tenía Él poder sobre el mundo físico? Absolutamente. ¿Tenía Él poder sobre el mundo sobrenatural de los demonios, las fuerzas del infierno? Absolutamente.

Hay muchas ocasiones en los evangelios en donde vemos este poder desplegado. Pero ninguna es tan sorprendente como esta que se encuentra registrada en Marcos 5, y también en Mateo 8 y en Lucas 8. Merece ser repetido tres veces porque esta es la ilustración más extrema y más extensa de su poder sobre espíritus inmundos. Leamos nuevamente Marcos 5:1–20.

El poder devastador de los demonios

Como ya dije, si Jesús es en realidad el Hijo de Dios, el Mesías y el Redentor; si Él es el que aplastará la cabeza de la serpiente, entonces Él debe demostrar poder sobre el reino de la oscuridad. Recuerden 1 Juan 3:8, que dice: "Para esto apareció el Hijo de Dios, para deshacer las obras del diablo". Esto es parte del propósito divino.

Recuerden Lucas 11:20 donde Jesús dijo: "Mas si por el dedo de Dios echo yo fuera los demonios, ciertamente el reino de Dios ha llegado a vosotros". El reino ha llegado en el sentido de que el Rey ha llegado.

¿Qué quiso decir con "el dedo de Dios"? Si ven en Éxodo 8, pueden leer el relato de los magos en Egipto que trataban de copiar lo que Moisés hizo por medio del poder divino. Estos tenían sus falsas y engañosas formas de hacer las cosas. Pero Moisés eventualmente hacia las cosas con el poder de Dios de modo que no lo podían duplicar. Y son precisamente estos magos los que dicen en el 8:19: "Dedo de Dios es este".En otras palabras, "dedo" es un sustituto para poder. Es por esto que Jesús usa el mismo lenguaje tomándolo de los magos egipcios en Lucas 11. La razón es que Él sabía que los judíos estaban muy familiarizados con esta historia, sabían que en Egipto se vio el dedo de Dios, significando el poder de Dios que fue reconocido por los magos egipcios. Entonces al incorporarlo a su lenguaje, Jesús sabía que entenderían: "Si yo expulso demonios por el dedo de Dios, entonces ustedes sabrán que el reino de Dios ha llegado". No había otra explicación para lo que Él estaba haciendo.

Así, parte de su ministerio era demostrar el poder de Dios sobre el mundo de las tinieblas. Y cuando iniciamos con este relato les dije que aquí encontraríamos revelados básicamente tres poderes dominantes. El número uno es el poder devastador de los demonios. Y a pesar de que la posesión demoniaca ha existido por mucho tiempo —la podemos ver desde Génesis 6— no la podemos ver más en el resto de la historia del Antiguo Testamento. Y también podemos ver que la posesión demoniaca de manera tan abierta como esta, que tiene manifestaciones claramente visibles a través de comportamientos humanos, comienza a desaparecer aun en el Nuevo Testamento. Durante la vida de nuestro Señor Jesucristo, la posesión demoniaca se hace extensivamente manifiesta. Y esto no fue porque los demonios se quisieran manifestar a sí mismos, sino porque se tenía que hacer manifiesto que Jesús tiene poder sobre ellos al expulsarlos. La posesión demoniaca se manifestó casi exclusivamente, y ciertamente a un nivel sorprendente, durante la vida y el ministerio de Jesús y los apóstoles. Esta se va reduciendo conforme los apóstoles van desapareciendo. Durante esta explosión de poder que vino junto con Jesús, vino también una revelación explosiva del conflicto que los demonios tienen en contra de Él, quien tiene tanto poder sobre ellos.

Con esto en mente, llegamos a los primeros siete versículos, donde se ve el devastador poder de los demonios, que ya hemos discutido. Jesús se encontraba en una pequeña flotilla con los apóstoles y los discípulos cruzando el mar de Galilea para llegar a la costa este. De pronto, se encontraron con una tormenta al ir cruzando en la noche, y esto les quitó algo de tiempo pues la tormenta los sacó de su curso. Al amanecer llegaron al otro lado. Jesús detuvo la lluvia y el viento con su palabra. Recuerdan esto, ¿verdad?

Finalmente llegan al otro lado. No tenían idea de lo que les iba a suceder al llegar allí. Asumieron que al llegar a un área más rural, iban a tener un poco de descanso de la aglomeración de personas. De este modo, los apóstoles y sus acompañantes podrían tener un tiempo a solas con el Maestro. Pero este no era el plan.

Al llegar a este lugar llamado de los gerasenos, había una villa llamada Gerasa, de donde sale el nombre. Aunque en Mateo (y en algunas traducciones de Marcos) es llamada la región de los gadarenos, porque al sureste había una ciudad más grande llamada Gadara, que daba nombre a toda aquella región. Entonces, es la región de Gadara, en la población de Gerasa. En este lugar todavía existe una villa llamada actualmente Kursi. "Y cuando salió él de la barca, en seguida vino a su encuentro, de los sepulcros, un hombre con un espíritu inmundo, que tenía su morada en los sepulcros, y nadie podía atarle, ni aun con cadenas. Porque muchas veces había sido atado con grillos y cadenas, mas las cadenas habían sido hechas pedazos por él, y desmenuzados los grillos; y nadie le podía dominar". Este era un hombre salvaje y descontrolado. Era violento, de acuerdo a los otros evangelios, tan violento que nadie quería pasar por ese camino, pues era tan peligroso que temían que los pudiera matar. Era una amenaza para la vida.

"Y siempre, de día y de noche" —mostrando su horrenda agitación— "andaba dando voces en los montes y en los sepulcros, e hiriéndose con piedras". Desde un punto de vista sicológico, podríamos decir que era un sociópata. Pero en realidad era una persona poseída por demonios, cuya propia personalidad y sentido de autocontrol habían sido completamente distorsionados. Ahora este hombre era simplemente el vehículo de la expresión demoniaca. Los demonios habían sometido por completo a este hombre.

Aquí lo vemos descendiendo del monte gritando en su acostumbrado asalto, el versículo 6 dice: "Cuando vio, pues, a Jesús de lejos, corrió, y se arrodilló ante él". Las otras personas que vivían en la región pudieron no conocer a Jesús todavía, pero este endemoniado sí lo conoce. Y créanme que seguramente la voz se había corrido por el internet demoniaco, o bien por el medio que usen los demonios, pero este ya estaba enterado de las obras de Jesús en Galilea. Cualquiera que haya sido el mecanismo este demonio sabía lo que los hombres todavía no sabían. El endemoniado, o sus demonios, sabían que esta era la presencia del Hijo de Dios, del Dios Santo. Estos demonios están sorprendidos y provocan que el hombre se arrodille delante de Jesús. La palabra *proskuneo* es la palabra para adorar, cae postrado a los pies de Jesús y gritando con su voz chillante y demoniaca, pues los demonios estaban al control de las cuerdas vocales del individuo, "¿qué tienes conmigo, Jesús, Hijo del Dios altísimo?"

¿Por qué hace esta pregunta? Primero que nada, él sabe quién es Jesús, el Hijo del Dios Altísimo. Ellos siempre lo reconocen. Si regresamos al 1:24, el demonio dijo: "¡Ah! ¿Qué tienes con nosotros, Jesús nazareno? ¿Has venido para destruirnos? Sé quién eres, el Santo de Dios". En el 3:11 los espíritus inmundos dijeron: "Tú eres el Hijo de Dios". Siempre que Él se acercaba a los demonios, ellos confesaban que Él es el Hijo de Dios. Saben bien quién es Él. Pero lo que no entienden es ¿qué está haciendo ahora aquí? ¿Qué tienes conmigo Jesús? Y Mateo nos añade que dijo: "antes de tiempo". Ya lo dije, y lo vuelvo a repetir, la teología de los demonios es ortodoxa. Tienen una teología propia ortodoxa, esto es, conocen a Dios y lo reconocen en Cristo, saben que es un Dios trino. Tienen una Cristología ortodoxa, saben que Jesús es el Hijo del Dios Viviente. Tienen una escatología ortodoxa, saben que existe un plan futuro para que ellos sean enviados al lago de fuego, por lo que saben que esto es prematuro, Jesús no se está apegando al programa, "¿por qué nos vienes a atormentar antes de tiempo?" Lucas nos dice que también dijo: "No nos mandes al abismo", *abyssos*, el pozo, el lugar en el cual ocasionalmente Dios ha encerrado a demonios de manera permanente, como aquellos que pecaron en Génesis 6. Segunda de Pedro y Judas nos dicen que ellos fueron encarcelados permanentemente en el pozo, o abismo. A los demonios no les gusta estar ahí. Ellos son malos, pero no solamente malos sino que les encanta hacer su mal dentro del mundo. Les gusta tener la libertad de deambular y crear un caos; no quieren estar encerrados en el abismo, aun cuando no es el lugar en donde estarán permanentemente en la eternidad, el lago de fuego. Así que viene y dice: "Un momento, este no es el plan, aún no es tiempo. Pero por favor no nos mandes al abismo". El abismo es un lugar a donde podían ser enviados al momento, y no tendrían que esperar el futuro. El lago de fuego está en el futuro, por lo que esto que estaba sucediendo no parecía estar de acuerdo al plan con que ellos estaban familiarizados.

El poder liberador de la deidad

Esto nos lleva al versículo 8, al segundo poder. El primer poder es el poder devastador de los demonios. El segundo es el poder liberador de la deidad. En el versículo 8 Jesús ha dicho al hombre: "Sal de este hombre, espíritu inmundo", dirigiéndose al demonio quien es el vocero de todos los otros, el vocero que representa a todos los demás que están dentro de este hombre, porque hay muchos como veremos en un momento. "Sal de este hombre, espíritu inmundo".En las otras ocasiones que el Nuevo Testamento registra que Jesús dijo palabras similares a demonios para que estos se identificaran como espíritus inmundos y salieran de alguien, lo hace con autoridad y soberanía divinas, y los demonios salieron de la persona que estaba siendo torturada.

Jesús también le estaba preguntando: "¿Cuál es tu nombre?" El hombre tenía un nombre, estoy seguro. Tenía un nombre que sus padres le pusieron cuando era tan solo un pequeñito de brazos, probablemente nombre familiar con un significado, incluso pudo haber incorporado una característica que sus padres quisieran que tuviera en el futuro. Pero ahora, el nombre de este ser humano ha sido eliminado por los demonios. Su misma personalidad ha sido tan sometida que es como si ya no tuviera más personalidad, como si ya no existiera dentro de este cuerpo un ser humano. Por esto el nombre que es dado es un nombre relacionado con los demonios que ahora viven dentro de su ser, el vocero de este grupo de demonios dice a Jesús: "Legión me llamo; porque somos muchos". Lucas dice: "muchos demonios habían entrado en él" (Lc. 8:30), y por eso respondieron así.

Y solo para mostrarles lo amplio que es el nombre "Legión", debemos decir que en realidad no es un nombre, es una designación militar. Una legión tenía hasta seis mil soldados. Era una unidad militar romana de seis mil hombres. Este es el nombre que le es dado a Jesús. Algunos comentaristas han asumido que los demonios se alegraban de dar este nombre porque esto intimidaría a Jesús, al saber que eran muchos con los que tenía que lidiar. No creo que esta sea una realidad. Creo que ellos entendían que no podían intimidar a Jesús, ya que sabían exactamente quién era Él. Simplemente este es el nombre que le dan. No están dando el nombre como un mecanismo de defensa. Jesús pide el nombre porque quiere demostrar la grandeza de su poder sobre los demonios. Una cosa es expulsar un demonio de una persona, y otra cosa muy diferente es lidiar con miles de demonios con un simple mandato.

Pero ellos no quieren salir de este hombre; no quieren ser lanzados al abismo. Incluso no quieren salir de la región porque le imploran en el versículo 10 que no los envíe fuera de aquella región. No están listos para el lago de fuego, esto se encuentra en el futuro. Aún no es el tiempo. No están listos para el abismo, no quieren ir al lugar de encarcelamiento en donde ellos ya no pueden operar. Ni siquiera quieren irse de la región en la que se encuentran. Es un territorio gentil, lo que quiere decir que probablemente hay muchas otras regiones en donde ellos habitan, haciendo nada más que expandiendo sus doctrinas de demonios. Pablo alerta a Timoteo acerca de estas doctrinas de demonios.

Así que ellos han establecido y desarrollado un lugar para la promoción de su reino de tinieblas. Tienen sus propias religiones, sus propias sectas, sus propios ídolos. Existe un lugar ideal para dirigir sus operaciones. Y este hombre maniático es solo una pequeña muestra de sus operaciones del mal. Probablemente había más demonios operando en el área por medio de religiones falsas pero sin manifestarse de este modo, al grado que pudiera haber otros con apariencia de una persona normal. Ellos quieren permanecer ahí sin importar en que otra forma o apariencia se queden, quieren permanecer para seguir haciendo su mal. Pero aún no es tiempo de su tormento final.

No quieren ir al abismo y declaran su plan, versículo 11: "Estaba allí cerca del monte un gran hato de cerdos paciendo". Esto es un recordatorio de que estamos en región gentil, los judíos no acostumbraban a criar cerdos. Este es de propiedad gentil, es un "gran" hato de cerdos; de acuerdo con el versículo 13 eran cerca de dos mil cerdos en este hato. Así que el dueño tiene un negocio grande, o tendría que ser un hato propiedad de toda la villa, eran muchos cerdos.

Así que los demonios le dicen en el versículo 12: "Envíanos a los cerdos para que entremos en ellos". La pregunta, ¿por qué querrían entrar en los cerdos? No lo sé. Me alegra poder decirles que no tengo ni la más mínima idea de por qué los demonios quieren hacer algo. No conozco tan bien a los demonios como para saber por qué querían hacer esto. No conozco su reino. Solo puedo decir que ellos pretenden continuar haciendo daño. Y si pueden hacer daño por medio de un hombre, pueden hacer daño dentro de animales también. ¿Puede un animal ser poseído por un demonio? Obviamente sí. Es literalmente posible que un demonio use a un animal quitándole su instinto. Los animales no están conscientes de sí mismos, no tienen personalidad, y perdón, sus perros no tienen personalidad. Puedes pensar que la tienen, de hecho tienen características de comportamiento que los hacen únicos, pero no tienen consciencia de sí mismos. No son una persona. Pero tienen un cerebro y comportamientos que los demonios pueden dominar. Y las acciones de los cerdos, como veremos en un momento, indican que los demonios hacen esto. Crean un caos, quitan el instinto natural, las restricciones naturales que los mismos animales tienen y crean resultados de violencia y muerte.

Ahora, como una nota aquí, una pregunta que me surgió conforme meditaba en esto; los demonios están rogando misericordia, dice que los demonios le rogaron. Se encuentran rogando, no es solo una petición. Lo que quiero decir es que lo que sale de este hombre, lo que dice el vocero en nombre del resto de los demonios es una súplica, un ruego a Jesús. Ustedes podrían pensar: ¡Lánzalos al abismo! El mundo sería un mejor lugar si tuviéramos unos dos mil demonios menos, o cuatro mil, o los que sea que haya habido en esa legión. ¿No tendría esto sentido? Y de hecho, ya que vas a lanzar a estos, de una vez lanza a todos al abismo. ¿Por qué no simplemente nos deshacemos de todos los demonios del mundo?

Hay muchas personas que se dicen cristianas, incluso algunos predicadores, que piensan que Dios se encuentra en algún tipo de batalla con los poderes del infierno. Y que algunas veces Satanás gana y que otras pierde. Esto es absolutamente absurdo. En cualquier momento, con un solo movimiento, Dios podría tomar a todos los demonios que existen, millones, millones de millones, y encadenarlos en un instante.

Te preguntarás: ¿Cómo sabes esto? Apocalipsis 20 dice que en el Milenio esto es exactamente lo que Dios va a hacer. Va a encadenar a Satanás y a todas sus fuerzas por mil años. Esto lo podría hacer en cualquier otro momento, si Él quisiera.

El hecho de que no lo haga ahora es porque no lo quiere hacer ahora. Esto se debe a que esos demonios sirven para algún propósito, lo que hace ridículo que algunos anden por ahí pensando que le pueden decir a los demonios qué hacer, atando demonios por ahí, atando a Satanás por allá, y según ellos ejerciendo dominio sobre ellos. Primero que nada, tú no tienes ninguna autoridad, ellos se ríen de ti como lo hicieron con los hijos de Esceva cuando les dijeron: "A Jesús conozco, y sé quién es Pablo; pero vosotros, ¿quiénes sois?"

Pero en segundo lugar ellos sirven para algún propósito. Satanás vino y dijo a Dios: "quiero hacer mal a Job", y Dios le contestó: "ve y hazlo porque esto sirve a mis propósitos". Pablo en 2 Corintios 12 dice que le fue dado de parte de Dios, "un mensajero de Satanás". La palabra en griego para mensajero es *angelos*, un ángel satánico. Esto es, un demonio que creara un aguijón en su carne. Y él oró tres veces para que Dios se lo quitara, pero Dios le contestó: "no lo voy a hacer" —¿por qué?— porque mi poder se perfecciona en tu debilidad y vas a aprender a ser humilde por medio de esto". Y a Pedro, en Lucas 22, Jesús le dice: "Satanás os ha pedido para zarandearos como a trigo". ¿Y qué le dijo Jesús? ¿No, no lo hagas? ¡No! ¡Le dijo que sí! Jesús le dijo que sí a Satanás, "Ve y zarandéalo porque cuando se convierta, él podrá afirmar a sus hermanos. Cuando salga de esto triunfante con su fe intacta, él será un mejor apóstol y un siervo más eficaz".Dios tiene sus propósitos. Si lo quisiera podría detener toda la operación satánica en un instante, los encadenaría a todos, o los lanzaría al abismo de inmediato, incluso al lago de fuego por la eternidad. Pero la realidad es que Él tiene sus propósitos. Deja que el mal corra todo su curso porque esto le da a Él la gloria. Esto muestra las maravillas de su gracia y también la maravilla de su ira. Él lo acabará cuando esté listo para ser acabado. Pero aquí aun no está listo.

Su deseo diabólico es trabajar en el mundo físico y, por el momento, Dios lo permite. Si no es por medio de humanos es por medio de animales. Y como su rey, quien es llamado Abadón en la Escritura, lo que significa destructor, ellos también son destructivos. Fueron destructivos con ese hombre; destruyeron su personalidad, y lo convirtieron en un suicida ya que se hiere a sí mismo con piedras desgarrándose la piel. Esto hace evidente lo destructivos que ellos son. El versículo 13 dice: "Jesús les dio permiso". *Epitrepo* significa "conceder". Si no les hubiera permitido hacerlo, no lo hubieran podido hacer. Él está al control de todos los poderes demoniacos. Permíteme decirlo de este modo: no hay ningún demonio pícaro o renegado dentro del mundo sobrenatural que haga algo que Dios no quiera que suceda, o bien que Dios no le haya permitido hacerlo.

Como siempre, ellos hacen lo que es destructivo, y Jesús les da permiso. ¿Por qué? Por una razón, si ellos no hubieran entrado en los cerdos, no habría evidencia de que salieron de ese hombre. De este modo Jesús está haciendo una demostración visible de su poder para liberar a un hombre de miles de demonios. Y en segundo lugar, esto prueba el superlativo poder que tiene sobre lo sobrenatural. Y, en tercer lugar, para poner a la vista el propósito destructivo de los demonios, ya que no pasa mucho tiempo para que ellos destruyan todo este hato de cerdos.

Versículo 13: "Y saliendo aquellos espíritus inmundos, entraron en los cerdos, los cuales eran como dos mil; y el hato se precipitó en el mar por un despeñadero, y en el mar se ahogaron".

La destrucción llego súbitamente, muy rápido. No hay comentario de Mateo, no hay ningún comentario de Marcos, no hay ningún comentario de Lucas acerca de por qué paso esto. Pero esto prueba, como ya dije, que el hombre había sido liberado. Esto prueba el poder de Jesús para liberar al hombre y evidentemente demuestra la intención destructora de los demonios.

Son caóticos. Los cerdos se hacen violentos, caóticos, locos, se auto-destruyen como lo hacía el hombre cuando estaba poseído. Ahora ellos se convirtieron en lo que era él. Sé que las distintas asociaciones protectoras de animales se hubieran escandalizado. Ellos probablemente hubieran concluido que dos mil cerdos eran más importantes que un ser humano. Y los socialistas y liberales quienes escriben acerca de esto dicen: "Esto es algo horrible, y quiere decir que Jesús era otra cosa y no Dios, porque destruyó la economía del lugar".Realmente no. Pues en toda la historia, Mateo, Marcos y Lucas nunca dicen que los dueños de los cerdos hayan aparecido para presentar alguna queja. Ni siquiera la villa, que debió ser una villa con un negocio de cerdos, presenta alguna queja. Pudiéramos pensar que en realidad los cerdos no fueron destruidos, simplemente fue una venta prematura de carne. Los demonios pensaron que podrían permanecer dentro de estos cerdos un poco más, pero los que han tenido animales saben que una vez que alcanzan el tamaño y tiempo adecuado los cerdos se convierten en chuletas y tocino. El tiempo que pudieron permanecer en los cerdos fue realmente nada.

Lo que sucedió fue que ellos tuvieron que buscar dónde colocar tanto cerdo en poco tiempo. Fueron a ofrecerlo de inmediato por todos lados. Y les puedo asegurar que los dueños se lanzaron junto con ellos a las aguas para rescatar lo que se pudiera. Su carne no fue destruida, de hecho pudo ser preservada un poco de tiempo más. Su plan no era este para comercializarlos y venderlos tan rápido. Si lo piensan, este fue un método de sacrificio para los cerdos más amable que otros que podamos imaginar. De cualquier modo este no es el punto, simplemente vemos que nadie se quejó. Todos entendieron qué era lo que estaba pasando; los cerdos actuaban como el endemoniado y el endemoniado ya no era el mismo.

¿Quién es este hombre? No conocían a Jesús en ese territorio gentil. ¿Quién es el que pudo hacer esto? Y la respuesta de inmediato en el versículo 14: "Y los que apacentaban los cerdos huyeron, y dieron aviso en la ciudad y en los campos". Lucas relata lo mismo, en la ciudad y en los campos, literalmente fueron a todo lugar posible. A la gente que vivía en la ciudad, a la gente que vivía en las áreas rurales moviéndose tan rápido como les era posible para dispersar la noticia. Esto es lo que me dice que pudo ser una villa que era como una empresa, no era que una o dos personas fueran los dueños de este vasto hato de cerdos, sino la villa entera, todos los que vivían en ella. Eran de toda la gente que habitaba en este lugar.

Toda la gente vino a ver qué había sucedido. De hecho Mateo dice en 8:34: "Y toda la ciudad salió al encuentro de Jesús; y cuando le vieron, le rogaron que se fuera de sus contornos". Todos fueron atraídos por este testimonio sorprendente. ¿Qué sucedió? El hombre violento que vivía en los sepulcros, y que posiblemente todos conocían está de rodillas, y todos los cerdos se lanzaron al mar. Esto va más allá de lo que ellos son capaces de comprender. Es por eso que vienen a ver qué sucedió. Nadie se muestra enojado por los cerdos, pero tristemente tampoco nadie se muestra feliz porque el endemoniado ha cambiado y se muestra sumiso. A pesar de que se nos dice que ya antes habían intentado encadenarlo o apaciguarlo sin lograrlo. Pero nuevamente este no es el punto, el punto no es el hecho de que los demonios han salido, los cerdos se han ahogado, o que el endemoniado ya esté bien.

El versículo 15 dice: "Vienen a Jesús, y ven al que había sido atormentado del demonio, y que había tenido la legión, sentado, vestido y en su juicio cabal". *Sophroneo* es el verbo en griego; significa estar sano, sensible, bajo control. Ahí se encuentra, vestido y en su juicio cabal, el mismo hombre que tenía una legión de demonios atormentándolo. Pero veamos su respuesta, "tuvieron miedo". Esto es algo extraño. Ellos estaban acostumbrados a sentir miedo con este hombre, no podían acercarse a este hombre sin sentir temor. Era tan violento que los asustaba a todos, los hacía sentirse muertos de miedo. Ahora se encuentra vestido, no desnudo, la transformación es total, está sentado, no anda corriendo alocadamente. Ya no es dañino ni peligroso. Está en silencio, ya no grita. Ahora está rodeado de vivos, ya no de muertos. Él está pacífico, no atormentado. Y ahora ¿están atemorizados? ¿Ahora qué los atemoriza?

Ellos están atemorizados pero de Jesús. Están aterrados. *Phobeo, phobia*, significa estar aterrado. Están en una condición continua de terror porque ahora saben que hay un mundo espiritual, sobrenatural, poderes más grandes de lo que ellos han podido experimentar hasta el presente. Es el mismo trauma que podemos ver cuando alguien está delante de la santidad de Dios a través de toda la Escritura. Lo vemos cuando alguien se acerca a Dios, sea creyente o no. Queda aterrorizado. Lo vemos con Manoa cuando llega a su casa y cuenta a su esposa que van a morir. Ella pregunta, ¿por qué? Y Manoa le dice, porque he visto al Señor. Y si lo vi, él me vio, vi su santidad, Él vio mi pecado, por lo tanto estamos muertos. Es la misma experiencia de Ezequiel cuando tuvo una visión de Dios, cayó en coma. Isaías pronunció una condena a sí mismo: "¡Ay de mí que soy como muerto! Porque siendo hombre de labios inmundos he visto a Dios". Es la misma experiencia que tuvo Juan en Apocalipsis cuando tiene la primera visión de Cristo glorificado moviéndose entre su iglesia, y él cae como muerto, aterrorizado.

No ha pasado mucho desde que vimos la misma reacción. Si van a Marcos 4:40, se acordarán que cuando Jesús estaba en la barca con los discípulos, ellos estaban muy asustados. Leímos en el versículo 38 que le dicen: "no tienes cuidado que perecemos". Los discípulos estaban muy asustados. Y después en el versículo 40 cuando Él detiene la tormenta, les dice: "¿por qué estáis atemorizados?" En otro de los evangelios se nos dice que cuando estaban en medio de la tormenta estaban atemorizados y cuando Jesús calmo la tormenta los discípulos estaban más atemorizados. Era más atemorizador tener al Dios creador del cielo y de la tierra dentro de la barca, que a la tormenta fuera de la barca; es atemorizador estar en la presencia del poder de Dios. Los discípulos estaban atemorizados cuando Él calmo la tormenta y mucho más atemorizados ante la presencia de Cristo, pues estaban completamente expuestos. Estaba sucediendo lo mismo con estos paganos gentiles. Sabían que estaban en la presencia de alguien que es sobrenatural, que es divino, así que podemos decir que están correctamente muy atemorizados.

El poder condenatorio de la depravación

Esto nos lleva al último tipo de poder que es manifestado aquí y solo me tomará un par de minutos mostrárselo. Ya vimos el poder destructivo de los demonios y el poder libertador de la deidad, y ahora el poder condenatorio de la depravación. Todos nosotros podríamos pensar que un milagro como éste traería un reavivamiento instantáneo, ¿verdad? Quisiéramos leer que la región completa dijo a una sola voz: "Señor no te conocemos, no sabemos quién eres; por cierto ¿cuál es tu nombre? ¿Nos podrías decir quién eres y de dónde vienes? ¿Podrías decirnos si tú nos puedes librar de los poderes de Satanás? ¿Nos puedes librar de los poderes de las tinieblas? ¿Puedes cambiarnos? ¿Nos puedes transformar? ¿Cuál es tu mensaje? ¿Qué tipo de persona eres? Dínoslo por favor, dínoslo. Hemos visto Tu poder, queremos conocer tu poder de la manera que este hombre lo ha experimentado. Queremos saber qué tipo de poder transformador es éste".Quisiéramos pensar que un milagro tan grande, visto por una tan gran cantidad de gente fuera convincente. Pero aquí está su respuesta. El versículo 17 dice: "Y comenzaron a rogarle que se fuera de sus contornos". "Vete de nosotros Señor". Lucas nos dice que "todos lo dijeron". Es un clamor universal: "Vete de aquí". Esto nos deja en shock. En lugar de que quisieran escuchar más, se asustaron. Sus almas depravadas y endurecidas por el pecado sintieron el terror de estar frente a la santidad. Para ellos la presencia divina es más atemorizadora que este lunático que corría gritando entre los sepulcros lleno de demonios. Están más atemorizados de que Dios pueda estar en su presencia que del hecho de que Satanás estaba en su presencia. Hasta cierto punto estaban confortables con la presencia de Satanás. No escuchamos una palabra de agradecimiento de nadie por haberlos liberado del terror de este violento hombre. No hay una sola palabra de agradecimiento. No hay una expresión de gozo. No hay una sola pregunta acerca de quién es él o de dónde viene su poder. Ellos francamente preferirían estar aterrorizados por

Satanás que por Dios, esto porque saben que Satanás no les va a cuestionar por su comportamiento.

Están más confortables con Satanás que con Dios. Están más confortables con el pecado que con la santidad. Esta es la depravación, esta es la forma en la que todos los pecadores actúan. Es más reconfortante saber que se está en la presencia del maligno, que estar en la presencia de la justicia. Esta es una de las razones por las que el mundo odia a los cristianos. Las abundantes fuerzas del mal son bienvenidas y no el grandioso poder de Dios. Un hijo de Satanás es mejor bienvenido que el Hijo de Dios. Tal es el poder de la depravación para poder condenar al pecador. Tú podrías realizar un milagro que vaya más allá de toda comprensión, pero un milagro con todo su poder no puede vencer la incredulidad, no puede cambiar un corazón.

Analiza la respuesta no solo de estos gentiles, analiza la respuesta de toda la nación de Israel. ¿Cómo respondieron? "No permitiremos que este hombre reine sobre nosotros, crucifíquenlo". Juan 3:19: "los hombres amaron más las tinieblas que la luz porque sus obras eran malas". "No hay justo ni aun uno. No hay quien haga lo bueno. Todos se desviaron" (Ro. 3:10-12). Para ellos la cruz es locura. Ellos son de su padre el diablo. Están muertos en sus delitos y pecados. Ellos se conforman con este siglo. Están bajo el dominio del príncipe de la potestad del aire, controlados por el deseo de la carne, los deseos de los ojos y la vanagloria de la vida.

A pesar del poder y la grandeza de este milagro, podemos ver que el poder de la depravación es mayor. Ese milagro no puede quebrantar la dureza de corazón, como lo puede demostrar toda una vida de ministerio. Tiene que forjarse otro milagro y este es el milagro del poder regenerador de Dios que penetra el corazón y quebranta su dureza, y lo reemplaza con un corazón de carne. Ellos ya no quieren más de Jesús. No quieren más de su santa presencia.

Así que Él responde a su petición, y en el versículo 18 leemos: "Al entrar él en la barca". Esto es muy triste, entró en la barca para irse. Nunca regresaría a este lugar, pero regresaría a territorio gentil después, como lo veremos en el capítulo 7, en un minuto. Pero Él se fue. Se subió a la barca y se fue muy triste. Esta era una gran oportunidad para mostrar lo torcido, la ceguera y lo muerto del corazón del hombre.

La siguiente parte del versículo 18 dice: "el que había estado endemoniado le rogaba que le dejase estar con él". El hombre que había estado bajo la posesión demoniaca ahora le imploraba que lo dejara acompañarlo. Este hombre no quiere vivir otro día sin Jesús. Estoy convencido que hubo más conversación con este hombre, y que no solo fue librado del poder de los demonios sino que ahora era un discípulo de Jesús. Pienso que ahora él está comprometido a seguir a Jesús con todo lo que sabe de Él. Ahora, de todo corazón, está rogándole a Jesús. Él no quiere dar un paso más en su vida, no quiere que pase un día más sin estar en la presencia de Cristo. Esta alma atormentada ha renacido a una fresca y nueva sanidad, sociabilidad y pureza. Por primera vez en su vida tiene deseos de estar al lado de aquel que es Santo. Él ahora quiere estar en medio de los vivos, y no solo esto, sino que quiere estar con el que tiene vida en sí mismo. No quiere estar en otro lado que no sea junto a su benefactor eterno. Este es un verdadero discípulo.

Pero nos encontramos con otra sorpresa aquí. En el versículo 19 Jesús le responde de una manera que pudiéramos decir que no es la que esperaríamos. "Mas Jesús no se lo permitió". No era apropiado para él ir con Jesús, sino que le dijo: "Vete a tu casa, a los tuyos, y cuéntales cuán grandes cosas el Señor ha hecho contigo, y cómo ha tenido misericordia de ti".¿Quiere decir que este hombre sería un misionero? Absolutamente. Podrías decir: "pero no está capacitado". Este es un buen recordatorio, ¿qué tanto necesita saber un misionero? ¿Qué tanto necesitarías saber para ser el único misionero en tu región? Este es el primer predicador que Jesús envía. Aún no ha enviado a los apóstoles. No ha enviado a los 70. Esta es la primera persona que Jesús envía a predicar su nombre, y es un gentil quien tiene un pasado muy oscuro. Y cuando él diera su testimonio, sería algo más o menos así: "No sé cómo decirte esto, pero yo era un maniático desnudo". Oh, sí... "vivía en medio de los sepulcros y..."

Vete a tu casa, le dice, vete a tu casa con tu gente y diles que grandes cosas ha hecho el Señor en ti. Aquí Él se identifica como el Señor. Y diles como tuvo misericordia de ti. Esto es tan maravilloso. ¿Qué es lo que se necesita para poder testificar del poder de Cristo? El hecho de que Él ya ha trabajado en tu vida primero. Desde el momento que tú fuiste convertido, desde el momento que tú fuiste transformado, tú heredaste inmediatamente esta responsabilidad de proclamar el nombre de Cristo. Vete a tu casa, a los tuyos, y cuéntales cuán grandes cosas el Señor ha hecho contigo, y cómo ha tenido misericordia de ti.

La verdadera fe se muestra en la obediencia. Versículo 20: "y se fue y comenzó a publicar en Decápolis". Lucas dice en toda la ciudad. Este sería el primer punto. Marcos añade Decápolis, una región de diez ciudades, de ahí "deca", una unión de diez que estaban influenciados por los pueblos griegos al este del Jordán. Él se fue a esas diez ciudades. Este hombre tenía un testimonio que solo sería posible de explicar por el poder de Dios en Cristo.

¿Tuvo impacto su ministerio? Veamos el capítulo 7 por un momento. "Un poco después, Jesús regresó a la región gentil de Tiro hasta Sidón y hasta el mar de Galilea en la región de Decápolis". Jesús hizo una visita a la región de Decápolis. "Y ellos le trajeron a uno que estaba sordo..." Un momento, ¿por qué razón le llevarían a uno que estaba sordo? Él no había ministrado en esa área. Él solo había estado una vez por ahí, fue en el encuentro con este endemoniado.

Escuchen, el testimonio de este hombre había corrido por meses antes de que Jesús llegara, es por eso que le están trayendo personas a su presencia, personas que necesitaban ser sanadas. Esta es la maravillosa historia. Y desde luego Jesús respondió, tocó la lengua y los oídos de este sordo y mudo, y la sanidad llegó a él. El 8:1 dice: "En aquellos días, como había una gran multitud".El testimonio de este hombre acerca de Jesucristo había hecho que toda esa región supiera de él, y cuando Jesús regresa, las multitudes estaban ahí para recibirlo. ¡Qué hombre tan fiel!

¿Cuál fue la respuesta ante su testimonio? Regresemos al 5:20, al final nos dice: "todos se maravillaban, *thaumazo*, admirarse con gran sorpresa. Este es el primer misionero que Jesús envía a predicar. ¿Les dice esto algo acerca de la gracia de Dios? Recuerden lo que dijo Isaías, "No me envíes, soy un hombre de labios inmundos". Bueno este hombre pudo decir, "no me envíes soy un hombre de muy mala reputación. A cualquier lugar que vaya y les cuente, la gente va a salir huyendo". Esto es gracia sobre gracia, ¿no lo creen? La transformación divina cambia todo. Y él fue obediente.

¿Qué es lo que sabe? Pudieras decir: "Yo sería más obediente si supiera más". ¿Qué es lo que él sabe? Solo sabe que fue transformado. Si eres cristiano, tú sabes lo mismo, ¿no es así? Entonces tú eres responsable de ser tan obediente como lo fue este hombre.

REFLEXIONES PERSONALES

11_El Poder y la Compasión de Jesús. Parte 1

Pasando otra vez Jesús en una barca a la otra orilla, se reunió alrededor de él una gran multitud; y él estaba junto al mar.

Y vino uno de los principales de la sinagoga, llamado Jairo; y luego que le vio, se postró a sus pies,

y le rogaba mucho, diciendo: Mi hija está agonizando; ven y pon las manos sobre ella para que sea salva, y vivirá.

Fue, pues, con él; y le seguía una gran multitud, y le apretaban.

Pero una mujer que desde hacía doce años padecía de flujo de sangre,

y había sufrido mucho de muchos médicos, y gastado todo lo que tenía, y nada había aprovechado, antes le iba peor,

cuando oyó hablar de Jesús, vino por detrás entre la multitud, y tocó su manto.

Porque decía: Si tocare tan solamente su manto, seré salva.

Y en seguida la fuente de su sangre se secó; y sintió en el cuerpo que estaba sana de aquel azote.

Luego Jesús, conociendo en sí mismo el poder que había salido de él, volviéndose a la multitud, dijo: ¿Quién ha tocado mis vestidos?

Sus discípulos le dijeron: Ves que la multitud te aprieta, y dices: ¿Quién me ha tocado?

Pero él miraba alrededor para ver quién había hecho esto.

Entonces la mujer, temiendo y temblando, sabiendo lo que en ella había sido hecho, vino y se postró delante de él, y le dijo toda la verdad.

Y él le dijo: Hija, tu fe te ha hecho salva; ve en paz, y queda sana de tu azote.

Marcos 5:21–24

BOSQUEJO

— Introducción

— El poder de Cristo sobre el pecado

— La sociabilidad de Jesús

— La disponibilidad de Jesús

— La accesibilidad de Jesús: Una fe probada

— El temperamento indómito de Jesucristo: Su poder personal

— Oración

Notas personales al Bosquejo

SERMÓN

Introducción

Ha sido para mí un gozo tremendo estudiar este evangelio, y ha sido un gozo estudiar juntos por más de 25 años los evangelios. Por mucho que lo piense nunca me canso, no me siento nunca harto de ver la magnificencia de Cristo en ellos. Generalmente me toma una semana preparar un sermón, pero en este llevó tres semanas trabajando duro y te voy a mantener en este hasta que caigas por la ventana, mueras y te tengamos que resucitar, como a Eutico. Pero como no pienso hacer esto, lo mejor será dividir este en dos, lo que nos tomará esta semana y la siguiente. El tesoro de la Escritura es algo que no podemos decir que concluye fácilmente. Y en especial para mí ha sido un gozo poder estar saturado por las últimas semanas con la verdad de este texto.

Iniciando en el verso 21 de Marcos 5, vemos que este texto está también incluido en el evangelio de Mateo. Mateo lo registra en el capítulo 9 y Lucas en el 8. Podemos ver dos milagros entre los versos 21 al 43, los cuales están arreglados de una manera muy interesante. Este es como uno de esos sándwiches que acomoda Marcos; esta es una historia dentro de otra historia, un milagro dentro de otro milagro. Y generalmente leo todo el texto pues esto es una delicia, un gozo, un privilegio y una responsabilidad, pero en este caso permitiremos que la narrativa lo desarrolle para nosotros. Nos moveremos a través de él juntos, verso a verso, para acabarlo el próximo domingo.

Marcos capítulo 5 comenzando con el verso 21. Pero antes de enfrentar a nuestro pasaje les voy a dar un contexto más largo para introducirnos en la narrativa. Cualquier persona que estudia la Biblia, cualquiera que entiende las Sagradas Escrituras, sabe que la raza humana cayó como resultado del pecado de Adán y Eva y que toda la humanidad fue catapultada dentro del pecado. El pecado ha desatado a una fuerza devastadora dentro del mundo que infecta y afecta a todo ser humano. Y podemos decir que, literalmente, domina a todo ser humano al grado que todos, de hecho, son esclavos del pecado. Su fuerza es tan corrupta que contamina toda facultad del hombre y todo pensamiento del hombre, y todo el mundo del hombre; todo acto está afectado por este. La fuerza de esta corrupción se revoluciona dentro de toda la vida del hombre, llevando al hombre a experimentar enfermedades, tristezas, sufrimientos y muerte que finalmente lo lleva al infierno. Y por todo el camino que pase está siendo acompañado por dolores y tristezas.

El poder de Cristo sobre el pecado

Ya que el caso es universal, la pregunta que todos enfrentan es: ¿se puede salir de este estado? ¿Hay esperanza de llegar a ser libre del pecado y sus horrendas y largas consecuencias? Bueno, la Biblia da la respuesta, y la respuesta es sorprendente. "Sí...sí...sí". Existe un libertador, existe alguien que nos rescata, hay un salvador y alguien que no es otro sino el mismo Jesucristo, el hijo de Dios. Marcos inicia su evangelio en el capítulo uno verso uno diciendo que este libro es el inicio de las buenas nuevas acerca de Jesucristo, el Hijo de Dios. Este es el propósito de Marcos al escribir, también es el propósito de Mateo, el propósito de Lucas y el propósito de Juan. Todos ellos tienen el mismo fin, declarar al mundo que el único Salvador del pecado ha venido y que no es otro sino Jesucristo el Hijo de Dios. Entonces, los cuatro evangelios nos llevan a una conclusión final que está registrada en Juan 20 verso 31 y que nos redirige a los evangelios. "Pero éstas se han escrito para que creáis que Jesús es el Cristo, el Hijo de Dios, y para que creyendo, tengáis vida en su nombre". Los cuatro evangelios fueron escritos para dar evidencia, pruebas concernientes al hecho de que Jesús es el único y suficiente Salvador de las devastadoras consecuencias del pecado. Él es, dicen los profetas y los apóstoles, quien revertirá la maldición. Es él quien aplastará a Satanás y lo enviará, junto con todas sus legiones, eternamente al lago de fuego. Es él quien destruirá todas las enfermedades, y todas las tristezas. Es él quien destruirá a la muerte misma y dará a todos aquellos que creen en él, vida eterna en el cielo eterno, en los cielos nuevos y tierra nueva, la cual él mismo creará un día en el futuro.

¿Quién es el que tiene el poder para hacer un trabajo tan grande? ¿Quién puede destruir demonios? ¿Quién pude destruir toda enfermedad? ¿Quién puede crear? Solo uno, solo uno. Uno que tiene el poder sobre los demonios, poder sobre las enfermedades, poder sobre la muerte e incluso poder sobre la creación misma. Uno que pude controlar el viento, uno que puede controlar el agua, uno que puede crear órganos, curar paralíticos, proveer de alimento, uno que puede destruir a Satanás y a sus legiones. Este es el que da evidencia de poder para destruir y disminuir a una legión entera de demonios, con solo una orden, quienes habían hecho su residencia en un maniático en Gadara. Este es el único. Su poder sobre las enfermedades, es repetidamente evidenciado en los cuatro evangelios, sanando a uno tras otro al grado que él hace desaparecer la enfermedad de Israel durante el tiempo de su ministerio sobre la tierra. Poder sobre los demonios una y otra vez, semana tras semana, día tras día lo demostró. Poder sobre la muerte también. Y aquí en el texto que tenemos delante de nosotros, encontramos la primera resurrección registrada en Marcos. El único que da vida para demostrar que Él es la vida.

Entonces los milagros fueron la revelación misma de Jesús, la revelación, la manifestación, la verificación de su persona por medio de su poder. Y junto con este poder sin paralelo, viene también la piedad o compasión, una compasión si paralelo. Hubo muchas maneras en las que Jesús pudo demostrar su deidad por medio de su poder. Él pudo demostrar de muchas maneras su poder, pero escogió hacerlo por medio de obras que estuvieron relacionadas con salvar personas del sufrimiento de la vida, ya fuera hambre, ya fuera enfermedad. El poder estaba siempre acompañado con expresiones de compasión y su poder siempre fue acompañado por misericordia hacia el dolor humano y el sufrimiento. Nuevamente resumidas de manera maravillosa con la palabras que son familiares para nosotros en el evangelio de Juan: "Porque de tal manera ama Dios al mundo que ha dado a su hijo unigénito".

Y una vez más aquí en Marcos 5 verso 21 y los versos que siguen, podemos ver ambos, el poder y la compasión que nuestro Señor nos hace manifiestos. El principal milagro que vemos aquí es el de resurrección; pero junto con esta resurrección, hay un paréntesis milagroso que añade un momento a la expresión de poder de Jesús conforme avanzamos para ver el gran evento de levantar a uno de entre los muertos. Este es un relato inolvidable, ambas historias son tan memorables para nosotros, que si no has escuchado antes acerca de ellos, nunca los podrás olvidar. Esto es, como ya dije, un milagro dentro de un milagro. Este nos muestra a Jesucristo con toda su deidad, y nos muestra también que el poder solo pertenece a Dios pero al mostrar esto nos describe la pasión que lo caracterizó al hacer milagros.

En los versos anteriores, 1 al 20, vimos el poder que tiene sobre los demonios. Aquí vemos su poder sobre las enfermedades y su poder sobre la muerte. En el pasaje anterior, cuando calmó la tormenta, vimos su poder sobre la creación misma, esto es el viento y la lluvia. Y en esta sección tan corta de Marcos, el poder total de Cristo está siendo manifestado, y en cada caso expresa su compasión hacía aquellos que están amenazados y temerosos.

Ahora, hay diferentes maneras de acercarse a una historia como esta, pero permíteme darte algunos puntos para que puedas ir acomodando tus pensamientos conforme avanzamos en la narrativa. Y quiero hacerlo desde el punto de vista de la persona de Cristo. Quiero ver esto desde la perspectiva, que creo que nos ayudará a saber cómo vivir en este mundo. Estamos aquí para ministrar al mundo. Él nos da un patrón que podemos seguir. Primero que nada su accesibilidad... su accesibilidad. Él no es como un líder religioso que vive en torres de marfil, quienes se ponen una agenda a sí mismos, y se protegen de todo contacto humano, de la plebe. Todo su ministerio se desarrolla en público. Se desarrolla en las calles, en los caminos, en las laderas de los montes, en los campos, en las sinagogas, en los hogares, a la orilla del mar con solo algunas ocasiones se retiró a un lugar solitario con el propósito de descansar, con el propósito de instruir, o dar una explicación a sus discípulos, y ocasionalmente con el propósito de estar solo con su Padre. Pero siempre regresó a las multitudes; fue a ellos a quienes vino, y fue a ellos a quien se reveló.

La sociabilidad de Jesús

No fue fácil, pues ellos lo acosaban, literalmente lo aplastaban cuando quería estar a su lado. Restringían su movimiento. Marcos ya nos dijo que hubo ocasiones que ni siquiera le permitían comer algún alimento. Llegaron tan lejos que hubo momentos en los que ellos fueron una verdadera molestia para Él, incluso podemos decir que amenazaron su vida. Incluso sabemos que hubo ocasiones en las que intentaron matarlo; en su pueblo de nacimiento intentaron lanzarlo por un acantilado. Y a pesar de ello, Él permaneció siendo cercano a ellos.

Así es como inicia la historia en el verso 21: "Pasando otra vez Jesús en una barca a la otra orilla, se reunió alrededor de él una gran multitud; y él estaba junto al mar". Esto nos da la transición de la historia anterior. Ahora permítame hacer esto rápidamente. Jesús, en la historia anterior, había estado en el lado este del mar de Galilea, donde hubo confrontado al endemoniado que estaba poseído por una legión de demonios y Él los envió a un ato de cerdos quienes se fueron a un precipicio y se ahogaron. La gente del lugar no lo quería. Por lo que le pidieron que abandonara esa región. El único que quiso permanecer con él de esa región, fue el endemoniado que había sido liberado y le pedía que le permitiera ir con él, pero Jesús le dijo: "No, permanece aquí y recorre este lugar contando a todos lo que yo he hecho". Este fue el primer misionero comisionado y era un gentil que había estado poseído por una legión de demonios y no tenía un entrenamiento ni forma, ni informal, excepto por las pocas horas que él había estado con Jesús en la orilla del mar.

Entonces Jesús dejó el lugar; se subió a la barca con sus discípulos, y esta es la forma en la que los versos 18 al 20 concluyen la sección, entonces regresa unos 10 km a través del mar desde la punta norte, hacía el lado oeste de Capernaum desde donde Él había comenzado. Llevaron el bote a la orilla, cerca del pueblo.

Y como era de esperarse, cuando llegaron, una multitud se juntó a su alrededor. Él es una celebridad, es aquel a quien la gente busca y quiere estar cerca todo el tiempo. No es una fascinación con mucha personalidad. La fascinación radica en su poder. Están maravillados por su enseñanza, nadie ha enseñado como él antes. Y sabemos que debido a que es el Hijo de Dios, Él es el más lúcido, claro, profundo y también es un maestro accesible quien ha abierto su boca y ha enseñado hablando absolutamente con la verdad.

Pero no fue esta la razón que señalo los corazones de piedra de esta gente, había una especial fascinación con su poder.

Supongo que es como esas ocasiones en una noche del viernes cuando tengo que ir a la sala de emergencia porque alguien de la iglesia se puso grave o bien fue llevado ahí a causa de un accidente automovilístico, o tal vez cuando un estudiante de la universidad se accidentó y está en muy malas condiciones; he llegado muchas veces a la sala de emergencias y me dicen que las noches de viernes son de las peores que tienen, es la noche en la que están llenos de personas que llegan buscando ayuda urgente. A veces no se sabe cual será el resultado final, algunos sanarán y saldrán caminando de esa sala, pero cuando llegan a todos les urge ayuda porque no saben qué tan serias son sus heridas. Es fácil imaginar en aquel tiempo donde no había hospitales, la gente no tenía ningún lugar para ir a recibir ayuda médica, en ese momento solo sabían que esa persona a la que rodeaban era capaz de sanar y lo podía hacer con cualquier mal, cualquier enfermedad, y la podía sanar en un segundo.

No es de sorprender que hubiera decenas de miles de personas, no solo de Capernaum sino de toda el área al derredor, y estaban allí esperando un milagro de sanidad. Ellos si querían que Jesús estuviera en su región. Lo querían porque deseaban ser sanados por Él. En contraste con las personas que encontró en Gadara, ellos no lo quisieron ahí para nada. De hecho le dijeron que se marchara.

Lucas nos dice que en realidad lo estaban esperando en este lugar. Él se había retirado la noche anterior, y ahora está regresando pero la gente no se ha movido. Querían ayuda para sus sufrimientos. La mayoría no estaban particularmente interesados por su mensaje, sino que solo querían la sanidad que Él les podía proveer. Puedo decirles que ellos fueron los primeros en necesitar el "evangelio de la prosperidad"… dame lo que me puedes dar y dámelo en este momento. No pensaban en la eternidad, solo en lo temporal; esto era en lo que, posiblemente, estaba pensando la mayoría.

Pero en medio de esta egoísta, autosuficiente, y voluble multitud había dos personas que sobresalían. Su historia es una gran bendición para nosotros. Y esto nos muestra que en medio de estas, había personas que tenían verdadera fe en Jesucristo. Creo que estos dos eran parte de los 500 creyentes que se reunieron después de la resurrección y vieron a Cristo en Galilea.

Ellos son un dúo interesante. No tienen ninguna relación entre sí, no había razón para que ellos dos se conocieran, pero ellos nos son mostrados juntos en el evangelio de Mateo, Marcos y Lucas. Son dos, un hombre y una mujer; uno es rico, otro es pobre; uno es respetado, el otro es rechazado; uno es honrado, el otro es avergonzado; uno es líder dentro de la sinagoga, el otro era un expulsado de la sinagoga; uno con una hija de 12 años muriendo, y la otra con una enfermedad que tenía por los últimos 12 años. Ellos nos recuerdan lo que María dijo en el Magníficat en Lucas 1:52 cuando dijo: "Quitó de los tronos a los poderosos, y exaltó a los humildes".

El hombre es el poderoso, la mujer es la humilde. Él es reducido, ella es exaltada… el poderoso y la rechazada. De este modo se establece la escena, verso 22, esto debido a la accesibilidad de Jesús. "Y vino uno de los principales de la sinagoga, llamado Jairo; y luego que le vio, se postró a sus pies". Jesús era inmediatamente accesible; no había intermediarios. ¿Tenía discípulos? Sí. ¿Ya había identificado a sus apóstoles? Por supuesto, ya vimos esto. Pero ellos no era una barrera que impidiera el paso hacia Él, Jesús era accesible fácilmente.

Lucas añade, ya que esto es algo muy extraño, un oficial de la sinagoga acercándose a Él, Lucas dice "entonces vino", da una explicación, esto es sorprendente, algo raro, nada común. ¿Por qué? Porque el hecho de que un oficial de la sinagoga fuera identificado al lado de Jesús, establecería una autoridad religiosa con Él, pero la única autoridad religiosa estaba con los escribas y fariseos. Ellos eran los que determinaban cual era el estilo de vida religioso dentro de las sinagogas. Su teología era la teología para el populacho, pero sabemos lo que ellos sentían respecto a Jesús. Lo odiaban, estaban resentidos con Él y de hecho ya habían comenzado a planear su muerte.

Y debido a que este hombre no es un fariseo o un saduceo, no es un oficial en términos religiosos, no es un escriba. No es un rabí. Solo es un oficial de la sinagoga. ¿Qué quiere decir esto? Bueno esto solo quiere decir que en las sinagogas había hombres, un grupo de hombres, que se encargaban del cuidado, eran supervisores, o bien los administradores del diario ir y venir dentro de la sinagoga. No eran necesariamente los maestros, solo eran los que se encargaban de los cuidados de los rollos, y cuidaban el edificio, lo administraban, organizaban la escuela de la sinagoga. Tenían responsabilidad como supervisores, ellos dirigían las diferentes actividades, los lectores, las oraciones, a los maestros, etc. El hombre que recibía este honor era un hombre respetable, un hombre religioso, un hombre devoto, un hombre de un liderazgo maduro, uno que no fuera un oficial de la sinagoga en Capernaum, seleccionado por toda la gente para ser parte de un grupo de ancianos, generalmente de entre tres y siete a quienes se les daba este liderazgo. Este hombre era el representante de la autoridad religiosa en Capernaum.

¿Conocía él acerca de Jesucristo? Seguramente sí sabía quién era Jesús. Jesús había hecho muchos, muchos milagros en Capernaum. Milagros tan notables que se podían contar como racimos de uvas. Incluso milagros que este hombre no pudo ver, pudo escuchar…, posiblemente, como cuando bajaron a un hombre por el tejado de una casa, lo sanó y perdonó sus pecados; y miles más que hizo en Capernaum día tras día. Y, por cierto, pudo ser que este hombre haya estado en la sinagoga en el incidente que se registra en el capítulo 1 de Marcos, en los versos 21 al 28, en donde Jesús entró en la sinagoga, estaba enseñando y a la mitad de su discurso, un poder demoniaco habló por medio de la boca de un hombre e identificó a Jesús como el Santo de Dios. Aterrorizado el demonio expresó, "¿qué tienes con nosotros…? Sé quién eres, el Santo de Dios". Y, por cierto, el único testimonio del que vas a oír acerca de la deidad de Jesucristo es solo por medio de demonios hasta que lleguemos al último capítulo de Marcos, o al penúltimo. No encontramos a un ser humano que lo identifique como Dios hasta que el centurión, que es un gentil, dice: "En verdad, éste era el hijo de Dios". El único testimonio que tienes tan explícito como este solo proviene de demonios. En efecto, los discípulos a la mitad del evangelio de Marcos dicen: "Tú eres el Cristo", lo que muestra que ellos estaban luchando por saber quién era Él en realidad, los demonios lo sabían con plena certeza.

¿Podemos aceptar el testimonio de demonios mentirosos, ya que este proviene de esta fuente? Los demonios estaban diciendo la verdad, y si lo unimos a los milagros que había hecho, y al testimonio de estos poderes sobrenaturales que decían que era el Hijo de Dios, y si a esto le añadimos que el demonio salió de este hombre con solo el mandato de Jesús; podemos asegurar que es el Hijo de Dios. ¿Era esto parte del trabajo de Dios, el trabajo del Espíritu Santo en el corazón de este líder?

Es realmente sorprendente que haya venido a Jesús. Es más sorprendente que llegará, porque él llegó, y se sentara a los pies de Jesús. Esto está mostrando el carácter de este líder de la sinagoga, especialmente cuando se sentó a los pies de aquel a quien los líderes religiosos quieren muerto porque lo consideran un hereje. Él se sentó a sus pies. Mateo registra en el capítulo nueve, puedes leer ahí, que lo adoraba. El verbo puede significar esto, estar a los pies de alguien, es adorarlo.

Creo que esto es verdadera adoración que proviene de un corazón genuino. Esta postura de sentarse a sus pies muestra humildad, su necesidad, su desesperación, y junto con esto su fe. Entonces le dice lo que encontramos en el verso 23: "y le rogaba mucho diciendo…" está rogando, implorando, "diciendo: Mi hija está agonizando; ven y pon las manos sobre ella para que sea salva, y vivirá". Hasta donde sabemos, él nunca había visto una resurrección. No tenemos ningún registro de haya ocurrido una antes en Capernaum. Este hombre creía que Jesús podía sanar a su hija que estaba muriendo. Podrías pensar: "bueno él podía creer que la podía curar si estaba enferma, pero no creía que la pudiera resucitar ya muerta". No, Mateo resume la información y dice que cuando van camino a su casa la hija ya había muerto y que el hombre dice: "Mi hija acaba de morir, pero ven y coloca tus manos sobre ella y vivirá". No solo creía que Jesús la podía sanar, sino que creía que Jesús era capaz de levantarla de entre los muertos, esto es resucitarla.

Menciono esto porque quiero enfatizar el hecho de la que la fe de este hombre esta puesta en Jesucristo. No pudo creer en la cruz, aún no había pasado. No podía creer en la resurrección, no había pasado. ¿En qué podía creer? Él podía creer que Jesús era lo que clamaba ser, el Santo de Dios como el demonio lo dijo. Él era el Hijo de Dios en persona, como Él mismo decía. Él era el Mesías. Él pudo haber creído como Jesús les había enseñado que creyeran, que creyeran que Él era el Hijo de Dios, el Redentor de Israel y el Salvador del mundo quien traería redención de los pecados, el evangelio del reino, el cual Jesús había predicado día tras día en este mismo lugar. Esto era en todo lo que podían creer acerca de Él.

Pero todo este tipo de cosas caen cortas para tener un completo entendimiento. Si las vemos del otro lado de la cruz pudo ser la misma situación para el publicano que se golpeaba el pecho y decía: "Dios sé propicio a mí que soy pecador". Y Jesús dice que ese hombre se fue a casa justificado. O como el hombre que estaba poseído por una legión de demonios quien se había encontrado con Jesús, unas pocas horas antes de la instrucción concerniente al evangelio del reino, este hombre quiere ir con Jesús porque no quiere vivir un día más sin Jesucristo, y Jesús le dice: "Quédate aquí para que seas un evangelista". Ese mismo día este hombre fue convertido y liberado de una legión de demonios, y al mismo tiempo fue convertido en un evangelista. Ellos creyeron en lo que les había sido revelado. Ellos son ejemplos de creyentes en el Antiguo Testamento quienes vienen de manera penitente, dependiente, necesitando misericordia del Único que tiene poder divino y puede dar vida y perdón divinos.

¿Sabía también este oficial de la sinagoga, Jairo, que Jesús había proclamado que perdonaba pecados, e hizo más razonable esto en el momento de sanar al hombre que fue bajado por el tejado? A todas estas cosas debió haber sido él expuesto, y escucha, tenemos que creer, querido amigo, que Jesús predico un mensaje suficientemente poderoso para traer la salvación a todos aquellos que creían en Él. Él había llegado a este punto y no le importaba cual fuera la opinión de las autoridades religiosas de la sinagoga acerca de él. Había algo más importante que había atrapado su corazón, como para ponerse a pensar en esto. Tenía una hija que estaba a punto de morir, tenía solo doce años de edad, como lo veremos después en el verso 42, lo que significa que había alcanzado una edad maravillosa en la que podía ser elegible para matrimonio, estaba lista para ser una adulta, estaba lista para tener una vida como madre o ama de casa, este sería el momento que toda niña pudo estar esperando, lo esperaría con gozo y con esperanza, era todo un suceso. Pero ella estaba enferma, muy enferma; está agonizando, a punto de morir. Lucas nos dice que ella estaba muriendo... estaba muriendo pero un poco después en el verso 35 dice: "Tu hija ha muerto".Esta realidad es algo que hace que el corazón de Jairo esté agonizante. Por lo que va a Jesús, y Jesús está disponible, accesible. Qué agradecido debió haber estado de que Jesús no era como los supuestos sanadores modernos, que se encuentran encarcelados en el piso 12 de un hotel de siete estrellas… mientras que tienen a alguno de sus agentes para atender al populacho, y entonces seleccionar de entre ellos quienes serán los que se acercarán al supuesto sanador y de este modo asegurarse que no tengan ningún mal que no pueda aparecer como curado. En contraste Jesús está accesible.

La disponibilidad de Jesús

Segundo, Él está disponible. Esto nos lleva a un nivel más profundo. Asequible para ser tocado y contactado, para poder hablarle, disponible para darse a sí mismo, toma de su tiempo, de su energía, toma de su esfuerzo. Esto nos lleva un poco más profundo y como vemos en el verso 24: "Fue, pues, con él". Simplemente detuvo todo en medio de esta masa de personas y se pone a disposición de este hombre. A pesar de una gran multitud lo estaba siguiendo, y lo estaba apretando, no sería fácil para él deshacerse de la multitud para ir a casa de Jairo, a pesar de que obviamente viviera en Capernaum y su casa estuviera cerca, Jesús hizo el esfuerzo de ir, sería un esfuerzo muy grande abandonar a esta multitud y hacerse disponible para este solo hombre. No puedes dejar de imaginar todas las demandas que estaban presentando a Jesús. Como ya dije, había momentos en que ya no podía más y se retiraba a descansar porque se sentía exhausto y acabado. Pero a pesar de ello el Creador caminaba con la gente. Los evangelios están llenos de historias de cómo es que estaba disponible y en persona para individuos solos.

Su corazón estaba rompiéndose. Pero eso no era lo único que había en su corazón, él tenía fe en Jesús. No hay duda de ellos pues su declaración lo dice: "Ven y ella vivirá. Sea que continúe enferma o ya haya muerto, ella vivirá si tú tan solo vienes". Y entonces, Jesús va. Y entonces podemos ver la compasión que siempre acompañó a su poder. Me encanta Mateo 12:20 el cual básicamente es una cita de Isaías 42:3: "No quebrará la caña cascada, ni apagará el pábilo que humeare…".

Cuando alguien está lastimado, maltratado y roto, y su flama está a punto de desaparecer, Él no lo rompe más, no sopla para que su llama se apague, Él llega para dar descanso, fuerza y restauración. Amo eso en Mateo 14:14, Él se movía con compasión. Marcos 1:41, Él era movido por la compasión. Marcos 8:2, "tengo compasión de la multitud". Mateo 9:36, "Cuando vio a las multitudes, fue movido a compasión". Mucha compasión en el corazón de Dios para aquellos que sufren.

La accesibilidad de Jesús: Una fe probada

La fe de este hombre tenía que ser probada en el camino a casa. De acuerdo con el verso 24, ellos están fuera de la casa, su corazón debió estar palpitando a toda velocidad pues sabía que en unos momentos su hija estaría bien nuevamente, en cuanto ellos entraran a la casa. Pero en el camino, hay una interrupción. Aquí nos encontramos con la accesibilidad de Jesús. Esta es una virtud en la que muchos de nosotros tenemos que trabajar. Estamos yendo en dirección hacía cumplir una noble causa, ¿no es así? Estamos en camino para realizar una causa muy noble. La más noble de las causas en el caso de nuestro Señor. Y entonces Él se deja interrumpir. En camino a casa de Jairo, con la multitud siguiéndolo, esto quiere decir que estaba moviéndose en medio de la multitud, ellos lo apretaban. Y aquí viene el milagro dentro del milagro.

Una mujer que sufría de flujo de sangre por más de doce años aparece en escena. Esta mujer es descrita con muchos detalles. De hecho, hay siete frases preposicionales usándose para describir a esta mujer y su condición, un descripción extensa. Para simplificarlo, ella es una mujer que tiene un problema de sangrado, y ella tiene este problema por el mismo tiempo que la hija de Jairo ha vivido. Ella tuvo este problema desde que Jesús era de alrededor de 20 años de edad.

Ahora, no sabemos que causaba esto. La Escritura no nos lo dice. Hay muchas posibilidades. Había tenido mucha pérdida de sangre por la hemorragia; lo cual involucraría mucha pérdida de fuerza, un problema femenino como este debió causar algo de vergüenza, el peligro de muerte y muchos efectos físicos.

Y había algo más que esto. Esto pudo haber sido suficiente por sí solo, pero para añadir más, había una ley en el Antiguo Testamento que debemos considerar. De acuerdo con Levítico 12:3-8 y 15:19-27 una mujer era considerada inmunda por siete días después de una experiencia como esta. Era una mujer que había sido inmunda por más de doce años. No había podido ser limpia… nunca.

¿Qué significa esto? Algo inmundo, una mujer inmunda no podía ir a la sinagoga, no podía ir al templo. Ella había sido rechazada por doce años. Si tocaba a su marido, él era inmundo. Si ella tocaba a sus niños, ellos eran inmundos. Si ella tocaba a sus amigos, ellos eran inmundos. Si ella tocaba a un extraño, él era inmundo. ¿Cómo era la vida para ella? No había manera en la que ella pudiera ser ceremonialmente limpia.

La ley de inmundicia de siete días, fue creada por Dios para que fuera una ilustración de lo que el pecado provoca. Había muchos símbolos en el Antiguo Testamento, en el A B C de la revelación de Dios. Y algunas de ellas eran las leyes de limpieza e inmundicia que eran maneras simbólicas para decir como el pecado mancha, destruye y corrompe. Este era un recordatorio constante, constante, constante. Esta mujer nunca había podido salir de esto. Constantemente, su falta de limpieza ritual, no le permitía tocar a nadie, pues si lo hacía ella pasaba la inmundicia de acuerdo a las leyes del Antiguo Testamento. Esto era algo triste, ella era una mujer triste.

El verso 26 nos dice lo que ella había tratado de hacer. Ella había sufrido con muchos médicos. Había gastado mucho, al grado que ya estaba en la pobreza. No le habían podido ayudar para nada, sino que había empeorado. Esto es un anuncio acerca de la sociedad Galilea de medicina del primer siglo. No habían podido ayudar. Y entendemos que nadie había sido curado de una enfermedad hasta los últimos años del siglo XIX, porque ni siquiera ellos entendían la patología de la enfermedad, o el mal que sufría la gente.

Así que los médicos no ayudaron en realidad, ni los más doctos pudieron hacerlo; de acuerdo al Talmud, ellos usaban un tipo de toxinas y astringentes para supuestamente ayudar en este tipo de males. Pero te sorprendería saber cómo eran sus fórmulas más comunes. La prescripción para una mujer que tuviera este tipo de mal, de acuerdo al Talmud, era cargar las cenizas del huevo de un avestruz dentro de una bolsa de lino durante el verano, y cargar las cenizas del huevo de un avestruz dentro de una bolsa de algodón durante el invierno. O, también, cargar cebada encontrada en estiércol de asno, o tomar vino con alumbre y azafranes, o vino con cebollas. No eran de mucha utilidad. No es de sorprendernos que no pudiera sanar.

Marcos nos dice esto, Lucas lo deja fuera. Lucas, siendo un doctor, fue discreto, pero al menos dijo que era incurable. A pesar de esto ella había gastado todo su dinero, ya fuera con los doctores famosos que curaban a los ricos, o con los falsos que intentaban curar a los pobres, el resultado era el mismo, todo su dinero había salido de sus bolsillos para entrar en los bolsillos de los médicos, y ella empeoraba.

Ella había escuchado acerca del poder de Jesús para sanar a la gente, y creía en él. Violó los límites de la ley del Antiguo Testamento y se unió a las multitudes. Ella debió, no solo tocar a la gente, sino literalmente se juntó a ellos, quien sabe cuántos, todos fueron inmundos ceremonialmente a su contacto, a pesar de que su mal no era contagioso, ceremonialmente si les había contagiado la inmundicia al estar en esta multitud que la abrazaba.

Tratando de pasar inadvertida y no ser avergonzada por el resentimiento de la gente, el verso 27 dice: "cuando oyó hablar de Jesús, vino por detrás entre la multitud, y tocó su manto". No queriendo ser notada, pero con mucha fe. Para vencer su vergüenza natural y temor a la vergüenza pública, de algún modo se escurre para tocarlo, posiblemente con su rostro cubierto. Y tocó su manto. Lucas dice que ella tocó el borde de su manto. Y de acuerdo a Números 15, verso 37 y siguientes, los judíos acostumbraban poner flecos y borlas en la orilla de sus mantos, como marcas de que ellos pertenecían a

Dios. Y recordarán que los fariseos, tratando de demostrar su supuesta devoción a Dios, alargaban las borlas y los flecos, de acuerdo a Mateo 23, verso 5, esto era parte de ostentación hipócrita. En contraste, los judíos usaban el manto tradicional con los flecos tradicionales en la orilla de abajo. La palabra tocar literalmente quiere decir que se asió de él, agarrar, sostenerse de él. Ella se dice a sí misma en el verso 28: "si tocare tan solamente su manto, seré salva". Nuevamente no hay duda aquí, no le hace falta fe. No hay equivocación. Si solo pudiera tocar su manto, si lo pudiera agarrar. Este sería un toque desesperado con pensamientos rodeando su mente, pensando si estaba donde debía estar, contaminando personas y la vergüenza de ello, pero no se detuvo pensando esto, ella simplemente creía que se pondría bien.

Esta no es superstición acerca de un manto, no era algo mágico. La sanidad fue instantánea, el verso 29 nos dice que su sanidad llegó en un instante. "Seré salva" ella dijo. ¿Por qué tenía ella tal confianza? Debido a las muchas sanidades que habían sido hechas ya. Y la Biblia dice que sanó a todos los que venían a Él. En otras palabras, no tengo que exponerme públicamente, no tengo que ser vista. Me puedo escurrir entre la gente por el suelo, sin que nadie me vea, y simplemente tomar uno de sus flecos pues hay mucho poder dentro de este hombre.

Inmediatamente el flujo de sangre, dice Lucas que, la hemorragia se secó, y que ella sintió en su cuerpo que había sido sanada de su aflicción. En ese momento el tiempo se congeló, a causa de ella el mundo se detuvo en ese instante. El sangrado se detuvo y el problema físico fue resuelto.

El temperamento indómito de Jesucristo: Su poder personal

¿Pero qué acerca del problema social y espiritual? ¿Qué es lo que vemos acerca de Jesús? Él estaba cerca de la gente. Podías caminar directo a Él, y Él se podía involucrar en tu vida como lo necesitaras. Él estaba disponible y era accesible. Pero quiero añadir otra palabra, esta es la cuarta palabra y es el último punto que quiero que veas. Se trata del carácter indómito de Jesús. Esto quiere decir que Él tomó el control del destino de esta mujer. Podemos confiar en Él hoy en día. El verso 30 nuevamente inicia repitiendo la palabra "luego". Esto quiere decir que inmediatamente después Jesús percibió que algo de su poder había salido, se giró a la multitud y preguntó, ¿quién ha tocado mis vestidos?

Esta es una revelación sorprendente, absolutamente sorprendente. Ella fue sanada inmediatamente y con la misma rapidez Jesús sintió que algo de poder había salido de Él. Esta es una realidad sorprendente, una revelación sorprendente. Escucha, su poder es personal. Podemos pensar en el poder de Dios como una fuerza masiva de espectro cósmico, nos podemos extender y decir algo acerca de su impasibilidad, decir que Dios es impasible significa que Él no es afectado por lo que el hombre hace o no hace; pero esto no quiere decir que Él no siente cada expresión de poder sea expresada en gracia, o poder expresado en ira, o poder santificante, poder glorificante, gracia justificadora, Él siente el poder. Lucas 8:46 dice: "Yo he conocido que ha salido poder de mí". La expulsión de poder divino, que salió de Él para entrar en la vida de esa mujer, fue sentido por Jesús. Él experimentó el flujo de poder que provocó que el cuerpo de la mujer fuera renovado, reemplazo el sistema orgánico defectuoso con uno completamente nuevo.

Esta es una reflexión muy grande que nos muestra que nuestro Dios no está lejos. Él no es insensible en el sentido que no tenga conexión personal con nosotros. Al mismo tiempo que Él no se altera por las acciones que realiza el hombre, Él continúa personalmente involucrado en todo acto de poder. A la gente le gusta decir que tiene una relación personal con Jesús, pero permíteme decirte algo; toda persona que ha vivido ha tenido una relación personal con Jesucristo. Él está personalmente involucrado en la redención que Él mismo provee, está personalmente involucrado en el juicio que Él provee. Toda expresión de poder, y toda expresión de redención es una expresión que Él siente. Nadie recibe poder de Él sin que Él esté involucrado de manera personal.

Cuando la Biblia habla de Él como el que sustenta todas las cosas… sustentando: "sustenta todas las cosas con el poder de su palabra" (Hebreos 1:3), esto es algo que hace de manera personal. No es un tipo de fuerza cósmica sin emociones. Y trayéndolo a nuestro momento histórico, sabemos que somos llamados, justificados, santificados y un día seremos glorificados debido a nuestra unión viva con Jesucristo. "Y ya no vivo yo, mas Cristo vive en mí". Él está completamente involucrado en mi vida, llevando a cabo su trabajo espiritual de salvación a su culminación, a su final con el poder de la habitación del Espíritu Santo involucrado directamente en mi vida.

Esto es lo que significa estar en Cristo, vivir en unión con Él. Esto termina con toda magia, superstición, toda sanidad; el tocar reliquias, o tocar la televisión es algo que carece de simple sentido común. El trabajo del Dios viviente a nombre de los pecadores es personal. Él sintió el poder que salía de Él cuando sanó a la mujer. Él sintió el poder salir de su interior cuando te salvó. Él siente el flujo de poder hacia tu vida conforme te santifica. Y sentirá el mismo poder cuando te lleve a la gloria. Esto es un involucramiento personal e íntimo con cada uno de nosotros. Él siente el poder de su juicio cuando este tiene que caer a los impíos.

Pero para esta mujer, de la cual conoce su corazón porque Juan 2:25 dice que Él conoce todo lo que está en el corazón del hombre, en el corazón de esta mujer. Pero en esta ocasión, tiene más trabajo que hacer y esto es lo indomable que es Él. Esta mujer tiene un lugar en el propósito de Dios, un lugar en la familia de Dios. Esta era una de las elegidas, una oveja de Dios. Recuerden Juan 10: "Mis ovejas escuchan mi voz. Ellas me conocen, y no escucha a extraños". Entonces, aquí está a punto de llamar a una de las elegidas de Dios, a una de las que el Señor está trayendo a Él. Este es el carácter indómitode Jesucristo quien nunca estuvo satisfecho con una respuesta superficial, sino que presionaba siempre hasta la salvación. Una buena lección para nosotros acerca de nuestra sociabilidad, disponibilidad y nuestra accesibilidad, siempre debemos ser objetivos pues no sabemos quiénes son los elegidos, no sabemos quiénes son los que están siendo traídos a la salvación cuando están en la búsqueda a causa de su necesidad.

Así que con esto en mente Él pregunta: "¿Quién tocó mis vestidos?" No hizo la pregunta para tener información, sino para que la multitud la dejara pasar. La pregunta podía ser "¿Quién eres tú que tocaste mis vestidos? Está persiguiendo, literalmente al pecador, Lucas 19:10, Él vino para perseguir, para buscar y salvar. La inexhaustible gracia que busca no para llenar momentáneamente al pecador, sino para llenarlo espiritualmente. Esta es la gracia irresistible, este es el llamado efectivo, este es el Salvador determinado, resuelto, incontenible, buscando el alma de uno que su nombre está escrito en el Libro del Cordero de la vida antes de la fundación del mundo.

Los discípulos le dicen: "Ves que la multitud te aprieta, y dices: ¿Quién me ha tocado?" Esta es una situación de presión. El verbo usado aquí es *sunthilbo. Thilbo,* significa comprimir y atorar. *Sun* añade la preposición al frente que lo intensifica. Él está completamente aplastado por esta multitud. Y la pregunta obvia desde el punto de vista humano, porque, no ha habido diálogo. Hasta este punto de la historia sabemos lo que ella pensó pero nadie ha dicho nada, así que nadie sabe nada. Ella sabe que ha sido sanada. Él sabe que ella ha sanado. Pero sabe que hay más que hacer en su vida, así como había que hacer algo más con la vida del endemoniado que encontró al otro lado y quien era la razón para ir allá. Tampoco había terminado con ella. Pero solo ellos dos saben, y ella no sabe cuáles son los propósitos de Dios aún. Se pudo haber ido sanada y ya; pero había algo más.

Pudo haber tomado tiempo para explicarles cómo es que ella ya no era más inmunda, sacándola de la multitud, y declarándola limpia hubiera abierto las puertas para ella en muchos lugares. Pero había algo que iba más allá de esto. Jesús, verso 32, miraba alrededor para ver quien había hecho esto. Esta es la palabra peri, la que usamos en perímetro. Él solo miro todo a su alrededor para encontrar a esta mujer. Y finalmente ella desea revelar su identidad. Lucas añade que todos estaban negando haber sido ellos: "Yo no fui… yo no fui… yo no fui". "Pero la mujer, temiendo y temblando, sabiendo lo que ella había hecho, vino y se postró delante de él". Detengámonos aquí un minuto.

El temor de ella no es ser avergonzada. No es el temor de recibir hostilidad de parte de la multitud, porque ella los toca nuevamente en el proceso de ir hacía Él. Este es un temor santo. No está temerosa por su ofensa. Está temerosa por lo que sabe que le ha sucedido a ella. Y lo que ella sabe es que ha sido sanada en un milisegundo, y por lo tanto sabe que lo que Jesucristo ha estado diciendo a lo largo del evangelio de Marcos es que Él es Jesucristo, el Mesías, y es el Hijo de Dios y sabe que esto es verdad. Ella sabe que está ante la presencia de la deidad, de la divinidad. Esto no es una vergüenza humana, ella ya había pasado por eso. Este es temor santo. Este es el tipo de temor que presentó Manoa cuando llegó a su casa y le dijo a su esposa: "Vamos a morir porque vi al Señor". O el temor que tuvo Ezequiel, al grado que cae como en un coma parcial en el primer capítulo de su gran libro. O como el temor que experimentó Isaías en el capítulo 6 cuando tuvo la visión de Dios alto y sublime y el sonido de los ángeles que decían: "Santo, Santo, Santo, y entonces él mismo se maldice: "Ay de mí que soy muerto"; o como el temor que tuvo el apóstol Juan en su primera visión que cayó como hombre muerto. Este es el mismo tipo de temor que vimos en el capítulo 4 verso 41 cuando estaban cruzando el mar de Galilea y llegó la tormenta, dice que se atemorizaron cuando vieron que Jesús calmó la tormenta, verso 41, ellos se atemorizaron. Ellos estaban más temerosos de Dios dentro de la barca que con la tormenta que está fuera de esta. Esta es una intimidación debido a la presencia de Dios.

Esto se hace más evidente con lo que ella hace: "Viene y se postra a sus pies". Todo el mundo supo que significaba esto. Tú no harías esto a menos que te estuvieras postrando ante alguien que consideras superior a ti mismo. Jesús no se postró ante nadie. No acostumbraban a postrarse o arrodillarse ante nadie, no tenían rey, solo se postraban ante Dios.

Ella cae, completamente llena de terror siendo una pecadora ante la presencia del Señor, una postura que ruega su misericordia ante su pecado. Y entonces ella tiene la oportunidad de hacer una confesión pública en el verso 33: "Dijo toda la verdad". Contó toda la historia, confesó su mal, confesó su fe, confesó como fue sanada y confesó su necesidad de misericordia. De hecho, Lucas dice: "Ella lo declaró en la presencia de toda la gente". Así que todos los que están a su alrededor escuchan su historia. Esta es una confesión abierta y pública. Ella está confesando su fe en Cristo delante de los hombres y confesando delante de su Padre que está en los cielos.

¿Cómo sabemos que esta fue una conversión real? Una vez más digo, ella creyó en todo lo que podía ser creído de lo que Jesucristo había dicho hasta donde nosotros sabemos. Pero el broche de oro llega en el verso 34 en su respuesta: "Y él le dijo, hija...", Él mismo le dice una palabra que puede quitar todo temor, este es el único lugar en el Nuevo Testamento en el que una mujer es llamada "hija". Mateo 9 dice que el añadió: "Ten ánimo", relájate, no temas. ¿Cómo puedes llamarla tu hija? ¿No acaso es hija de Dios? Sí, tu fe te ha salvado, de acuerdo al texto, tu fe te ha hecho bien. El verbo en griego para salvar es *sozo*. Es la palabra usada en la Biblia para salvación. Tu fe, literalmente, te ha salvado.

Existe otra palabra para hablar de sanar, *iaomai*. Esta palabra tiene que ser traducida en este caso estrictamente como la usa Jesús, salvado. Jesús sanó a la gente que no tenía fe; y sanó a personas que tenían fe. Pero Jesús no salvó a gente que no tuviera fe. Esta mujer parece demostrar un tipo de fe que la lleva a pertenecer a la categoría de ser una hija de Dios. Tu fe te ha salvado, dijo él. Y concluye diciéndole: "Ve en paz." Jesucristo no lanzó esto de manera general; la paz solo pertenece a aquellos quienes han hecho la paz con Dios.

Aquí está esta mujer que tiene una necesidad, sabe que no tiene respuesta a nivel humano. Aquí está esta mujer siendo humilde. Sabe que es pecadora. Ella vive con un símbolo de su pecado toda su vida, por 12 años. Ella ha pasado por todas las cuestiones ceremoniales, día tras día la han considerado inmunda. La idea de pecado y corrupción son claras para ella y no ha podido hacer nada por ella misma. Pero viene con fe, con una confianza completamente cierta de que Él la puede sanar. Y entonces ella se da cuenta ante quién está y se postra ante él para adorarlo, y entonces él le llama hija, y le dice ten ánimo y le confirma que se puede ir en paz y que ha sido sanada de su aflicción. Recupera su salud, es restaurada a la sociedad, restaurada ante su familia, restaurada para entrar nuevamente en la sinagoga y restaurada en su relación con Dios.

La vida ha sido difícil para ella, la palabra aflicción que se usa aquí en griego es *mastigos*, esta significa un látigo, una cuerda o un flagelo. Esta es la palabra que se usa para describir el instrumento con el que Jesús fue flagelado. Ella ha vivido una vida muy difícil; pero ahora todo es nuevo. Eusebio, en su Historia de la Iglesia, se refiere a la estatua de esta mujer, dice que fue erguida al lado de su casa. Ella está asociada con esta historia en la tradición.

¿No les parece maravilloso que nuestro Señor sea cercano a nosotros en cualquier momento que lo necesitamos? ¿Qué esté disponible para involucrarse en nuestra vida? ¿No te maravilla que le importes a Él de una manera personal e íntima? ¿Y que Él sea accesible? Sin importar lo que esté haciendo, siempre te responderá cuando te acercas a Él en oración. El indómito, no se cansa, para llevar a cabo los propósitos que tiene para tu vida. ¿Entiendes cómo Él trabaja junto a ti de manera indómita, incansable y sin tregua y que como dice Filipenses que la buena obra que Él inicio la terminará? Él terminará… terminará si tu pones tu fe en Él. Y esta es la razón por la que estas cosas fueron escritas, para que puedas creer que Jesús es el Cristo, el Hijo de Dios y creyendo en Él tengas vida en su nombre.

Pero esta historia no termina aquí, la próxima semana la continuaremos.

Oración

Padre, te agradecemos por el tiempo que hemos pasado junto a ti, nuestro Señor. Te agradecemos por los momentos que hemos pasado contigo al lado del mar de Galilea, momentos con este hombre con un corazón destrozado por la enfermedad de su hija y confortado al poner su fe en Cristo, y con esta mujer y sus expresiones de fe. Estamos tan agradecidos de que la Escritura vive. Qué maravilloso es ir hacia atrás, traer la vida a los tiempos actuales. Esta es una travesía maravillosa, ir al tiempo de los sucesos y revivir las escenas de tal modo que la Escritura significa para nosotros lo que significó para ellos en su época. Te agradecemos por el trabajo que estás haciendo en nuestras vidas. Te agradecemos que por un decreto santo, del soberano Dios, tu salvación ha sido una realidad porque tú la has hecho posible en nosotros. El poder ha salido de ti por medio del trabajo de tu Santo Espíritu para que seamos regenerados, convertidos y trasformados, y no solo eso sino que ahora nos ayuda en la santificación y en un futuro nos glorificará. Por todo esto te alabamos, en el nombre de Cristo. Amén.

REFLEXIONES PERSONALES

12_El Poder y la Compasión de Jesús. Parte 2

Mientras él aún hablaba, vinieron de casa del principal de la sinagoga, diciendo: Tu hija ha muerto; ¿para qué molestas más al Maestro?

Pero Jesús, luego que oyó lo que se decía, dijo al principal de la sinagoga: No temas, cree solamente.

Y no permitió que le siguiese nadie sino Pedro, Jacobo, y Juan hermano de Jacobo.

Y vino a casa del principal de la sinagoga, y vio el alboroto y a los que lloraban y lamentaban mucho.

Y entrando, les dijo: ¿Por qué alborotáis y lloráis? La niña no está muerta, sino duerme.

Y se burlaban de él. Mas él, echando fuera a todos, tomó al padre y a la madre de la niña, y a los que estaban con él, y entró donde estaba la niña.

Y tomando la mano de la niña, le dijo: Talita cumi; que traducido es: Niña, a ti te digo, levántate.

Y luego la niña se levantó y andaba, pues tenía doce años. Y se espantaron grandemente.

Pero él les mandó mucho que nadie lo supiese, y dijo que se le diese de comer.

Marcos 5:35–43

BOSQUEJO

NOTAS PERSONALES AL BOSQUEJO

SERMÓN

Introducción

Vayamos nuevamente al capítulo 5 del evangelio de Marcos para ver la segunda parte de este texto que registra dos incidentes, uno dentro del otro desde Marcos 5:21 hasta el final del capítulo, verso 43.

La realidad de la muerte y la resurrección

Ya hemos considerado esta primera porción del pasaje hasta el verso 34, y retomaremos la historia en el verso 35 pero con un poco de repaso. Y lo que ahora veremos está en los versos 35 al 43, es el momento en que Jesús llega a un funeral para resucitar a una persona de entre los muertos. Este irrumpiendo en el funeral, ¿no te encantaría poder hacer esto? Todos comprendemos que un funeral es una de las experiencias humanas que se enfrentan con más desesperación. La Biblia dice acertadamente que toda la raza humana está esclavizada con el temor a la muerte, Hebreos 2:15. Romanos 6 dice que toda la raza humana está en esclavitud al pecado y la consecuencia de ser un esclavo del pecado es ser un esclavo al temor de la muerte. La muerte, desde luego, es el máximo temor que impregna a todos los otros temores con su amenaza y su realidad inevitable. Esta es la razón por la que Job 18:14 llama a la muerte el rey de los terrores (RVR60 espantos).

En el Salmo 55:4-5 leemos: "Mi corazón está dolorido dentro de mí, y terrores de muerte sobre mí han caído. Temor y temblor vinieron sobre mí, y terror me ha cubierto". Todos dentro de la raza humana comprenden el miedo, el terror a la muerte. Y esto hace que formulemos la pregunta más importante: "¿Puede alguien... ha podido alguien conquistar a la muerte y yo puedo entrar a esta experiencia de triunfo?" Esta es una pregunta apremiante. ¿Ha podido alguien conquistar la muerte, y al hacerlo ha hecho posible que yo triunfe sobre la muerte?

Hace algunos años un científico canadiense llamado G.B. Hardy en su búsqueda de la verdadera religión dijo, "Yo solo tengo dos preguntas: "¿Se ha conquistado a la muerte? ¿Y ha sido conquistada para mí?" Y en su búsqueda terminó en el único lugar que cualquiera puede llegar en este tipo de búsqueda, esto es con Jesucristo quien resucitó de entre los muertos y por medio de su muerte proveyó resurrección para todos aquellos que ponen su confianza en Él. Este hombre dijo que esta es la única pregunta que cualquier persona debe preguntar con respecto a la elección de una religión. ¿Ha conquistado alguien la muerte? ¿Y puede ser ese triunfo aplicado a mí? Después de revisar dijo: "Todos los líderes religiosos en el mundo han ocupado sus tumbas después de morir. Solo la tumba de Jesús está vacía". Ciertamente en los evangelios, Mateo, Marcos, Lucas y Juan, Jesús dijo tener poder sobre la muerte. El evangelio de Juan inicia diciéndonos que todo lo que ha sido hecho, fue hecho por Él. Esto es decir que Él creó todo lo que tiene vida. También dice: "En él estaba la vida". Él mismo dice: "Yo soy el camino, la verdad y la vida". También dijo: "Soy la resurrección y la vida". Dijo: "Vengo a dar vida y vida en abundancia". Dijo: "Todo aquel que crea en mí, nunca morirá". Dijo: "Ya que yo vivo, vosotros también viviréis". Y en esta declaración en Juan 14:19 Él respondió las dos preguntas: "Yo vivo y ustedes pueden vivir también". Conquistar la muerte es la gran pregunta.

De hecho, Jesús fue más allá al decir al comienzo de su ministerio, muy al principio de su ministerio, en Juan 2:19: "Destruid este templo, y en tres días lo levantaré". Esta no es una declaración a la ligera. Cada uno de los cuatro evangelios finaliza con el registro histórico de la resurrección de Jesucristo. Sin duda algo real, pues hubo más de 500 testigos. Todas las evidencias se encuentran ahí. Él venció a la muerte para sí mismo, pero no solo para sí mismo. Cuando los discípulos de Juan el bautista querían saber si Jesús era el Mesías, cuando hacían la pregunta: "¿es él o habrá otro que vendrá?" La respuesta llegó y estas son las palabras de esa respuesta, al definir la realidad de quien era Jesucristo. "Los ciegos reciben la vista, los paralíticos andan, los sordos escuchan, y los muertos son resucitados". Esta es la respuesta a esa pregunta.

Una cosa es hacer la declaración de levantar a gente de entre los muertos, y otra muy diferente es tener la capacidad de hacerlo. Es una cosa muy diferente decir que tú vas a conquistar la muerte, y otra es hacerlo. Jesús mostró su poder sobre la muerte en las resurrecciones que Él llevó a cabo con una sola palabra, con una orden durante su ministerio, y por medio del poder exhibido en su propia resurrección. Consecuentemente, como nos dice Hebreos 2, destruyó a aquel que tenía el poder de la muerte, llamado Satanás, y liberó a aquellos quienes estaban sujetos a la esclavitud del temor a la muerte durante todas sus vidas.

Ahora en el pasaje que vamos a ver, capítulo 5, es el factor final dentro de una serie de historias que nos dan una visión del poder de Jesús. La primera estaba en el capítulo 4, y ahí vimos su poder sobre la naturaleza, cuando Él controló al viento y las olas. Y después el capítulo 5, se abrió con el maniático en Gadara, quien estaba poseído por una legión de demonios, miles de ellos. Vimos el poder de Jesús no solo sobre la naturaleza sino también sobre los demonios. Y entonces, en nuestro estudio final, conocimos a una mujer con un problema de sangrado, y nuevamente vimos el poder de Jesús sobre las enfermedades. Y aquí, en la porción final de este texto, vemos su poder sobre la muerte. Ciertamente no ha habido quien haya vivido, no hay ninguna figura en ninguna religión, que haya exhibido este tipo de poder en la historia, Jesús es el único.

El milagro de la resurrección en la hija de Jairo

Ahora permítame presentar la escena para usted. Vayamos de regreso al verso 21 porque, como ya dije, el milagro de la mujer sanada de este asunto de sangrado está colocado dentro de la historia de la resurrección, y esta inicia en el verso 21.

"Pasando otra vez Jesús en una barca a la otra orilla", esto es desde el lado este del lago, regresando al lado noroeste, cerca de la región de Capernaum después de la experiencia de la tormenta, llegaron allá y encontraron al maniático gadareno, y ahora están de regreso. "Se reunió alrededor de él una gran multitud", esto era decenas de millares aproximadamente, que se reunían alrededor de Él y por lo tanto Él se quedaba en la orilla del lago. Uno de los oficiales de la sinagoga que se llamaba Jairo vino a verlo, se postró a sus pies y le imploro diciendo: "Mi hija está agonizando; ven y pon las manos sobre ella para que sea salva, y vivirá. Fue, pues, con él; y le seguía una gran multitud, y le apretaban".

¿Qué fue lo que aprendimos acerca de este hombre en el mensaje anterior? Él era un padre desesperado. Es lo que cualquier padre sería, se encuentra sin más recursos y su hija de doce años, el verso 42 nos dice que ella tenía doce años de edad, se encuentra a punto de morir por lo que él está profundamente ansioso por la realidad que está viviendo. Un padre desesperado con una hija al borde de la muerte. Es un oficial de la sinagoga, esto quiere decir que es parte de las autoridades religiosas, no un clérigo, no un rabí o un sacerdote, no un fariseo o un escriba, sino un laico que es parte del sistema clerical, pero a pesar de esto, siendo parte de las autoridades religiosas, ciertamente bajo la autoridad de los escribas y fariseos.

Sabemos cómo es que los líderes religiosos consideraban a Jesús. Lo odiaban y lo querían muerto. Pero aquí está este hombre que es infiel a su sistema religioso. Él ha venido para creer en Jesucristo. Está viniendo para creer en su poder. Él está tan confiado que no le importa lo que pueda pasar, nunca demuestra ni una pequeña duda. Esta confiado, tiene una fe muy fuerte en la persona y el poder de Jesús. Viene y hace una confesión pública acerca del dilema en el que él se encuentra y junto con esto hace una confesión pública de que él cree en el poder de Jesús. Esta es en público y muestra su indiferencia hacia las autoridades políticas religiosas para quien él trabaja. Este es un paso muy valiente.

Entonces lo vemos acercarse humildemente, llega y se postra de manera reverencial e implora con completa confianza para que su hija sea sanada. Hicimos notar que seguramente él estaba informado acerca de todos los milagros que Jesús había hecho, aun de aquel momento en el que perdonó los pecados de un hombre que fue bajado por el techo en esa misma área, muy probablemente que esta fuera la casa de Pedro, la cual estaba a una muy corta caminata de dos minutos de la sinagoga de Capernaum en donde él era el oficial. Pudo, incluso, haber estado dentro de la sinagoga cuando Jesús expulsó demonios del hombre que le gritaba cuando él estaba hablando ahí. Con toda seguridad él sabía de los milagros, y por eso llegaba a la conclusión de que Jesús, en efecto, era un ser divino que obraba milagros. Tenía absoluta confianza y seguridad en su poder. Por eso viene a Jesucristo.

Jesús le responde, y nosotros pusimos un pequeño bosquejo y dijimos, primero que nada, si quieres ver toda la escena desde la perspectiva de Jesús y cómo él ministraba a la gente, diremos, primero que Él era sociable. Estaba en medio de los empujones de la multitud día tras día, solo escapando ocasionalmente para enseñar en privado a sus discípulos, o para estar a solas con su Padre. No solo era sociable para toda la multitud, estaba disponible para cada uno de ellos de manera individual. Y entonces llega un hombre, y se nos dice en el verso 24 que Jesús se fue con él. No era fácil llegar a la casa donde este hombre vivía y en donde la hija estaba tan enferma, esto debido a que la multitud lo seguía y lo apretaba. Debió haber sido, incluso, muy difícil moverse.

Entonces dijimos que no solo era sociable y disponible, sino que también era accesible porque de repente en el verso 25 una mujer que sufría de hemorragia durante 12 años aparece. Y fuimos a ver los detalles de la historia. Esto caería en los términos médicos de la actualidad en una fístula obstétrica; aún en nuestros días es un problema, este sangrado continuo es un problema, particularmente en África. Estaba yo leyendo algo acerca del tema esta semana, y encontré que hay tantas como cuatro millones de mujeres que sufren este problema en África. Esto puede ser remediado con una cirugía simple, a la cual, tristemente, esta mujer de nuestra historia no tenía acceso, ella se encuentra en Israel y no tenía esta posibilidad. Pero Jesús la cura al momento sin necesidad de quirófano. Pero no solo la sanó, se nos dice en el verso 34, al final, que ella fue sanada de su aflicción; pero en el mismo verso antes de esto, le dice "hija", la identifica como hija de Dios, "tu fe... literalmente en el griego... te ha salvado". Ella, creo yo, no solo fue librada de manera física de esta terrible, terrible mancha que la había hecho perpetuamente inmunda, y a cualquiera que ella tocaré era inmundo, incluso su propio esposo y familia, no podía entrar a la sinagoga, no podía entrar al templo, no podía estar con personas. Fue sanada de todo esto, de todas las implicaciones sociales, pero más importante que esto, ella fue sanada de su pecado. Por esto, Jesús es accesible, nunca tiene de prisa, se detiene para traer al Reino a una de sus hijas. Esto, como dijimos la vez pasada, es su llamado efectivo para la salvación. Conoce a sus ovejas y las llama.

Ahora, Jesús está hablando a la mujer en el verso 35, sigue hablando a la mujer y posiblemente a la multitud que está a su alrededor, está entregando enseñanza. Quien sabe de que estaba hablando, pero es precisamente en ese momento cuando Él está terminando con esta mujer y comienza a moverse en dirección a la casa de Jairo, quien estaba extremadamente ansioso, estando en el momento que todos están empujando y aplastando a la multitud, cuando se dirigían hacia la casa. El verso 35 dice, "vinieron (plural, mensajeros…) de casa del principal de la sinagoga diciendo", hablando a Jairo, "Tu hija ha muerto… tu hija ha muerto".

Jesús siempre llega a tiempo

El retraso resultó en muerte. ¿Sabían que Jairo encontraría a Jesús? Ciertamente lo sabían. Con seguridad podemos decir que Jairo le dijo a su esposa, familia, amigos, pero ahora Jesús se había retrasado y la niña está muerta. Esto nos recuerda la actitud de Marta en Juan 11:21, cuando ellas avisan que Lázaro está enfermo. Jesucristo se encontraba en el Jordán, y ellas le mandan a avisar que Lázaro, su amigo, estaba enfermo y Jesús se demoró en llegar. Y cuando finalmente llega, Marta le dice: "Señor… ya es tarde… ya es tarde… si hubieses estado aquí, mi hermano no habría muerto… si hubieras llegado antes… no habría muerto". Esta es gente que ha visto los milagros y el poder de Jesús pero se le hace difícil creer que él pueda resucitar a alguien. La implicación es que Jesús había estado perdiendo el tiempo. Esta es ciertamente la implicación de estos mensajeros, ya sea que hayan sido miembros de la familia, o alguien asociado a él, significaba que Jairo era una persona muy importante. En lo que sea que Jesús había enfocado su atención, a quien sea que le hubiera puesto su interés, cualquiera que fuera la razón por la que se moviera lentamente, puede ser que Jesús en realidad no entendió que tan importante era Jairo. ¿No debió ser un procedimiento muy normal saltar en obediencia cuando Jairo deseaba algo, o necesitaba algo? Posiblemente era un buen hombre, con toda seguridad él era un hombre de la nobleza, un hombre religioso. Y pienso que él llegó a ser un creyente en Cristo. En esta historia su fe es como una roca sólida. Y tal vez los que vieron esta situación, no la vieron de la manera adecuada pues no vieron nunca una declaración que saliera de sus labios, solo muestra su confianza en Jesús. Pero ciertamente los incrédulos que eran parte de su vida, sabemos que hay incrédulos porque después se ríen de Jesús, pensando que Jesús había estado perdiendo su tiempo en lugar de emplearlo con este importante hombre, si ellos supieron lo de la mujer, posiblemente alguien les pudo avisar lo que estaba sucediendo, si ellos lo supieron debieron decir que Jesús perdió su tiempo con una de las mujeres más rechazadas en lugar de emplearlo con el hombre más respetado.

Bueno, los mensajeros muestran su falta de esperanza hasta este punto. Ellos dijeron: "¿para qué molestas más al Maestro?" Este título, "Maestro", es importante hacer notar que si piensas en la reputación de Jesús como un realizador de milagros, estás perdiendo el punto. Su reputación era la de un Maestro. Su mensaje era más importante que sus milagros. Sus milagros lograban el punto de que Él era divino, pero su mensaje era algo crítico por lo que Él era llamado, "el Maestro", un título de respeto, *didaskalon* en griego, este muestra su énfasis. Es demasiado tarde, no molestes al maestro, tu hija ha muerto ya.

La imperturbabilidad de Jesucristo

Jesucristo se encuentra en medio de una aplastadora, ruidosamente demandante, e incluso agresiva multitud, y Él se encuentra calmado. Se encuentra como en el ojo del huracán. Entonces quiero darte un quinto punto, esta es una palabra que me gusta, y que no es usada mucho. Él era imperturbable… me gusta esta palabra. Si quieres un sinónimo, hay otra palabra que me gusta mucho, aplomo. Significa calmado, tranquilo, no se altera, no se pone nervioso. Puede haber absoluto caos a su alrededor, los mensajeros llegan posiblemente en pánico, Jairo está ansioso, la multitud lo aplasta con sus demandas, y Él se encuentra completamente calmado, moviéndose inexorablemente en los soberanos propósitos de su Padre. Vemos que todo esto se está desarrollando en toda la escena conforme Él se desplaza a la casa de Jairo.

Vayamos al verso 36: "Pero Jesús, luego que oyó lo que se decía", Él dialogó acerca del hecho de que la niña está muerta y según ellos no hay razón para que lo molesten más, "dijo al principal de la sinagoga", este es un lenguaje literal en el griego: "No temas, cree solamente… deja de temer, sigue creyendo. Reemplaza tu temor con tu fe.

Hay una maravillosa demostración de esto en el Antiguo Testamento, en uno de los más poderosos Salmos, Salmo 22, en el cual nuestro Señor cita estando sobre la cruz, esta es una porción: "Dios mío, Dios mío, ¿por qué me has desamparado?" este es uno de los llamados de angustia de David. "¿Por qué estás tan lejos de mi salvación, y de las palabras de mi clamor? Dios mío, clamo de día, y no respondes; y de noche, y no hay para mí reposo. Pero tú eres santo, tú que habitas entre las alabanzas de Israel. En ti esperaron nuestros padres; esperaron, y tú los libraste. Clamaron a ti, y fueron librados; Confiaron en ti, y no fueron avergonzados". Aquí está David ejercitando su adoración de modo que su fe pueda triunfar sobre su temor. Esta es la actitud que Jesús quiere para este hombre llamado Jairo. Deja de temer, continúa creyendo. Lucas 8:50 añade en este pasaje paralelo, este se encuentra en Lucas y en Mateo, relatos paralelos, Lucas añade que Jesús también dijo, "y será salva… ella será salva". No tienes nada que temer; Jesús le da las palabras que él tanto quiere oír.

El círculo íntimo

La perspectiva de nuestro Señor es completamente diferente a todos los que están a su alrededor porque Él se mueve en base al perfecto conocimiento de la voluntad de su Padre. En el verso 37, ellos se mueven hacía la casa, y lo sabemos por implicación. "Y no permitió que le siguiese nadie sino Pedro, Jacobo, y Juan hermano de Jacobo". Obviamente no podía llevar a la multitud, ni siquiera pudo llevar a los doce dentro de la casa, eso sería mucho, pedir mucho. Esta es la primera vez que nuestro Señor aísla a estos tres, esta es la primera vez. Y debemos irnos acostumbrando. El círculo más íntimo, Pedro, Santiago y Juan, ellos pertenecen al primer grupo de cuatro que Él llamó. Santiago y Juan eran hermanos, Pedro y Andrés también eran hermanos. Pedro se convirtió en el líder, Santiago y Juan, los otros dos íntimos, y en algunas ocasiones se toma a Andrés como parte de este círculo íntimo de Jesús. Esta es la primera ocasión que los separa. Pedro el líder, Juan el amado y Santiago el primer mártir. No creas que a ellos se les debía dar un tratamiento especial. Ellos se convertirían en el canal de experiencias íntimas, de enseñanza personal para llegar a los demás. Ellos no eran el fin, no eran el fin del camino, no eran el camino sin salida, simplemente eran el conducto de toda esta enseñanza. Jesús solo se podía entregar de manera íntima a unos pocos, y este debe ser el número perfecto para que trabaje con ellos íntimamente, y por medio de estos tres Él diseminará las experiencias y la instrucción a los otros que eran parte de los doce. Esto es importante que los líderes lo entiendan.

Así que Jesús dice: "solo vosotros podéis venir". Por primera vez ellos se están viendo el uno al otro y diciendo, ¡wow!, porque esta es la primera vez que ellos se conocen como el triunvirato íntimo del Señor. El verso 38 dice que ellos llegaron a la casa del principal de la sinagoga, les tomó un poco de tiempo, y pienso que el suceso con la mujer tomó mucho más tiempo que el que nos tomó leerlo, e incluso pudo ser más largo que el tiempo que me tomó predicarlo. Recuerden que hay historias resumidas; estos son los reportes encriptados de estos eventos. Las conversaciones eran más largas y más extensivas y más repetidas. Esta es la razón por la que tenemos diferentes declaraciones al comparar los registros de los evangelios, esto es porque no fueron una sola declaración, o una respuesta, o un acto... son solo reportes que se dan de manera condensada. No sabemos cuánto tiempo le tomó a Jesucristo hablar con la mujer, o bien hablar acerca de la mujer a la multitud, o bien enseñando por medio del incidente. Tal vez horas porque al tiempo que llegan a la casa, siendo apretados por la multitud, la casa está conmocionada y la gente está hablando alto y llorando y lamentándose.

¿Qué te dice todo esto? El funeral estaba a todo vapor. Así que ya había pasado tiempo para que la gente supiera acerca de la muerte de la niña, todos los preparativos para el funeral estaban corriendo, podemos hablar en un minuto acerca de ellos, pero les debió tomar tiempo ser invitados, los que lloraban, los que se lamentaban, todo mundo está ahí y al parecer hay "un alboroto" marchando en todo su esplendor. Y nuevamente veo la accesibilidad de Jesús en esto. Nunca se altera, o entra en pánico... nunca. Se mueve tan calmadamente, tan tranquilo de una cosa a la otra conforme a los propósitos de Dios.

La conmoción es ampliada por Mateo 9:23 diciendo que había flautistas y añade que la multitud hacia alboroto. Ahora debemos entender que este es un funeral muy distinto al que estamos acostumbrados a ver. Yo nunca he estado en un funeral ruidoso, caótico y escandaloso como este.

De hecho, cuando vas a un funeral, a una funeraria, generalmente hay un letrero en la puerta que dice: "Silencio por favor". La gente habla susurrando a los oídos o está en silencio, todos se mueven lentamente, no queriendo causar la más mínima perturbación. Y tal vez el órgano suena suavemente con algún tipo de música melancólica. Esta es la manera en la que se hacen aquí los funerales. Esta es la manera en la que hacemos los funerales en esta parte del mundo. Pero no es la forma en la que hacían los funerales en el medio oriente. Así los hacen en la actualidad.

La tranquilidad de Jesús en medio del caos

Permíteme decirte que es lo que está sucediendo ahí. Podemos componer este funeral si observamos un poco de la historia de Israel. Los funerales judíos contienen tres elementos que serían algo único para nosotros. Uno, se iba y se expresaba el dolor en alta voz, había gritos y chillidos, todos lo hacían. También era requerido que se rasgaran los vestidos. Así que cuando se iba a un funeral en este tipo de ambiente, ¿se esperaría encontrar ropa fina? Pues no. Cuando se va a un funeral y se sabe que hay rasgarse el vestido, se irá por algo que no importará romper.

Esto era tan común que la tradición judía tenía 39 reglas acerca de cómo rasgar los vestidos. Supongo que había gente que le decía a otros acerca de estas reglas para estar seguros que no pasaran ninguna por alto. El rasgado debía ser hecho, por ejemplo, mientras se estaba en pie. Si se era pariente del difunto, se tenía que rasgar el vestido exactamente sobre el corazón. Si no se era pariente del difunto, se podía hacer en otro lugar que fuera cerca del corazón. Y, además, el rasgado debía hacerse ahí, y la prenda se debía llevar puesta por un período de 30 días, de este modo mostraban su actitud de duelo. Se podía coser por obvias razones, pero originalmente tenía que ser rasgado lo suficiente para que el puño entrara por el orificio. La tradición decía que se podía coser pero que se notara que estaba suelto, se tenía que evidenciar que había sido rasgado. Así que tenemos personas que están apretados, chillando, gritando, llorando y rasgando sus vestidos.

El segundo elemento de un funeral era que había plañideras profesionales quienes habían desarrollado el arte de chillar y literalmente aullar. Chillaban de modo que parecía que encendían un aparato, y podemos decir que era para que entonces todos los presentes también chillaran. La agonía era amplificada, nunca disfrazada por el silencio.

Y el tercer elemento eran los que tocaban la flauta. Este era el más común de los instrumentos por lo que muchos podían tocar la flauta. Todos estos se reunían y tocaban notas sin armonía, una cacofonía de cosas que no encajaban juntas. Así que si se entraba a un lugar como este, no se podría creer que era un funeral, antes se pensaría que era un evento de música contemporánea, ¡sí! Los más pobres de los israelitas debían tener al menos uno que tocara la flauta y una plañidera. De hecho, esto era parte del mundo antiguo, Séneca, el cronista romano, registró que hubo tanto grito y lamento en la muerte del emperador Claudio que no le extrañaría que Claudio lo hubiera escuchado hasta en la tumba. Esto es lo que está sucediendo, simplemente un caos.

Entonces, Jesucristo, con majestuosa tranquilidad entra, y en el verso 39 encontramos: "Y entrando, les dijo: ¿Por qué alborotáis y lloráis? La niña no está muerta, sino duerme". Según Lucas dijo: "No lloréis; no está muerta, sino que duerme". Esto no tiene ningún sentido. Mateo añade que dijo: "Apartaos". Un lenguaje muy duro.

Pedro hizo lo mismo, recuerda, en el libro de los Hechos cuando llega a la casa de Dorcas, también llamada Tabita, quien había muerto. Los sacó a todos y entonces con el poder de Jesucristo la resucitó. No hay lugar para los lamentos, el llanto, el chillido. Dejen de hacerlo.

Ese es Jesús en su autoridad majestuosa, y dice: "Apartaos". En el griego la palabra es, "retiraos… retiraos". Este funeral ha acabado.

Estas palabras sacudieron a la multitud. ¿Pueden imaginarlo? Ofenderían a los dolientes quienes estaban haciendo lo que la tradición indicaba. Y entonces explica la razón por la que se deben detener y retirarse. "La niña no ha muerto, solo duerme".En ese momento Jesús redefinió la muerte como una condición temporal. Esta es la razón por la que usa la metáfora o la analogía de dormir. Dormir es un desconecte temporal. Eres insensible al ambiente que te rodea cuando estás dormido, no escuchas las conversaciones, no tienes ninguna participación social. Estás dormido. Pero es una situación temporal. Y Jesús está diciendo que esta niña simplemente está dormida, es de manera temporal; no es de manera permanente.

A menos que alguno de ellos hubiera visto otra resurrección que Jesucristo hubiera realizado antes, ellos nunca antes en su vida habían visto que alguien se levantara de entre los muertos y nunca se referirían a la muerte como dormir… dormir es algo temporal. Este concepto de muerte como dormir es tomado por los Apóstoles en el Nuevo Testamento. El Apóstol Pablo se refiere a creyentes que mueren como estando dormidos, de este modo lo hace en 1 Tesalonicenses capítulo 4, todos aquellos que duermen en Jesús serán llevados en el Rapto. Dios nos resucitará, esto a todos aquellos que conocemos al Señor Jesucristo cuando muramos, el cuerpo solo duerme. El alma, inmediatamente va a la presencia del Señor. "Ausente del cuerpo, pero presentes con el Señor". "Es mejor partir y estar con Cristo". Esta es el alma. Pero el cuerpo duerme hasta que se lleve a cabo la gloriosa resurrección cuando Cristo vuelva. Así que podemos llamar a la muerte de un cristiano como la liberación del alma para regresar a la presencia del Señor, pero el cuerpo duerme hasta el día de la resurrección. De este modo, la muerte para un cristiano, se describe como dormir ya que es temporal… temporal… un estado temporal.

Y bien la respuesta de todos estos dolientes es predecible, supongo que en un sentido se nos dice que Jairo pudo haber sido un creyente de Jesucristo aislado porque los demás no tienen ningún respeto a Jesús. El verso 40 nos dice: "Y se burlaban de él". Lucas añade, "sabiendo que estaba muerta". Lo obvio, quiero decir, unas pocas horas habían pasado, la niña estaba morada. La niña está muerta. Ellos habían estado ahí, razón por lo que dicen: "¿Qué estás diciendo? ¿La niña no ha muerto sino que duerme?

Jesucristo no respondió positivamente a este tipo de burla. Dice: "echando fuera a todos". Él ya les había dicho, de acuerdo a Mateo, que se fueran pero no se iban, en lugar de esto se quedaron y se burlaban de Él, entonces los echó fuera. Esto es reminiscente del momento en el que se presentó en el templo para limpiarlo. No sabemos como lo hizo, pero los sacó a todos y el lugar quedó vacío.

Con su burla estaban mostrando que solo estaban relamiendo su ignorancia. Esta burla es como la de alguien que se cree superior. Y si se dan cuenta ellos estaban en supuesto lamento, llanto, en duelo por el funeral, y de momento cambia esta emoción a la de burla; ellos no se estaban lamentando, pero el acto se acabó. En Lucas 8:53 leemos que ellos se burlaban porque sabían que estaba muerta. Ellos confirmaron su muerte y esto provocaba su burla, lo hacían como ridiculizándolo, como haciendo escarnio de su superioridad. ¿Quién es este tonto que piensa que esta niña esta simplemente dormida?

La ternura de Jesucristo: Su caridad

El mundo continúa riendo y haciendo burla de la realidad del poder de Cristo sobre la muerte, pero esto no lo limita a él en ningún sentido. Es sociable, disponible, accesible, de carácter indómito, imperturbable, perfectamente calmado… y finalmente, podemos decir que es amoroso y caritativo. El último punto aquí es solo su ternura, su amor, su amabilidad. Él llegó, desplegó su poder, la resurrección, pudiera ser simplemente un despliegue de su poder, decir una palabra y se acabó. Pero hay muchísima ternura desplegada al grado que vemos su corazón amoroso.

Regresando al verso 40: "Echando fuera a todos, tomó al padre y a la madre de la niña". Puedes verlos a ellos, acercándose a ellos en su dolor y en el silencio después del caos, los toma literalmente…, la implicación aquí es que Él los juntó de alguna manera, posiblemente puso sus brazos a su alrededor, o los cogió de la mano; tomó también a los que estaban con él, Pedro, Santiago y Juan, y entraron a la habitación en la que la niña se encontraba. Así que entra en la habitación, lo que nos dice que este es un hombre próspero con una casa muy grande y con varias habitaciones. Entra a la habitación y nuevamente vemos su ternura, "y tomando la mano de la niña, le dijo". Aquí esta su toque personal, su tierna sensibilidad. "Y le dijo", solo Marcos nos da el original arameo; el idioma que usaba Jesús era arameo, era la lengua que se hablaba en Israel, otras partes del Nuevo Testamento están escritas en griego. Pero aquí Marcos nos da las palabras mismas que Jesús pronunció en arameo, *"Talita cumi"* que traducido quiere decir: "Pequeña niña, a ti te digo, levántate".

Talita significa un joven, un cordero. "Pequeño cordero". Nosotros usamos estos términos tiernos con los pequeños, los usamos al referirnos a un pequeño bebé, cuando los estamos acariciando o tratando de calmar. A veces usamos otros nombres de animalitos tiernos o que nos provocan ternura para describir a los pequeños. Y sabemos que cuando son pequeñitos esto funciona muy bien. Esta niña es un pequeño cordero, es como un pequeño bebé a los ojos de Jesús, pero ella tenía doce años. Era la pequeña de la familia, este era un término tierno. *Cumi*, "levántate pequeño corderito te digo a ti, levántate". ¿Pueden ver lo tierno de la escena? Jesús le está hablando a una niña muerta. Y Lucas dice: "Su espíritu volvió, e inmediatamente se levantó", así de rápido estaba viva, respirando, alma y espíritu regresaron a ella. Esto me encanta: "Inmediatamente se levantó y andaba". No hubo terapia. Maravilloso. Quiero decir, ¿cómo pasas de estar muerta a levantarte y caminar? Y no es solo caminar, es *peripateo*. Decimos que alguien es peripatético, y con esto queremos decir que nunca se sienta, que camina todo el tiempo. Y esto es exactamente lo que hizo, este es el verbo *pateo*, caminar, y *peripateo*, caminar alrededor para todas partes. Ella solo se levantó y caminó por todas partes. No hubo necesidad de rehabilitación.

Esto fue una acción creadora. No solo tuvo vida, sino que tuvo la fuerza normal de una niña de doce años de edad… el vigor de una jovencita, no hubo rehabilitación como de una enfermedad terminal, no hubo un periodo de recuperación. Esta es la forma en la que Jesús realizó cada uno de sus milagros maravillosos. No hay lugar para que aparecieran terapistas, o alguien encargado de rehabilitación para ayudarla, ella fue sanada y de inmediato recobró su fuerza. Esto es lo que hace que veamos que es un verdadero y completo milagro.

Yo veo esto de manera especial después de haber pasado por 60 sesiones de terapia a causa de mi rodilla. Mi rodilla es ya muy vieja para caminar, este es el punto de decirnos que ella tenía doce años, ella está viva, está sana, y puede pasearse caminando con toda su fuerza.

Sabes, el Señor la pudo haber sanado desde lejos. No necesitaba ir a la casa. La pudo haber sanado sin ir a ella, desde lejos. Pudo haber dicho: "No tengo tiempo para ir a tu casa, hay muchas cosas que están sucediendo aquí. Pero voy a invocar el poder de Dios". Pero entonces algo se hubiera perdido aquí. ¿Qué se perdería? Se perdería su ternura, su toque personal, ¿no es así? Se perdería su ternura y compasión personal, su simpatía, se perdería eso que llamamos su "caridad". Con esta palabra intento abrazar su amabilidad, simpatía, compasión, su amor y todo lo que hay alrededor.

Y Él es tan sensible que al final del verso 43 dice: "que se le diese de comer". Esto es verdadera sensibilidad porque una vez que ella volvió a la vida, ¿se pueden imaginar cómo responderían Jairo, su esposa y todos sus pequeños? Con esto quiero decir que al haber una reunión llevándose a cabo, ¿puedes pensar en la respuesta de la gente? Todos deseaban procesar esto exactamente de la manera que estaba sucediendo, había una gran celebración, había gozo, júbilo, había una emoción estimulante y amor fluyendo entre todos ellos. Nadie pensó en darle de comer. Y esto era hasta cierto punto normal, ¿no lo creen? Estaban presenciando un milagro. Pero ella es un ser humano que tiene un cuerpo físico que necesita comida, ella no había comido desde hacía mucho tiempo pues tenía una enfermedad terminal. La tierna sensibilidad de esto, Jesús la atiende en su simple necesidad de comer, de ser alimentada.

Su ternura está siendo evidente. Pero vean la respuesta general, verso 42: "Y se espantaron grandemente". La Biblia de las Américas dice: "Y al momento se quedaron completamente atónitos". Esta palabra, "al momento" o bien inmediatamente aparece muchas veces en los milagros de Jesús. Y solo para dar solidez al punto que les he estado dando, cuando él sanó a alguien fue de manera inmediata y fue de manera permanente. Es por esto que la respuesta es de todos los que estaban en la habitación, incluyendo a los tres apóstoles, Pedro, Santiago y Juan, fue que quedaron espantados grandemente. El verbo *existemi* literalmente significa estar parado fuera de uno mismo o estar a un lado de uno mismo con asombro. En otras palabras, no tienen una explicación lógica de lo que han visto. Esta misma palabra se usa en el capítulo 3 verso 21, es traducida: "Fuera de su sentido". También es usada en 2 de Corintios 5:13, fuera de nosotros mismos. Esto es, simplemente es inexplicable. Esto no está pasando. Esta es la respuesta común a toda demostración de poder divino que fue realizada por nuestro Señor.

Ante la falta de explicación se debe mantener en silencio

Y finalmente, continuando con la categoría de su gran amor, Él les dio órdenes estrictas, verso 43, de no decir a nadie acerca de esto. ¿No decir nada acerca de esto? Ya nos estamos acostumbrando a esto, ¿no lo creen? En el 1:25, 34, 44; 3:12; aquí; 7:36; 8:26, 30 y 9:9. ¿Por qué siempre dice esto? ¿Por qué les dice que no esparzan la información? Ciertamente la fe de Jairo fue confirmada, vindicada, y tenemos que entender que aquí sucedió que hubo una conversión, en esa casa con Jairo y Jesús y la familia. Solo que no tenemos un registro de esto. Jairo ha confirmado su fe. Personalmente creo que encontraremos a Jairo en el cielo, igual que a esta pequeña niña.

La fuerza de la fe de Pedro, Santiago y Juan ciertamente fue incrementada, ¿lo creen así? Entonces si su fe fue aumentada, ¿por qué no darlo a conocer? Nuestro Señor da una declaración explícita: "No lo hagan". Pero no nos dice por qué. De hecho, como muchas veces es registrado que dijo esto mismo en los evangelios, nunca nos es explicado el por qué, nunca.

Pero permítanme hacer algunas sugerencias. Número uno, lo pudo haber dicho para evitar una estampida en la casa, para darle un tiempo a la familia para alimentar a la niña y para celebrar y regocijarse, y de este modo tuviera más tiempo para instruirlos y enseñarlos. Si hubieran salido de la casa, como seguramente querían hacerlo, y esparcir este suceso en todos lados, hubiese habido un tipo de respuesta sensacionalista y la mucha curiosidad hubiera atraído a muchos a la casa, y entonces hubieran impedido a Jesús para hacer lo que Él quería hacer, y le hubieran robado este precioso momento con la familia en esta reunión. ¿Puede esto encontrarse detrás de la declaración de "denle algo de comer a ella"? ¿Acaso no es lo primero que se necesita hacer es dar cuidados a la niña antes de que la multitud se amontone? ¿Pudo haber estado esto en su mente?

¿Pudo haber dicho esto porque Jesús sabía que las multitudes tenían estas expectativas mesiánicas? Los judíos estaban buscando al Mesías, ellos querían al Libertador quien vendría para demostrar un masivo poder divino y usar ese poder para vencer a Roma y para proveer todo lo que ellos necesitaban, y todo lo que les había sido prometido en los pactos Abrahámico y Davídico. Creían que Jesús era ese Mesías y si esto corría por todos lados al ser llevado por ellos, las multitudes se podrían comportar agresivamente y forzarlo para que Él tomara un rol que no era el que él pretendía. Leamos Juan 6:15 donde dice, "después de que los alimento, ellos lo querían hacer rey". ¿Pretendería mantener la flama de la expectación mesiánica baja y no lanzar gas sobre ella, por medio de este reporte de que había realizado una resurrección?

O, número tres, fue posiblemente que su motivación era no incrementar el temor y el odio de los escribas y fariseos que eran sus enemigos. Si la multitud se encendía, entonces Jesús se convertiría en una mayor amenaza porque elevaría el ánimo de la gente, entonces ellos tendrían que hacer algo más rápido para detener su amenaza y habría una acción prematura en su contra, podrían venir a Él y matarlo. Esto ya lo habían intentado en Nazaret, su pueblo de nacimiento; allí trataron de lanzarlo por el acantilado.

Él no quería que las expectativas mesiánicas se elevaran, esto es seguro. Él no debía morir de acuerdo al tiempo de ellos, sino de acuerdo al tiempo que Dios había determinado, en el lugar que Dios había determinado y de la manera que Dios lo había determinado. Y todas estas son posibles razones por las que podemos entender que pidiera que no lo dijeran a nadie.

Y aun más, creo que hay una que es la principal, no era tiempo para el evangelio. No era aún el tiempo de expandir el mensaje de Jesucristo. Era el tiempo de escucharlo. Pero no era el tiempo de retirarse para esparcir el mensaje. ¿Qué quiero decir con esto? Hasta la cruz, que está simplemente unos meses más adelante, hasta ese momento, el completo entendimiento de su mensaje no debe ser conocido… no puede ser conocido. La gente puede salvarse por medio del arrepentimiento y creyendo como uno de los santos del Antiguo Testamento, pero el mensaje que va a ser proclamado es un mensaje que se encuentra en el mismo corazón de la cruz… el mensaje se encuentra en la cruz.

En efecto, Él está realizando milagros, pero hay mucho más que esto. Por supuesto, es el más grande Maestro que ha existido; sin duda alguna, pero más allá de todo esto, Él es el Santo, Él es el Hijo de Dios, pero para comprender por completo su misión, tienes que entender su muerte. Es precisamente en su muerte que Él es revelado como Redentor y Salvador y como sustituto por los pecadores. Ahí es donde en realidad ves al Hijo de Dios. Esta es la razón por la que por primera vez alguien reconoce que "este es el Hijo de Dios", es en la cruz, donde el centurión viendo al Cristo crucificado y escuchando el eco de su mensaje, entiende la verdad y dice: "En verdad este era el hijo de Dios".La historia completa debe incluir la cruz. Y después de la cruz, la resurrección. Y después de la resurrección es cuando Jesús dice: "Id, y proclamad a todo el mundo y predicad el evangelio". La historia aun no estaba completa; hasta aquí puede ser visto como un vencedor de demonios, a un vencedor de las enfermedades, a un vencedor de la muerte. Pero no pude ser comprendido completamente hasta que lo veas como el conquistador del pecado sobre la cruz, como nuestro sustituto y como nuestro Redentor. Su muerte sobre la cruz, es ratificada por medio de su gloriosa resurrección. Esto le permite no solo darle vida temporal a la niña ya muerta, sino que darle vida eterna a un alma que esta espiritual-mente muerta. La cruz lo es todo. Y esta es la razón por la que Pablo dice en 1 Corintios 2:2: "Me propuse no saber entre vosotros cosa alguna sino a Jesucristo, y a éste crucificado". Nosotros predicamos a Cristo crucificado.

Qué gran ejemplo de ministerio es Él. Sociable, disponible, accesible, de carácter indómito, imperturbable, amoroso, y el máximo acto de su amor es su sacrificio a nuestro favor. Detengamos el mensaje hasta que la historia esté completa. Pero nosotros, desde este lado de la cruz, tenemos el mensaje completo. ¿Estamos agradecidos por ello?

Oración

Padre, te agradecemos por tu Palabra nuevamente conforme vemos la vida de nuestro Salvador. Qué emocionante es gastar un día con Él, asistir un funeral con Él y estar presente con Él en la resurrección; comprender que en ese momento ya estaba en su corazón la muerte y esto solo unos meses más adelante. Te agradecemos porque Él dio su vida, porque Él es algo más que un obrador de milagros, más que un maestro. Él es el Re-dentor, el Salvador, el que dio su vida en nuestro lugar. Te alabamos por ello. Y te pedimos, Señor, que tú por medio de tu gracia, puedas imprimir la verdad del evangelio de Cristo quien se dio a sí mismo por los peca-dores y resucitó nuevamente, triunfante sobre la muerte, para que todos aquellos que creen en Él puedan tener vida eterna. Impulsa ese mensaje a todo corazón. Abre el corazón para un verdadero entendimiento de lo que es el pecado, para comprender la necesidad de arrepentimiento y de fe en Cristo nuestro Salvador, nuestro Redentor. Esta es nuestra oración en su nombre. Amén.

REFLEXIONES PERSONALES

II PARTE
Sermones temáticos sobre los Evangelios y la Salvación

13_El Glorioso Evangelio

Por lo cual, teniendo nosotros este ministerio según la misericordia que hemos recibido, no desmayamos. Antes bien renunciamos a lo oculto y vergonzoso, no andando con astucia, ni adulterando la palabra de Dios, sino por la manifestación de la verdad recomendándonos a toda conciencia humana delante de Dios. Pero si nuestro evangelio está aún encubierto, entre los que se pierden está encubierto; en los cuales el dios de este siglo cegó el entendimiento de los incrédulos, para que no les resplandezca la luz del evangelio de la gloria de Cristo, el cual es la imagen de Dios. Porque no nos predicamos a nosotros mismos, sino a Jesucristo como Señor, y a nosotros como vuestros siervos por amor de Jesús. Porque Dios, que mandó que de las tinieblas resplandeciese la luz, es el que resplandeció en nuestros corazones, para iluminación del conocimiento de la gloria de Dios en la faz de Jesucristo.

Pero tenemos este tesoro en vasos de barro, para que la excelencia del poder sea de Dios, y no de nosotros, que estamos atribulados en todo, mas no angustiados; en apuros, mas no desesperados; perseguidos, mas no desamparados; derribados, pero no destruidos; llevando en el cuerpo siempre por todas partes la muerte de Jesús, para que también la vida de Jesús se manifieste en nuestros cuerpos. Porque nosotros que vivimos, siempre estamos entregados a muerte por causa de Jesús, para que también la vida de Jesús se manifieste en nuestra carne mortal. De manera que la muerte actúa en nosotros, y en vosotros la vida.

Pero teniendo el mismo espíritu de fe, conforme a lo que está escrito: Creí, por lo cual hablé, nosotros también creemos, por lo cual también hablamos, sabiendo que el que resucitó al Señor Jesús, a nosotros también nos resucitará con Jesús, y nos presentará juntamente con vosotros. Porque todas estas cosas padecemos por amor a vosotros, para que abundando la gracia por medio de muchos, la acción de gracias sobreabunde para gloria de Dios.

Por tanto, no desmayamos; antes aunque este nuestro hombre exterior se va desgastando, el interior no obstante se renueva de día en día. Porque esta leve tribulación momentánea produce en nosotros un cada vez más excelente y eterno peso de gloria; no mirando nosotros las cosas que se ven, sino las que no se ven; pues las cosas que se ven son temporales, pero las que no se ven son eternas.

2 Corintios 4:1–18

BOSQUEJO

— Introducción

— El glorioso evangelio

— La superioridad del nuevo pacto

— El ministerio como misericordia

— La necesidad de un corazón puro

— Comprometido a predicar con precisión

— Los resultados dependen de Dios

— Lo insignificante de tu persona

— Los beneficios del sufrimiento

— La necesidad de convicción

— Oración

Notas personales al bosquejo

SERMÓN

Introducción

La verdad divina es la cosa más importante que existe. Por medio de ella somos salvos, santificados, y por medio de ella se nos da la esperanza de la gloria. Por medio de ella entendemos lo que Dios requiere de nosotros, y por lo tanto entendemos qué es lo que debemos obedecer, y qué es lo que debemos de ser. Ella es el camino a la bendición en la vida y a la recompensa en la eternidad. Así que la verdad importa más que ninguna otra cosa. Dios es verdadero. La Escritura dice, "sea Dios veraz, y todo hombre mentiroso". Dios no puede mentir. Cristo es la verdad. El Espíritu Santo es el Espíritu de verdad. Y Jesús dice acerca de la Escritura que la palabra de Dios es verdad, "tu palabra es verdad" (Juan 17:17).

Estamos aquí para adorar en verdad —como Jesús nos instruyó— para creer la verdad, para hablar verdad, para meditar en la verdad, para entender la verdad, para caminar en la verdad, para amar en verdad, para deleitarnos en la verdad y para obedecer la verdad. Todo esto se trata de la verdad, de hecho, sería mejor llamarnos *Iglesia de la Comunidad de la Verdad* en lugar de *Iglesia de la Comunidad de la Gracia*, porque esto es lo que es el corazón de la iglesia: la verdad. Las cosas suceden en verdad. Esto es lo que es la verdad; es la realidad, y Dios es el autor de la verdad. Él ha determinado lo que es verdad y Él es el revelador de lo que es verdad.

Desde luego que la Biblia es verdad, ella contiene la verdad acerca del Dios verdadero, el verdadero Cristo y el verdadero Espíritu Santo. Contiene todo lo que necesitamos saber, y es un recurso inexhaustible de verdad.

Yo he pasado 43 años estudiando el Nuevo Testamento versículo a versículo. Ya concluí el evangelio de Marcos. Pasé un par de años en Marcos. Pasé 10 años en Lucas, ocho años en Mateo, varios años en Juan y el resto del Nuevo Testamento. Y de lo único que me arrepiento es de haberlo hecho demasiado rápido. Esto hizo que me perdiera mucho, porque hay mucho más ahí de lo que he podido ver. Podría volver y hacerlo una y otra vez, pero aun así nunca se agotaría la verdad que ahí se encuentra.

Pero debido a que solo tendremos cuatro días juntos, solo podremos tocar algunos aspectos de la verdad. Aquellos de ustedes que están familiarizados conmigo recordarán que hace algunos años escribí un libro llamado *El Evangelio según Jesucristo*. Esto fue una gran aventura para mí, y no quiero darles mucho de historia, porque ustedes lo pueden leer por sí mismos. Cuando salí del seminario, había sido bien entrenado para trazar la Palabra de Dios, estudié griego y hebreo, teología, historia de la Iglesia y todas estas cosas. Aprendí cómo trazar la Palabra de Dios, y pensé que sabía cómo debía hacerlo. Estaba preparado para dar una batalla apologética para defender la verdad, había muchas batallas que se estaban preparando en aquel entonces. Pero lo que nunca comprendí, de lo que nunca tuve idea alguna, fue que yo estaría durante mucho tiempo de mi ministerio buscando como hacer que el evangelio fuera más claro para la iglesia; no tanto para el mundo, sino para la confundida iglesia de mis días.

Así que escribí *El Evangelio según Jesucristo*. Tiempo después *El Evangelio según los Apóstoles*, el cual respondió muchos argumentos que me fueron presentados cuando escribí *El Evangelio según Jesucristo*. Después de esto escribí algunos otros libros como *Verdad en Guerra* y cosas como ésta para regresar a ver la verdad del evangelio, y varios libros más que enfatizan el asunto del evangelio. Sin embargo, hay un libro que aún no he escrito, pero lo voy a hacer. Este será el tercero de la trilogía y se llamará *El Evangelio según Pablo*. Si ya abrieron su programa habrán notado que éste es el tema de la semana. Esto es lo que me ha sido asignado por los altos poderes de *Grace To You* (*Gracia a Vosotros*). Éste es un título adecuado porque el evangelio según Pablo ha estado bajo ataque. Es muy probable que ustedes hayan ya escuchado algo que han llamado "La nueva perspectiva acerca de Pablo". Esto es la negación de lo que Pablo escribió en el Nuevo Testamento y lo que la iglesia ha entendido que él escribió a través de toda su vida y que fue rescatado en el tiempo de la Reforma.

El evangelio según Pablo está bajo un ataque muy severo. No voy a lidiar con el error, no creo que valga la pena. Si yo les doy la verdad, ustedes mismos pueden notar dónde está el error. Lo que haremos es echar una mirada al evangelio según Pablo, así que estaremos con él un rato. Tenemos mucho material para trabajar. Hemos escuchado mucho de él en el Libro de los Hechos, y también tenemos otras 13 epístolas que él escribió. Como pueden ver hay mucho material que podemos ver con respecto a Pablo.

Él se refiere al evangelio como "el evangelio de Dios". Lo llama "el evangelio del Dios bendito". Lo llama "el evangelio de Su Hijo", "el evangelio de Cristo", "el evangelio de nuestro Señor Jesucristo". Lo llama "el evangelio de gracia". Lo llama "el evangelio de paz". Lo llama "el evangelio de nuestra salvación", pero de manera maravillosa lo llama "mi evangelio". Después lo amplia y le llama "nuestro evangelio". ¿Cuál era su evangelio? ¿Cuál es nuestro evangelio? ¿Cuál es el evangelio de gracia, de paz, de salvación, de nuestro Señor Jesucristo, el evangelio de nuestro bendito Dios? ¿Cuál es éste? Necesitamos saber lo que es el evangelio, porque éste es el evangelio que nosotros proclamamos.

En palabras que son familiares para nosotros, en Romanos 1, Pablo dice en el versículo 16, "Porque no me avergüenzo del evangelio, porque es poder de Dios para salvación a todo aquel que cree; al judío primeramente, y también al griego". Esto es cronológico, pero ¿qué es lo que él predicaba? ¿Qué es aquello que él está dispuesto a predicar? ¿Qué es aquello que él se siente obligado a predicar? ¿Cuál es este evangelio?

Viéndolo de manera negativa por un momento, pueden abrir sus Biblias en Gálatas 1, esto a manera de una corta introducción. Gálatas 1:6: "Estoy maravillado de que tan pronto os hayáis alejado del que os llamó por la gracia de Cristo, para seguir un evangelio diferente".

Dice "estoy maravillado". El verbo en griego es *thaumazo*. Este es usado con mucha frecuencia en el evangelio cuando la gente se maravillaba de los milagros inexplicables que Jesús realizó. Esta es la razón por la que Pablo encuentra como algo increíble que alguien haya ya abandonado el evangelio, o bien haya sido arrastrado por un evangelio diferente. Pablo usa la palabra *thaumazo* debido a dos realidades; una de ellas se encuentra aquí, y la otra está en 2 Tesalonicenses 1:7–10, en donde él describe el regreso de Cristo y lo maravilloso y sorprendente que será cuando Él regrese en medio de llamas de fuego y descargue su venganza sobre aquellos que no obedecieron el evangelio.

Es por esto que se apega a usar esta palabra y la usa solo dos veces. Estoy sorprendido que tan rápidamente ustedes estén desertando, huyendo de Aquel que los llamó. Aquí estamos hablando del llamamiento efectivo, un llamado interno, el verdadero llamado, el llamado de la salvación. Así que aquí estamos hablando acerca de personas que tienen el llamamiento efectivo, esto es, personas convertidas que han sido alejadas y seducidas por otro evangelio. Se han enamorado, de algún modo han sido mentalmente estimuladas por otro evangelio. Y entonces dice en el versículo 7, en realidad no es otro evangelio porque no existe otro evangelio; simplemente hay algunos que están molestándolos queriendo distorsionar el evangelio de Cristo. Entonces llega está advertencia: "Mas si aun nosotros", este es un pronombre plural que le gusta usar cuando se refiere a sí mismo porque es una manera más humilde de referirse a uno mismo, "nosotros, o un ángel del cielo, os anunciare otro evangelio diferente del que os hemos anunciado, sea anatema". Maldito, condenado a ser destruido. Es usado también en 1 Corintios 16:22: "El que no amare al Señor Jesucristo, sea anatema".

Así que la verdad más importante de todas las verdades —y toda verdad es importante— es el evangelio, el evangelio es lo más importante. Es por eso que debemos ver el evangelio de Pablo, el cual es el evangelio del Señor Jesucristo y el evangelio del bendito Dios. Es el evangelio de paz. Es el evangelio de gracia. Es el evangelio de salvación.

El glorioso evangelio

Ahora trataremos de descifrar esto durante los días que estaremos juntos. Pero por el momento hablemos de la gloria del evangelio, el glorioso evangelio. Mañana por la mañana vamos a tener dos sesiones acerca del mismo tema, sobre el evangelio satisfactorio. En la primera hora hablaremos de cómo el evangelio satisface al creyente, y en la segunda hora hablaremos de cómo el evangelio satisface a Dios, y por la noche hablaremos del evangelio reconciliador. Después el sábado por la mañana, tendremos una sesión doble, y el domingo hablaremos del poder del evangelio para hacernos humildes. La noche del domingo tendremos una sesión de preguntas y respuestas donde buscaremos llegar a conclusiones juntando todos los temas. Tendremos un tiempo maravilloso juntos.

Muy bien, entonces en esta primera sesión veremos la gloria del evangelio, y antes que nada quiero que sepan que no voy a intentar poner esto en orden cronológico. Estos son solo impulsos que llegaron a mi corazón al tiempo que meditaba acerca del evangelio, y al hacerlo no he podido escapar de un pasaje en particular que vive en mi alma todo el tiempo. Les confieso que no me he preocupado mucho por saber cuál es el tema, sino que simplemente he querido predicar este pasaje. Me gustaría encontrar una manera de llegar allí desde donde quiera que me pusieran. De hecho, todos los caminos conducen a 2 Corintios 4. Así que abran sus Biblias en 2 Corintios 4.

Estudié 2 Corintios un poco tarde dentro de mi ministerio de enseñanza, pero estoy muy satisfecho con lo que hice. Si hubiera intentado predicar el libro de 2 de Corintios cuando era un pastor joven, no hubiese sido capaz de entenderlo. Se deben tener décadas de ser apaleado para siquiera entender lo que Pablo estaba atravesando aquí. Debes tener años y años de experiencia en el ministerio para entender su corazón en esta maravillosa epístola. Si ustedes quieren ver el corazón y el alma del apóstol Pablo, permítanme sugerirles hacer esto, vayan y compren el comentario de 2 Corintios, y lean un capítulo cada día y entonces conocerán a este hombre desde adentro porque él les mostrará su corazón en esta increíble epístola.

Cuando ustedes piensan acerca del evangelio, sé que piensan en Gálatas, en Romanos, pueden pensar en Colosenses y en el pasaje que leímos. Puede ser que piensen en algunos otros sermones que Pablo predicó en el Libro de Hechos donde deja claro el evangelio. Pero como verán en las sesiones que tendremos juntos, vamos a ver las cartas a los corintios en muchas ocasiones para tener un entendimiento del evangelio. Creo que muchos las pasan por alto en este respecto.

Segunda de Corintios 4 nos dará una mejor comprensión de la gloria del evangelio. El tema de 2 Corintios es el sufrimiento. Y esta es una entrada perfecta porque explica mucho acerca de la gloria del evangelio. Si van al versículo 4, notarán una frase al final del versículo, "el evangelio de la gloria de Cristo". En un sentido este es el tema para nuestra sesión de apertura, el evangelio de la gloria de Cristo. Recuerden que estamos viendo la gloria del evangelio o bien el glorioso evangelio. Es crítico tener un entendimiento de la gloria del evangelio. Es decir, su máxima importancia. Su naturaleza que todo lo sobrepasa. Su realidad que nos compele. Su importancia sin paralelo. La gloria del evangelio es tal que hace que el evangelio trascienda cualquier otra cosa, cualquier otra verdad, cualquier otro mensaje. Y tienen que entender que cuando les digo que el tema de 2 Corintios es el sufrimiento, inmediatamente surge la pregunta cuando Pablo hace una crónica de su dolor a través de toda la carta: ¿Por qué te expusiste a ti mismo a todo ese sufrimiento? Y la respuesta es la gloria del evangelio, porque no hay nada que se le compare, nada que se le acerque, nada que lo toque, nada que tenga su nivel de prioridad, ni su prominencia, ni su importancia. Es un mensaje trascendente. Es un mensaje totalmente glorioso que no tiene igual. Pienso que la realidad de esto está de algún modo perdida en la iglesia evangélica que yo puedo ver hoy en día, en donde el evangelio ha sido degradado y abaratado.

Cuando ustedes ven la vida del apóstol Pablo, ven una vida de sufrimiento. Hoy en día hay muchas personas que se las han arreglado para presentar un evangelio diferente, lo que en realidad no es un evangelio diferente porque no hay un evangelio diferente; sino que ellos han presentado una variación del evangelio que no es evangelio, de tal manera que han eliminado el sufrimiento para que el evangelio sea aceptable, quitan la ofensa de él. Pero no Pablo. Todo su ministerio del evangelio hizo que la gente se enfureciera, se enojara, fuera hostil, incluso brutal, pero él nunca alteró el mensaje.

Cuando él lleg al final de su vida, cuando escuchamos sus palabras de despedida, las cuales nos son familiares en 2 Timoteo, dice esto, 4:6, "Porque yo ya estoy para ser sacrificado, y el tiempo de mi partida está cercano". Y recordarán estas palabras, "He peleado la buena batalla". Fue una batalla de principio a fin, y ¿saben cómo terminó para él? Colocó su cabeza sobre un madero, un hacha resplandeció con los rayos del sol y cayó sobre su cuello, separando su cabeza y quitándole la vida. De inmediato llegó a la presencia del Señor. Previo a esto, había estado en prisión repetidas veces. Cuando llegaba a algún lugar, no preguntaba cómo era el hotel, más bien preguntaba cómo era la cárcel porque sabía que ahí era donde se quedaría. Decía: "¿qué tipo de cárcel hay en este lugar?"

Y probablemente alguien venía acompañándolo, una y otra vez, y dijo: "Pablo, por qué no mejor lo haces ms suave? No necesitas acabar en la cárcel en todos los lugares, o bien no necesitas ser expulsado de la ciudad. ¿Es necesario que vivas teniendo personas que estén planeando matarte? Los judíos te quieren matar, los gentiles te quieren matar, la gente te quiere matar, los líderes te quieren matar. No tiene que ser así. Puedes hacer algunos ajustes al evangelio que predicas".

¿Cómo fue que pudo soportar todo esto? La respuesta es que él entendió la gloria del evangelio. Ahora vayamos al capítulo 4. Sé que normalmente voy muy despacio y cubro solo unos versículos. Recuerdo cuando comencé con el libro de Romanos, todos estaban emocionados, y cuando inicie dije, Romanos inicia de esta manera, "Pablo", y mi primer sermón fue acerca de Pablo. Entonces la gente pensó: "¿Será que va a llevarnos palabra por palabra?" Sé que ustedes esperan que yo profundice y profundice, pero ahora vamos a cubrir juntos varios capítulos.

Quiero mostrarles cómo es que este capítulo est entre paréntesis. Al final del versículo 1 dice: "no desmayamos". Vayan al versículo 16 —esto es al final del capítulo— dice nuevamente: "Por tanto, no desmayamos". Esto es algo muy importante, desafortunadamente esta no es la mejor traducción. Es un verbo en griego que es *egkakeo* y *kakeo* tiene la misma raíz que la palabra *kakos* que significa "malo". Es actuar maliciosamente, es hacer el mal. Pablo dice: "he tenido la tentación de hacer algo malo, de actuar maliciosamente al desviarlos de la verdad del evangelio para hacer mi vida más fácil. Yo no haré eso, no lo hago".

Siguiendo la letanía, capítulo 1:3: "Bendito sea el Dios y Padre de nuestro Señor Jesucristo, Padre de misericordias y Dios de toda consolación". Solo ha avanzado unos versículos en su carta, y ya está hablando acerca de su aflicción. Usa la palabra aflicción nuevamente en el versículo 4. En el versículo 5 habla acerca de sus sufrimientos, los sufrimientos de Cristo que son suyos en abundancia. En el versículo 6 dice: "somos atribulados". En este mismo versículo dice: "aflicciones que nosotros también padecemos". En el versículo 8 dice: "no queremos que ignoréis acerca de nuestra tribulación". ¿Qué tan severa era? "Pues fuimos abrumados sobremanera más allá de nuestras fuerzas, de tal modo que aun perdimos la esperanza de conservar la vida". Esto quiere decir que su vida normalmente está en peligro de muerte.

En el versículo 9 nos dice: "tuvimos en nosotros mismos sentencia de muerte". En otras palabras, hasta donde puedo ver, viendo mi propia mente, evaluando la situación, se había terminado. Los enemigos tenían todo el poder y toda oportunidad, por lo que no podíamos confiar en nosotros mismos. Pusimos nuestra confianza en Dios, y nuestra confianza fue puesta en Dios porque pensamos que Él nos rescataría; pero porque sabíamos que nos resucitaría de entre los muertos cuando ellos nos mataran. Y Dios nos libró de este gran peligro de muerte, y nos librará. Aún nos librará. Esto era una situación horrenda tras otra.

En el capítulo 2, habla acerca de otro tipo de tristeza. Dijo: "Ustedes los corintios me causan tristeza". Era un tipo de iglesia que entristecería a cualquier pastor. "Porque si yo os contristo, ¿quién será luego el que me alegre, sino aquel a quien yo contristé? Y esto mismo os escribí, para que cuando llegue no tenga tristeza de parte de aquellos de quienes me debiera gozar; confiando en vosotros todos que mi gozo es el de todos vosotros. Porque por la mucha tribulación y angustia del corazón os escribí con muchas lágrimas". En otras palabras: "Ustedes han sido un dolor de cabeza para mí, y ahora yo voy a ser un dolor de cabeza para ustedes; todo esto será una dolorosa experiencia. No me gusta la forma en la que me tratan, y a ustedes no les gusta la forma en la que yo los trato. Todo esto es una profunda angustia de corazón".

De hecho, fue allá, a Corinto, después de haberse ido, y alguien en esa congregación, según esta carta, se levantó y lo resistió cara a cara, lo acusó cara a cara, lo condenó cara a cara públicamente, y nadie vino a defenderlo, por lo que salió de aquel lugar con el corazón destrozado. Las iglesias pueden hacer esto.

Regresemos al capítulo 4:8: "estamos atribulados en todo, mas no angustiados; en apuros, mas no desesperados; perseguidos, mas no desamparados; derribados, pero no destruidos; llevando en el cuerpo siempre por todas partes la muerte de Jesús, para que también la vida de Jesús se manifieste en nuestros cuerpos". Dicho de otro modo, la realidad es que nosotros andamos cargando por todos lados la noción de que cualquier día podríamos morir por la causa de Cristo.

Versículo 11: "Siempre estamos entregados a muerte". Versículo 12: "la muerte actúa en nosotros", y lo veremos un poco más tarde. Así es como vivió su vida. Luego en el 6:4: "nos recomendamos en todo como ministros de Dios, en mucha paciencia, en tribulaciones, en necesidades, en angustias; en azotes, en cárceles, en tumultos, en trabajos, en desvelos, en ayunos". Así era. Pero el versículo 8 nos muestra algún contraste: "por honra y por deshonra, por mala fama y por buena fama; como engañadores, pero veraces; como desconocidos, pero bien conocidos; como moribundos, mas he aquí vivimos; como castigados, mas no muertos; como entristecidos, mas siempre gozosos; como pobres, mas enriqueciendo a muchos". Esta era su vida.

En el capítulo 10 habla acerca de la manera en que fue tratado. Versículo 10: "Porque a la verdad, dicen, las cartas son duras y fuertes; mas la presencia corporal débil, y la palabra menospreciable". ¿Saben lo que significa esto? Él es feo y no se puede comunicar. Si eres guapo, no importaría que no te puedas comunicar, simplemente te paras enfrente y todo el mundo te ve con agrado. O bien, si eres feo y te puedes comunicar, la gente te escuchará. Pero si eres feo y no te puedes comunicar, no tienes ninguna oportunidad. Esto era un ataque contra su persona. Es como si le hubieran dado una bofetada. Su presencia no es impresionante, y su discurso es menospreciable.

Ahora vean el 11:6: "Pues aunque sea tosco en la palabra". Y luego una porción que nos es familiar, a partir del versículo 23 él dice: "¿soy ministro de Cristo?" Como estos falsos apóstoles a los que se está refiriendo. "Aquí están mis credenciales". Aquí vemos cómo es que él muestra la validez de su apostolado. No todos estos convertidos, estos muchos libros escritos, estos muchos lugares en los que ha hablado, no. Aquí están sus credenciales; si piensan que yo no represento a Cristo en un mundo hostil, expliquen esto: "en trabajos más abundante; en azotes sin número; en cárceles más; en peligros de muerte muchas veces. De los judíos cinco veces he recibido cuarenta azotes menos uno. Tres veces he sido azotado con varas" —por parte de los romanos— "una vez apedreado; tres veces he padecido naufragio; una noche y un día he estado como náufrago en alta mar; en caminos muchas veces; en peligros de ríos, peligros de ladrones, peligros de los de mi nación, peligros de los gentiles, peligros en la ciudad, peligros en el desierto, peligros en el mar, peligros entre falsos hermanos; en trabajo y fatiga, en muchos desvelos, en hambre y sed, en muchos ayunos, en frío y en desnudez; y además de otras cosas, lo que sobre mí se agolpa cada día, la preocupación por todas las iglesias".

No está hablando de administración. Escuché a alguien predicar esto en una ocasión. Dijo: "Sí, él estaba cargado por las cuestiones administrativas". ¿Qué? No está hablando de cuestiones administrativas. Él explica qué es de lo que está hablando en el versículo 29. "¿Quién enferma, y yo no enfermo? ¿A quién se le hace tropezar, y yo no me indigno?" ¿Saben qué nos indica esto? Era un pastor tal que, si un creyente era débil, el sentía el dolor por la debilidad de ese creyente. También dice que su corazón se rompe cuando alguien es estorbado, esta es una carga muy pesada para un hombre.

Ahora con todo esto en mente, vamos de regreso al capítulo 4 y, desde luego, la pregunta a la que queremos dirigir nuestra atención es, ¿qué es lo que estás haciendo que acarrea todos estos problemas? Tienes problemas con los incrédulos por lo que les estás diciendo, y tienes problemas con la iglesia por lo que le dices. Deja de hacerlo ya.

En una ocasión me reuní con uno de los líderes de una de las mega iglesias más grandes que hay aquí en los Estados Unidos, que todos ustedes conocen. Era en realidad una mega, mega iglesia, y me senté en su oficina, una muy grande, y dijo: "MacArthur, solo tengo una palabra para ti". Yo dije: "Grandioso, ¿cuál es?" Y me contestó: "Bájale"."¿Qué? ¿Bajarle?" "Sí, bájale. Vamos, suaviza tu mensaje. Deja de hacer lo que haces".

Si me preguntan quién es mi héroe dentro del ministerio, éste es Pablo. Siempre lo tengo presente. Pienso que si le hubieran dicho esto tampoco le hubiera parecido bien. "Oye Pablo, bájale. Vamos, haz que sea más fácil para los incrédulos. Haz que sea más fácil para la iglesia". No, ¿por qué? Porque él entendió que uno no se puede equivocar sobre la verdad divina.

No puedes ajustarla o adecuarla. No puedes quitarle. No puedes jugar con ella. Solo puedes aceptarla o rechazarla, pero no se puede hacer nada más con ella. Y la razón por la que llegó a los extremos que llegó y vivió, toda su vida de dolor y sufrimiento, culminando como mártir, fue porque entendió la gloria del evangelio.

Sabiendo esto, vamos de regreso al capítulo 4, y simplemente vamos a ver hasta dónde podemos llegar. Ni siquiera sé qué es lo que voy a decir. Incluso yo mismo tengo curiosidad. Así que, ésta es la forma en la que él veía su vida a la luz de la gloria del evangelio. Voy a darles varios puntos, y puede ser que les de entre 4 y 10 puntos. ¿De acuerdo? Vayamos y tomemos de este pasaje todo lo que podamos.

La superioridad del nuevo pacto

Primero que nada, él entendió la superioridad del nuevo pacto. Parte de la gloria del evangelio era, desde luego, que era el nuevo pacto que había sido esperado por mucho tiempo. ¿Entienden lo que Pablo dice en el versículo 1 cuando dice: "Por lo cual, teniendo nosotros este ministerio"? ¿Cuál ministerio? ¿De qu estás hablando Pablo? ¿A qué se refiere con "por lo cual"? El "por lo cual" está ahí para decirnos que esto es una declaración transicional que resulta de lo que acaba de decirse. "Por lo cual, teniendo nosotros este ministerio". ¿De qué ministerio estás hablando? Vayamos al 3:8. Tenemos el ministerio del Espíritu. ¿Cómo podría el ministerio del Espíritu fallar en ser aún más glorioso? Si el ministerio de la condenación era la ley, la ley tenía una gloria. ¿Sabían que la ley tenía gloria? Esto lo muestra en el capítulo 3, porque cuando Moisés recibió la ley, la gloria de Dios estaba sobre su rostro. La ley tenía una gloria porque era un reflejo directo de la naturaleza de Dios. En el versículo 9: "mucho más abundará en gloria el ministerio de justificación".

Pablo está diciendo: "La gente dio su vida por la ley. La ley tuvo una gloria, pero el Nuevo Pacto, el Nuevo Testamento, el ministerio del Espíritu…" Y si regresan al versículo 6, habla del ministerio no de la letra, sino del Espíritu: "porque la letra mata, mas el Espíritu vivifica". El ministerio del Espíritu, o el ministerio de justicia que es el Nuevo Pacto de salvación tiene gloria en abundancia. Si tuviéramos tiempo para estudiar el capítulo 3, veríamos algunas comparaciones ahí. Él compara el Antiguo Pacto con el Nuevo. El Nuevo Pacto da vida, dice en el versículo 6. En los versículos 7–9, el Nuevo Pacto da justicia. En los versículos 7, 10–11, el Nuevo Pacto es permanente. En el versículo 12, el Nuevo Pacto da esperanza. En los versículos 13–15, el Nuevo Pacto es claro. En los versículos 16–18, el Nuevo Pacto está centrado enCristo.Y en los versículos 17–18 el Espíritu le confiere poder al Nuevo Pacto.

Hemos recibido este ministerio que provee vida y justicia, esto es un ministerio permanente, nunca será reemplazado como lo fue el Antiguo Pacto. Esto nos da una esperanza eterna que es clara, Cristocéntrica, y con el poder del Espíritu. Esto es lo maravilloso y lo glorioso del Nuevo Pacto.

¿Saben cómo vivía Pablo su vida antes de que tuviera su experiencia en el camino a Damasco? ¿Qué era lo que hacía como compromiso de vida? Perseguía a los cristianos. Desde el punto de vista de ser un legalista quisquilloso, él era hebreo de hebreos, *kosher* hasta los huesos. Era fariseo. Era celoso de la ley. Y con respecto a la ley, al menos de manera externa, era sin mancha. Todo esto se encuentra en Filipenses 3, y para él todo esto era considerado una ganancia hasta que conoció a Cristo y se dio cuenta que todo esto era estiércol.

¿Qué tan importante piensan que fue para él el descubrir el Nuevo Pacto? ¿Piensan que fue un punto culminante en su vida? Esto era como una libertad increíble para un legalista sin esperanza. ¿Cómo podemos considerar a Pablo? Como un convertido muy raro. ¿Saben cuántos fariseos declarados vienen a Cristo en el Nuevo Testamento? Seguramente no pueden pensar en alguno de ellos. Estaban tan atados al legalismo. Solo unos pocos. Esto fue un glorioso amanecer para el apóstol Pablo. En la historia del hijo pródigo, él es el raro hermano mayor que se arrepiente de su hipocresía, se arrepiente y reconoce su pecado.

La gente puede ver pecado en su pecado, pero no ve pecado en su religión. Éste fue el amanecer de un día glorioso, un día increíble. Y una vez que la gloria del Nuevo Pacto amaneció sobre ese fariseo del Antiguo Pacto, nunca volvió a ser el mismo. Y debido a que nosotros hemos recibido este ministerio, no debemos pecar gravemente al jugar con el mensaje.

Si ustedes realmente entienden la gloria del evangelio de salvación, nunca se atreverán a jugar con él. Lo verán en toda su majestad, en toda su belleza, en toda su plenitud. No necesitamos darle a la gente un entendimiento exagerado, minimalista, o truncado del evangelio. Necesitan que se les dé toda la gloria del evangelio.

Así que Pablo, primero que nada, soportó todo lo que soportó, porque él vio la gloria del evangelio y la vio desde su personal punto de vista. Filipenses 3, él intentó establecer su propia justicia y después se dio cuenta que todo eso no era nada. Fue entonces cuando se encontró con la justicia de Dios en Cristo. Cuando has sido en verdad regenerado, entiendes que éste es el mensaje que debe ser predicado a cualquier precio.

El ministerio como misericordia

En segundo lugar, el consideró el ministerio como misericordia. Este puede ser un concepto interesante, veamos el versículo 1: "Según la misericordia que hemos recibido". Hay personas que creen que se han ganado el derecho a predicar el evangelio, que se han ganado el derecho de representar al evangelio, que se han ganado el derecho de proclamar el evangelio. Permítanme decirles algo, yo no soy digno; ustedes no son dignos; ninguno de nosotros es digno de proclamar el evangelio. Es la misericordia la que nos permite hacerlo. Escuchen las palabras del apóstol Pablo en 1 Timoteo 1:12: "Doy gracias al que me fortaleció, a Cristo Jesús nuestro Señor, porque me tuvo por fiel, poniéndome en el ministerio, habiendo yo sido antes blasfemo, perseguidor e injuriador; mas fui recibido a misericordia".

¿Saben por qué estoy en el ministerio? Porque Dios es misericordioso. No tengo ningún derecho de hacerlo. No me lo he ganado. "Pero, fuiste al seminario". Eso no me da ningún derecho. "Pero, tienes un don especial para comunicar". Esto tampoco me da ningún derecho. El hecho mismo de que yo me pueda parar aquí y abrir la Palabra de Dios para proclamar el glorioso evangelio de Cristo es una misericordia para un pecador indigno, y la forma en la que esto se hace es muy asombrosa. El privilegio es tan abrumador.

Aquí están las buenas nuevas. No fue mi fuerza lo que hizo que me ganara este derecho, y no es mi debilidad la que hace que lo pierda. Es misericordia. No me lo merezco. Dios me lo dio como misericordia. Y a pesar de mis fallos y de mis debilidades, Él continúa dándome esta misericordia. Y ya que puedo entender el ministerio como una misericordia, no tengo muchas expectativas acerca de qué es lo que puedo lograr. ¿Pueden comprender esto?

He escuchado de pastores que están exhaustos. ¿Qué quiero decir? La fatiga no tiene que ver con el trabajo arduo. Nunca he visto a un plomero llegar al grado de decir: "No quiero hacer nunca más este trabajo", o bien diciendo: "Estoy completamente consumido por mi trabajo". No se trata del esfuerzo. Estar completamente consumido es algo que sucede a las personas que no consiguen que sus expectativas sean satisfechas. "Me merezco algo mejor que esto. No me pueden hacer esto. Las cosas no están saliendo bien. No debera ser tratado de esta manera".

Entiende esto, nunca querrías ser tratado de la manera en la que debieras ser tratado. Dios ni siquiera te trata de la manera en que debieras ser tratado. La gente se siente consumida por el ministerio. Se doblan. Se cansan de hacer el bien porque tienen expectativas que no son realistas de lo que ellos creen que se merecen debido a sus aptitudes, debido a su preparación, debido a que trabajan duro.

La verdad es que, cada día de tu vida o de la mque nos levantamos, en que el Señor nos da la oportunidad de proclamar su evangelio, no es otra cosa más que misericordia. Nunca me cansaré de esta misericordia.

Cuando estaba en la preparatoria, no sabía lo que yo iba a ser. Mi padre era un predicador. Mi abuelo era un predicador, y al menos dos generaciones antes también fueron predicadores. Esto era algo que me decía que yo debía seguir esta línea, pero la realidad era que yo no me sentía presionado por la carga de mis ancestros. Según yo, quería ser un atleta profesional. Y me sentía bastante seguro al respecto, en especial cuando tenía un balón en mi mano. Y la gente me aplaudía, le gustaba a la gente. Digamos que tenía cierto grado de popularidad.

Supongo que pude haber tomado muchos caminos diferentes, pero Dios tenía este para mí, y nunca ha dejado de abrumarme. Qu gran misericordia que yo pueda hacer esto! Cada domingo me paro aquí arriba, y ya voy bastante entrado en la quinta década de estarlo haciendo. ¿Hay algún privilegio más grande que este? ¿Hay un honor más grande que este para un siervo indigno?

Pablo nunca se cansó de esto, nunca se cansó de la gloria del evangelio y lo comprobaremos conforme vayamos desarrollando este pasaje. Así que, en vez de tomar más tiempo aquí —podría decir mucho más acerca de esto (esto es lo que un pastor dice siempre que se le acaba el material: "Hermanos, podríamos continuar", pero ustedes saben que ya no le quedan notas o pensamientos). Por tanto...

La necesidad de un corazón puro

La gloria del evangelio es mostrada en su entendimiento de la superioridad del Nuevo Pacto. Nos fue mostrada ya en su entendimiento del ministerio como misericordia. Y tercero, se mostr su entendimiento de la necesidad de un corazón puro.

Mientras que es una misericordia, esto no da cabida al pecado. Me encanta lo que dice en el versículo 2: "Antes bien renunciamos a lo oculto y vergonzoso". No tengo una vida secreta. No tengo nada que esconder. ¿Acaso no odiamos cuando nos enteramos de que un pastor llevaba una doble vida? Eso es horrible, ¿o no? Una vida vergonzosa escondida, y de repente se convierte en un escándalo y sale en todos los noticieros y los periódicos. Pablo dice; "No tengo eso, no tengo una vida oculta, no vivo en dos mundos".

¿Cómo te defiendes cuando alguien te acusa de esto? Porque esto era lo que estaban haciendo, lo estaban acusando de tener una vida secreta. De hecho, si leen entre líneas en 2 Corintios, estaban diciendo que Pablo estaba en el ministerio por dinero —yo también he sido acusado de eso— y también por el favor de las mujeres. Pero él dijo: "No tengo una vida secreta. Renuncio a ello". Su defensa se encuentra en el 1:12. Pablo dice; "Porque nuestra gloria es esta: el testimonio de nuestra conciencia". ¿Se dan cuenta? Les dice: "Me pueden acusar de lo que ustedes quieran. Mi conciencia no me acusa".

Es justo ahí donde la batalla se gana o se pierde. Santiago 1: el pecado concebido en el interior finalmente se muestra en el exterior. Pablo dice: "Traigan sus acusaciones. El testimonio de mi conciencia es que en santidad y en una sinceridad piadosa, no con sabiduría carnal, sino en la gracia de Dios nos hemos conducido en el mundo y especialmente para con ustedes. No puedo decir otra cosa a ustedes que me acusan". Y había falsos maestros en Corintio, que venían tras Pablo con una campaña malintencionada para destruir su credibilidad en ese momento. Por eso es que él escribe esta carta, y dice, "Mi conciencia está tranquila".

Esto lo dice varias veces. Lo dice posteriormente en su vida, en las epístolas pastorales, que su conciencia está limpia. Desde luego que lidiaba con pecado en su vida, pero lo confesaba. Se apartaba de él. Como lo dice en 2 Corintios 7:1: "Limpiémonos de toda contaminación de carne y de espíritu, perfeccionando la santidad en el temor de Dios". La gloria del evangelio para Pablo se mostr en la integridad de su vida. ¿Cómo se puede afirmar la gloria del evangelio, este maravilloso privilegio de misericordia al predicarlo, y después vivir como un hipócrita? Si entiendes la gloria del evangelio, si entiendes la misericordia que es que se te dé el privilegio de entregarlo, entonces ests obligado a la pureza que Pablo proclama ser cierta en su propio corazón.

Cuando dio su testimonio en Hechos 23 y 24, nuevamente lo dice dos veces: "Tengo una conciencia limpia, tengo una conciencia limpia". Cuando verdaderamente creemos en la gloria del evangelio, queremos asegurarnos de que nuestra vida es pura porque queremos ser instrumentos para honra. Y, qué dice a continuación? "Útil al Señor" (2 Timoteo 2:21).

Comprometido a predicar con precisión

Número cuatro, cuando entiendes la gloria del evangelio —regresando al capítulo 4— entonces estás comprometido a predicar la Escritura con precisión. Cada vez que veo la televisión "cristiana", Patricia me pregunta ¿por qué vuelves a ver eso? No siempre le puedo dar una buena respuesta. Pero les puedo decir esto: Me indigno con toda justicia por personas que hacen lo que dice aquí, "adulterando la Palabra de Dios". Y quizás solo necesito incrementar mi ira santa, no lo sé. Les aseguro que mientras algunos están enviando dinero a estas personas, yo estoy orando Salmos imprecatorios contra ellos, y me pregunto cómo es que Dios les permite seguir haciendo eso. Las personas que adulteran la Escritura me hieren más profundamente que ninguna otra cosa, porque esto es mi vida, y esto es vida, y esto es verdad, y no puedes jugar irresponsablemente con ella.

Regresen a 2 Corintios 2:17. Tenemos ahí una lección acerca del porqué la gente lo hace: "Nosotros no somos como muchos, que medran falsificando la palabra de Dios". Son estafadores, buhoneros, charlatanes, fraudulentos; había muchos de ellos en las plazas en el mundo antiguo. Ellos diluían el vino con agua. El jabón era impuro. Las piezas de cerámica que vendían tenían grietas que eran cubiertas con cera. Esta se derretía tan pronto como era puesta al fuego. No eran sinceros. Eran *kaplos*, esta es la palabra para falsificar, *kaplos*, fraude, falso, quebrado. Aquí en 2 Corintios 4:2 Pablo dice que él "no [andaba] con astucia", *panourgia*. *Panourgia* proviene de *pan*, y de *ourgia*. *Pan* quiere decir "hacer todo para engañar", y *ourgia* es la energía para trabajar. Pablo tampoco andaba "adulterando la palabra de Dios". "Adulterar" significa hacer trampas, y es una palabra que se usaba particularmente para diluir vino, es decir corromper la manifestación de la verdad.

Si ustedes creen en la gloria del evangelio, no pueden jugar con él. No lo adulterarán. Las personas que salen en televisión y tuercen o pervierten el evangelio para obtener dinero, lo están sacando de las bolsas de los enfermos, de los ancianos, de personas que están al borde de la muerte, de personas que están buscando un milagro tipo billete de lotería; ellos no entienden la gloria del evangelio. Es por esto que Pablo dice nosotros no andamos "adulterando la palabra de Dios, sino por la manifestación de la verdad recomendándonos a toda conciencia humana delante de Dios" (2 Corintios 4:2).

Y como ustedes saben la verdad tiene un poder que la hace evidente. Es como si se auto evidenciara. La verdad tiene un poder auto evidente de tal modo que cuando es rechazada, se encomienda a sí misma a la conciencia del que la rechaza. Digamos que él lucha contra la verdad.

Hace algunos años estaba dedicando mucho tiempo a Larry King, el famoso entrevistador de la TV; muchos de ustedes lo saben. Él me caía muy bien, me preocupaba. Tuvimos muchas conversaciones muy buenas, charlas privadas, escuchó la verdad, y pienso que nunca me debatió algo, nunca, porque la verdad tiene un carácter por el que se encomienda al que la rechaza.

En un sentido, pienso que el mundo incrédulo que ve a aquellos charlatanes en la televisión sabe mejor que los cristianos, que son ladrones. Si entiendes la gloria del evangelio, no tienes interés en adulterar la verdad. Quieres vivir una vida pura, entiendes el inmenso privilegio de la misericordia del ministerio porque celebras la grandeza de este evangelio del Nuevo Pacto.

Los resultados dependen de Dios

Algunos dicen: "¿Sabes? Nosotros hacemos algunos cambios en el mensaje porque de otro modo no hay resultados. Hemos tenido que cambiar un poquito este mensaje para que sea efectivo". ¿En verdad? Bueno el siguiente punto que les quiero dar es este. Si en realidad entiendes la gloria del mensaje del evangelio, entiendes que los resultados dependen de Dios. ¿De acuerdo? Los resultados dependen de Dios. ¿Recuerdan la parábola del sembrador? ¿Qué nos dice acerca del sembrador? Nada, absolutamente nada. No dice si es que él usa su mano derecha, su mano izquierda, se agacha, o lanza una curva cuando siembra la semilla. No se nos dice absolutamente nada del sembrador. ¿Qué nos dice acerca de la bolsa en donde carga su semilla? Nada, no se nos dice nada acerca de esto. La parábola es acerca de la tierra. Ni siquiera se nos dice algo acerca de la semilla, más allá de que es la verdad, de que es el evangelio. No es acerca de técnicas de aventar la semilla, es acerca del estado de la tierra, yo no hago el trabajo de ser tierra, ese es el trabajo de Espíritu Santo.

Me encanta ese pasaje de Marcos, la parábola en donde Jesús dice que el sembrador siembra la semilla y se va a dormir porque no tiene idea de cómo es que ésta crece. Esto es correcto. Cuando dices: "No estoy obteniendo resultados", ¿realmente crees que tú estás a cargo de los resultados? Escucho algunas discusiones como ésta: "Tenemos que vencer la resistencia del consumidor". Pues mucha suerte, porque la resistencia del consumidor se llama depravación total. La resistencia del consumidor significa que el pecador es incapaz y no quiere dejar su estado actual por sí mismo.

Veamos 2 de Corintios 4:3. Toda la presentación que hace Pablo tiene mucho sentido. Simplemente sigue el flujo de pensamiento. Sé que algunos de ustedes estarán diciendo, "Esto es desmotivador. Mira, Pablo, estás yendo de lugar en lugar, las iglesias son pequeñas, y están llenas de problemas. Te rechazan en los lugares a donde vas, te rechazan sus líderes, te rechaza el pueblo, incluso te han querido matar. Los judíos te persiguen, podemos decir con certeza que no estás teniendo mucho éxito".

Pero aquí se encuentra su respuesta. "Pero si nuestro evangelio está aún encubierto, entre los que se pierden está encubierto". Esta es una categoría de la gente, esta es la posición por defecto que tiene toda la raza humana: "Yo no soy el problema". ¿Cómo fue que ellos llegaron a esa posición? Versículo 4: "en los cuales el dios de este siglo cegó el entendimiento de los incrédulos, para que no les resplandezca la luz del evangelio de la gloria de Cristo, el cual es la imagen de Dios". El problema no es tu técnica, el problema es su corazón. Tienes, entonces a toda esta gente que llega a ti con ideas pragmáticas para hacer que el evangelismo sea efectivo, para vencer la resistencia del consumidor, para hacer el mensaje más digerible. Diremos más acerca de esto a partir de algunas otras porciones de la Escritura.

Debes colocarte en una posición de esclavo. De hecho, escribí un libro con el nombre *Esclavo*. ¿Lo han visto? Imaginen ustedes tratar de vender un mensaje dentro de un mundo lleno de esclavos. Por cierto, un judío crucificado en Jerusalén quien era rechazado por su propia gente, rechazado por sus líderes, quien fue ejecutado como un criminal común por los romanos y que resucitó de entre los muertos. Él era el Dios vivo y verdadero, el único Salvador, y Él quiere que tú seas su esclavo. Esto es real. Y, por cierto, para que esto suceda tienes que rechazar a otros amos, confesar tu pecado, arrepentirte, y verlo como la única fuente de salvación.

Nuevamente, ¿quién es éste? ¿Un judío crucificado? Esto es lo que Pablo está predicando a un mundo gentil. No solo tienes que poner tu fe en Él, sino que necesitas confesarlo como Señor, y entonces eres su esclavo. Esta es una venta difícil. No puedes vencer la resistencia del consumidor en un mundo gentil y pagano, y menos aun cuando les hablas de un judío crucificado a personas que no tienen ningún trasfondo del Antiguo Testamento, que no tienen ni idea de lo que era el sistema sacrificial, y les pides que crean que este judío crucificado es Dios encarnado, el único Salvador, el único Dios vivo y verdadero, la única esperanza de salvación, y que en el momento que lo reciban se convertirán en su esclavo. Esto no funciona, humanamente hablando. Por eso es que 1 Corintios 1:18 dice, como lo veremos más tarde, que predicar la cruz es locura.

Los resultados dependen de Dios. Este es el verdadero gozo en el ministerio. Estoy encargado de sembrar. Pero no estoy encargado de hacer que la semilla crezca. Dios es el único que da vida. Y me encanta lo que dice el versículo 5: "No nos predicamos a nosotros mismos". No se trata de improvisar un método, no se trata de historias personales acerca de nosotros. "Sino a Jesucristo como Señor nuestro". Lo que estamos haciendo es llamar a la gente para que se convierta en un esclavo para Cristo.

Lo insignificante de tu persona

Y podrías decir: "¿Cómo sería posible esperar tener el mínimo buen resultado con un mensaje como éste? La respuesta se encuentra en el versículo 6: "Porque Dios, que mandó que de las tinieblas resplandeciese la luz, es el que resplandeció en nuestros corazones, para iluminación del conocimiento de la gloria de Dios en la faz de Jesucristo". ¿No creen que este es el versículo más profundo? ¿Saben qué es lo que está diciendo? Lo que está diciendo es creación. Dios dijo: "hágase la luz", y la luz existió con solo la emisión de la voz de Dios. Este es el modelo de salvación. Dios se hace presente en la oscuridad del corazón del pecador y hace que le resplandezca la luz del conocimiento de la gloria de Dios en la faz de Jesucristo.

Esto es lo que hace el ministerio emocionante. Si quedas atrapado en los resultados, vas a acabar predicándote a ti mismo, a tu técnica y tu estilo. Vas a quedar atrapado en tu forma de vestir, en tus trucos, en tu música y en tus adaptaciones culturales. Si en verdad entiendes la gloria del evangelio también comprenderás lo insignificante que eres ante él. Así que, ¿qué hemos estado diciendo? Solo para repasar, si entiendes la gloria del evangelio, entiendes la superioridad del Nuevo Pacto, la misericordia del ministerio, la necesidad de un corazón puro, el hecho de que la Escritura debe ser predicada con precisión, de que los resultados dependen solo de Dios, y de que tú eres personalmente insignificante, que tu persona es insignificante.

Por años he regresado a este versículo muchas veces. Tenemos este tesoro, ¿qué tesoro? El tesoro del evangelio en vasijas terrenales, vasijas terrenales son como vasijas de barro, ollas de barro. Tengan esto en mente, vasija de barro. ¿Para que usan una vasija de barro dentro de sus casas? Le ponen tierra y ponen una planta dentro. En tiempos antiguos una vasija de barro era fácil de romperse, fea y fácil de reemplazar. Pero tal vez el versículo que ilustra correctamente como se usaban se encuentra en 2 Timoteo 2:20: "Pero en una casa grande, no solamente hay utensilios de oro y de plata" —supongo que en las casas grandes estos se usan para servir alimentos— "sino también de madera y de barro; y unos son para usos honrosos, y otros para usos viles". Prepárense para escuchar esto. Se sirve el alimento en el oro y la plata, pero sacaban la basura en los de barro y madera, los de barro eran para los desechos, para los desperdicios, servían para sacar la basura de la familia. Y un dato curioso es que a Martín Lutero le decían que él era un bote de basura.

Así que regresemos a nuestro versículo, 2 de Corintios 4:7: "Pero tenemos este tesoro en vasos de barro". Esto nos da un sentido de humildad personal, ¿no lo creen? Una insignificancia personal. Somos simples vasijas de barro. En 1 de Corintios, Pablo habla de una forma que creo que, en un sentido, para algunas personas, podría significar palabras duras que parecen minimizar el sentido de auto importancia que algunos ministros tienen. En 1 Corintios 4:13 dice: "Hemos venido a ser hasta ahora como la escoria del mundo, el desecho de todos". Esto habla de los restos de comida que se han pegado al fondo de la vasija después de que se enfrió, y que para quitarlos hay que rasparlos. Pablo dice, en un sentido somos escoria. Somos los últimos residuos que quedan en el fondo de la vasija. Somos vasijas de barro. Y creo que tienes que ser muy humilde cuando entiendes la gloria del evangelio, para no competir tú mismo con el evangelio, para no buscar tu propia exaltación. Esto sería algo muy desagradable.

Los beneficios del sufrimiento

Bueno por cuestiones de tiempo, solo veamos algo más. Pablo aceptó los beneficios del sufrimiento. Así que, si entendemos la gloria del evangelio —este es otro punto— entendemos los beneficios del sufrimiento. Si queremos ser más efectivos, sufriremos más. Santiago 1:2 dice: "Tened por sumo gozo cuando os halléis en diversas pruebas", porque tienen una obra de perfeccionamiento. Nunca podrás entender el ministerio y su eficacia a menos que sufras. Regresando a nuestro pasaje, los versículos 8–10, ya lo leímos, "que estamos atribulados en todo, mas no angustiados; en apuros, mas no desesperados; perseguidos, mas no desamparados; derribados, pero no destruidos; llevando en el cuerpo siempre por todas partes la muerte de Jesús, para que también la vida de Jesús se manifieste en nuestros cuerpos". Versículo 11, lo mismo. "Porque nosotros que vivimos, siempre estamos entregados a muerte por causa de Jesús, para que también la vida de Jesús se manifieste en nuestra carne mortal". Y el versículo 12: "De manera que la muerte actúa en nosotros, y en vosotros la vida". Vemos que aquí se encuentra una clave, la muerte actúa en nosotros y en vosotros la vida". Justo ahí está la clave. "La muerte actúa en nosotros y en vosotros la vida". Cuanto mayor sea el sacrificio de tu propia vida, cuanto más sufras, más fuerte te volverás.

Vayamos a 2 de Corintios 12:7: "Y para que la grandeza de las revelaciones". Pablo tuvo una audiencia personal con el Cristo ascendido en el camino a Damasco y también en algunas otras ocasiones, y pudo volverse muy orgulloso debido a esto. ¿Recuerdan que habla de su viaje al cielo y dice que escuchó cosas que ni siquiera podía describir? Él podría haber usado esto como un motivo para su propio orgullo, así que para mantenerlo humilde, sin exaltarse a sí mismo, dice: "me fue dado un aguijón en mi carne", de hecho era como una lanza o una flecha, literalmente como un espolón clavado en lo que, de otro modo, sería su carne orgullosa. Y noten como este espolón es descrito como "un mensajero de Satanás", un *aggelos* de Satanás. ¿Qué es un *aggelos* de Satans? Un demonio. ¿Era un demonio que atacaba directamente a Pablo? La mejor explicación de esto es que debe haber sido el demonio líder de los falsos maestros, quienes estaban barriendo con la iglesia de Corinto, la cual Pablo amaba, y consecuentemente estaba haciendo que sintiera una estaca en el corazón debido a su gran amor por esta iglesia. Aquí se dice que son falsos maestros que están siendo guiados por un poder demoniaco que está haciendo daño a la iglesia de Corinto. Esto era lo que lo estaba atormentando. Y el Señor permitió que esto sucediera para que él no se exaltara a sí mismo.

El Señor te dará suficientes problemas como pastor para que no te exaltes a ti mismo, incluso puede usar demonios para crearte estos problemas. Dice Pablo que, "tres veces [ha] rogado al Señor, que lo quite de [s]", pero le ha contestado, "Bástate mi gracia; porque mi poder se perfecciona en la debilidad". Cuanto más te exaltes a ti mismo, estarás forzando más y más al Señor a que te humille. Si entiendes la gloria del evangelio, entiendes los beneficios del sufrimiento. El sufrimiento te hace más efectivo como instrumento, porque te otorga poder perfeccionado en la debilidad. Pablo entendió el mensaje: "Por tanto, de buena gana me gloriaré más bien en mis debilidades, para que repose sobre mí el poder de Cristo. Por lo cual, por amor a Cristo me gozo en las debilidades, en afrentas, en necesidades, en persecuciones, en angustias; porque cuando soy débil, entonces soy fuerte". Cuanto más te exaltes menos útil serás.

La necesidad de convicción

Concluyo con dos pensamientos. Entender la gloria del evangelio es comprender todas estas cosas. No las voy a repasar, solo les doy otras dos cosas que quiero que consideren. Primero, entender la necesidad de convicción. Para entender la gloria del evangelio —y esto creo que resume todo lo que hemos dicho— es entender la necesidad de convicción. Una vez más, éste es un pasaje al que regreso con frecuencia. "Pero teniendo el mismo espíritu de fe, conforme a lo que está escrito" —aquí cita el Salmo 116— "'Creí, por lo cual hablé', nosotros también creemos, por lo cual también hablamos".

En el pasar de los años la gente me ha dicho: "Simplemente no te echas para atrás, ¿verdad?" No. Una persona me presentó durante una conferencia diciendo: "John MacArthur es más amable en persona de lo que es en su predicación". Y créanme que hay un sentido en el que entiendo esto. No lo hago con el deseo de entrar en discusión con cualquiera. Simplemente intento predicar la verdad y entiendo que la verdad crea sus propios enemigos. Es por esto que hay una necesidad de convicción. Esto es la integridad. No puedes predicar algo y después despreocuparte de si esto es obedecido. No puedes decir: "Bueno, yo creo en esto, pero no lo voy a decir porque la gente se va a ofender". Si es verdad, tienes un mandato de proclamarlo. "Creí, por lo cual hablé". Cualquier cosa que me escuchen decir es porque lo creo.

La gente dice: "¿Por qué eres tan apasionado en todo?" Porque cuando vengo con la convicción de que esto es lo que la palabra de Dios significa, es eso lo que digo. Me emociono acerca de ello porque es la verdad. "Creí, por lo cual hablé". Esto es masculinidad espiritual. Esto es actuar como un hombre. Esto es hombría, hablar con convicción.

Así que, ¿qué es lo que hemos aprendido? Solo lo hemos visto rápidamente, pero hemos aprendido que si entienden como entendió Pablo la gloria del Nuevo Pacto, tiene todo tipo de implicaciones en sus vidas. Nunca se pondrán por encima de la gloria del Nuevo Pacto; siempre deben entender el privilegio del ministerio como una misericordia que no merecen. Se comprometerán a tener un corazón puro porque no quieren hacer nada que los descalifique de la proclamación de este evangelio glorioso. Serán responsables de interpretar con precisión la Escritura, y nunca la adulterarán. Sabrán que los resultados solamente dependen de Dios, y Él es quien se lleva la gloria del evangelio. Estas cosas son fundamentales. Deben verse como una vasija de barro, como personalmente insignificantes. Abrazarán los beneficios del sufrimiento, que es lo que les da la fortaleza divina en la debilidad humana. Entenderán que este es un evangelio que debe tener convicción, que vale la pena tener una vida de integridad por aquello en lo que creen, y lo proclamarán de esta misma forma.

Y al final, cuando entienden la gloria del evangelio, ponen la recompensa futura sobre las dificultades presentes. En los versículos 13–15 él dice: "Creí, por lo cual hablé", y si vamos a morir —versículo 14— "a nosotros también nos resucitará con Jesús, y nos presentará juntamente con vosotros", así que continuaré hablando "para que abundando la gracia por medio de muchos, la acción de gracias sobreabunde para gloria de Dios" en el cielo. Y con esta forma de ver el cielo, que de algún modo es introducida al final del versículo 15, llega al 16 —nos movemos rápidamente en esto— "Por tanto, no desmayamos" —que fue lo mismo que dijo en el versículo 1— "antes aunque este nuestro hombre exterior se va desgastando, el interior no obstante se renueva de día en día. Porque esta leve tribulación momentánea produce en nosotros un cada vez más excelente y eterno peso de gloria; no mirando nosotros las cosas que se ven, sino las que no se ven; pues las cosas que se ven son temporales, pero las que no se ven son eternas".

No busco tener reputación en esta vida. No estoy buscando el éxito en esta vida. Estoy más enfocado en el eterno peso de gloria, en la fidelidad que será recompensada en el futuro por un Dios fiel. No me importa la aflicción momentánea, y en comparación con otros no he tenido nada. No estoy en busca de las cosas que se ven, y no quiero que mi vida sea explicada humanamente. Quiero que mi vida sea explicada divinamente. Así fue como Pablo entendió la gloria del evangelio.

En el siguiente mensaje vamos a ver qué fue lo que hizo que este Nuevo Pacto fuera tan glorioso al tiempo que hablemos de la realidad satisfactoria del evangelio.

Oración

Padre, te agradecemos por tu profunda bondad hacía nosotros al confiarnos la Santa Escritura. Gracias porque tiene el anillo de la verdad, y sin importar cuantas veces la leamos, siempre viene de manera fresca y viva. Gracias porque es irrefutable, porque es vida. Gracias porque se ve en todos lados, esto es claro, lo entendemos. Ella llena nuestras mentes con verdad, pone en nuestros corazones celo y pasión, y mueve nuestros pies hacía la obediencia. Te pedimos que seas glorificado durante los días que pasemos juntos estudiando tu Palabra. Cumple tu buen propósito en cada vida, oramos en el nombre de Cristo. Amén.

REFLEXIONES PERSONALES

14_El Evangelio Satisface la Necesidad del Pecador

Pero ahora, aparte de la ley, se ha manifestado la justicia de Dios, testificada por la ley y por los profetas; la justicia de Dios por medio de la fe en Jesucristo, para todos los que creen en él. Porque no hay diferencia, por cuanto todos pecaron, y están destituidos de la gloria de Dios, siendo justificados gratuitamente por su gracia, mediante la redención que es en Cristo Jesús, a quien Dios puso como propiciación por medio de la fe en su sangre, para manifestar su justicia, a causa de haber pasado por alto, en su paciencia, los pecados pasados.

Romanos 3:21–25

BOSQUEJO

— Introducción

— Un macho sin defecto

— Colocar la mano sobre la cabeza del sacrificio

— Esparciendo la sangre en el altar

— Rociar la sangre

— Componentes de la justicia de Dios

- La justicia está separada del legalismo

- La justicia está basada en la revelación

- La justicia de Dios se obtiene por medio de la fe

- La justicia de Dios es entregada a aquellos que creen

- La justicia de Dios es dada por gracia

- La justicia de Dios fue lograda mediante redención

— Oración

NOTAS PERSONALES AL BOSQUEJO

Introducción

El mensaje pasado fue acerca de la gloria del evangelio desde la perspectiva del apóstol Pablo, y vimos su propia vida desde el punto de vista de alguien que tiene la ventaja de entender la gloria del evangelio, y cómo es que esto afectó toda su vida. Afectó su resistencia, le llevó al sufrimiento, causó que fuera humilde, lo dirigió hacía la pureza, y todas esas cosas de las que hablamos. Lo hizo un intérprete confiable y preciso de la Palabra de Dios, sin adulterar la verdad. Todas estas cosas lo llevaron a enfocarse en las cosas eternas, a un mayor peso de gloria, más que a las comodidades temporales y a la reputación temporal. Comprendió la gloria del evangelio. Literalmente su trascendencia marcó todas sus perspectivas sobre la vida, y le permitió pasar por la vida y por el sufrimiento, de manera inimaginable y sin descanso, y finalmente pudo terminar su vida como mártir.

Pero de lo que no hablamos en el mensaje anterior fue de la esencia del evangelio, la naturaleza del evangelio, en qué consiste este glorioso evangelio. Ese será nuestro tema en este mensaje. Pueden abrir sus Biblias en Romanos 3. Inevitablemente, si ustedes van a tener una visión clara de lo que es el evangelio de acuerdo a Pablo, van a tener que ir al tercer capítulo de Romanos. Y mientras que hay muchos aspectos del libro de Romanos que tienen que ser entendidos, esta porción en particular se encuentra en el centro de lo que debemos entender.

Permítanme leerles Romanos 3:21–31. "Pero ahora, aparte de la ley, se ha manifestado la justicia de Dios, testificada por la ley y por los profetas; la justicia de Dios por medio de la fe en Jesucristo, para todos los que creen en él. Porque no hay diferencia, por cuanto todos pecaron, y están destituidos de la gloria de Dios, siendo justificados gratuitamente por su gracia, mediante la redención que es en Cristo Jesús, a quien Dios puso como propiciación" —o bien satisfacción— "por medio de la fe en su sangre, para manifestar su justicia, a causa de haber pasado por alto, en su paciencia, los pecados pasados, con la mira de manifestar en este tiempo su justicia, a fin de que él sea el justo, y el que justifica al que es de la fe de Jesús. ¿Dónde, pues, está la jactancia? Queda excluida. ¿Por cuál ley? ¿Por la de las obras? No, sino por la ley de la fe. Concluimos, pues, que el hombre es justificado por fe sin las obras de la ley. ¿Es Dios solamente Dios de los judíos? ¿No es también Dios de los gentiles? Ciertamente, también de los gentiles. Porque Dios es uno, y él justificará por la fe a los de la circuncisión, y por medio de la fe a los de la incircuncisión. ¿Luego por la fe invalidamos la ley? En ninguna manera, sino que confirmamos la ley".

Ahora, quiero que tengan en su mente que esto va a ser más como un salón de clases. Vamos a ver este pasaje en dos sesiones. Se divide entre los versículos 21–25a, y después 25b–31, todo esto apunta a la naturaleza satisfactoria del evangelio. El evangelio satisface. La primera mitad es acerca de cómo es que éste satisface al pecador y la situación en la que el pecador se encuentra; y en la segunda mitad, cómo es que el evangelio satisface a Dios. Podemos decir que la primera mitad es acerca de cómo Cristo murió por los pecadores; y la segunda mitad de cómo Cristo murió por Dios. Ahora, todos entendemos que Cristo murió por los pecadores, pero tal vez no estamos tan familiarizados con el hecho de que Cristo murió por Dios. Esto es lo que veremos en el siguiente mensaje. La palabra clave aquí es la palabra "justicia". Esta palabra es una forma de la palabra *dikaios*. En el griego, *dikaios* es usada muchas veces en esta porción de la Escritura. Algunas veces aparece como "justicia" y otras como "justificado", pero es la palabra que domina aquí.

Y esto abre para nosotros la esencia del tema del evangelio. El evangelio es acerca de la justicia. Y para que comencemos a ver este pasaje, quiero llevarlos atrás, algo muy atrás, hasta el libro de Job, lo cual puede ser el relato de uno de los primeros incidentes dentro de la Escritura después de la Creación, Job 9. Aquí, en los versículos 1–2, se hace la pregunta esencial: "Respondió Job, y dijo: Ciertamente yo sé que es así" —y aquí viene la pregunta—"¿Y cómo se justificará el hombre con Dios?" Esta es una pregunta que prevalece. ¿Cómo se justificará un hombre con Dios? Y entonces él continúa diciendo a partir del versículo 3: "Si quisiere contender con él, no le podrá responder a una cosa entre mil. Él es sabio de corazón, y poderoso en fuerzas; ¿quién se endureció contra Él, y le fue bien? Él arranca los montes con su furor, y no saben quién los trastornó; Él remueve la tierra de su lugar, y hace temblar sus columnas; Él manda al sol, y no sale; y sella las estrellas; Él solo extendió los cielos, y anda sobre las olas del mar; Él hizo la Osa, el Orión y las Pléyades, y los lugares secretos del sur; Él hace cosas grandes e incomprensibles, y maravillosas, sin número. He aquí que Él pasará delante de mí, y yo no lo veré; pasará, y no lo entenderé. He aquí, arrebatará; ¿quién le hará restituir? ¿Quién le dirá: ¿Qué haces? Dios no volverá atrás su ira, y debajo de Él se abaten los que ayudan a los soberbios. ¿Cuánto menos le responderé yo, y hablaré con Él palabras escogidas? Aunque fuese yo justo, no respondería; antes habría de rogar a mi Juez. Si yo le invocara, y Él me respondiese, aún no creeré que haya escuchado mi voz. Porque me ha quebrantado con tempestad, y ha aumentado mis heridas sin causa. No me ha concedido que tome aliento, sino que me ha llenado de amarguras. Si habláremos de su potencia, por cierto es fuerte; si de juicio, ¿quién me emplazará? Si yo me justificare, me condenaría mi boca; si me dijere perfecto" —en un puro sentido humano— "esto me haría inicuo".

¡Qué gran imagen de Dios! ¡Qué identificación tan majestuosa de la grandeza de Dios! La pregunta que Job tiene es, ¿cómo puedo estar bien con ese Dios? ¿Cómo es siquiera posible que yo pueda estar bien con ese

Dios, un Dios de tal magnitud? ¿Cómo se justificará el hombre con Dios? ¿Cómo va a escapar de su juicio inevitable? Cada religión en el mundo intenta contestar esa pregunta. ¿Sabían eso? Toda religión en el mundo intenta contestar la pregunta acerca de cómo estar bien con Dios, como ser justo delante de Dios. En la Israel del Antiguo Testamento había algunas religiones que decían que se podía ser justo delante de Dios si tomabas a tu bebé y lo incinerabas sobre un altar; y que con esto te quitarías a Dios de encima si tu entregabas a tu hijo de esta manera. Esto solo es una ilustración de la naturaleza de la religión. Pero toda religión sigue una línea; toda religión, excepto la verdad, sigue una línea. Es todo un esfuerzo religioso por parte del hombre por alcanzar la justicia delante de Dios. Yo le llamo la religión del logro humano, todo esto. No importa lo que sea. No importa si es la adoración a Moloc —la cual estaba describiendo— la adoración a Baal, la adoración a Alá. No importa cuál sea. No importa si eres un mormón, un testigo de Jehová, un católico romano; si eres un sintoísta, un budista, un hindú, no importa cuál sea. Tal vez sea alguna religión menor, desconocida para la mayoría de la gente, todas son lo mismo. Todos ellos te dicen la misma gran mentira, que tú puedes hacerte justo delante de cualquiera que sea el dios que pienses que existe por tus propios esfuerzos. Solo hay un tipo de falsa religión y es ésta. Simplemente viene bajo muchas etiquetas o nombres. Las sugerencias son interminables, pero todas involucran esfuerzo humano y logros humanos. Siguiendo ciertos comportamientos moralmente, y ciertos comportamientos ceremonialmente, y ciertos comportamientos religiosamente, puedes hacerte justo delante de Dios.

Job, no lo creyó. La Biblia deja claro que los hombres no pueden ser justos delante de Dios basados en nada que ellos hagan. Por lo que entonces la pregunta prevalece, ¿cómo puedes ser justo delante de Dios? Si no lo puedes lograr por medio de la moralidad, si no lo puedes lograr por medio de ceremonias, si no lo puedes lograr por medio de actividad religiosa, ¿cómo puedes ser justo delante de Dios? Ésta es la pregunta; ésta es la principal y más importante pregunta que cualquier ser humano haya formulado y respondido, porque ser justo delante de Dios es la única manera de escapar de la condenación eterna en un infierno eterno. Ahora, hasta este punto en Romanos —regresemos a Romanos— Pablo ha mostrado claramente desde 1:18 hasta 3:20 —y recuerden que iniciamos nuestra lectura en el versículo 21—que,basándose en el esfuerzo humano, ninguna persona puede ser justa delante de este gran Dios, descrito de manera impresionante en Job. De hecho, Pablo ha dejado indiscutiblemente claro que, de acuerdo a los versículos 10–12: "No hay justo, ni aun uno; no hay quien entienda, no hay quien busque a Dios. Todos se desviaron, a una se hicieron inútiles; no hay quien haga lo bueno, no hay ni siquiera uno". Pablo ha dejado bien claro que, por medio de las obras de la ley (versículo 20), ninguna carne será justificada, o bien será justa ante los ojos de Dios.

Así que, lo que sucede en los primeros tres capítulos del libro de Romanos es que todo el mundo es condenado; la totalidad de la humanidad es condenada. Ante la vara del juicio de Dios no hay hombre que pueda presentar una adecuada defensa. Y esto, desde luego, es particularmente devastador para el hombre religioso. Y también, todo el mundo está lleno de religiosos. La humanidad es inevitablemente religiosa. Pero en este caso tomaremos a los judíos porque su religión es el asunto que Pablo está enfatizando en el libro de Romanos. Los judíos creyeron que ellos podían estar bien con Dios al mantener meticulosamente la ley que Dios les había revelado en el Antiguo Testamento, y al extrapolar muchos de los mandatos de la ley, creían que habían elaborado un tipo de aislamiento alrededor de la ley, al grado que nunca se acercaban ni siquiera a violar la ley de Dios. Creían que se podía ser recto ante Dios por guardar la ley, por obedecer la ley.

El apóstol Pablo en estos primeros capítulos ha despedazado su gran error. No es posible ser justificado al obedecer la ley. Esta es la conclusión en el 3:20. El camino a Dios no es mediante el esfuerzo humano. Y esta no es la primera vez que la revelación ha declarado que esto es así. Si vamos a Miqueas 6:7 leemos esto: "¿Se agradará Jehová de millares de carneros, o de diez mil arroyos de aceite?" —todo esto estaba conectado al sacrificio— "¿Daré mi primogénito por mi rebelión, el fruto de mis entrañas por el pecado de mi alma?" —¿Qué no es bueno que queme a mi bebé?— "Oh hombre, él te ha declarado lo que es bueno, y qué pide Jehová de ti: solamente hacer justicia, y amar misericordia, y humillarte ante tu Dios". No se trata de ceremonias, no se trata de rituales, se trata del corazón. El problema es lo que el pecador va a hacer con su corazón, el cual es perverso y engañoso más que todas las cosas (Jeremías 17:9). El pecador no puede actuar con justicia, no puede vivir piadosamente, no puede agradar a Dios. No hay justo ni aun uno (Romanos 3:10).

De hecho, aprendemos en esta porción de Romanos que el versículo 19 nos dice, "para que toda boca se cierre". En otras palabras, no hay ninguna forma de defenderse ante el juez quien es el Dios viviente, no hay forma de ser justo delante de Él. No hay ningún argumento que podamos ofrecer a partir de la naturaleza de nuestras vidas, de nuestra moralidad, o de nuestra religión, que nos haga justos delante de Dios. Todos los pecadores son no solo incapaces, sino que tampoco quieren. E incluso con los estándares de religión que les fueron establecidos en el Antiguo Testamento, los verdaderos estándares de lo que agrada a Dios, no pueden por medio de la obediencia a eso, presentarse justos delante de Dios. Con solo quebrantar uno de los mandamientos de la ley, ya la has quebrantado toda, ¿no es así? Aun cuando la ley es la revelación y el reflejo de la naturaleza de Dios, y es el estándar de lo que es justo y correcto, no es alcanzable; así que el aprieto en que se encuentra el hombre es oscuro y lúgubre, y está condenado al infierno sin remedio. Si Pablo se hubiera detenido en el 3:20, la desesperación hubiera sido profunda.

Pero de pronto llegamos al versículo 21, donde comencé a leer. Cuando aparece, tal vez luego que toda esperanza se ha ido, y cuando la religión del esfuerzo humano ha sido finalmente rechazada, surge una luz que deshace este sombrío panorama. "Pero ahora, aparte de la ley, se ha manifestado la justicia de Dios". Llega la luz. Ha dado indicios ya desde el 1:16: el evangelio es poder de Dios para salvación. En el evangelio —versículo 17— "la justicia de Dios se revela por fe y para fe". Así que, en la introducción, Pablo permitió que destellara la gloria de la realidad de la salvación en el evangelio, y ahora el resplandor total irrumpe en el versículo 21. La esperanza se hace presente a través de la horrenda desesperación del pecador. Las palabras con las que abre el versículo 21: "Pero ahora" es una especie de transición de bienvenida. Ya hemos tenido suficiente acerca de lo feo del pecado desde el 1:18, donde la ira de Dios se revela desde el cielo. No se está hablando de ira escatológica, ni siquiera se está hablando de ira eterna, y no se está hablando de ira resultante (todo lo que el hombre siembra, eso cosecha). Estamos hablando de la ira acerca del abandono, que se repite en toda la historia humana, en donde Dios continuamente derrama juicio sobre cada una de las personas, sobre cada una de las naciones, porque cuando ellos conocieron a Dios, no lo glorificaron como a Dios. Cayeron en pecados muy bajos, crearon falsos dioses, por lo que él los entrega a inmoralidad, homosexualidad, y a una mente reprobada. Este es el ciclo de toda la historia de la humanidad. Se trata de juicio sobre el pecado, individuos y grupos de individuos, a través de la historia.

La oscuridad del 1:18 y hasta el 3:20 es espesa y premonitoria. Pero encontramos una transición bienvenida, el amanecer de la esperanza. "Pero ahora... se ha manifestado la justicia de Dios". La justicia del hombre es inadecuada, de hecho, Isaías dijo: "todas nuestras justicias [son] como trapos de inmundicia", un término muy gráfico en el hebreo. Un hombre puede estar bien con Dios sin haber hecho nada desde el lado humano. Permítanme mostrarles algo del dilema que enfrentó Pablo desde su punto de vista personal de la vida. Vayamos a Filipenses 3, comentamos un poco de esto en el mensaje anterior, y vamos a continuar viendo más de esto en los mensajes siguientes. Pablo hace una crónica de su propia justicia. Filipenses 3:4: "Si alguno piensa que tiene de qué confiar en la carne, yo más". Si lo que piensan hacer es confiar en la justicia personal, ¿qué les parece esto? "circuncidado al octavo día, del linaje de Israel, de la tribu de Benjamín" —la tribu más noble —"hebreo de hebreos"— con esto quiere decir que es un tradicionalista— "en cuanto a la ley fariseo" —esto quiere decir que estaba comprometido con el Altísimo, él tenía el nivel más quisquilloso de devoción a la ley— "en cuanto a celo, perseguidor de la iglesia" —él consideraba que la iglesia era enemiga de la verdad— "en cuanto a la justicia que es en la ley, irreprensible". Digamos que externamente la gente no podía hacer alguna acusación en su contra que pudiera argumentar con bases. Él era un adepto hipócrita, muy pulido, como muchos de los otros dentro de la comunidad farisea.

Y entonces dijo: "Pero cuantas cosas eran para mí ganancia" (versículo 7). Eran ganancia para mí. Yo asumía que por ellas ya había ganado mi salvación. Pero una vez que vi a Cristo, me di cuenta que todo esto era una pérdida. Así de pronto todo se fue de la columna de ganancias a la columna de pérdidas. Versículo 8: "Y ciertamente, aun estimo todas las cosas como pérdida por la excelencia del conocimiento de Cristo Jesús, mi Señor". Esto es lo que realmente importa. ¿Por qué? Porque en el versículo 9 dice: "no teniendo mi propia justicia, que es por la ley, sino la que es por la fe de Cristo, la justicia que es de Dios por la fe". Si quieres estar bien delante de Dios, debes tener la justicia que proviene de Dios. Esta es la esencia del evangelio, amigos. Y esto lo vamos a estar analizando y analizando en los siguientes mensajes, con la idea de que ustedes lo comprendan y lo vean en su totalidad. No puedes estar bien con Dios basado en justicia humana. La única manera en la que pueden estar bien con Dios es por medio de la justicia de Dios. La luz no puede surgir de lo más bajo, ni puede surgir desde dentro, sino que llega de lo alto. Este es nuestro Dios al rescate.

Si hemos de ser rectos y justos delante de Dios, debemos ser perfectos, como el Padre que está en los cielos es perfecto. Entonces no es posible que personalmente podamos desarrollar un nivel de justicia adecuado. Puede ser que nos hiciéramos monjes, podemos estar contemplándonos el ombligo como si esto fuera un ejercicio santo, por el resto de nuestras vidas, y no serviría de nada. Podríamos vivir en un monasterio o en un convento. Podríamos dejar crecer las uñas de nuestros pies; podríamos poner un cinturón alrededor de nuestra cintura y dejar crecer nuestras barbas y estar rascándonos la barriga, incluso hasta hacernos heridas en la piel; podríamos leer la Escritura y orar todo el día; podríamos hacernos colgar del techo con garfios; podríamos flagelarnos; podríamos crucificarnos; y todo esto no serviría de nada. Nada de esto tendría ningún valor, porque la justicia que necesitamos debe ser divina. La única justicia aceptable es la propia justicia de Dios. La respuesta a la pregunta: "¿Qué necesita el hombre para ser justo delante de Dios?" es que él necesita la justicia de Dios. Es la justicia que es diferente. Difiere de cualquier otra justicia. Isaías 45:8 dice: "Rociad, cielos, de arriba, y las nubes destilen la justicia; ábrase la tierra, y prodúzcanse la salvación y la justicia; háganse brotar juntamente". ¡Qué hermosa declaración!

La justicia que necesitamos debe provenir del cielo. "Destilen la justicia". Y dice al final del versículo: "Yo Jehová lo he creado". Esta es la justicia de Dios, la cual es divina y perfecta, que pertenece a Dios mismo, creada por Dios y manifestada en Cristo, a la cual Pedro llama "la justicia de nuestro Dios y Salvador Jesucristo". Amigos, esto es el corazón del evangelio. Si hemos de ser justos delante de Dios, debemos poseer la justicia de Dios. Es la justicia de Jehová. Es la justicia del Hijo de Dios. Por lo tanto, se distingue de cualquier otra justicia. Es una justicia perfecta. Jesucristo vino al mundo y manifestó esa justicia. Demostró esa justicia. De hecho, a los teólogos les gusta hablar de la justicia activa de Cristo y la justicia pasiva de Cristo. ¿Han escuchado estas expresiones? La justicia activa de Cristo es la justicia manifestada en su vida. La justicia pasiva de Cristo es esa justicia que fue demostrada en su muerte.

Jesucristo nos muestra la justicia de Dios al vivir una vida perfecta. Nos muestra la justicia de Dios al morir una muerte sustitutoria. Vemos en escena la justicia de Dios en su muerte. Vemos la justicia de Dios en escena por medio de su vida. Él era perfectamente obediente a la ley de Dios, cumplía con sus preceptos de manera perfecta. Y en su muerte, cumplió perfectamente con la pena que se requería de acuerdo a la ley por el pecado.

Esta perfección y esta justicia son ilustradas de manera gráfica. Recordarán que en el libro de Levítico, al pueblo de Israel se le ordenó ofrecer sacrificios, pero había tres que estaban relacionados con el pecado: la ofrenda por el pecado, la ofrenda por la culpa y el holocausto.

Un macho sin defecto

Si comienzan con el capítulo 1 de Levítico verán que de inmediato se presenta el holocausto. El holocausto era el más general de los sacrificios. Era la ofrenda de olor fragante. Compartía algunos de los mismos elementos y características de las ofrendas por la ofensa y por la culpa, pero había uno que era único, y hablaremos de este en un momento. El holocausto simbolizaba las características esenciales de la expiación. La ofrenda encendida tenía una característica que era esencial para el sacrificio. El Señor estaba diciendo al pueblo de Israel tiempo atrás que la justicia humana no era suficiente. Y esto era mostrado simbólicamente en este sacrificio en particular. "Llamó Jehová a Moisés, y habló con él desde el tabernáculo de reunión, diciendo: Habla a los hijos de Israel y diles: Cuando alguno de entre vosotros ofrece ofrenda a Jehová, de ganado vacuno u ovejuno haréis vuestra ofrenda". Y entonces la comienza a definir. La primera característica que tenía que ser real acerca de esta ofrenda era que tenía que ser un macho sin defecto. Versículo 3: "Si su ofrenda fuere holocausto vacuno, macho sin defecto lo ofrecerá". Versículo 10, "Si su ofrenda para holocausto fuere del rebaño, de las ovejas o de las cabras, macho sin defecto lo ofrecerá".

¿Qué es lo que está diciendo aquí? Que el sacrificio que Dios requiere debe ser puro, perfecto, sin pecado, sin mancha. El ofensor es culpable; el sacrificio llega de alguien que es inocente. ¡Qué maravillosa figura! Ningún animal puede ser culpable de pecado. Ningún cordero podía ser culpable de pecado. Ningún carnero podía ser culpable de pecado. Ningún buey podía ser culpable de pecado. Ningún cabrito podía ser culpable de pecado. Así que aquí tenemos la figura de un sacrificio que se ofrecía por el pecador culpable, un sacrificio sin pecado. Esta es la razón por la que Pedro dice que literalmente tuvimos una provisión, un sacrificio, un sustituto que era sin defecto. "Hemos sido redimidos no con plata y oro sino con la preciosa sangre del Cordero sin mancha". Detengámonos ahí por un minuto. El cordero sin defecto apunta hacia la obediencia activa de Cristo. Algunas personas dicen: "Esto de la obediencia activa no se encuentra en la Biblia". Pero, personalmente pienso que sí está en la Escritura; pienso que está concentrado aquí, y en otros lugares. La obediencia activa de Cristo, la cual proveyó un sacrificio demostrablemente perfecto, de tal modo que todos pudieran saber que el sacrificio era aceptable.

Cuando Dios dijo: "Este es mi Hijo amado en quien tengo complacencia", cuando el escritor de Hebreos dijo de Jesús: "Él es santo, sin mancha, sin contaminación y separado de los pecadores", este testimonio puede ser verificado como su perfección, debido a la vida que vivió sin pecado, ¿correcto? El cordero sin mancha apunta a la obediencia activa de Cristo, la cual proveyó la perfección que Dios demandaba sin pecado, santa, una vida justa, demostrada a todos para que pudiera ser vista. Cuando traían su cordero era revisado para asegurarse de que era sin defecto. Así que el primer requerimiento simbolizaba la necesidad de un sacrificio perfecto, un macho sin defecto.

Colocar la mano sobre la cabeza del sacrificio

El segundo aspecto de la ofrenda encendida, muy interesante, el ofensor apoyaba todo su peso sobre el animal. Versículo 4: "Y pondrá su mano sobre la cabeza del holocausto, y será aceptado para expiación suya". Literalmente, lo que las personas hacían, de acuerdo a lo que sabemos de la historia, es que venían al sacrificio, y colocaban sus manos sobre la cabeza del animal, simbólicamente apoyando sobre ese sacrificio todo su peso, simbolizando así la transferencia de la culpa al sustituto. Esta es la naturaleza de la fe. La fe descansa su confianza y su esperanza de salvación completamente sobre el sustituto. Muy hermosa ilustración de lo que es la fe en Jesucristo, donde colocamos nuestra confianza en Aquél que murió en nuestro lugar.

Otro elemento del holocausto se encuentra en el versículo 5, y es también muy interesante. El ofensor, el pecador que estaba presentando la ofrenda, "degollará el becerro en la presencia de Jehová". La muerte del sustituto simbolizaba la horrenda y fatal pena por el pecado; demostraba que la justicia divina era absoluta y severa, y requería la muerte. Era personalizada porque el ofensor literalmente había matado al animal, esto lo hacía algo muy personal. Algunas personas quisieran que pensemos que la salvación es algo colectivo. Esa es la nueva perspectiva acerca de Pablo. Pero este sacrificio indicaba que era algo muy personal. El pecador había matado al animal con sus propias manos, dejando así una impresión vivida y personal de su propia responsabilidad en la muerte del sustituto final. Tus pecados fueron los que llevaron a Cristo a la cruz.

Esparciendo la sangre en el altar

La siguiente característica es que el sacerdote esparcía la sangre sobre el altar. A la mitad del versículo 5: "y los sacerdotes hijos de Aarón ofrecerán la sangre, y la rociarán alrededor sobre el altar, el cual está a la puerta del tabernáculo de reunión". Esto simbolizaba que la pena por el pecado era la muerte, y que solo la muerte, simbolizada por la sangre, podía satisfacer a Dios.

Rociar la sangre

Y entonces finalmente, el quinto componente; los primeros cuatro son los mismos que en la ofrenda por la culpa o en la ofrenda por el pecado. Este es único. Los sacerdotes quemaban todo el sacrificio, absolutamente todo. Versículos 6–7: "Y desollará el holocausto, y lo dividirá en sus piezas. Y los hijos del sacerdote Aarón pondrán fuego sobre el altar, y compondrán la leña sobre el fuego". Y así hasta llegar al versículo 9: "y lavará con agua los intestinos y las piernas, y el sacerdote hará arder todo sobre el altar; holocausto es, ofrenda encendida de olor grato para Jehová". Esta es la ofrenda encendida que es olor grato en la nariz de Dios. ¿Qué simboliza esto? Que Dios se agrada con el sacrificio, que su ira es aplacada, que la paz y la reconciliación han llegado. Como en Isaías 53:10: "Jehová quiso quebrantarlo". A Dios le agradó quebrantarlo, pasarlo por ese padecimiento.

Esta es una ilustración de lo que la justicia de Dios requiere. Él requiere un sacrificio justo, un sacrificio perfectamente justo, simbolizado por la ofrenda encendida, simbolizado por el sistema sacrificial, realizado en la persona de Jesucristo, quien vivió una vida de perfecta obediencia —por lo tanto, demostró activamente la justicia de Dios— quien murió por medio de una muerte en obediencia perfecta, demostrando en ese momento también, el cumplimiento perfecto de la pena de la ley a nombre de los creyentes.

No tenemos la justicia que Dios requiere. Él es quien nos la tiene que otorgar. Y Él lo hace por medio del sacrificio de Cristo. Pero hay algo más que tiene que ser dicho acerca de esto: es una justicia sempiterna. Isaías dice: "Mi justicia será *para siempre*". Si por un momento pudiéramos tener justicia propia, ésta no duraría, ¿verdad? No podría perdurar para siempre. Esta es la razón por la que Hebreos 10:14 dice: "con una sola ofrenda hizo perfectos para siempre a los santificados". Dice en Hebreos 9:12: "eterna redención". Nosotros no debemos intentar mantener la justicia. No necesitamos mantenerla, porque no es una justicia que nosotros mismos podamos alcanzar, y tampoco es una justicia que podamos mantener en nosotros. Es la justicia de Dios que vino de lo alto. Es por esto que la salvación es para siempre.

La gente dice: "Podemos perder la salvación". ¿Cómo puedes perder tu salvación? Podrías perder tu salvación si la salvación dependiera de ti. Por cierto, si yo pudiera perder mi salvación, la perdería. Estoy seguro, y a ustedes les sucedería igual. Si se pudiera, se perdería. No puedo mantener mi salvación porque lo que mantiene mi salvación es la justicia de Dios, algo que es completamente ajeno a mí, que me ha sido otorgado. Así que la clave en este pasaje —regresando a Romanos 3— es el concepto de *justicia*; necesitamos ser justos, pero con la justicia de Dios. Todo esto es una especie de introducción a la sección. Ustedes sabrán que mis mensajes son como una salchicha de esas que van unidas, la puedes hacer del largo que tú quieras o la puedes cortar donde tú quieras. Ahora hablemos de los componentes de esta justicia de Dios.

Componentes de la justicia de Dios

La justicia de Dios está separada del legalismo

Número uno, está separada del legalismo. Les voy a dar solo algunos puntos. Romanos 3:21: "Pero ahora, *aparte de la ley*". No sé cmo encaja esto con la traducción de tu Biblia pero en la Biblia en inglés (NASB) lo dice así. Está en la posición enfática en el griego. "Pero ahora, aparte de la ley", es una declaración enfática. La justicia de Dios no tiene nada que ver con guardar la ley. Ya hemos aprendido esto, es una justicia que no puede ser alcanzada. En el 5:20 dice: "la ley se introdujo para que el pecado abunda-se". En lugar de que la ley produjera justicia, produjo pecado. Pablo dice en Romanos 7:9: "pero venido el mandamiento, el pecado revivió y yo morí". La ley no lo va a hacer. La ley no me va a hacer alcanzar la justicia que Dios requiere. Así que entonces la ley de Dios es enfáticamente aparte de la ley, esto es, de guardar la ley. El creyente debe entender eso. El error más grande de la religión es que la gente puede alcanzar la justicia, y presentarse delante de Dios por medio de sus obras. Esta es la gran mentira del diablo.

La justicia de Dios está basada en la revelación

No solo es aparte de la ley, permítanme darles otra verdad, está basada en la revelación. Continúa diciendo nuestro pasaje en Romanos 3:21: "testificada por la ley y por los profetas". Este es un eufemismo para mencionar al Antiguo Testamento; no es nada nuevo. No es nuevo porque el Antiguo Testamento siempre lo dijo. Vayamos al 4:3, por ejemplo, "Porque ¿qué dice la Escritura? —aquí se encuentra el modelo— "Creyó Abraham a Dios, y le fue contado por justicia". Esto quiere decir que Abraham fue salvo por fe. Este es el punto que quiere lograr el capítulo 4. Vean el versículo 2: "Porque si Abraham fue justificado por las obras, tiene de qué gloriarse, pero no para con Dios". Y versículo 5, "mas al que no obra, sino cree en aquel que justifica al impío, su fe le es contada por justicia". Ahora sabemos que esto no era algo nuevo; sale directamente del Antiguo Testamento.

Ahora el versículo 9, "Porque decimos que a Abraham le fue contada la fe por justicia". Esto sale directamente de Génesis 15. Las ceremonias y los rituales, las actividades religiosas, del Antiguo Testamento, no podían dar vida. Incluso la ley de Dios, la santa ley de Dios, la cual dice Pablo que es santa, justa y buena, no podía dar vida. Lo único que podían producir era muerte. No es nada nuevo. Viene desde Génesis, desde el principio. Y ¿qué dijeron los profetas? Por ejemplo, Habacuc: "Mas el justo por su fe vivirá" (2:4). Siempre ha sido de esa manera, siempre. En este punto necesitamos traer el maravilloso capítulo 55 de Isaías. "A todos los sedientos: Venid a las aguas; y los que no tienen dinero, venid, comprad y comed". En otras palabras, ustedes, los que no tienen justicia: "Venid, comprad sin dinero y sin precio, vino y leche". Y versículo 6: "Buscad a Jehová mientras puede ser hallado, llamadle en tanto que está cercano. Deje el impío su camino, y el hombre inicuo sus pensamientos, y vuélvase a Jehová, el cual tendrá de él misericordia, y al Dios nuestro" —y aquí está la clave— "el cual será amplio en perdonar". Y es lo que el hombre necesita, perdón.

Pero ¿qué era lo que intentaba hacer la ley del Antiguo Testamento? Llevar a la gente a la desesperación en su inhabilidad de no poder hacer nada con respecto a su pecado y, por lo tanto, hacer que ellos clamaran a Dios pidiendo misericordia. La mejor ilustración de una conversión al estilo del Antiguo Testamento, que yo sepa, es Lucas 18: "Mas el publicano, estando lejos, no quería ni aun alzar los ojos al cielo, sino que se golpeaba el pecho, diciendo: Dios, sé propicio a mí, pecador...éste descendió a su casa justificado" (versículos 13–14). Esta es una actitud bienaventurada. La acusación contra los fariseos que está al principio del Sermón del Monte es: "Todo lo han entendido mal". ¿De quién es el reino? De aquellos que están en bancarrota espiritual y lo saben, los que son pobres en espíritu. Aquellos que son mansos. Aquellos que tienen hambre y sed de justicia y que saben que no la tienen. Aquellos que lloran y se lamentan por su condición espiritual, ellos son los que son confortados, ellos son los que reciben el reino. Este siempre ha sido el camino, de acuerdo a la Escritura. No hay una manera diferente en la que se pueda ser salvo en el Antiguo Testamento. No es una transición a la nueva forma de salvación. Todo se encontraba en lo que era la sombra del Antiguo Testamento, una forma que era discernible.

La justicia de Dios se obtiene por medio de la fe

Tercero, cuando hablamos de la justicia de Dios, dijimos que es aparte del legalismo, está basada en la revelación, y se obtiene por medio de la fe. Romanos 3:22: "la justicia de Dios por medio de la fe en Jesucristo". Por medio de la fe, y esto ya lo habíamos notado, que la salvación viene por medio de la fe. Regresemos una vez más a Romanos 4:5: "mas al que no obra, sino cree en aquel que justifica al impío, su fe le es contada por justicia". Este es un sorprendente y magnánimo regalo. "Por gracia sois salvos por medio de la fe". Efesios 2:8: "y esto no de vosotros pues es un don de Dios". Eso es simplemente por creer. En Romanos 4:20, una vez más, seguimos hablando de Abraham, dice: "Tampoco dudó, por incredulidad, de la promesa de Dios, sino que se fortaleció en fe, dando gloria a Dios, plenamente convencido de que era también poderoso para hacer todo lo que había prometido; por lo cual también su fe le fue contada por justicia". ¿Entienden este intercambio? Tú le das a Dios fe, y Él te da su justicia. Esta es la razón por la que decimos que la salvación es solo por fe, *sola fide*, solo por fe, por creer. Pero incluso esta fe es un don, un regalo, de Dios.

La justicia de Dios es entregada a aquellos que creen

Ahora solo unos puntos más aquí. Podríamos hablar mucho acerca de lo que es la naturaleza de la fe salvadora, pero probablemente lo hagamos en una de nuestras sesiones subsecuentes. Así que vayamos a nuestro punto número cuatro. La justicia de Dios llega a nosotros directamente del cielo, este es el evangelio de Pablo, este es el corazón de este evangelio, aparte del legalismo, basado en la revelación, consistente con el Antiguo Testamento, alcanzado por la fe, una fe que el mismo Dios nos da, no fuera de nuestra voluntad, sino moviendo nuestra voluntad y dando vida a nuestras almas muertas por medio del ministerio de la regeneración que es conducido por el Espíritu Santo.

Esto, con toda seguridad, va en contra del judaísmo farisaico. Si ustedes quieren saber cómo se sentían los judíos con la conversión de los gentiles, lean el libro de Jonás. Se suponía que Jonás debía ser un profeta, se suponía que debía ser un evangelista, se suponía que debía ser un misionero. Pero lo peor que le podía suceder a Jonás era que los ninivitas se convirtieran. Esto lo ponía furioso. Él quería que Dios lo matara. Estaba muy enojado de que los ninivitas creyeran y de que los gentiles se beneficiaran de las promesas judías. ¡Qué giro tan extraño! Es por eso que en el versículo 22 dice: "la justicia de Dios [viene] por medio de la fe en Jesucristo" —Él es el objeto de la fe— "para todos los que creen en Él. Porque no hay diferencia". Y una vez más lo digo, los judíos odiaban esto. En Hechos 13:39 dice: "es justificado todo aquel que cree". No hay diferencia. El mismo evangelio predicado a los judíos y a los gentiles. Pero qué acerca de lo que dice en Romanos 1:16: "al judío primeramente, y también al griego". Esto es cronología. Obviamente Dios envió a su Hijo a la nación de Israel como un judío, y el mensaje del evangelio llegó primero, cronológicamente, a los judíos. Pero siempre tuvo la intención de llegar al mundo gentil. Y la prueba de esto está en Romanos 3:23: "por cuanto todos pecaron, y están destituidos de la gloria de Dios". La razón por la que está disponible a todos es porque todos tenemos la misma necesidad.

De hecho, si van un poco atrás a Romanos 2 y 3, puedes ver que los judíos que se enorgullecían de sí mismos por lo que tenían son condenados. En el 2:25: "Pues en verdad la circuncisión aprovecha, si guardas la ley; pero si eres transgresor de la ley, tu circuncisión viene a ser incircuncisión. Si, pues, el incircunciso guardare las ordenanzas de la ley, ¿no será tenida su incircuncisión como circuncisión?" En otras palabras, esto tiene que ver con guardar la ley. Este es el punto. Y ni el circuncidado o el no circuncidado puede hacer eso. "Te jactas de la ley", dice en el versículo 23, "y tú quebrantas la ley y deshonras a Dios. Y el nombre de Dios es blasfemado entre los gentiles por tu culpa". No eres en nada mejor que los gentiles. Cuando Juan el bautista llegó y bautizó personas, ¿sabes que era el bautismo? No era el bautismo cristiano; era el bautismo judío para los prosélitos. Era el bautismo que realizaban a los gentiles que querían formar parte de la religión judía. Y ahí está Juan el bautista bautizando al pueblo de Israel, a los judíos, y los bautiza diciendo ustedes no son mejores que los gentiles. Era algo difícil de digerir para la gente. Estaba dando a los judíos un bautizo de prosélitos, porque en realidad ellos estaban fuera del pacto con Dios, aun cuando como su pueblo habían recibido las promesas.

No hay diferencia. El mismo evangelio. Algunos piensan que Jesús tenía un evangelio de la ley en el Antiguo Testamento, y que a los gentiles les daba el evangelio de la gracia. Pero esto no es verdad. Solo hay un evangelio, solo hay un camino a la salvación. Siempre ha sido el mismo. Siempre ha sido por fe. No hay diferencia, judío o gentil, porque todos tienen la misma necesidad. "Todos pecaron y están destituidos de la gloria de Dios". ¿Qué significa que fueron destituidos de la gloria de Dios? Isaías 43:7 dice: "todos los llamados de mi nombre; para gloria mía los he creado, los formé y los hice". El pecado pone a la gente en la misma situación. Todos ellos necesitan la justicia de Dios. Esa justicia de Dios siempre ha estado disponible para todo aquel que cree. No hay diferencia, ninguna diferencia.

La justicia de Dios es dada por gracia

Así que el ser justo delante de Dios es aparte del legalismo, está basado en la revelación, es obtenido por fe, es provisto para todos. Y número cinco, la justicia de Dios es dada por gracia. Versículo 24, "siendo justificados gratuitamente por su gracia". Eso lo sabemos, ¿verdad? Siendo justificados como un regalo de su gracia. Así que tú no te lo ganas, es un don, un regalo. Hemos dicho que toda nuestra vida de cristianos es un regalo, un don. Lo puedes aceptar o rechazar, pero no lo puedes ganar. Es un regalo. Eso me encanta. La versión autorizada dice, "liberados por su gracia". La NAS ha traducido de una mejor manera el griego; es como un don por su gracia que hemos sido justificados. Justificados significa ser hecho justo. La misma palabra, *dikaios*, es asunto de gracia. Pablo usa el término *charis*, gracia, casi cien veces en sus cartas, porque el evangelio, hasta donde sabemos, siempre debe ser entendido como un evangelio de gracia.

La justicia de Dios fue lograda mediante redención

Ser justificado delante de Dios, entonces, es dado por gracia. Pero a pesar de que es gratis para nosotros, fue muy costoso, y este es el punto número seis, la justicia de Dios fue lograda por medio de redención, versículo 24: "mediante la redención que es en Cristo Jesús". ¿Qué es la redención? ¿Qué significa la palabra redención? Significa rescatar a alguien por medio del pago de un precio, rescatar a alguien por medio del pago de un precio. ¿Quién pago el precio? Jesús lo hizo. ¿Y cuál fue el precio? "A quien Dios puso como propiciación", a *hilasterion*, "una cobertura por medio de su sangre por medio de la fe".

"¿Cómo puede ser un hombre justo delante de Dios, dijo Job, con un Dios como este?" No por sí mismo, no por sus propios esfuerzos; él debe recibir la justicia del cielo, la justicia de Dios es un regalo, aparte de legalismo, basado claramente en la revelación de Dios en el Antiguo Testamento, solo por fe, disponible a todo aquel que cree, dada por gracia, lograda por redención, por medio de un sacrificio sustitutorio. Este es el evangelio de Pablo, el que satisface la necesidad del pecador. Esta es la razón por la que predicamos este mensaje. Es un único mensaje. Si no hay evangelio, no hay salvación. Sé que hay personas que dicen, "oh, no tienen que escuchar el evangelio en lugares donde no tienen la oportunidad, Dios tomará en cuenta cualquier forma de fe que tengan, o que sea adecuada para ellos".

Pero esto no es lo que la Biblia dice. Es por fe en Jesucristo, y fuera de Él no hay salvación; es por esto el mandato de ir al mundo y predicar el evangelio a toda criatura.

Así que la gran pregunta en el corazón del pecador, ¿cómo puede un hombre ser justo delante de Dios? La respuesta llega aquí, la justicia de Dios está garantizada para él por fe, por gracia, basada en el hecho de que Cristo ha pagado por todos sus pecados, y por medio de ese pago, pagó el precio completamente para rescatar al pecador. Veremos más acerca de esto.

Oración

Padre, te agradecemos por el tiempo que nos has dado esta mañana para que pudiéramos ir más profundo en este pasaje de la Escritura. Tu Palabra siempre, siempre, alimenta a nuestras almas y nos anima. Oro, Señor, porque la clara verdad de este texto vaya a casa con todos nosotros, y pueda capacitarnos no solo para gozarnos sino para alabarte ms libremente sabiendo más, para adorarte en espíritu y en verdad, para que podamos ser evangelistas fieles con un mejor entendimiento del mensaje que proclamamos a los pecadores de todo lugar. Continúa haciendo tu obra por medio de enseñar tu Palabra y por medio de este tiempo de comunión entre nosotros, te agradecemos por todo esto en el nombre de Jesucristo. Amén.

REFLEXIONES PERSONALES

15_El Evangelio Satisface las Demandas de Dios

A quien Dios puso como propiciación por medio de la fe en su sangre, para manifestar su justicia, a causa de haber pasado por alto, en su paciencia, los pecados pasados, con la mira de manifestar en este tiempo su justicia, a fin de que él sea el justo, y el que justifica al que es de la fe de Jesús.

¿Dónde, pues, está la jactancia? Queda excluida. ¿Por cuál ley? ¿Por la de las obras? No, sino por la ley de la fe. Concluimos, pues, que el hombre es justificado por fe sin las obras de la ley. ¿Es Dios solamente Dios de los judíos? ¿No es también Dios de los gentiles? Ciertamente, también de los gentiles. Porque Dios es uno, y él justificará por la fe a los de la circuncisión, y por medio de la fe a los de la incircuncisión. ¿Luego por la fe invalidamos la ley? En ninguna manera, sino que confirmamos la ley.

Romanos 3:25–31

BOSQUEJO

— Introducción

— ¿Cómo es que Dios fue satisfecho con el sacrificio de Cristo?

- La muerte de Cristo declara la justicia de Dios

- La cruz muestra la gracia de Dios

- La cruz revela la consistencia de Dios

- La ley confirma la ley de Dios

— Oración

NOTAS PERSONALES AL BOSQUEJO

Introducción

Vayamos a Romanos capítulo 3 y comencemos a leer en el versículo 25, en la primera sección que ya hemos visto, ahí vimos que la necesidad de todo creyente ha sido satisfecha, porque la justicia de Dios está disponible al pecador por medio de la fe y esa justicia se hizo disponible por medio del sacrificio de Cristo. Cuando Cristo murió en la cruz, Él pagó el rescate. Ahora, solo para hacer más claro algo que no dije, el rescate fue pagado por Dios. Algunos piensan que Jesucristo pagó el precio a Satanás, pero no, Él pagó el precio a Dios. El que destruye tanto el alma como el cuerpo en el infierno no es Satanás. El que destruye el alma y el cuerpo en el infierno es Dios, el juez es Dios. Dios ha sido ofendido, la ley de Dios ha sido violada. La culpabilidad del pecador tiene que ver con Dios. La justicia de Dios tiene que ser satisfecha; Cristo ofreció el sacrificio que satisface la justicia de Dios. Y, por lo tanto, la necesidad del pecador es satisfecha en el sacrificio de Cristo el cual se convierte en el precio de redención o el precio del rescate que fue pagado a Dios, por lo tanto, su justicia fue satisfecha y la justicia de Dios puede venir al pecador desde el cielo. De este modo la necesidad del pecador es satisfecha.

Al mismo tiempo, Pablo inicia con otro punto en medio del versículo 25 y hasta el final del capítulo, este es que Dios también fue satisfecho. La necesidad del creyente fue satisfecha porque Cristo murió por los pecadores. Esto lo sabemos. La Biblia lo dice. El Nuevo Testamento dice que Cristo murió por los pecadores. Pero lo que la gente no piensa es que Cristo también murió para Dios, que murió para Dios. Éste es un tema grandioso al grado que es inagotable. Cristo murió por Dios. En el primer capítulo de Romanos y en el quinto versículo, dice, Pablo está dando una palabra de testimonio personal junto con los otros apóstoles y predicadores del evangelio: "y por quien recibimos la gracia y el apostolado, para la obediencia a la fe en todas las naciones", y la línea final es clave, "por amor de su nombre".

Finalmente, la salvación es para la gloria de Dios, para el honor de Dios, para la exaltación de Dios. Tercera de Juan 7, Juan dice que los evangelistas salieron por el bien de su nombre. ¿Puedo introducir algo a sus mentes que ustedes nunca pensaron? La razón para la salvación no es primariamente para nuestro beneficio; es para la gloria de Dios. Solo somos un medio para lograr el fin. Nosotros no somos el fin. Dios no salva a los pecadores porque ellos sean valiosos. Dios no está sorprendido con un amor incondicional por los pecadores miserables. Él mismo está sorprendido por su gloria y él ha encontrado, al salvar a los pecadores, un medio para su gloria eterna delante de los ángeles y delante de todos los redimidos.

Cuando Pablo concluye el capítulo 11 de Romanos, ustedes pueden ir ahí, llega al final de este gran tratado de la salvación; este va del capítulo 1 al capítulo 11. Llega al final de este y como siempre lo hace en sus cartas, culmina con una doxología. Ha tenido todos estos razonamientos santificados, todo este argumento lineal para ver la maravilla del evangelio. Y al final prorrumpe con una adoración doxológica: "¡Oh profundidad de las riquezas de la sabiduría y de la ciencia de Dios!" No puede hacer otra cosa que dar la gloria a Dios por su sabiduría y por el conocimiento demostrado en la salvación. "¡Cuán insondables son sus juicios, e inescrutables sus caminos! Porque ¿quién entendió la mente del Señor? ¿O quién fue su consejero? ¿O quién le dio a él primero, para que le fuese recompensado?" Él no tiene deudores, no le debe nada a nadie. No obtiene información de nadie. "Porque de él, y por él, y para él, son todas las cosas. A él sea la gloria por los siglos. Amén".

Todo el propósito de la salvación es para atesorar gloria a Dios. Cuando el Señor en los concilios de la eternidad, antes de la creación, convoco una reunión trinitaria, el Padre proclamó su amor al Hijo. Y dijo al Hijo: "Yo quiero darte una humanidad redimida. Quiero darte una humanidad redimida porque te amo y el amor da, el amor divino otorga divinidad sin límites, infinita". Entonces el Padre en una expresión de amor por el Hijo, determinó que Él crearía el mundo, que Él permitiría que cayera en pecado, porque Él lo recobraría de ese mundo una humanidad redimida, y para que Él diera esta humanidad redimida como una novia para su Hijo, de tal manera que la humanidad redimida fuera capaz de glorificar a su Hijo por los siglos de los siglos.

Y también el mismo Pablo nos dice en 1 de Corintios que cuando esto esté completado, y la humanidad redimida haya sido completamente llenada, cuando Dios el Padre se los dará al Hijo como su novia. Y de acuerdo a 1 de Corintios 15, el Hijo entonces tomará a la humanidad redimida junto con Él para darse a Él mismo y a la humanidad redimida, de vuelta al padre en un acto de amor recíproco. En un sentido tú eres una parte incidental de este gran acto de amor que hay entre la trinidad. Todo es para la gloria de Dios, absolutamente todo, finalmente redunda para la gloria de Dios. Todo se resuelve dentro del acorde final para la gloria de Dios; así que la doxología al final del capítulo 11 es el clímax del libro. Al inicio del capítulo 12, vemos nuevamente la expresión "así que", y, por cierto, la estructura del libro de Romanos está construida con una serie de conjunciones pospositivas tales como, "entonces", "ahora", "por eso", "pues", "así que", en el griego la palabra *oun*. Pero a partir del 12, trata del comportamiento consecuente a la luz de la gloriosa salvación.

Así que, en un sentido general, se tiene que decir que todo el propósito de la salvación es para la gloria de Dios. Jesús dijo en Juan 17:4–5 cuando estaba orando esa oración sacerdotal maravillosa: "Yo te he glorificado en la tierra; he acabado la obra que me diste que hiciese. Ahora pues, Padre, glorifícame tú al lado tuyo, con aquella gloria que tuve contigo antes que el mundo fuese". Todo esto se trata de la gloria de Dios. Todos los planes de redención son acerca de la gloria divina. Toda persona que se convierte es un regalo de amor del Padre al Hijo. "Todo lo que el Padre me da, vendrá a mí". Juan 6:37. "Todo lo que el Padre me da, vendrá a mí y no perderé a ninguno de ellos". ¿Por qué? El Padre escoge, el Padre da, el Hijo recibe, el Hijo guarda, el Hijo resucita. Y la humanidad glorificada entonces se convierte en un coro eterno de aleluya que ofrece adoración a Dios por los siglos de los siglos. Estaremos asombrados y maravillados, en amor y adoración.

David Brainerd, el gran misionero para los indígenas americanos, quien cautivó tanto el corazón de Jonathan Edwards escribió: "No voy al cielo para ser mejorado, sino para dar la gloria a Dios. No se trata de dónde estaré estacionado en el cielo, no se trata de si tendré rango mayor o menor allá, se trata de solo vivir para adorar y glorificar a Dios. Mi cielo se trata de dar adoración a Dios, glorificarlo y estar completamente comprometido con su gloria para siempre". Y Brainerd murió y se dio cuenta del cumplimiento de esto. El propósito eterno de la salvación es convertirnos en personas capaces de glorificar a Dios para siempre, por los siglos de los siglos.

¿Cómo es que Dios fue satisfecho con el sacrificio de Cristo?

Ya hemos hablado de cómo el pecador es satisfecho por medio del sacrificio de Cristo. Ahora hablemos acerca de cómo Dios es satisfecho en el sacrificio de Cristo, de cómo Dios es glorificado. Les voy a dar tal vez cuatro puntos para pensar acerca del flujo de este texto. Regresemos ahora al capítulo 3 de Romanos. Y leamos el versículo 25, hasta el final, esto para tenerlo en nuestra mente; "a quien Dios puso como propiciación por medio de la fe en su sangre, para manifestar su justicia, a causa de haber pasado por alto, en su paciencia, los pecados pasados, con la mira de manifestar en este tiempo su justicia, a fin de que él sea el justo, y el que justifica al que es de la fe de Jesús. ¿Dónde, pues, está la jactancia? Queda excluida. ¿Por cuál ley? ¿Por la de las obras? No, sino por la ley de la fe. Concluimos, pues, que el hombre es justificado por fe sin las obras de la ley. ¿Es Dios solamente Dios de los judíos? ¿No es también Dios de los gentiles? Ciertamente, también de los gentiles. Porque Dios es uno, y él justificará por la fe a los de la circuncisión, y por medio de la fe a los de la incircuncisión. ¿Luego por la fe invalidamos la ley? En ninguna manera, sino que confirmamos la ley". ¿Cómo es entonces que la muerte de Cristo glorifica a Dios? ¿Cómo es que satisface a Dios? ¿Cómo es que nos muestra a Dios?

La muerte de Cristo declara la justicia de Dios

Número uno, la muerte de Cristo declara la justicia de Dios. Hay una pregunta abierta delante de la cruz. Hay una pregunta que queda suelta en el mundo y es ésta: ¿Cómo es que Dios perdona a los pecadores? Entendemos su misericordia. Endentemos su compasión. ¿Pero en qué se basa Dios para perdonar, por ejemplo, a Abraham? ¿Cómo fue que Dios depositó a la cuenta de Abraham justicia divina por su fe? ¿Cómo fue que Dios hizo eso? ¿Cómo es que Dios declara a la familia de Noé y a él justos? ¿Cómo es que les puede dispensar la justicia de Dios? ¿Cómo fue que lo pudo hacer con Enoc al grado que Enoc caminó con Dios? ¿Cómo lo pudo hacer por Elías que fue llevado al cielo en un carruaje, o a cualquier otro creyente del Antiguo Testamento? ¿Cómo puede hacer Dios esto sin ser injusto? Esta es la pregunta apremiante. ¿Cómo es que Dios perdona a los pecadores, les garantiza su justicia sin que Él sea acusado de ser injusto?

Es una pregunta apremiante, muy importante. La justicia de Dios puede ser puesta en duda. Y, por cierto, esta fue una de las cosas que irritó a los fariseos porque, desde luego, irritó a los que estaban escuchando al apóstol Pablo quien era un judío legalista. Simplemente no podían vivir con el hecho de que Dios podía depositar su justicia solo por fe a un creyente. Por lo que ellos irán al Antiguo Testamento y dirán que Dios se ha declarado a sí mismo como santo, Él es tan santo que no puede volverse a mirar el mal, no puede tolerar la iniquidad. Cuando Dios ve iniquidad en el Antiguo Testamento, la juzga, la castiga. Se debe observar que los paganos tenían dioses caprichosos. Los paganos tenían dioses que eran inconsistentes. Los paganos que supuestamente podían ser aplacados por medio de ceremonias religiosas, ofrendas religiosas, sacrificios, ciertas conductas morales. ¿Pero cómo podía ser posible esperar que el infinitamente Dios santo depositara justicia a un pecador arrepentido? Podemos ver que en el judaísmo dominante, en el judaísmo diseñado por los fariseos, tú le ofrecías a Dios tu santidad. Usted no caía delante de Dios, golpeando su pecho y diciendo: "Dame misericordia por mi pecado". Usted se paraba delante de Dios como el fariseo de Lucas 18 y decía: "Te doy gracias porque no soy como este gentil. Yo ofrendo. Yo oro. Yo ayuno. Yo te ofrezco mi justicia". Esto era lo que ellos entendían. ¿Cómo era posible, entonces, que Jesucristo se mezclara con prostitutas, criminales, publicanos, ladrones, y con la gentuza que eran los rechazados de la sociedad, los judíos que no podían entrar en la sinagoga, que habían sido degradados de su identidad social por sus iniquidades? ¿Cómo era posible que se sintiera cómodo con ellos?

Fue acusado de ser amigo de los pecadores, de borrachos y de personas malas. En una ocasión en una comida en la casa de un fariseo, una mujer que debió ser una mujer de la calle, de mala reputación, llega y comienza a lavar los pies de Jesús con su cabello, era en el patio de la casa, debió haber llegado, vio a Jesús, y quiso demostrarle su amor por Él. Entonces el fariseo que estaba dirigiendo el evento está tan enojado que piensa que, si Jesús es Dios, debe saber qué tipo de mujer es ésta por lo que no debiera permitir que lo tocara. La forma en la que veían la justicia no tenía nada que ver con la forma en la que Dios la veía. Por lo que, cuando el evangelio llega, Jesús dice: "Te ofrezco perdón", y Él perdonó su pecado. Recuerden al hombre que bajaron por el techo y Jesús le dice: "Tus pecados te son perdonados". Los presentes fueron humillados por ello porque su teología decía que la razón por la que este hombre tenía este problema era porque era pecador, como en el caso del hombre ciego de Juan 9. ¿Cómo era que Él hacía esto? Esto era como una bofetada a la justicia pura de Dios.

Así que la pregunta que está aquí es ésta. Dios toleró el pecado a través de la historia de la humanidad. Ellos no lo podían negar. Dios toleró el pecado a través de la historia. En sus corazones ellos sabían que Dios toleraba su pecado; y era por eso que continuaban respirando. Pero mucha gente impía parecía prosperar. De hecho, el liderazgo religioso de Israel eran todos injustos. Dios ha pasado por alto los pecados de la gente a través de toda la historia de la humanidad. ¿Cómo ha podido hacer esto? ¿Cómo pudo perdonar a Abraham? ¿Cómo pudo perdonar a Moisés? ¿Cómo pudo perdonar a cualquier persona en el pasado? ¿Sobre qué base? Después llega la cruz, y con ello la protección, la propiciación por medio de la sangre de Cristo, para demostrar su justicia, porque en la paciencia de Dios, él pasó por algo los pecados cometidos previamente. ¿Se dan cuenta ahora? Tenemos que explicar el hecho de que nunca ha habido ningún castigo justo por todos los pecados que perdonó en el pasado. Incluso podrían decir: "¿Qué hay acerca de todos los animales?" No, los animales no eran sacrificios que fueran la paga por el pecado. Eran sacrificios que apuntaban a la necesidad de que se pagara por el pecado, pero ninguno de ellos nunca lo hizo. Esa era la razón por la que se realizaban una y otra vez, y otra vez, y otra vez, todas las mañanas, todas las noches, todo el tiempo. La pregunta es: ¿Cómo explicamos la paciencia tolerante de Dios, el perdón pasado durante todo el Antiguo Testamento? ¿Cómo lo explicamos? Los pecados que se cometieron en el pasado, ante la presencia de Cristo.

A través de toda la historia pecaminosa del hombre, Dios pasó por alto sus pecados y los perdonó, les tuvo compasión. Cuando se arrepintieron y vinieron ante Él, dice Hechos 17:30: "Pero Dios, habiendo pasado por alto los tiempos de esta ignorancia". No interfirió activamente. No les pagó con el juicio consecuente por el pecado. La pregunta es, ¿cómo pudo Dios hacer esto y continuar siendo santo? De hecho, los judíos en el tiempo de Malaquías lo acusaron, dijeron: "Todo el que hace maldad es bueno ante la vista del Señor, y él se deleita con ellos". ¿Dónde está el Dios de justicia?

Pareciera que estos legalistas odian la gracia. Odian la compasión y odian la misericordia. Odian el perdón, es por eso que en los días de Malaquías dijeron: "Todo el que hace mal es bueno ante los ojos del Señor", podían ver el perdón de Dios siendo manifestado y Dios se deleitaba en aquellos que hacían el mal, deleitándose en ellos y preguntan: "¿Dónde está el Dios de justicia?"

Así que siempre que prediquen gracia en el ambiente del legalismo, lo van a resentir. Así sucedió cuando fue predicado por Jesucristo y así fue cuando fue predicado por Pablo. Escuchen el Salmo 78:38: "Pero él, misericordioso, perdonaba la maldad, y no los destruía; Y apartó muchas veces su ira, Y no despertó todo su enojo". Recordaran lo que dijo Miqueas el profeta: ¿quién es un Dios perdonador como tú? Miqueas 7, es como si nunca se hubiera escuchado acerca de tal deidad. Cualquiera que escuchara de esto diría, no hay tal cosa en todas las religiones de la historia del mundo como un Dios perdonador, como un misericordioso y compasivo Dios. No lo encontrarán. Todos los dioses son de ira y retribución, de juicio y de venganza. ¿Quién es un Dios perdonador como tú? Nunca hemos oído de alguien así. Por lo que la pregunta ha sido hecha a través de toda la historia, ¿cómo puede hacerlo? ¿Cómo puede ser posible que él haga esto? Y entonces tenemos las palabras aquí en el versículo 26 que sirven de marco para todo esto. ¿Cómo puede Él ser justo y el justificador de pecadores que tienen fe en Jesucristo? ¿Cómo es que Dios puede ser justo y ser justificador? Éste es el dilema. ¿Cómo pueden entender que Dios sea misericordioso y de gracia y al mismo tiempo sea justo y santo? Justificación barata, todo el mundo sabe que la justificación barata es un mal moral. El juez es injusto. Si Él permite que un criminal sea pronunciado inocente cuando sabe que es culpable, dejará de ser un juez porque simplemente deja ir al criminal porque le tuvo compasión. Porque la responsabilidad de un juez es mantener la ley, ¿correcto?

Así que en el Antiguo Testamento vemos este velo muy grueso sobre la justicia de Dios. Regresando a Éxodo 34: "daré mi compasión y mi misericordia a ustedes". Su misericordia es mostrada a miles y miles, lo dice la Escritura. ¿Cómo puede Él hacer eso y seguir siendo justo? La muerte de Cristo contesta esto. La muerte de Cristo es la que señala a la justicia recta de Dios. Alguien tiene que morir.

Con frecuencia lo digo de esta manera. Todo pecado que se ha cometido por cada persona que ha vivido será pagado, todo pecado. Ningún pecado quedará sin castigar. A todo pecado se le pagara su merecido castigo. Ya sea que el mismo pecador pague por él en el juicio eterno y nunca sea capaz de pagar en su totalidad, o que haya sido pagado en su totalidad en el sacrificio de Jesucristo. Dios está tan comprometido con la misericordia que Él perdona. Está tan comprometido con la justicia que Él puso a su Hijo sobre la cruz como el sacrificio perfecto que su justicia requería.

Es por esto que Pablo ve hacía la historia pasada y coloca las cosas en su lugar: la cruz alcanzó hasta la antigüedad para cubrir el pecado. La gente dirá: "¿cómo fue salva la gente en el Antiguo Testamento?" Fueron salvos porque creyeron en el Dios vivo y verdadero. Sabían que eran pecadores. Sabían que el peso de la ley los aplastaba debido a su inhabilidad para guardarla. No tenían confianza en sus propias obras. Rogaban por misericordia y perdón, por gracia y compasión de Dios y se los dio basándose en el sacrificio que aún no había sucedido. Pero recuerden, Cristo es el cordero sacrificado desde la fundación del mundo. En la economía del Dios eterno, no hay tiempo. El Sacrificio de Cristo se extiende hasta el pasado y hasta el futuro.

Entonces, ¿cómo es que Dios pronuncia a un pecador como justo? La sabiduría del hombre no podría nunca resolver el dilema, nunca. Entonces, versículo 26 dice, leamos desde el 25, demuestra su justicia. "con la mira de manifestar", versículo 26, "en este tiempo su justicia". Este tiempo se refiere al Nuevo Testamento. Dios había escondido esto en el pasado, pero ahora es revelado en el tiempo presente. sta es la razón por la que Pablo llama al evangelio el misterio. El *musterion*, no algo que no puedas resolver, sino que en lenguaje paulino un misterio significa escondido, o ahora revelado. Así que, cuando miramos a la cruz, ¿qué está sucediendo en la cruz? Dios está siendo vindicado como santo. Dios está siendo vindicado como justo. Por lo tanto, la cruz era para Dios, fue para mostrar su justicia y sucedió en aquel tiempo para que Él pudiera ser justo y el justificador de aquel que tiene fe en Jesús. La salvación, entonces, llevada a cabo por Cristo sobre la cruz, la provisión de la salvación, el medio para la salvación, la propiciación, el sacrificio, el cubrir es pecado es para Dios, para que Dios nunca pudiera ser acusado de ser injusto.

¿Cómo podría ser Dios acusado de ser injusto cuando llegó al extremo de ejecutar a su propio amado Hijo? Y cualquiera que hubiera entendido el sistema sacrificial del Antiguo Testamento, como lo vimos en Levítico 1, podía haber anticipado esto porque literalmente hubo millones de sacrificios de animales donde la muerte de un sustituto inocente demostraba el sacrificio final hecho por un sustituto sin pecado. La cruz entonces demostró la justicia de Dios, puso la justicia de Dios a la vista al demostrar que Él no podía pasar por alto el pecado, Él no podía pasar por alto el justo juicio por el pecado.

La cruz muestra la gracia de Dios

La cruz glorifica a Dios en otra forma, y hablaremos más de en el siguiente mensaje. Segundo, la cruz no solo glorifica a Dios al declarar su justicia, sino también al demostrar su gracia, al demostrar su gracia. Los versículos 27 y 28, "¿Dónde, pues, está la jactancia? Queda excluida. ¿Por cuál ley? ¿Por la de las obras? No, sino por la ley de la fe. Concluimos, pues, que el hombre es justificado por la fe sin las obras de la ley". No hay lugar para la jactancia, no hay lugar para darse el crédito, no hay lugar para la auto felicitación, solo Dios puede hacer tal provisión. Es esencial, es fundamental para entender el evangelio que el ofendido tiene que diseñar los términos para remover la ofensa. Y Dios es quien ha sido ofendido. Dios es quien establece el medio por el cual la ofensa puede ser quitada. Dios es el que maldijo al mundo. Dios es el que nos declaró culpables. La ley de Dios es la que ha sido violada, su nombre ha sido blasfemado. De este modo Dios es el que determina los medios por los cuales eso puede ser revertido, y borrado, y eliminado. Él ha diseñado el plan y Él ha hecho esto por medio de la fe, la fe es entonces el medio por el cual somos justificados aparte de las obras de la ley. Éste es un acto de pura gracia, de pura gracia.

Ya lo hemos hablado en la primera mitad del versículo, pero ¿entienden que necesitamos verlo desde el punto de vista de Dios? No solo se trata de como la maravillosa gracia es para nosotros, para satisfacer nuestra necesidad, sino de qué maravilloso es entender que Dios es un Dios de gracia abundante. La gracia de Dios se muestra sobre la cruz, al grado que Dios es quien está llevando a su Hijo a la cruz.

Saben que cuando estábamos acabando de estudiar el evangelio de Marcos, estudiamos una vez más las agonías de la semana de la pasión de la vida de nuestro Señor Jesucristo, volvimos a vivir todo lo que sucedió en la cruz. Y casi nunca me sucede, mi corazón fue completamente sacudido, profundamente sacudido por el sacrificio de nuestro Señor Jesucristo y por lo horrendo que fue eso. En el jardín, como saben, su cuero cabelludo, sus capilares, se desintegraron y salió sangre de sus glándulas sudoríparas. Esto fue el estrés que le causó el cargar con el pecado, el estar distanciado del Padre y ser castigado de esa manera, tan excesiva, que literalmente se vio afectada su fisiología. Y entonces, ora esta oración: "Padre, si es posible pasa de mí esta copa", y algunos han dicho, que éste es un momento de debilidad, pero no, no es un momento de debilidad. "Si es posible pasa de mí esta copa", ésta es la única forma posible y apropiada que puede decir una persona que nunca conoció pecado. Si no hubiera dicho esto, hubiéramos pensado que habría algo mal en él. Nunca digan que fue un momento de debilidad. Es tan extraño para Él que no lo puede concebir, y nos muestra algo de los horrores que vivió. Creo que esto fue en la oscuridad de entre las 12:00 del mediodía y las 3:00 de la tarde, en esas tres horas que cargó por completo con los pecados de todos aquellos que creyeron.

Y podríamos pensar, ¿cómo pudo ser que cargara en esas tres horas con todo el castigo de Dios a favor de todos los pecados de todos los que creerán, cuando todas aquellas personas que no creen no pueden cargar con el peso de su propio castigo en toda la eternidad? ¿Cómo pudo Jesús, en tres horas, cargar con la totalidad del castigo de millones de almas que no podrían pagar por sus pecados en una eternidad en el infierno? Respuesta, Él tiene una capacidad infinita para poder cargar con el juicio de Dios porque él mismo es una persona infinita. La gracia está ligada a este asombroso suceso. Esto es reminiscente, desde luego, cuando escribí el libro de "historia de dos hijos", y prediqué una serie acerca del padre que va corriendo y abraza al inmundo pecador. Esto es una condensación que es absolutamente asombrosa.

Así que cuando miramos hacia la cruz, vemos, no solo como satisfizo la necesidad del hombre, sino como también satisfizo a Dios, ahí mostró la justicia de Dios. Y el hecho de que él haya hecho que esta justicia estuviera disponible por medio de la fe, y no por medio de la ley o de las obras, hizo que su gracia se mostrara.

La cruz revela la consistencia de Dios

Tercero, la cruz revela la consistencia de Dios. De algún modo ya hemos dicho algo acerca de esto, Pablo está enfatizando para retomar estas grandes verdades. La cruz señala a la justicia de Dios, señala a la gracia de Dios, y señala su consistencia. Leemos en el versículo 28; "Concluimos, pues, que el hombre es justificado por fe sin las obras de la ley". Y llega el versículo 29: "¿Es Dios solamente Dios de los judíos? ¿No es también Dios de los gentiles? Ciertamente, también de los gentiles. Porque Dios es uno, y él justificará por la fe a los de la circuncisión, y por medio de la fe a los de la incircuncisión". ¿Existen dos formas para ser salvos? ¿Existe una manera para los judíos y otra para los gentiles? ¿Fueron los judíos justificados por la ley? ¿Y los gentiles por la fe? Esto es lo que muchas personas han sugerido. Si ustedes provienen de un trasfondo dispensacional tradicional, puede ser que ustedes hayan enseñado esto. Pero este versículo establece, el versículo 29, que Dios es el Dios de todos los hombres, judíos y gentiles. Isaías 54:5 dice: "Dios de toda la tierra será llamado". Y Jeremías 16:19, "a ti vendrán naciones desde los extremos de la tierra". La pared que dividía fue derribada, no hay judío ni gentil en Cristo. Nosotros lo sabemos. Dios es el Dios de todo. Él es el único Dios. "Porque no me avergüenzo del evangelio, porque es poder de Dios para salvación, al judío primeramente, y también al [gentil].

Por lo tanto, el versículo 30 dice: "Porque Dios es uno, y él justificará por la fe a los de la circuncisión, y por medio de la fe a los de la incircuncisión". Este es el principio modificador, Dios es uno. Un solo Dios quiere decir que es el Dios de todo. No hay otro Dios, esto es monoteísmo. Deuteronomio 6:4, ¿lo recuerdan? "Jehová, uno es". Salvará a todos los hombres por medio de la fe otorgando su gracia. Él justificará a todos los que creen, judíos o gentiles. Él salva a todos de la misma manera, lo ha hecho así en toda la historia de la humanidad. No sé qué es lo que piensas acerca de las dispensaciones, pero si en el pasado estuviste atorado ahí, tienes que entender que, en todos los periodos de la historia de la humanidad, el mismo Dios, un solo Dios, salvó a la gente de una sola manera, por gracia por medio de la fe. Siempre ha sido por fe. Siempre aparte o fuera de las obras. Siempre como un acto de gracia. Siempre por depositar a su cuenta su propia justicia, y ya que ellos no la merecen, ha sido un regalo de gracia.

Incluso antes de que Israel fuera identificado, leemos: "Noé halló gracia ante los ojos del Señor". "Moisés halló gracia". "Abraham se apropió de la gracia de la salvación por fe". Así podemos ver que ésta ha sido siempre la forma en la que Dios ha salvado, y Dios no puede ser acusado de haber cambiado. "Yo el Señor, no cambio". Esto es la inmutabilidad de Dios y funciona así en todo lo que hace.

La ley confirma la ley de Dios

Un punto final. La cruz entonces satisface a Dios. Cristo murió por Dios en el sentido de que la cruz declara la justicia de Dios, la gracia de Dios, la consistencia de Dios y también confirma la ley de Dios. Si Dios hubiera dicho: "Saben, siento tanta pena por ustedes que simplemente los voy a perdonar". Escucha esto, Dios te ama incondicionalmente. ¿Cierto? No lo creo. La idea del evangelio que se predica hoy es: "Ora esta pequeña oración y listo, todo se acaba". Pero, ¿qué hay acerca de la ley de Dios? Si quebrantabas la ley de Dios, morías, ¿cierto? "La paga del pecado es muerte". "El alma que pecare, esa morirá". Y qué me dicen de éste, Gálatas 3: "todos los que dependen de las obras de la ley están bajo maldición". Esto es porque las rompen. Es por eso que cuando Dios perdona por gracia, perdona a aquellos que creen y les deposita su justicia; es por esto que el versículo 31 pregunta: "¿Luego por la fe invalidamos la ley?" Es como si dijera, ¿qué pasó con la ley? ¿Qué pasó con el requisito? ¿Qué paso con el castigo? "En ninguna manera, sino que confirmamos la ley". Con esto confirmamos la ley.

Cuando vemos el evangelio, entendemos que no podemos quebrantar la ley de Dios sin activar la justicia santa. Y, o cae sobre ti, o cae sobre Cristo. El escritor de un himno lo dijo años atrás: "Oh, que salvador tengo. En él las gracias del Señor obtengo". Me encanta ver la cruz desde la perspectiva del pecador; pero pienso que debemos amar más ver la cruz desde la perspectiva de Dios. La cruz de Cristo hace que la justicia de Dios sea vista, que la gracia de Dios sea vista, que la consistencia de Dios sea vista, y que la santidad de la ley de Dios sea vista. Este es el evangelio de Pablo. Es su evangelio. Esta es la belleza y la magnificencia de éste. Y no puede producir una respuesta superficial, no puede. Alabamos a Dios por ello, ¿verdad? No hubo nada personal en todo esto, fue alabanza a Dios de la manera más sublime, y de la manera más escandalosa posible, es por eso que Dios merece toda la alabanza por esta salvación.

Oración

Padre, agradecemos lo que has hecho y lo que tu Palabra nos enseña, es tan refrescante estudiarlo. Solo queremos adorarte, te adoramos, te amamos, te alabamos; gracias por todos los regalos que nos has dado. Oramos en el nombre de Cristo. Amén.

REFLEXIONES PERSONALES

16_El Evangelio de la Reconciliación

Conociendo, pues, el temor del Señor, persuadimos a los hombres; pero a Dios le es manifiesto lo que somos; y espero que también lo sea a vuestras conciencias. No nos recomendamos, pues, otra vez a vosotros, sino os damos ocasión de gloriaros por nosotros, para que tengáis con qué responder a los que se glorían en las apariencias y no en el corazón. Porque si estamos locos, es para Dios; y si somos cuerdos, es para vosotros. Porque el amor de Cristo nos constriñe, pensando esto: que si uno murió por todos, luego todos murieron; y por todos murió, para que los que viven, ya no vivan para sí, sino para Aquél que murió y resucitó por ellos.

De manera que nosotros de aquí en adelante a nadie conocemos según la carne; y aun si a Cristo conocimos según la carne, ya no lo conocemos así. De modo que si alguno está en Cristo, nueva criatura es; las cosas viejas pasaron; he aquí todas son hechas nuevas. Y todo esto proviene de Dios, quien nos reconcilió consigo mismo por Cristo, y nos dio el ministerio de la reconciliación; que Dios estaba en Cristo reconciliando consigo al mundo, no tomándoles en cuenta a los hombres sus pecados, y nos encargó a nosotros la palabra de la reconciliación. Así que, somos embajadores en nombre de Cristo, como si Dios rogase por medio de nosotros; os rogamos en nombre de Cristo: Reconciliaos con Dios.

2 Corintios 5:11–20

BOSQUEJO

— Introducción

— La reconciliación es motivada por el amor de Dios

— La reconciliación es voluntad de Dios

— La reconciliación es un acto de perdón

— Una reconciliación por medio de la Fe

— La reconciliación es por medio de la obra de sustitución

— Oración

NOTAS PERSONALES AL BOSQUEJO

Introducción

Hemos estado hablando acerca del evangelio de Pablo, el evangelio de acuerdo a Pablo, y les confieso que esto es un reto muy grande para mí, esto de tratar de reducirlo para presentarlo en pocos mensajes. Y con toda honestidad debo decirles que estoy vacilando un poco, y esto me hace cambiar de idea, pienso si esto o aquello sería mejor aquí o allá, así que les pido que sean pacientes conmigo. Vayamos a nuestra Biblia a 2 de Corintios 5. Ya hemos hablado acerca de la gloria del evangelio. De hecho, ya hemos hablado de la naturaleza del evangelio en los mensajes anteriores, ya hemos visto la doctrina de la justificación y la naturaleza del evangelio es que la justicia de Dios tiene que descender del cielo, y ésta se recibe por fe, es un regalo de gracia, y es de este modo que la salvación sucede en nosotros. Ya hemos hablado de todo esto.

Es un evangelio glorioso. Es un evangelio sustitutorio, como lo vimos antes. Y vamos a ver un poco más de esto ahora. Pero quiero que ustedes entiendan este concepto de reconciliación. Es el evangelio de la reconciliación. El evangelio reconcilia al pecador con Dios. Hay un pasaje aquí al final del capítulo 5 que es críticamente esencial para entender el evangelio de Pablo, el evangelio de Jesucristo, el evangelio del Dios bendito, el evangelio de paz, gracia y salvación, al cual Pablo llama mi evangelio e incluso nuestro evangelio.

Quiero que ustedes vayan conmigo al versículo 18, 2 de Corintios 5:18–21. "Y todo esto proviene de Dios, quien nos reconcilió consigo mismo por Cristo, y nos dio el ministerio de la reconciliación; que Dios estaba en Cristo reconciliando consigo al mundo, no tomándoles en cuenta a los hombres sus pecados, y nos encargó a nosotros la palabra de la reconciliación. Así que, somos embajadores en nombre de Cristo, como si Dios rogase por medio de nosotros; os rogamos en nombre de Cristo: Reconciliaos con Dios". Cinco veces aparece en este pasaje aparece la palabra "reconciliación". La vemos en el versículo 18, "Dios, quien nos reconcilió, y nos dio el ministerio de la reconciliación". Versículo 19, "reconciliando consigo al mundo... la palabra de la reconciliación". Versículo 20, "Reconciliaos con Dios". Esto es acerca de la reconciliación.

La reconciliación asume que hubo separación, ¿no es así? Asume enemistad, hostilidad. Asume que las personas son enemigos o peor aún, enemigos violentos. Es por esto que es necesaria la reconciliación. Ahora, ustedes notarán que Pablo dice que se nos ha dado el ministerio de la reconciliación. Y la forma en la que vamos a afectar a la gente se resume con la palabra reconciliación. Nuestro mensaje es un mensaje de reconciliación, un mensaje de reconciliación. ¿Cómo hemos de entender esta reconciliación? Bueno, en este pasaje, no solo en los versículos 18–21, con solo regresar un poco, tenemos lo que pienso que es en esecia un entendimiento de lo que es el mensaje del evangelio de la reconciliación. Nos fue dado el ministerio de la reconciliación, hemos recibido el mensaje que tiene que ver con la reconciliación y esto constituye, de acuerdo al versículo 20, la naturaleza de nuestra función como embajadores. Un embajador era un representante del monarca, quien era colocado en una cultura extraña para representar a dicho monarca. Así es con nosotros, nosotros representamos al Rey de reyes y estamos en una cultura extraña. Nuestra responsabilidad es decir a la gente, dentro de esta cultura extraña, que son enemigos de Dios por naturaleza, y que ellos pueden ser reconciliados con Dios. Éste es nuestro mensaje. En esto consiste nuestro mensaje.

En ocasiones cuando estoy viajando, sentado con personas a mi lado, me han llegado a preguntar a que me dedico. Recuerdo haber contestado esta pregunta al regresar de Nueva York a Los Ángeles, y contesté: "Soy un predicador del evangelio". Y el tipo que estaba sentado a mi lado, que por cierto tenía perforaciones en todos los lugares visibles de su cuerpo que podían ser perforados, debió quedar aterrado porque salto de su asiento y porque nunca más regreso a su lugar. Se trata de un vuelo de cinco horas. Por lo que he aprendido a no ser tan contundente. Por otro lado, en una ocasión dije lo siguiente: "Oh, tengo un trabajo maravilloso. Le digo a los pecadores cómo pueden ser reconciliados con Dios. ¿Le interesa saber cómo?" A esto yo le llamo cortar por lo sano. Pero esto es exactamente lo que hago. Es lo que hacemos todos. Nuestro mensaje es que los pecadores pueden ser reconciliados con Dios. Que Dios es un Dios que busca la reconciliación, quien ha provisto un medio de reconciliación; y un mensaje de reconciliación es la responsabilidad de cada embajador de Cristo. La reconciliación asume separación, hostilidad, una relación entre enemigos, pero es una que puede ser cambiada por medio de una total y completa reconciliación.

La reconciliación es motivada por el amor de Dios

Conforme vemos este pasaje, quiero mostrarles algunos elementos de lo que es la reconciliación. Algunos elementos acerca de la realidad de la reconciliación. Y para poder hacer esto tenemos que regresar hasta el versículo 14 y tomar algunas cosas que están ahí. Y mientras que regresamos al versículo 14, quiero mencionar el primer componente de la reconciliación, éste es que es motivada por el amor de Dios. Es motivada por el amor de Dios. Y no necesito abundar mucho en esto porque todos ustedes están muy familiarizados con el hecho de que de tal manera amó Dios al mundo, ¿cierto? Que Él dio. Escuchando su amor, no que nosotros hayamos amado a Dios, sino que Él nos amó a nosotros y envió a su Hijo para que fuera la propiciación por nuestros pecados. Mientras que nosotros éramos enemigos, Pablo dice que Él nos amó. En el versículo 14 Pablo identifica esto: "Porque el amor de Cristo nos constriñe". Este es un verbo que significa poner presión sobre algo para crear una acción. Incluso podría ser traducida: el amor de Cristo es quien nos controla. Me gusta mucho la palabra "controla". De hecho, en la Biblia de las Américas dice "apremia". Pablo no está hablando de su amor por Cristo; él está hablando acerca del amor de Cristo hacía él. Lo que lo motiva, vimos ya que él entendió la gloria del evangelio. Entendimos la trascendente gloria del evangelio y cómo ésta es motivada por su grandeza inigualable, sin paralelo. Él también experimentó el amor de Cristo. Cristo había establecido un amor muy especial por la salvación en la vida de Pablo, al grado que estaba tan abrumado por este amor que lo salvó, que nunca pudo vivir para otra cosa sino para la proclamación del evangelio que presentaba este amor que lo rescató.

El amor con el que Cristo salvó a Pablo fue lo que lo controló, lo dominó, lo motivó, lo gobernó por completo. Él no lo vio de manera personal. No lo vio de manera egoísta. No lo vio de manera aislada, porque dice en el versículo 15: "y por todos murió". Lo que Dios ha hecho por mí a través de su amor, lo que Cristo ha hecho por mí por medio de su amor magnánimo, perdonador y de abundante gracia no es solo para mí. Él murió por todos para que aquellos por los que murió puedan ya no vivir para ellos mismos, sino para Él, quien murió y resucitó en su nombre.

¿Qué fue lo que lo motivo? ¿Qué lo obligó? ¿Qué lo llevó? No fue solo la gloria del evangelio en un sentido amplio, sino la gloria del evangelio estaba rodeada por el hecho de que el evangelio era una expresión magnánima del amor divino hacia el pecador que no merecía nada, el cual se confiesa a sí mismo como un blasfemo. Y se dio cuenta que este amor que Dios le había dado en Cristo, que lo había transformado totalmente su vida, no era solamente para él, sino que Cristo murió por todos, para que los que viven ya no puedan vivir para sí mismos sino para Él quien murió y resucitó a nombre de ellos. Él murió por todos.

¿Qué queremos decir con todos? Él murió por todos lo que creen en Él. Murió y resucitó en su lugar. Al final del versículo 14 dice: "uno murió por todos, por consiguiente, todos murieron". No quiero ser muy técnico aquí; Él murió por todos aquellos que murieron con Él. Esto no quiere decir que murió por todo el mundo. Si Cristo murió por todo el mundo, el mundo entero sería salvo. ¿Lo entienden? Si en realidad Cristo pago la pena a nombre del mundo entero, por consiguiente, el mundo entero hubiera sido salvado porque la pena fue pagada. Hay personas que enseñan que Él murió por todo el mundo y si tú enseñas que murió por todo el mundo, por todos los que han vivido, entonces su muerte fue una muerte potencial y no una muerte real. Fue un sacrificio potencial y no un sacrificio real. Si dices que Él murió por todo el mundo en general, entonces Él no murió por nadie en particular.

Esto es un problema. Él murió por todos los que murieron en Él. Murió y resucitó a nombre de todos los que murieron en Él, quienes lo manifestaron por fe. Este es un sacrificio real. En realidad, Cristo llevó nuestros pecados en su propio cuerpo sobre la cruz, y en realidad pago la pena en su totalidad. Su muerte no es una muerte potencial, sino una muerte real. Esto no hace que sea posible la salvación; hace que la salvación sea inevitable. La muerte de Cristo fue la muerte de su pueblo, sus elegidos que creerán. El pago por aquellos que fueron pagados sus pecados.

Ustedes pueden decir, "esto suena a predestinación". Exacto. Por cierto, sé que quieren hacer una pregunta. Todos tienen una pregunta, pero en el siguiente mensaje voy a hablar acerca de cuál es la forma en la que Pablo ve que la predestinación encaja con el evangelio de su pasión. Esto en el mensaje que sigue.

Pablo comprendió este regalo de amor en la salvación que le había sido dado. Éste controlaba su vida, pero no lo podía retener solo con él. Porque Cristo había muerto por todos aquellos que murieron en Él, quienes iban a nacer en algunos casos, y escucharían el mensaje del evangelio, pero lo escucharían en el futuro, creerían y serían salvos. Lo que controlaba su vida era el amor que Dios le había mostrado en Cristo para redimirlo de su desdicha y de su condenación eterna, y ese amor tomó el control de su vida porque él sabía que sería un instrumento para llevar el mensaje de ese amor a todos los que él pudiera alcanzar.

Así fue como toda su vida cambió. Veamos lo que dice en el versículo 16: "De manera que nosotros de aquí en adelante a nadie conocemos según la carne". ¿Entienden esto? ¿Lo que sucedió en su vida? Bueno, de un momento a otro él ya no vio a la gente exteriormente. Ya no vio a la gente como seres físicos; ya no vio su parte superficial; ya no estaba particularmente interesado en su apariencia; ya no estaba interesado en sus comportamientos externos. Ahora veía a la gente de manera diferente. Es por eso que dice en el versículo 16, "de aquí en adelante" —desde el momento de su salvación en adelante— "a nadie conocemos según la carne". Ya no juzgamos a las personas por medio de lo que podemos ver y experimentar de su vida física. Entonces él dijo, yo hice eso una vez, hice eso con Cristo, "hemos conocido a Cristo según la carne". Hubo un tiempo cuando yo conocí a Cristo solo de acuerdo a la carne. ¿Y saben qué fue lo que determiné? Que Él era un blasfemo. Que Él era un fraude. Que Él era un falso mesías. Que Él era un problema para el judaísmo. Que Él merecía ser crucificado y que sus predicadores merecían ser asesinados. Recordarán que en el apedreamiento de Esteban, Pablo estaba parado ahí y tenía a sus pies las ropas de quienes lo apedreaban, pues la gente que lo estaba apedreando las había traído a él. Pablo había hecho una evaluación externa de Cristo en la estuvo completamente equivocado. Pero ahora, ya no lo conocemos de esta manera. Mi completa opinión de Cristo ha cambiado desde que lo conocí en el camino a Damasco. Ya no veo a la gente por su apariencia externa. El más horrible resultado al hacer esto, que fue lo que los fariseos hicieron junto con su falsa religiosidad y todos los perdidos, la más horrible expresión de este tipo de juicio fue la forma en la que yo juzgué a Cristo. Y vaya que estuve equivocado. Pero ahora solo veo a todos desde el punto de vista espiritual, así lo deben hacer ustedes. ¿Lo comprenden?

Y si ustedes tienen hijos que no conocen al Señor, puede ser que ellos se vistan y parezcan buenos, pero cuando salen de casa tu corazón puede ser roto. Todo puede ser adornado exactamente de la forma que se debe hacer, pero lo que te interesa es su corazón, ¿verdad? Puedes tener una esposa que es atractiva, pero que no conoce a Cristo, entonces lo tienes que ver de manera diferente. No vemos al mundo de la misma forma que el mundo se ve a sí mismo.

Estaba yo en la Casa Blanca hace algunos años, hablaba al staff de la Casa Blanca y les decía: "Saben, ustedes tienen un problema aquí". Dije, "y no es del tipo que ustedes piensan que es". Proseguí, "ustedes están tan inclinados", era el tiempo de Bush, "están tan inclinados a asegurarse que atacan a los demócratas, en atacar a sus adversarios, que ustedes han hecho el campo de su misión un campo enemigo. No pueden hacer eso. Puede ser que no les guste su forma de hacer política, pero no los pueden ver según la carne. Es el campo de su misión". Esa fue la forma en la que Pablo veía el mundo. Esa es la forma en la que todo creyente debe ver al mundo. Y Pablo dice esto en palabras familiares en el versículo 17: "De modo que si alguno está en Cristo, nueva criatura es; las cosas viejas pasaron; he aquí, son hechas nuevas". Y las palabras "si alguno" son las palabras operativas aquí. No sé quiénes son los todos que murieron en Cristo, no sé quiénes son por los que Él pagó en realidad la totalidad de sus pecados. No sé quiénes son, pero sé que cualquiera que cree, encaja en la categoría de "si alguno está en Cristo nueva criatura es".

Pablo es catapultado dentro del ministerio de la reconciliación, porque él era alguien que conoció en una experiencia de primera mano el amor de Dios en Cristo, que le fue dado y que fue lo que le trajo la transformación de su propia alma, cambió su destino eterno y le garantizó la justicia de Dios en lugar de la justicia humana que solo condena. Esto se convirtió en la pasión de su vida. Es ese amor de Cristo el que lo controló junto con todos los que estuvieron con él, es decir nosotros. Ves el pronombre en el versículo 14. Todos nosotros somos controlados por la realidad de que hemos sido hechos nuevas criaturas por medio del amor de Dios en Cristo y esto no puede estar limitado solo a nosotros, todos los que están en Cristo son nuevas criaturas. Ya no podemos ver a la gente de la misma manera. Si le preguntaras a Pablo, él diría: "en Cristo ya no hay hombre o mujer, esclavo o libre, judío o gentil". Ya no hay distinción. Él pudo ver a todos como almas eternas.

Estoy seguro que tu experiencia es esta, al menos yo lo hago. Yo veo a través de una persona, sea lo que sea, sepa yo o no de ella, cuando estoy expuesto a personas, es su alma la que me cautiva. No podemos conocer a las personas más allá de un nivel superficial. Vivimos en un mundo de almas perdidas; ellas están alrededor nuestro. Puede ser que no te guste la política, o bien que no te guste el comportamiento de los políticos, o bien su estatus social, puede ser que no te guste su personalidad, debemos ver más allá de esto, porque por este tipo de personas Cristo también murió y pagó la pena por sus pecados por completo, y puedes ser tú el instrumento, si Dios lo permite, para traerlos al punto de la salvación que fue trazado para ellos desde antes de la fundación del mundo. Nos fue dado el ministerio de la reconciliación. Este es el corazón y el alma de nuestra responsabilidad como creyentes y esta es la forma en la que Pablo veía su vida. Nuestro ministerio es reconciliar el hombre con Dios, reconciliar a las mujeres con Dios, predicar las buenas nuevas que hacen que la enemistad, hostilidad, odio y separación entre Dios y el hombre sea completamente cambiada. Y parte de eso, desde luego, es definiendo el hecho de que existe una separación entre Dios y el hombre. Estas son las buenas nuevas, es posible que los pecadores sean reconciliados con el Dios Todopoderoso.

Con frecuencia pienso en esto. Puede ser que me hayan escuchado decir esto en algún lugar o en alguna grabación. Volaba yo viajando a El Paso, sentado en el maravilloso asiento de en medio. Estoy ahí apretujado y aprovechaba el tiempo para prepararme a dar una conferencia de varones en el Centro Cívico de El Paso. Tenía mi pequeño Nuevo Testamento abierto y hacía algunas notas con referencia a lo que iba a hablar, y justo sentado a mi lado había un hombre de origen árabe, se notaba claramente. Estoy mirando mi Nuevo Testamento apenas acaba de despegar el avión, y pocos minutos después este hombre se gira y me dice: "Disculpe señor, ¿es esa una Biblia?" A lo cual conteste: "Sí, es una Biblia". Y él dijo: "¿Le puedo hacer una pregunta?" Dije: "Claro, me puede preguntar lo que guste". Entonces dijo: "Yo soy de Irán, soy nuevo en los Estados Unidos. Estoy en el proceso de inmigrar y no entiendo la religión de aquí. No la comprendo. En mi país todo el mundo es musulmán, todos. Pero no entiendo la religión de Estados Unidos". Y continuó diciendo: "Podría usted decirme, por favor" —y exactamente así lo dijo— "cuál es la diferencia entre un católico, un protestante, y un bautista". Un católico, un protestante y un bautista, al menos había sido expuesto a estas tres categorías. Así que le contesté: "Sí, con gusto le puedo decir la diferencia". Le di una forma simple de entender el catolicismo como una religión de ceremonias sacramentales, etc., etc. Y el protestantismo es una protesta en contra de eso, es un reconciliar la relación personal con Dios por medio de Cristo, y continué en ese tenor. Puse a los bautistas en la categoría de protestantes pues es a ésta a la que pertenecen.

Me dijo: "Gracias, muchas gracias, muchas gracias". Entonces yo le dije: "¿Le puedo hacer ahora yo una pregunta a usted?" Y contestó: "Claro que sí". Sabía cuál sería su respuesta, pero quería escucharla de su boca. Le dije: "¿Los musulmanes pecan?" Conocía la respuesta, pero quería que él lo dijera. Dijo: "¿Qué si tenemos pecados? Tenemos muchos pecados; ni siquiera conozco todos los pecados". Y dije: "¿Usted los comete?" "Todo el tiempo". Y a continuación dijo: "Estoy volando a El Paso para cometer algunos pecados" —vaya que era un tipo honesto— "Sí, voy a El Paso porque conocí a una chica cuando estaba inmigrando, y me voy a ver con ella para pecar de algún modo". Me sorprendí y pensé: "Ésta es más información de la que requiero", por lo que le dije: "¿Le puedo hacer otra pregunta?" Dijo que sí. Le pregunté: "¿Cómo se siente Alá con respecto a sus pecados?" "Muy mal, muy mal, me podría ir al infierno" -contestó él. "¿Por qué no deja usted de pecar entonces?" "No puedo, no puedo"-dijo él. "¿Si usted continúa pecando se puede ir al infierno, a un infierno eterno?" Y entonces me contestó. "Espero que Dios me perdone. Mi esperanza es que Alá me perdone". Por eso dije algo que después de todo yo conozco, no lo pensé simplemente, sino que lo dije: "¿Sabe? Conozco a Dios de manera personal, y le puedo asegurar que Él no lo va a perdonar".

Me miró —sé lo que en su mente estaba pensando— y dijo: "¿Cómo puede ser que usted conozca a Dios personalmente y vaya sentado en el asiento de en medio?" Esto no tiene sentido. Yo le había dicho: "Conozco a Dios personalmente y no lo perdonará". Pero él dijo: "Mi esperanza es que sí lo haga". Entonces le dije: "Le tengo buenas noticias, se cómo puede usted ser completamente reconciliado con Dios, cómo puede usted ser completamente perdonado y convertirse en un amigo de Dios y en un hijo de Dios, y recibir todo lo que Dios posee como un regalo de Él para usted". Él nunca había escuchado nada como esto en toda su vida. No hay redención en el islam. Y lo que hice a continuación fue hablarle del evangelio. No respondió a Cristo, pero estoy seguro que le eché a perder su fin de semana. Y sé que una chica en El Paso quedó completamente confundida. Ella no supo lo que estaba sucediendo. Le di mucho material, lo envié con muchas cosas, y le dije a qué lugar podía asistir, a una iglesia en el lugar donde vivía, pero después ya no supe más nada. Esto es en esencia lo que hacemos, ¿no es así? Lo que le decimos a la gente ¿no es cómo pueden ser reconciliados con Dios?

Regresemos al capítulo 5, Él nos ha dado un compromiso por medio de la palabra reconciliación, literalmente nos colocó en el *logos* en oposición al *mythos*. *Logos* es la palabra que es verdad, *mythos* es la palabra que no es verdad. Él ha puesto en nosotros la *logos* de reconciliación. Hemos sido llamados a predicar el ministerio de reconciliación, decir a los creyentes que pueden ser reconciliados con Dios. Esto asume que nosotros tenemos que ayudarles a reconocer que actualmente ellos están separados de Dios. En otras palabras, no le puedes decir a la gente que pueden ser reconciliados hasta que les dejes claro que necesitan ser reconciliados, porque no quieres ser el enemigo de un Dios Santo.

La reconciliación es voluntad de Dios

Al pensar en este ministerio de reconciliación, quiero dar a ustedes algunas cosas que les ayudarán a entender la naturaleza de esta gran verdad, ¿de acuerdo? Número uno, la reconciliación, esto es muy importante, es por la voluntad de Dios. La reconciliación es por la voluntad de Dios. Por favor regresemos al versículo 18; tomemos nuestro texto original. "Y todo esto proviene de Dios, quien nos reconcilió consigo mismo por Cristo". Todo esto, ¿qué es esto? De lo que nos ha estado hablando desde el versículo 14. La salvación, la provisión en la muerte de Cristo, siendo hechos una nueva creación, habiendo pasado todas las cosas viejas y hechas nuevas. No nos está hablando de justificación sino de regeneración. Todo esto es por voluntad de Dios. Todo esto es plan de Dios. Versículo 19: "que Dios estaba en Cristo reconciliando consigo al mundo". Versículo 20: "como si Dios rogase por medio de nosotros". La reconciliación es por voluntad de Dios. Esta es la realidad que sirve de fundamento. Nosotros no podemos decidir ser reconciliados con Dios. No tenemos el poder de satisfacer la ira de Dios. No tenemos la habilidad de deshacernos de su justicia, y alcanzar el nivel de rectitud que Dios nos demanda. Somos los ofensores. Hemos sido destituidos de su presencia para siempre. Cualquier cambio en nuestra relación con Dios tiene que venir de Él mismo. Cualquier reconciliación tiene que ser por diseño de Él. Este es el corazón del evangelio.

Dios ama a los pecadores y busca reconciliarse con ellos. Él diseñó un medio para reconciliarse con los pecadores, para hacer que los pecadores sean sus hijos. Es Dios mismo quien no reconcilia consigo mismo. Dios es el reconciliador. Este es un punto muy profundo. Si ustedes estudian las religiones del mundo, no encontrarán ninguna deidad que sea reconciliadora en toda la historia de la humanidad. No encontrarán a un Dios que por naturaleza sea reconciliador. Leemos en 1 Timoteo 4:10: "es el Salvador de todos los hombres, mayormente de los que creen". ¿Qué significa esto? ¿Qué quiere decir que es Salvador de todos los hombres, especialmente de los que creen?

Hay un sentido en el cual Él es el Salvador de todos los hombres. En un sentido genérico, en un sentido muy amplio Él es el Salvador de todos los hombres. ¿Qué queremos decir con esto? Física y temporalmente. La Biblia dice: "La paga del pecado es muerte" (Romanos 6:23). La Biblia dice: "El alma que pecare, esa morirá" (Ezequiel 18:20). La Biblia dice: "Cualquiera que... ofendiere en un punto, se hace culpable de todos" (Santiago 2:10). La Biblia dice: "En pecado me concibió mi madre" (Salmo 51:5), es decir, "He sido un pecador desde mi concepción". Entonces, ¿por qué sigo vivo? ¿Por qué sigo aquí? Porque Dios es por naturaleza un Salvador, y todo pecador que tiene aliento de vida, es una prueba de que Dios por naturaleza es Salvador. Y lo es, como Romanos 2:4 dice: "¿O menosprecias las riquezas de su benignidad, paciencia y longanimidad, ignorando que su benignidad te guía al arrepentimiento?"

En todas las cosas que experimentamos como pecadores está la gracia de Dios, oler el café, besar al ser amado, tener hijos, disfrutar de la puesta del sol, comer una comida excelente, tomar unas vacaciones espectaculares, tener éxito, apreciar la buena música, todo esto lo hacen los pecadores. Y cualquiera que haya hecho esto, cualquier cosa de estas, cualquiera que puede respirar, da testimonio del mismísimo hecho de que Dios es por naturaleza Salvador; y si no lo fuera, destruiría a los pecadores antes de que pudieran tomar otro respiro más.

Así que las buenas nuevas son que tú no debes de convencer a Dios para que salve; solo tienes que convencer al pecador para que reciba. Una de las cosas que me irritan acerca del Catolicismo Romano —muchas cosas me molestan, pero una de las más irritantes— una de las cosas que más deshonran a Dios, uno de los elementos más blasfemos del Catolicismo Romano, es éste: si quieres que Dios venga y te rescate de tu desventura, si quieres que Dios te salve, si quieres que Dios te preste atención, no vayas a Dios. Él está muy ocupado, Él es muy santo, es santo, santo, santo. Y no tiene tiempo para ti porque Él es muy duro y riguroso. No querrías estar frente a Dios. No quisieras clamar a Dios.

Podrías ir a Cristo. Puedes ir a Cristo porque habiendo sido Cristo un hombre, y habiendo experimentado todas las cosas que experimentan los humanos, habiendo sido tentado en todo, como nosotros lo somos, a Él le corresponde ser más comprensivo. Pero saben? Él es algo duro también. Él también es muy riguroso. Así que, si en realidad tienes un problema y tienes una necesidad, acude a María, ve a María. ¿Por qué ir a María? Porque Jesucristo no puede negar nada a María. Puede negártelo a ti, pero no se lo puede negar a su madre. Esta es una blasfemia en contra de la naturaleza de Dios quien es un reconciliador, un Dios de amor esperando a que los pecadores vengan a su presencia y le rueguen perdón. No tienes por qué ir a María. María nunca ha escuchado una oración de ningún ser humano desde que llegó al cielo. Y nadie más lo ha hecho en el cielo, excepto la Trinidad. Dios es por naturaleza un Dios reconciliador. Y pueden decir: "Ve al Antiguo Testamento. ¿Cómo puedes decir que Él es un Dios amoroso y reconciliador? Algunos jóvenes hicieron mal a los profetas, y Dios mandó osos al bosque y los destrozó. ¿Qué tipo de Dios hace esto? ¿Qué tipo de Dios envía osos a los bosques para que destrocen a jóvenes que gritan a un profeta? Esa no es la pregunta. "¿Qué tipo de Dios hace que se abra la tierra y trague a cientos de hombres?" Esa no es la pregunta. "¿Qué tipo de Dios permite que caiga el palacio de los filisteos sobre ellos? ¿Qué Dios hace esto? ¿Qué tipo de Dios instruye a los israelitas para que maten a los cananeos? ¿Qué tipo de Dios hace esto?" La pregunta no es: "¿Por qué Dios toma la vida de los pecadores del Antiguo Testamento en estas formas tan catastróficas?" La pregunta debe ser: "Por qué permite Dios que todos los pecadores continúen viviendo?" Esta es la pregunta que debemos hacer. El pago por el pecado es muerte, la muerte es lo que todos merecen. Como saben, en Lucas 13 vinieron a Jesús y le dijeron: "No entendemos; hubo unos galileos que vinieron al templo, estaban adorando y los hombres de Pilato tomaron cuchillos y los acuchillaron matando a todos. ¿Por qué sucedió esto?"

Como pueden ver, la pregunta es: "Son adoradores, están haciendo lo que se supone que deben hacer. ¿Cómo es que Dios permitió que sucediera esto?" La respuesta de Jesús fue, "Todos pereceréis igualmente". Entonces, hicieron una segunda pregunta, leyeron en el periódico de Jerusalén que una torre había caído sobre mucha gente y que los había matado. "¿Qué tipo de Dios permite que esto suceda?" Una vez más, ésta no es la pregunta. Periódicamente en la historia de la humanidad, en momentos de cataclismos o eventos de esta naturaleza, Dios da testimonio de qué es lo que todos los pecadores se merecen. Todo el conglomerado de pecadores que vive y está disfrutando todos los beneficios de la gracia común, da evidencia de que Dios es por naturaleza un Dios Salvador. Él hace que su compasión y su misericordia sean vistas a favor de los pecadores, por medio de la gracia común, como una especie de advertencia a los pecadores para que se arrepientan. En ese sentido Él es el Salvador de todos los hombres. Pero en especial es el Salvador de aquellos que creen, ya que no los salva de manera física o temporal, sino de manera espiritual y eterna. Dios es la fuente de reconciliación. Estoy tan contento de que no tengo que pedirle a Dios que Él acceda a aceptar a un pecador.

Cuando Jesús murió en la cruz, había un velo en el templo que separaba a Dios de todos los demás, era el símbolo de la presencia de Dios. Dios lo desgarró de la parte de arriba hacia abajo e hizo que quedara completamente abierto. Ahora todos los pecadores que vienen a Él tienen acceso a alguien que es por naturaleza un Dios reconciliador. Regresando a nuestro texto. Es Dios quien nos reconcilia con Él mismo. Es Dios en Cristo quien está reconciliando al mundo. Es Dios quien est rogando y apelando. Nunca estarás más en línea con la voluntad de Dios que cuando predicas la palabra de reconciliación.

La reconciliación es un acto de perdón

La reconciliación es entonces, en primer lugar, un acto de la voluntad de Dios, y segundo, un acto de perdón. Es un acto que provee perdón. ¿Cómo puede ser que Dios haga esto? Esto nos lo dice el versículo 19. La única forma en la que Dios puede reconciliarse con los pecadores, aquí est en el versículo 19, es al no tomar en cuenta sus transgresiones. Esta es la única forma. ¿Cómo puede ser la reconciliación posible? ¿Cómo puede Él reconciliarse con el mundo? Esto hace referencia a toda la gente de todas las naciones que serán reconciliadas. ¿Cómo puede Él reconciliarse con ellos? Al no tomar en cuenta todas sus transgresiones. Este es el punto, Él tiene que hacer a un lado los pecados de ellos.

Ya hablamos acerca de Miqueas 7: "¿Quién es un Dios perdonador como tú?" Éxodo 33: "Dios es por naturaleza un Dios misericordioso y clemente, un Dios perdonador". El Antiguo Testamento está lleno de esto. El Nuevo Testamento lo recalca. Dios está deseoso de perdonar a los pecadores arrepentidos, está deseoso de no hacerlos culpables de sus transgresiones. Esto es lo que les tenemos que decir a los pecadores. Aquí est el problema. Pueden ser reconciliados con Dios, Dios les perdonara todos sus pecados para siempre. ¿Estás interesado? Este es el punto. Cuando la gente evangeliza acostumbra decir: "Te gustaría tener un propósito en tu vida? ¿Te gustaría que tu matrimonio mejorara?" Es como si dijeran: "Te gustaría mejorar tu tiro en el campo de golf? ¿Quieres lograr más goles?" De hecho, ¿qué andas buscando en tu vida? ¿Felicidad, contentamiento, un sentido de bienestar? No se trata de esto, sino de: "Quieres morir en tus pecados e irte al infierno para siempre?" O bien: "Estás interesado en el perdón completo y eterno?" Este debe ser nuestro mensaje.

El Salmo 32:2 dice: "Bienaventurado el hombre a quien Jehová no culpa de iniquidad". Esto es lo que encontramos detrás de este versículo. Probablemente Pablo pensó acerca de esto aquí porque de hecho lo dijo en Romanos 4:8: "Bienaventurado el varón a quien el Señor no inculpa de pecado". Esto es una paráfrasis del Salmo 32. Dios está deseoso de borrar el pecado. De hecho, el Antiguo Testamento dice que Él lo removerá tan lejos como está el oriente del occidente, el este del oeste. Lo enterrará en lo más profundo de la profundidad del mar y no lo recordará más. Colosenses 2:13 dice que es Dios quien ha perdonado todos nuestros pecados. Y, amigos, cuando somos fieles al evangelio y fieles al evangelio que Pablo proclamó, lo que en realidad le estamos diciendo a los pecadores es acerca de su pecado individual. Estas son las buenas nuevas, que Dios perdonará todos tus pecados. Este es el mensaje de reconciliación. Dejemos toda superficialidad, dejemos toda esa basura de prosperidad o de que Jesús quiere que estés sano, rico, poderoso y exitoso. Lo que Él nos ofrece no tiene nada que ver con eso. Puedes enfermar peor después de que seas salvado, puedes incluso empeorara más y más. Puede ser que después de ser salvado seas mucho más pobre de lo que eras antes. Pero lo más importante será que estarás bajo el cuidado del Dios soberano quien ha determinado que todo eso es para tu bien y para su gloria. Y con lo que sí podrás contar es con el hecho de que te encuentras camino al cielo porque Él ya no toma más en cuenta tu pecado.

De hecho, adoro el lenguaje de Colosenses el cual dice que Él eliminó el acta de la transgresión que estaba escrita en nuestra contra. La quitó de nuestro camino, ya no es un obstáculo para nosotros. Es un tipo de reconciliación que Pablo conoce porque él mismo la experimentó. Es una reconciliación que es un acto de la voluntad de Dios y es un acto de perdón por parte de Dios.

Una reconciliación por medio de la Fe

Tercero, es una reconciliación por medio de la obediencia en la fe. Ya hablamos un poco acerca de esto, por lo que no quiero ocupar mucho tiempo en esto. Es por medio de la obediencia de la fe. Esto se encuentra implícito en el versículo 20. Para hacer que esto suceda, el pecador tiene que responder, así que aquí vamos. Somos embajadores de Cristo. Somos los representantes del gran Rey que quiere que seamos reconciliados con aquellos que están alejados de Él. Tenemos buenas nuevas para ellos, Dios quiere reconciliarse contigo. Dios no quiere culparte por tus pecados, Él te quiere perdonar. Por favor acepta este regalo. Esto es lo que nos dice el versículo 20. Es como si Dios, por medio de nosotros, estuviera haciendo una súplica. Te lo estamos rogando en nombre de Cristo, por favor reconcíliate con Dios.

Pero esto no suena muy calvinista, ¿no creen? No pueden pensar en que nosotros vayamos por ahí diciendo a la gente, por favor reconcíliate, arrepiéntete, cree, confiesa tus pecados, abandona tus pecados, ven a Cristo. Pero sabes, somos calvinistas. Si es que esto va a suceder. Escucha, no solo nosotros tendremos que andar rogando a los pecadores que se reconcilien con Dios como un acto de fe, sino que Dios es quien está haciendo la súplica por medio de nosotros. Esto podría hacer que alguien concluya que Dios no es un buen calvinista. ¿Qué? ¿Dios rogando a los pecadores que se reconcilien? Esto suena absolutamente arminiano. ¿Qué quiero decir? Que esto es lo que dice, pero vamos a ver un poco más acerca de este dilema en el siguiente mensaje.

No hay salvación aparte de la fe. No hay salvación fuera de la voluntad del creyente. ¿Qué dice en Juan 1:12? "Mas a todos los que le recibieron, a los que creen en su nombre, les dio potestad de ser hechos hijos de Dios" —y, por lo tanto— "los cuales no son engendrados de sangre, ni de voluntad de carne, ni de voluntad de varón, sino de Dios". Sabemos que es trabajo de Dios, y esto no quita la responsabilidad del pecador. Es por medio de la expresión de la voluntad del pecador. Dios actúa suplicando a los pecadores.

Vean a Jesús: "¡Jerusalén, Jerusalén, que matas a los profetas, y apedreas a los que te son enviados! ¡Cuántas veces quise juntar a tus hijos, como la gallina junta sus polluelos debajo de las alas, y no quisiste! He aquí vuestra casa os es dejada desierta" (Mateo 23:37–38). Esto es un lamento, por lo que Cristo lloró por ellos. Jeremías lloró las lágrimas de Dios en su profecía. "De mis ojos saldrán lágrimas porque ustedes no creerán". Dios mismo es quien ruega por medio de ti a los pecadores. Somos representantes de un Dios que ruega, un Dios que suplica, que llora por los pecadores, que les pide que por favor crean y sean salvados, que se reconcilien con Él.

La reconciliación es por medio de la obra de sustitución

Entonces, el ministerio de reconciliación, la obra de la reconciliación es por la voluntad de Dios a través del perdón, por medio de la fe. Esto nos lleva al cuarto punto que es el final, esto capturará todo lo que hemos estado ya diciendo. Es por medio del trabajo de sustitución, por la obra de sustitución. Porque la pregunta emerge de inmediato, ¿cómo es posible que Dios simplemente decida no importarnos nuestros pecados?

Tomando prestado el lenguaje de Romanos 4:5, ¿cómo puede Él justificar al impío? Esto francamente, esa declaración de que Dios justifica al impío puede ser la declaración más difícil de aceptar por parte de Pablo, en especial cuando la declaró en un contexto judío. ¿Dios determina que el impío sea declarado justo? ¿Dios justifica al impío? Esto es como un escándalo total. ¿Cómo puede Él hacer esto? Como ya dijimos, si un juez sentado en su silla recibe a un criminal que le confiesa: "Sí, soy culpable de todo. Yo maté a esas personas, las desmembré, y las enterré por todos lados. Sí, yo hice todo esto. Me siento realmente mal al respecto. Me siento mal por sus familias. Y señor juez, estoy tan arrepentido, pero tan arrepentido, que le ruego que me deje ir. ¿Podría usted perdonarme y dejarme ir?" Y acto seguido le contestara el Juez: "Como ya has pedido perdón, porque tú lo has pedido, te perdono, eres libre. Te puedes ir". Si ustedes, o yo, fuéramos este juez, perderíamos el trabajo, porque no estaríamos aplicando la ley. Esto sería un escándalo. ¿Fue esto lo que Dios hizo? ¿Dijo Dios: "Sí, seguro, simplemente te puedes ir"?

No, Él no hizo esto. Su justicia tenía que ser satisfecha, y esto está en el versículo 21. Este es el trabajo o la obra de sustitución. Esto es lo que resume lo que ya hemos estado diciendo en los mensajes anteriores. Fue B. B. Warfield quien dijo: "La sustitución es el corazón del corazón del evangelio". Permítanme ayudar en la comprensión del versículo 21. Hay 15 palabras en el griego. Y la manera mejor condensada, clara y compresiva de declarar lo que es el significado de sacrificio sustitutorio en todo el Nuevo Testamento, se encuentra en el versículo 21: "Al que no conoció pecado, por nosotros lo hizo pecado, para que nosotros fuésemos hechos justicia de Dios en él". Si es que Él no nos ha de imputar nuestros pecados a nosotros, sino que lo que hará es imputarnos justicia, ¿cómo puede hacer esto y seguir siendo justo? Aquí vemos cómo es que esto puede ser posible: "Al que no conoció pecado" —¿cuántos había como él? La lista es muy corta, solo Cristo. A este, Dios "lo hizo pecado por nosotros". Pero, ¿qué quiere decir esto? ¿Qué quiere decir que hizo pecado al que no conoció pecado? Bien, Kenneth Copeland, Kenneth Hagin, la gente de *Palabra de Fe*, nos dice —y he escuchado decir esto muchas veces de sus labios— que en la cruz Jesucristo se convirtió en un pecador, y que Él tuvo que ir al infierno y sufrir por sus pecados durante tres días. Y entonces el Señor permitió que resucitara de entre los muertos porque Él ya había pagado por sus pecados.

Esto es blasfemia. Él fue un cordero sin mancha y sin defecto. Él fue tan libre de pecado en la cruz como lo será por toda la eternidad. Esta es la razón por la que Él mismo dijo, "Dios mío, Dios mío por qué me has desamparado". Si hubiera sido pecador, no habría un "por qué". Jesucristo no se convirtió en pecador sobre la cruz. Pero, entonces, ¿en qué sentido Él se convirtió en pecado? En este sentido y en este sentido solamente. Dios lo trató como si Él fuera pecador a pesar de que no lo era.

Ahora, entiendan esto con mucho cuidado. Sobre la cruz Dios trató a Cristo como si Él hubiera cometió personalmente cada pecado que cometió cada una de las personas que creerían en él, a pesar de que Él no cometió ninguno de ellos. ¿Lo entienden? Sobre la cruz Dios trató a Cristo como si él hubiera cometido personalmente cada pecado que fue cometido por cada creyente de todas las épocas, a pesar de que él no cometió ninguno de ellos. Permítanme decirlo en una forma más personal. Sobre la cruz, Dios trató a Jesucristo como si hubiera vivido tu vida. No lo hizo, pero Dios lo trató como si lo hubiera hecho así. Dios trató a Cristo como si él hubiera vivido mi propia vida. Él derramó completamente la furia de su ira en contra de nuestro pecado como si Cristo fuera el culpable. ¿No es esto lo que es ilustrado en el sistema sacrificial si ustedes van a Levítico 1:1–9?

Por lo que lo decimos de esta manera: sobre la cruz Dios trató a Jesucristo como si él fuera pecador a pesar de que no era un pecador. ¿Por qué hizo esto? A nuestro nombre, a causa de nosotros. Porque su justicia tenía que ser satisfecha. Y les digo ahora que en tres horas de oscuridad él pudo cargar con el pecado infinito, el pecado eterno de toda la gente, hablando colectivamente, de todos los que creerían, porque él y su persona infinita, con una capacidad infinita, pudo tener la capacidad de cargar con el castigo que no tenía límites.

Esto es solo la primera parte. Dios lo trató como si él hubiera cometido cada pecado que cometió cada persona que creería en él, y el otro lado de la moneda de la sustitución está al final de versículo 21: "para que nosotros fuésemos hechos justicia de Dios en él". Escuchen esto, esto debe ser comprendido o no serán capaces de comprender todo lo que nos ilustra este gran versículo. ¿Son ustedes justos? Puedes presentarte delante de Dios como justo, pero ¿en realidad eres justo? Si te haces alguna pregunta al respecto, puedes preguntarle a cualquier persona dentro de la iglesia y obtendrás una respuesta honesta. ¿Eres justo? No. Pablo dice esto en las alturas de su madurez espiritual, "yo soy el primero" de ¿qué? ¿de los justos? No, no. "Soy el primero de los pecadores". No somos justos. ¿Qué quiere decir esto? Esto quiere decir que Dios te trata como si fueras justo. Pero permítanme llegar un paso más allá. Sobre la cruz, Dios trató a su Hijo como si Él hubiera vivido tu vida para que después Él te tratara como si tu hubieras vivido la vida de su Hijo. Así es la manera en la que Dios te ve. Él mira a la cruz y te ve a ti, pero Él te mira a ti y ve a su Hijo. Esta es la razón por la que no hay condenación.

Ahora, alguien podría decir: "Creo que, si yo fuera Dios, lo hubiera arreglado de otra manera. ¿Por qué Jesús tuvo que vivir aquí por 33 años y pasar por todo este lío? Es decir, ¿por qué no simplemente el Padre fue a Él y le dijo, puedo usarte para que vayas solo un fin de semana a la tierra? Baja en viernes, te matan, y resucitas el domingo; el domingo por la tarde estás de regreso, claro después de algunas apariciones. Así se cumplirá la redención. Solo necesito que vayas por un fin de semana". ¿De qué se trata esto de los 30 años? ¿De qué sirvieron? La Escritura nos dice para que sirvieron. Él fue tentado en todo como nosotros, pero sin pecado. "En todo" significa cronológicamente desde su nacimiento. En todo, pero sin pecado. Él vivió su vida completamente sin pecado. Su infancia, su niñez, sus años de juventud, siendo un adulto joven, un adulto maduro, toda su vida, Él cumplió toda justicia. ¿Por qué? Porque esa vida sería acreditada a tu cuenta. Esta es la justicia activa de Cristo de la que hemos estado hablando.

Así que en la cruz Dios trató a Jesucristo como si él hubiera vivido tu vida, y ahora Él te trata a ti como si tú hubieras vivido la de Él. Esto es algo muy generoso, ¿no lo creen? Él ve la cruz y te ve a ti. Él te ve a ti y ve a su Hijo. Estas son buenas noticias para el pecador. Pablo dice: "No puedo ver a nadie de otra manera que no sea como una entidad espiritual, en una necesidad desesperada del mensaje de reconciliación". Nos ha sido dado este ministerio, se nos ha dado este mensaje, estamos aquí como embajadores en un mundo extraño. No podemos ver a la gente de manera externa, debemos verlos por lo que ellos son en realidad: almas eternas quienes estarán en la eternidad ya sea en el cielo o en el infierno, y el mensaje que nosotros debemos entregar a ellos es el mensaje de reconciliación de que Dios los ama mucho, de que Él está deseoso en perdonarnos, de que Él está deseoso de quitar el pecado de la gente y reemplazarlo con su propia justicia, de la manera que ha sido demostrada y manifestada en la vida perfecta de su Hijo. Él juzgó a su Hijo como si hubiera vivido tu vida, para que pudiera recompensarte como si tú hubieras vivido su vida. Esta es la gloria del evangelio.

Oración

Padre, te agradecemos por tu Palabra. Estas verdades están más allá de nuestra comprensión. Somos tan insignificantes, tan pecadores y tan indignos. Y Tú nos has otorgado esta gran salvación. Permite que seamos como Pablo, gobernados por tal amor, dándonos cuenta de que Tú no simplemente hiciste esto por nosotros, sino que Tú moriste por todos nosotros. Permite que todos nosotros demos nuestras vidas, sin descanso y con todo nuestro ser al ministerio de la reconciliación, que seamos capaces de decir a los pecadores que ellos pueden ser reconciliados con un Dios amoroso y perdonador que quiere tratarlos como si ellos fueran justos y perfectos como su Hijo. Todo esto está disponible por medio de la fe en el nombre de Cristo. Gracias por el privilegio que nos das de adorarte. Sabemos que Tú quieres que nosotros te adoremos en espíritu. Lo hemos hecho con los cantos, pero queremos hacerlo en verdad. Ahora estamos seguros que hemos sido enriquecidos con la verdad, llena nuestros corazones con gozo mientras continuamos adorándote. En el nombre de Jesucristo. Amén.

17_Una Introducción al Evangelio Soberano

BOSQUEJO

— Escrituras seleccionadas

— La soberanía de Dios en la salvación

— La soberanía de Dios ilustrada en el Antiguo Testamento

— La soberanía de Dios en el evangelismo

— La soberanía de Dios ilustrada en el Nuevo Testamento

— Oración

NOTAS PERSONALES AL BOSQUEJO

Escrituras seleccionadas

Hemos estado hablando acerca del evangelio de acuerdo a Pablo, y ya hemos visto varías cosas con respecto a ese evangelio. En algunos casos las verdades se han intersectado y solapado, pero así debe ser. Hay un componente en el evangelio de acuerdo a Pablo, el evangelio de los otros apóstoles, el evangelio de acuerdo a Jesucristo, el evangelio de Dios, el evangelio de nuestro Señor Jesucristo y el evangelio de Salvación. Hay un componente común a todos que no puede ser ignorado, y desde luego Pablo hace más evidente, y este es que es un evangelio soberano. El poder del evangelio, la obra del evangelio es dispensado por la voluntad de Dios. No solo la justicia proviene de lo alto, como ya aprendimos, sino que la fe también proviene de lo alto, la convicción proviene de lo alto. Es el Espíritu Santo quien convence al mundo de pecado, de justicia y de juicio. Es el Espíritu el que nos otorga el arrepentimiento. Todos los elementos de la salvación provienen de lo alto.

Ninguno de ellos surge de dentro de nosotros o por nuestra propia voluntad, nuestras propias obras, nuestra propia intuición, o nuestras buenas intenciones. Somos los receptores de la salvación que es otorgada a nosotros en todos sentidos por la gracia soberana de Dios.

La soberanía de Dios en la salvación

Pablo deja esto bien claro en Efesios 1 y ahí es donde comenzaremos. Efesios 1, pero vamos a ver algunos otros pasajes que nos ayudarán a comprender el aspecto soberano de la salvación y cómo es que esta se relaciona con la responsabilidad humana. Cada vez que doy alguna conferencia en algún lugar del mundo, usualmente hay una sesión de preguntas y respuestas, e inevitablemente una de las preguntas siempre es: ¿Cómo podemos armonizar la soberanía de Dios con la responsabilidad humana? ¿Cómo podemos entender que la salvación es un asunto de la voluntad de Dios, una elección de Dios, un propósito de Dios, algo que Dios controla, y al mismo tiempo hace al hombre, en todo sentido responsable de lo que sucede? Esta es una de las preguntas que es inevitable. Y solo les puedo decir a ustedes que deben sentirse bien con esta pregunta. En esta vida no habrá una respuesta suficiente; así que no deben desanimarse cuando llega esta pregunta.

Pero si en realidad te puedo ayudar, es a llevar esto un poco más allá. Si te hago una pregunta simple como esta: ¿Quién escribió el libro de Efesios? ¿Cuál es la respuesta? La respuesta podría ser Dios y Pablo. ¿Pero cómo entenderlo con precisión? ¿Quién escribió el libro de Efesios? No pueden responder a esta pregunta tan sencilla. Si dicen Pablo, habrá que añadir otra, ¿es el vocabulario de Pablo? Sí. Pero, ¿es la mente de Pablo? Sí. Pero, ¿es el razonamiento de Pablo? Sí, pero cada palabra fue ordenada y tiene como autor al Espíritu Santo. De este modo tú no puedes ni siquiera contestar a esta simple pregunta acerca de quién escribió este libro de la Biblia. Sin prestar la atención adecuada no lo puedes resolver. No fue un dictado mecánico. Fue el corazón de Pablo, la mente, el alma, el vocabulario, su experiencia, pero cada palabra provino del Espíritu Santo.

Si te hago otra pregunta: ¿Quién es quien vive tu vida cristiana? Es una pregunta básica. Vamos, esto sucede todos los días. ¿Quién vive tu vida cristiana? Podrás decir, yo. Esa es una respuesta muy simple. Si tú estás viviendo la vida cristiana, ¿quién es en realidad tú o el Espíritu Santo? Mira, tú no quieres robar el crédito por las cosas buenas, y tampoco quieres echar la culpa al Espíritu Santo por las cosas malas, así que ¿quién es el que está viviendo la vida cristiana? Aquí tienes el mismo dilema. Permíteme ayudarte. El apóstol Pablo dice esto: "juntamente con Cristo estoy crucificado, y ya no vivo yo, mas Cristo vive en mí". Así que como pueden ver, él tampoco lo entendía; esta es la realidad de ello.

Esto es como intentar escrutar lo inescrutable. La realidad es que no se pueden resolver las tensiones divinas. Si hablamos acerca de la doctrina de la seguridad del creyente, la de que Cristo nos hace permanecer; no puedes hablar acerca de esto sin ver el otro lado de la moneda y hablar de la perseverancia de los santos. Entraremos a la gloria si mantenemos nuestra fe. Todos los principales aspectos de la doctrina de la salvación dentro de la Escritura, y muchos más allá de la salvación, tienen en su fondo una aparente paradoja que no puede ser resuelta por parte del lado humano. Esta es una de las evidencias de que Dios escribió la Biblia y no un hombre, de otro modo el hombre hubiera eliminado todas estas paradojas sin resolver.

Así que como pueden ver, solo estoy haciendo que la confusión sea más amplia, esto para que entiendan que no solo está esto limitado a la soberanía de Dios y la responsabilidad humana. Siempre existirá este tipo de tensión que algún día entenderemos, cuando estemos en la presencia del Señor, pero con nuestro cerebro limitado, reducido, desconectado, lleno de hollín y del tamaño de un guisante, en este mundo tenemos serias limitaciones. Así que ustedes deben sentirse cómodos con la pregunta, y yo les ayudaré a que estén más cómodos con este mensaje.

Vayamos a Efesios 1 y veamos los versículos 3–6: "Bendito sea el Dios y Padre de nuestro Señor Jesucristo, que nos bendijo con toda bendición espiritual en los lugares celestiales en Cristo, según nos escogió en él antes de la fundación del mundo, para que fuésemos santos y sin mancha delante de él, en amor habiéndonos predestinado para ser adoptados hijos suyos por medio de Jesucristo, según el puro afecto de su voluntad, para alabanza de la gloria de su gracia, con la cual nos hizo aceptos en el Amado". ¿Queda claro? ¿Por qué fueron salvados? ¿Porque ustedes fueron lo suficientemente inteligentes que creyeron en el evangelio? No. Porque Dios tuvo la gracia de escogerte desde antes de la fundación del mundo. El fin último de esa elección es que ustedes puedan ser santos y sin mancha delante de Él, esto es justificación, justicia imputada. Fue por su amor, como lo vimos en 2 de Corintios 5, que Él nos predestin para ser adoptados como hijos suyos. Todo esto de acuerdo a la intención bondadosa de su voluntad, de tal modo que toda la alabanza y toda la gloria sean para Él. Y esto es repetido por esta larga oración, de acuerdo al versículo 12, para alabanza de su gloria. Todo esto de acuerdo al versículo 14, para alabanza de su gloria. De acuerdo al versículo 6, para alabanza de la gloria de su gracia.

Entonces todo el plan de salvación debe ser entendido como el desarrollo de un propósito divino, esto antes de la fundación del mundo. Dios determin quien sería salvo. Sus nombres fueron inscritos en el libro de la vida del Cordero. El Cordero, quien fue sacrificado desde antes de la fundación del mundo en un sentido de la intención divina. En Mateo 25:34, un pasaje maravilloso, encontramos esto: "Venid, benditos de mi Padre, heredad el reino preparado para vosotros desde la fundación del mundo".

El apóstol Pablo entendió esto. Él entendió las palabras de Jesús que vemos en Juan 15:16: "No me elegisteis vosotros a mí, sino que yo os elegí a vosotros". Esta es la gran doctrina de la predestinación, la doctrina de la elección. Muchos la odian, o bien la rechazan. Es una de esas doctrinas que la gente no acepta por estar acostumbrada a vivir en democracias, y que les han dicho que la vida debe ser conducida por la voluntad propia y por la libre elección personal. La gente que vive o vivió en las monarquías tiene un mejor entendimiento de lo que significa el poder soberano y la autoridad soberana sobre sus vidas. Los que hemos sido criados en repúblicas, en lo que llamo los experimentos democráticos, cosas que no habían sucedido en la historia del mundo hasta antes de que esta nación fuera fundada, pensamos que debemos ser capaces de elegir cualquier cosa por nosotros mismos. Nunca hemos vivido bajo un soberano.

Bien, ustedes están viviendo bajo un soberano desde que entraron en el Reino de Dios. Y este soberano ha determinado todo. Es por su voluntad que nosotros seremos santos, sin mancha y nos presentaremos delante de Él siendo perfectos, justificados. Basados en su propósito predestinado, hemos sido adoptados como sus hijos. Todo esto conforme a la bondadosa intención de su voluntad. El lenguaje de Pablo en los versículos 3 y hasta el 6 es inconfundible. Es por su voluntad que nosotros tenemos la redención. Es por su voluntad que nos ha sido otorgado el perdón de nuestros pecados, en el versículo 7. Es por su voluntad que todo esto sobreabundó en nosotros. Es por su voluntad, versículo 9, que Él nos ha revelado su tierna intensión de aquello que Él se ha propuesto para nosotros en el futuro. En otras palabras, nos ha dado en la Escritura un entendimiento completo de lo que es nuestra esperanza futura. Lo que nos espera, la herencia a la que Él se refiere en el versículo 11, es el resultado de la predestinación que nos dio de acuerdo a su propósito. Y esto continúa hasta el versículo 14, llegando a la herencia que está por venir.

Todo, desde la elección a la glorificación, y todo lo que hay en el medio, justificación, santificación, todo es de acuerdo a su divina voluntad y propósito. Esto también es evidente en el capítulo 8 de Romanos. Vean Romanos 8 por un minuto, y esto es una forma de introducción. Quiero llevarte por algunos textos en tan solo un minuto, pasajes que probablemente tú no has observado de la manera que las veremos.

Romanos 8:29 dice: "a los que antes conoció" —no significa que Dios haya conocido algo con anticipación, es más bien que Dios predeterminó algo antes— "también los predestinó". La palabra conocer puede tener un sentido ntimo. "Conoció Adán a su mujer Eva, la cual concibió y dio a luz" (Génesis 4:1). Esto no quiere decir que él conoció quien era ella. Significa que él tuvo una relación íntima con ella. Jesús dijo: "Mis ovejas oyen mi voz y yo las conozco", esto no quiere decir que Él sabe quienes son ellas, significa que Él tiene una relación íntima con ellas. Esta es una relación íntima predeterminada que Dios ha diseñado. Y debido a esta Él nos predestinó para ser conforme a la imagen de su Hijo. Y el versículo 30 dice: "Y a los que predestinó, a éstos también llamó; y a los que llamó, a éstos también justificó; y a los que justificó, a éstos también glorificó". Predestinación, llamado efectivo a salvación, justificación y glorificación.

En Juan 6, es como dijimos anteriormente, "aquellos quienes el Padre me ha dado vendrán a mí, y a todo aquel que viene a m yo no le echo fuera. A todo el que venga a m yo le recibo, yo lo guardo, y yo lo resucitaré en el día postrero, y no perderé a ninguno de ellos". Esta es la forma de entender esta gran doctrina de la predestinación la cual es en gran parte lo que tiene la teología de Pablo. Pero también la podemos encontrar en muchos otros lugares también.

Ahora la pregunta que quiero que tengan en mente durante el tiempo que nos queda en este mensaje es esta: La doctrina de la soberanía divina, de la elección soberana, elimina la voluntad humana? ¿La verdad divina, la gracia soberana, la predestinación soberana, y la elección, que son inconfundibles dentro de la Biblia, eliminan la voluntad humana? Esta es la pregunta prevaleciente.

La soberanía de Dios ilustrada en el Antiguo Testamento

Ahora, a manera de calentamiento para el arranque, y para que nos ayude a entender lo que el apóstol Pablo dice acerca de este tema, quiero regresar a uno de los profetas del Antiguo Testamento, Isaías. Vayamos a Isaías

10. Hay una crítica popular, entre los que enseñan teología bíblica, es un asunto que resuena entre aquellos que se ofenden a causa de la doctrina de la predestinación, de la elección soberana, ellos dicen que al hablar de elección soberana o predestinación se nos debe culpar de deshacernos de la libertad del ser humano o bien del denominado "libre albedrío". A través de los años he hablado con muchos pastores que creen que si t enseñas esta doctrina, hará que no haya pasión por el evangelismo. Hará que la gente sea indiferente hacia los perdidos. Pero como ya lo hemos aprendido en 2 de Corintios 5, donde Pablo dice: "Mi vida está dirigida por una sola cosa, est gobernada por el amor que Cristo tuvo por m, y no solo por mí, sino que nos encargó a nosotros la palabra de la reconciliación. Así que, somos embajadores en nombre de Cristo, como si Dios rogase por medio de nosotros; os rogamos en nombre de Cristo: Reconciliaos con Dios". En la vida de Pablo había una pasión por reconciliar a los perdidos con Dios, y esto es otra forma de decir que estaba comprometido con el evangelismo. Así que esta doctrina no debe tener un efecto negativo en esta pasión. De hecho, su pasión por el evangelio y la predicación del evangelio a los perdidos lo llevó a sufrir su martirio y muerte.

Pero la acusación es que esta doctrina absorbe negativamente la vida de evangelista, específicamente cuando decimos que todo es por la obra de Dios. Así que comencemos a entenderlo desde las palabras de Isaías, ésta es un entorno único. En Isaías 10:5: "¡Ay de Asiria!" es un lamento por el juicio, la condenación y la maldición divina caerá sobre Asiria. Asiria será juzgada por Dios. ¡Ay de Asiria! Y despúes esta extraña identificación, "vara y báculo de mi furor, en su mano he puesto mi ira". Esta es una declaración muy rara. Aquí Asiria es presentada como la vara de Dios que Dios usará en sus propias manos para desatar su indignación en contra de la Israel apóstata. Asiria es el instrumento de Dios para ir a atacar, como juicio de Dios, a una Israel apstata. En este pasaje, Dios comisiona a Asiria de manera soberana para actuar como destructor sobre Israel.

Pero vayamos al versículo siguiente, versículo 6: "Le mandaré contra una nación pérfida". Esta es Israel, "y sobre el pueblo de mi ira le enviaré". El pueblo de Israel, "para que quite despojos, y arrebate presa, y lo ponga para ser hollado como lodo de las calles". Este es un decreto divino de que Dios traerá la invasión de Asiria sobre el reino de Israel. Pero permítanme decirles algo. Esto no tiene nada que ver con las intenciones por parte de Asiria. Dios no le pregunta a Asiria si tiene ganas de hacer esto. Asiria no tenía esto en sus planes. Vean esto en el versículo 7: "Aunque él no lo pensará así". Asiria no tiene la intención de ser el instrumento de Dios para la destrucción de Israel. Asiria no tiene la intención de ser el agente de Jehová. Asiria no tiene ninguna relación con el Dios vivo y verdadero. No tiene tales intenciones en su corazón, dice el versículo 7. En lugar de esto, es su propósito destruir y cortar a muchas naciones, por eso dice vv. 8–9: "Mis príncipes, ¿no son todos reyes? ¿No es Calno como Carquemis, Hamat como Arfad, y Samaria como Damasco?" Para Asiria son todos iguales. No tiene ningún interés especial en destruir a Israel, a la ciudad capital de Samaria, o a cualquier otra nación. "Como halló mi mano los reinos de los ídolos, siendo sus imágenes más que las de Jerusalén y de Samaria; como hice a Samaria y a sus ídolos".

En otras palabras, Asiria actúa indiscriminadamente. Está feliz de destruir a todas las naciones que la rodean. No tienen ningún interés en particular por Israel. Pero Dios va a tomar el control de Asiria y usa a Asiria como la vara de su juicio para la destrucción del Reino del Norte. Y, por cierto, después de eso este reino nunca más se recuperó. Pero esto no colocó a Asiria en una situación favorable delante de Dios, porque leímos en el versículo 5: "¡Ay de Asiria! Dios literalmente usa una nación como la vara de su juicio al tiempo que esa nación no tiene intención de hacer esto. Estará sirviendo para cumplir los propósitos de Dios, pero será condenada, juzgada y condenada por ser culpada. Leamos esto en Isaías 10:12. "Pero acontecerá que después que el Señor haya acabado toda su obra en el monte de Sion y en Jerusalén, castigará el fruto de la soberbia del corazón del rey de Asiria, y la gloria de la altivez de sus ojos". Esto es impresionante. Lo que tenemos aquí es la soberanía de Dios actuando por medio de Asiria. Y después se nos muestra que por las obras que realiza Asiria, Asiria será responsabilizada totalmente.

Esto es colocar cara a cara la soberanía de Dios y la responsabilidad humana. Asiria es altiva. Esto por haber dicho así: "Con el poder de mi mano lo he hecho, y con mi sabiduría, porque he sido prudente; quité los territorios de los pueblos, y saqueé sus tesoros, y derribé como valientes a los que estaban sentados; y halló mi mano como nido las riquezas de los pueblos; y como se recogen los huevos abandonados, así me apoderé yo de toda la tierra; y no hubo quien moviese ala, ni abriese boca y graznase". En otras palabras, es como si hubiera atacado a los nidos de las aves. "¿Se gloriará el hacha contra el que con ella corta? ¿Se ensoberbecerá la sierra contra el que la mueve? ¡Como si el báculo levantase al que lo levanta; como si levantase la vara al que no es leño!" En otras palabras, esto pone el poder en la mano de la vara, en lugar de que la ponga el que ejecuta la vara, Dios dice: "yo voy a castigar a Asiria". "Los voy a destruir. Los voy a consumir y a devorar". Versículo 18: "La gloria de su bosque y de su campo fértil consumirá totalmente, alma y cuerpo, y vendrá a ser como abanderado en derrota".

¿Cómo explicas el hecho de que Asiria no tiene opción acerca de lo que harán a Israel, y sin embargo son responsabilizados delante de Dios por las atrocidades que ellos van a cometer sobre Israel? Recuerda que te he dicho, tienes que aprender a sentirte cómodo con este dilema. La Escritura no nos da una explicación; no nos da una defensa filosófica. ¿Cómo puede ser posible, Dios, que uses a esta nación como un instrumento de tu justicia santa y después te voltees a ellos y los destruyas por los pecados que ejecutaron en el proceso de cumplir tu voluntad?

La soberanía de Dios en el evangelismo

Vayamos a Juan 3:1-2. Y, por cierto, ¿saben esto? ¿El juez de toda la tierra qué debería hacer? Justicia. Pero quiero enseñarles algo. Es muy importante. "Había un hombre de los fariseos que se llamaba Nicodemo, un principal entre los judíos. Éste vino a Jesús de noche, y le dijo: Rabí, sabemos que has venido de Dios como maestro; porque nadie puede hacer estas señales que tú haces, si no está Dios con él". Vemos que él está afirmando el hecho de que todos afirman esto, los fariseos, los saduceos, todo el liderazgo de Israel, a pesar de que rechazan a Jesús y lo crucificarán, pero nunca negaron sus milagros, ¿correcto? Nunca. Nunca negaron sus milagros porque no había forma de poderlo negar. Eran demasiado evidentes, había milagros por todas partes. Los hacía todos los días, en todo lugar; por lo tanto, no eran algo que se pudiera negar. Ellos nunca trataron de negarlos; y aquí encontramos el testimonio de uno que habla por todos y dice: "nadie puede hacer estas señales que tú haces, si no está Dios con él". Era obvio. Milagros, poder sobre los demonios, poder sobre la enfermedad, poder sobre la muerte, poder sobre la naturaleza. Pero Jesús sabía que había una pregunta en el corazón de Nicodemo, y que Nicodemo no la había verbalizado, porque Él va directamente a su corazón y le dice: "Respondió Jesús y le dijo: De cierto, de cierto te digo, que el que no naciere de nuevo, no puede ver el reino de Dios". Por lo que Nicodemo le dijo: "¿Cómo puede un hombre nacer siendo viejo?"

Él sabe que Jesús está hablando metafóricamente, tú tienes que nacer de nuevo. Tienes que retroceder y comenzar todo desde el principio. No se trata de avances religiosos, sino acerca del nacimiento. Por lo que él hace la pregunta: ¿Cómo puede un hombre nacer siendo viejo?" ¿Cómo puedo yo hacer eso? ¿Cómo puedo regresar al principio? Soy un hombre viejo y he permanecido en este legalismo durante todos estos años, toda mi vida. Sabe que no puede regresar por segunda vez dentro del vientre de su madre y volver a nacer. Y sabe que Jesús está hablando metafóricamente; lo comprende bien, sabe que no está hablando físicamente. Tampoco está bromeando porque Jesús dijo: "De cierto, de cierto te digo, que el que no naciere de agua y del Espíritu", lo está tomando de Ezequiel. El pasaje del nuevo pacto. Ezequiel 36:25–27: "Ustedes necesitan ser lavados con agua, limpiados, y les tengo que dar un corazón nuevo para reemplazar el corazón de piedra que hay dentro de vosotros". De este modo, Él está hablando de Ezequiel a un maestro del Antiguo Testamento. Ustedes necesitan la experiencia del nuevo pacto. Ustedes necesitan lo que dice Jeremías 31, necesitan ser limpiados, y necesitan un corazón nuevo, necesitan tener al Espíritu Santo dentro de ustedes antes de que puedan entrar en el reino de Dios. Éste es el Nuevo Pacto. Tienen que ser regenerados. Necesitan ser transformados. Porque, "Lo que es nacido de la carne, carne es; y lo que es nacido del Espíritu, espíritu es". Ustedes son carne, y seguirán estando en el proceso de la carne, hasta que vuelvan al principio, y sean nacidos espiritualmente por el Espíritu Santo, y solo entonces podrán entrar en el Reino de Dios. Así que no les sorprenda que les diga que tienen que nacer de nuevo.

Ahora, en este punto en particular, ustedes dirían a alguien: "Tienes que nacer de nuevo". Y si la persona les contesta: "¿Cómo puedo hacer esto?" Ustedes le dirán: "Tienes que hacer esta oración". ¿Cierto? "Repite junto conmigo, ora esta oración. Solo tienes que arrepentirte y creer. Pero, ¿qué fue lo que dijo Jesús a Nicodemo? Algo muy extraño, vean Juan 3:8. "El viento sopla de donde quiere, y oyes su sonido; mas ni sabes de dónde viene, ni a dónde va; así es todo aquel que es nacido del Espíritu". ¿Qué es esto? Si alguien llega a ti y dice: "Creo que necesito ser nacido de nuevo, creo que tenemos que salir de este estilo de vida que da rienda suelta a la carne. Necesito nacer de nuevo. Necesito un corazón nuevo. Necesito un Espíritu nuevo. ¿Qué tengo que hacer?" ¿Le contestarían?, "no puedo hacer nada, tú no puedes hacer nada. Esto es obra del Espíritu y él va y viene cuando quiere y a quien él quiere". ¿Qué? Esto no encaja con nuestra fórmula habitual de evangelismo. Esto no tiene nada que ver con "ora esta oración". Aquí está Jesús; no es alguien nuevo que no se sabe las técnicas de evangelismo. Es Jesús. Lo que está diciendo a Nicodemo es que tiene que nacer de nuevo, tiene que nacer *anthen*, literalmente, de lo alto. Y tú no estás a cargo cuando esto sucede. Esta es una declaración sorprendente.

Reconozco lo que tú necesitas. Y también reconozco que tú no estás a cargo de esta realidad. El Espíritu va y viene de acuerdo a su voluntad, esta es la razón por la que la gente nace del Espíritu. Y entonces podrás decir: "Esta puede ser la declaración más pasada por alto dentro de la Escritura en lo que respecta la soberanía de Dios en la salvación. Esto es soberanía de Dios, tú no puedes argumentar algo en su contra. Pero veamos más en este capítulo. Vamos al versículo 27, Juan 3:27. Juan el Bautista también es calvinista. No supo esto porque era bautista. Escucha lo que él dice: "No puede el hombre recibir nada, si no le fuere dado del cielo". No puedes recibir nada a menos que esto te llegue del cielo. Juan lo sabía, y Juan es el último de los profetas del Antiguo Testamento. Soberanía de Dios, es absoluta en la salvación, la salvación es una obra divina. Es una obra que se hace desde el cielo.

Ahora regresemos al 3:15, ¿listos para lo que sigue? "Para que todo aquel que en él cree, no se pierda, mas tenga vida eterna". ¿Qué? ¿Qué es esto de "todo aquel"? Todo aquel que en él cree tenga vida eterna". Y versículo 16: "Porque de tal manera amó Dios al mundo, que ha dado a su Hijo unigénito, para que todo aquel que en él cree, no se pierda, mas tenga vida eterna. Porque no envió Dios a su Hijo al mundo para condenar al mundo, sino para que el mundo sea salvo por él. El que en él cree, no es condenado; pero el que no cree, ya ha sido condenado, porque no ha creído en el nombre del unigénito Hijo de Dios".

¿Por qué hay personas que son juzgadas y se van al infierno? ¿Porque no fueron elegidas? No, se van al infierno porque no creen. "Y ésta es la condenación: que la luz vino al mundo, y los hombres amaron más las tinieblas que la luz, porque sus obras eran malas. Porque todo aquel que hace lo malo, aborrece la luz y no viene a la luz, para que sus obras no sean reprendidas. Mas el que practica la verdad viene a la luz, para que sea manifiesto que sus obras son hechas en Dios".

Vayamos hasta el versículo 36: "El que cree en el Hijo tiene vida eterna; pero el que rehúsa creer en el Hijo no verá la vida, sino que la ira de Dios está sobre él". La ira eterna de Dios cae sobre la gente porque ellos no, ¿qué?, no creen. ¿Te da problemas poner todo esto en orden en tu mente? Eso es bueno. Porque se necesita que tengas este problema. Eso quiere decir que comprendes las dos. No intentes encontrar un punto medio que lo que hará es deshacerse de alguna de estas verdades, o de ambas.

Vayamos ahora a Juan 6. Spurgeon fue criticado por predicar esto y alguien le dijo: "¿Por qué no solo le predicas a los elegidos?" A lo cual contestó: "Bueno, si tú puedes levantar sus camisas para que podamos ver si tienen una E estampada en sus espaldas, yo lo haré con gusto". Juan 6:37, este ya lo había comentado: "Todo lo que el Padre me da, vendrá a mí". Esta es una declaración absoluta. Nuevamente vemos que proviene del cielo. El trabajo del Espíritu, el propósito del Padre.. "Todo lo que el Padre me da, vendrá a mí; y al que a mí viene, no le echo fuera. Porque he descendido del cielo, no para hacer mi voluntad, sino la voluntad del que me envió". Así que, si su voluntad es darme a estas personas, estoy seguro que las voy a recibir. "Y ésta es la voluntad del Padre, el que me envió: Que de todo lo que me diere, no pierda yo nada, sino que lo resucite en el día postrero". Así que yo voy a hacer todo lo que el Padre me mande y lo que Él quiere para mí es que yo reciba a toda la gente que Él me da, que los mantenga en mi mano y que los resucite en el día postrero a la gloria eterna. Y ya que yo vine de acuerdo a la voluntad del Padre, eso es exactamente lo que voy a hacer.

Y más abajo en el versículo 44: "Ninguno puede venir a mí, si el Padre que me envió no le trajere". ¿Entiendes esto? Nadie puede venir a mí, a menos que el Padre quien me envío lo traiga y yo los resucitaré en los últimos días. Esta es nuestra seguridad, ¿no es así? Que nosotros estamos siendo guardados por Cristo para la gloria eterna. No perderá a ninguno de ellos. Regresemos al versículo 35, justo a la mitad del pasaje, justo en medio de lo que les acabo de leer, o bien dentro de lo que les acabo de leer. Dice el versículo 35: "Yo soy el pan de vida; el que a mí viene, nunca tendrá hambre; y el que en mí cree, no tendrá sed jamás". ¡Eh! Por un lado, nadie puede ser salvo a menos que le sea dado del cielo por la voluntad del Padre, a menos que sea elegido por el Padre, ordenado desde la eternidad pasada, que su nombre haya sido escrito en el libro de la vida del Cordero, predestinado de acuerdo al propósito de Dios, sin la influencia de ningún comportamiento o de alguna persona, en ningún momento. "Ninguno será salvo fuera de la obra soberana de Dios, y sin embargo yo soy el pan de vida". Jesús dijo: "El que venga a mí no tendrá hambre. Aquel que a mí venga no tendrá más sed". Y versículo 36: "aunque me habéis visto, no creéis". Ustedes no creen. Vean el versículo 47, "De cierto, de cierto os digo: El que cree en mí, tiene vida eterna". La suma de todo esto se encuentra en los versículos 63–64. "El espíritu es el que da vida; la carne para nada aprovecha; las palabras que yo os he hablado son espíritu y son vida. Pero hay algunos de vosotros que no creen. Porque Jesús sabía desde el principio quiénes eran los que no creían, y quién le había de entregar". Y continuó diciendo: "Por eso os he dicho que ninguno puede venir a mí, si no le fuere dado del Padre". Estas dos cosas están entretejidas sin ninguna explicación.

Tienes que creer, debes de creer; eres condenado porque no crees. Y sin embargo tú no puedes creer a menos que el Padre te haya llamado, te haya llevado, y te haya dado vida. Y, amigos, lo digo con toda honestidad, no puedo hacer que lo que dice la Escritura se explique mejor. Puedo predicar con la misma pasión la doctrina de la responsabilidad humana. Les puedo decir que a menos que ustedes crean se salvarán de la muerte eterna en el infierno. Ustedes creerán y serán llevados para entrar al cielo, pero para ello ustedes tienen que arrepentirse y deben creer, esto es exactamente lo que la Escritura dice. Pero también puedo decirles que esto es la obra de la soberanía de Dios.

La soberanía de Dios ilustrada en el Nuevo Testamento

Hay otros pasajes de la Escritura que hacen esto, y yo solo estoy tratando de señalarles que la Biblia no intenta explicar cómo estas dos verdades coinciden, simplemente las mezcla. Tenemos una ilustración en Hechos 2, ¿crees que el diablo querría a Jesús crucificado? No. El diablo no lo quería a él crucificado, el diablo vino a él y le dijo: "Mira, puedes evitar eso de la cruz, solo tienes que inclinarte a mí y yo te daré todos los reinos del mundo". El diablo no quería a Jesucristo crucificado. Lo estaba tentando en el huerto cuando dijo: "Si es posible pasa de m esta copa". ¿Quién era el que más quería a Jesucristo crucificado? Dios, porque era el Cordero de Dios.

Pedro les dijo en el día de pentecostés, su teología era acertada, "Varones israelitas, oíd estas palabras: Jesús nazareno, varón aprobado por Dios entre vosotros con las maravillas, prodigios y señales que Dios hizo entre vosotros por medio de él, como vosotros mismos sabéis; a éste, entregado por el determinado consejo y anticipado conocimiento de Dios, prendisteis y matasteis por manos de inicuos, crucificándole". Hombres inicuos fueron los que ejecutaron el trabajo de Dios. Ustedes lo entregaron por el plan predeterminado y el conocimiento de Dios, ustedes clavaron a este hombre en la cruz por medio de hombres impíos, ellos lo mataron.

¿Era Israel culpable? Más vale que lo creas. En el último día de la semana de la pasión, Jesucristo mira hacia el templo y dice: "No quedará piedra sobre piedra". Tu casa será desolada. El juicio llegó por medio de los Romanos en el 70 d.C., cientos de miles de judíos fueron masacrados. En los años siguientes fueron masacrados en 985 ciudades a través de todo Israel, los romanos dejaron cadáveres por todos lados. Esto nos dice que el juicio fue de manera masiva. Y algo que no puedes perder de vista es que el juicio en contra de Israel por su rechazo del Mesías continúa hasta nuestros días.

No sé qué es lo que pasa por tu mente cuando ves a la nación de Israel hoy en día. No es una nación que esté disfrutando el favor de Dios; es una nación que sigue experimentando el juicio divino. Y así continuará, estarán bajo juicio divino, hasta que se vuelvan a ver al que traspasaron y se lamenten por Él como el Hijo de Dios, y entonces se cumplirán las palabras de Zacarías, "una fuente de limpieza será abierta para Israel", pero hasta que eso suceda esa nación continuará bajo juicio, pero este es precisamente el mismo juicio que experimenta cualquier pecador no redimido por haber rechazado a Jesucristo. En el caso de la crucifixión de Cristo, ellos hicieron la voluntad de Dios y aun así eran hombres sin Dios que fueron culpados completamente por lo que hicieron.

Yo me siento conforme con el misterio divino porque esto significa que Dios es mucho más grande de lo que yo soy, y que sus caminos no son mis caminos. Sus formas de actuar no son como las mías. En Hechos 4:27 se nos dice: "verdaderamente se unieron en esta ciudad contra tu santo Hijo Jesús, a quien ungiste, Herodes y Poncio Pilato, con los gentiles y el pueblo de Israel". Todos se unieron en la muerte de Cristo. No solo fueron los judíos. Aquí dice: fue Herodes, Poncio Pilato, los gentiles y el pueblo de Israel. Si alguna vez alguien te pregunta, ¿quién es culpable de la crucifixión de Cristo? Llévalos a este versículo.

Pero vean este versículo, el 28, aquí Dios es quien habla, "para hacer cuanto tu mano y tu consejo habían antes determinado que sucediera". Una vez más ustedes tienen la responsabilidad total, Herodes, Poncio Pilato, los gentiles, los romanos, los judíos y toda la gente de Israel, todos son culpables; a pesar de que estaban haciendo el trabajo divino y soberano de Dios.

Estos son ejemplos de la consistencia de las Escrituras al poner este tipo de cosas juntas sin intentar explicar lo inexplicable. ¿Se acuerdan de la historia de Judas? ¿Fue responsable por lo que hizo? ¿Fue él ordenado por Dios para hacer lo que hizo? Incluso está profetizado en el Antiguo Testamento. "Mi propio amigo será quien levantará su talón contra mí". Por lo que Jesús dijo, "uno de ustedes es diablo". Y Jesús dijo que moriría y se fue a su lugar.

Tenemos que entender esto: que cada uno de nosotros tiene la responsabilidad de creer, y que se nos juzgará de acuerdo a si creímos o no. Esto tiene consecuencias eternas. Como creyentes somos responsables de vivir nuestra vida cristiana y al mismo tiempo de manera inexplicable se nos dice que cualquier cosa buena en nosotros es la obra del Espíritu Santo, todo lo malo es nuestro. Por otro lado, nosotros también debemos perseverar en la fe. Pero al mismo tiempo estamos siendo guardados por el poder de Dios en las manos de Cristo. Estos son temas profundos. Todo es consistente con la Escritura; cosa que celebro. He pasado aquí mucho, pero mucho tiempo, y cuanto más viva, más voy a regocijarme con estas doctrinas que no soy capaz de resolver, porque estas doctrinas hablan de la grandeza de Dios.

Esta fue la introducción. Y en el siguiente mensaje, los voy a llevar a Romanos 9, 10 y 11. Tenemos que llegar a Pablo. Se supone que eso es lo que debiéramos estar haciendo. Ya nos entretuvimos con Juan, Lucas e Isaías, así que ahora vamos con Pablo en el siguiente mensaje, sé que es algo que vamos a disfrutar.

Oración

Padre te agradecemos por estas grandes doctrinas, son tan grandes que no alcanzamos a comprenderlas en su totalidad. Pero gracias a que nos das consistencia en tu Palabra para que nuestra alma sepa descansar confiadamente en estas doctrinas que no tienen lógica, (esto humanamente hablando), pero que tienen toda tu sabiduría. Ayúdanos a estar confiados aun cuando no las entendemos. Amén.

EFLEXIONES PERSONALES

18_Una Explicación del Evangelio Soberano

*Verdad digo en Cristo, no miento, y mi conciencia me da testimonio en el Es-
píritu Santo, que tengo gran tristeza y continuo dolor en mi corazón. Porque
deseara yo mismo ser anatema, separado de Cristo, por amor a mis hermanos,
los que son mis parientes según la carne; que son israelitas, de los cuales son la
adopción, la gloria, el pacto, la promulgación de la ley, el culto y las promesas;
de quienes son los patriarcas, y de los cuales, según la carne, vino Cristo, el cual
es Dios sobre todas las cosas, bendito por los siglos. Amén.*

*No que la palabra de Dios haya fallado; porque no todos los que descienden
de Israel son israelitas, ni por ser descendientes de Abraham, son todos hijos;
sino: En Isaac te será llamada descendencia. Esto es: No los que son hijos según la carne son los hijos de Dios, sino que los que son hijos según la promesa
son contados como descendientes. Porque la palabra de la promesa es esta: Por
este tiempo vendré, y Sara tendrá un hijo. Y no sólo esto, sino también cuando
Rebeca concibió de uno, de Isaac nuestro padre (pues no habían aún nacido,
ni habían hecho aún ni bien ni mal, para que el propósito de Dios conforme a
la elección permaneciese, no por las obras sino por el que llama), se le dijo: El
mayor servirá al menor. Como está escrito: A Jacob amé, mas a Esaú aborrecí.*

*¿Qué, pues, diremos? ¿Que hay injusticia en Dios? En ninguna manera.
Pues a Moisés dice: Tendré misericordia del que yo tenga misericordia, y me
compadeceré del que yo me compadezca. Así que no depende del que quiere, ni
del que corre, sino de Dios que tiene misericordia. Porque la Escritura dice a
Faraón: Para esto mismo te he levantado, para mostrar en ti mi poder, y para
que mi nombre sea anunciado por toda la tierra. De manera que de quien
quiere, tiene misericordia, y al que quiere endurecer, endurece.*

*Pero me dirás: ¿Por qué, pues, inculpa? porque ¿quién ha resistido a su vo-
luntad? Mas antes, oh hombre, ¿quién eres tú, para que alterques con Dios?
¿Dirá el vaso de barro al que lo formó: ¿Por qué me has hecho así? ¿O no tiene
potestad el alfarero sobre el barro, para hacer de la misma masa un vaso para
honra y otro para deshonra? ¿Y qué, si Dios, queriendo mostrar su ira y hacer*

notorio su poder, soportó con mucha paciencia los vasos de ira preparados para destrucción, y para hacer notorias las riquezas de su gloria, las mostró para con los vasos de misericordia que Él preparó de antemano para gloria, a los cuales también ha llamado, esto es, a nosotros, no sólo de los judíos, sino también de los gentiles? Como también en Oseas dice:

> *Llamaré pueblo mío al que no era mi pueblo,*
> *Y a la no amada, amada.*
> *Y en el lugar donde se les dijo: Vosotros no sois pueblo mío,*
> *Allí serán llamados hijos del Dios viviente.*

También Isaías clama tocante a Israel: Si fuere el número de los hijos de Israel como la arena del mar, tan solo el remanente será salvo; porque el Señor ejecutará su sentencia sobre la tierra en justicia y con prontitud. Y como antes dijo Isaías:

> *Si el Señor de los ejércitos no nos hubiera dejado descendencia,*
> *Como Sodoma habríamos venido a ser, y a Gomorra seríamos semejantes.*

¿Qué, pues, diremos? Que los gentiles, que no iban tras la justicia, han alcanzado la justicia, es decir, la justicia que es por fe; mas Israel, que iba tras una ley de justicia, no la alcanzó. ¿Por qué? Porque iban tras ella no por fe, sino como por obras de la ley, pues tropezaron en la piedra de tropiezo, como está escrito:

> *He aquí pongo en Sion piedra de tropiezo y roca de caída;*
> *Y el que creyere en Él, no será avergonzado.*

Hermanos, ciertamente el anhelo de mi corazón, y mi oración a Dios por Israel, es para salvación. Porque yo les doy testimonio de que tienen celo de Dios, pero no conforme a ciencia. Porque ignorando la justicia de Dios, y procurando establecer la suya propia, no se han sujetado a la justicia de Dios; porque el fin de la ley es Cristo, para justicia a todo aquel que cree.

Porque de la justicia que es por la ley Moisés escribe así: El hombre que haga estas cosas, vivirá por ellas. Pero la justicia que es por la fe dice así: No digas en tu corazón: ¿Quién subirá al cielo? (esto es, para traer abajo a Cristo); o, ¿quién descenderá al abismo? (esto es, para hacer subir a Cristo de entre los muertos). Mas ¿qué dice? Cerca de ti está la palabra, en tu boca y en tu corazón. Esta es la palabra de fe que predicamos: que si confesares con tu boca que Jesús es el Señor, y creyeres en tu corazón que Dios le levantó de los muertos, serás salvo. Porque con el corazón se cree para justicia, pero con la boca se confiesa para salvación. Pues la Escritura dice: Todo aquel que en Él creyere, no será avergonzado. Porque no hay diferencia entre judío y griego, pues el mismo que es Señor de todos, es rico para con todos los que le invocan; porque todo aquel que invocare el nombre del Señor, será salvo.

¿Cómo, pues, invocarán a Aquel en el cual no han creído? ¿Y cómo creerán en Aquel de quien no han oído? ¿Y cómo oirán sin haber quien les predique? ¿Y cómo predicarán si no fueren enviados? Como está escrito: ¡Cuán hermosos son los pies de los que anuncian la paz, de los que anuncian buenas nuevas! Mas no todos obedecieron al evangelio; pues Isaías dice: Señor, ¿quién ha creído a nuestro anuncio? Así que la fe es por el oír, y el oír, por la palabra de Dios. Pero digo: ¿No han oído? Antes bien,

> *Por toda la tierra ha salido la voz de ellos,*
> *Y hasta los fines de la tierra sus palabras.*

También digo: ¿No ha conocido esto Israel? Primeramente Moisés dice:

> *Yo os provocaré a celos con un pueblo que no es pueblo;*
> *Con pueblo insensato os provocaré a ira.*

E Isaías dice resueltamente:

> *Fui hallado de los que no me buscaban;*
> *Me manifesté a los que no preguntaban por mí.*

Pero acerca de Israel dice:

> *Todo el día extendí mis manos a un pueblo rebelde y contradictor.*

Digo, pues: ¿Ha desechado Dios a su pueblo? En ninguna manera. Porque también yo soy israelita, de la descendencia de Abraham, de la tribu de Benjamín. No ha desechado Dios a su pueblo, al cual desde antes conoció. ¿O no sabéis qué dice de Elías la Escritura, cómo invoca a Dios contra Israel, diciendo: Señor, a tus profetas han dado muerte, y tus altares han derribado; y sólo yo he quedado, y procuran matarme? Pero ¿qué le dice la divina respuesta? Me he reservado siete mil hombres, que no han doblado la rodilla delante de Baal. Así también aun en este tiempo ha quedado un remanente escogido por gracia. Y si por gracia, ya no es por obras; de otra manera la gracia ya no es gracia. Y si por obras, ya no es gracia; de otra manera la obra ya no es obra.

¿Qué pues? Lo que buscaba Israel, no lo ha alcanzado; pero los escogidos sí lo han alcanzado, y los demás fueron endurecidos; como está escrito: Dios les dio

espíritu de estupor, ojos con que no vean y oídos con que no oigan, hasta el día de hoy. Y David dice:

> *Sea vuelto su convite en trampa y en red,*
> *En tropezadero y en retribución;*
> *Sean oscurecidos sus ojos para que no vean,*
> *Y agóbiales la espalda para siempre.*

Digo, pues: ¿Han tropezado los de Israel para que cayesen? En ninguna manera; pero por su transgresión vino la salvación a los gentiles, para provocarles a celos. Y si su transgresión es la riqueza del mundo, y su defección la riqueza de los gentiles, ¿cuánto más su plena restauración?

Porque a vosotros hablo, gentiles. Por cuanto yo soy apóstol a los gentiles, honro mi ministerio, por si en alguna manera pueda provocar a celos a los de mi sangre, y hacer salvos a algunos de ellos. Porque si su exclusión es la reconciliación del mundo, ¿qué será su admisión, sino vida de entre los muertos? Si las primicias son santas, también lo es la masa restante; y si la raíz es santa, también lo son las ramas.

Pues si algunas de las ramas fueron desgajadas, y tú, siendo olivo silvestre, has sido injertado en lugar de ellas, y has sido hecho participante de la raíz y de la rica savia del olivo, no te jactes contra las ramas; y si te jactas, sabe que no sustentas tú a la raíz, sino la raíz a ti. Pues las ramas, dirás, fueron desgajadas para que yo fuese injertado. Bien; por su incredulidad fueron desgajadas, pero tú por la fe estás en pie. No te ensoberbezcas, sino teme. Porque si Dios no perdonó a las ramas naturales, a ti tampoco te perdonará. Mira, pues, la bondad y la severidad de Dios; la severidad ciertamente para con los que cayeron, pero la bondad para contigo, si permaneces en esa bondad; pues de otra manera tú también serás cortado. Y aun ellos, si no permanecieren en incredulidad, serán injertados, pues poderoso es Dios para volverlos a injertar. Porque si tú fuiste cortado del que por naturaleza es olivo silvestre, y contra naturaleza fuiste injertado en el buen olivo, ¿cuánto más éstos, que son las ramas naturales, serán injertados en su propio olivo?

Porque no quiero, hermanos, que ignoréis este misterio, para que no seáis arrogantes en cuanto a vosotros mismos: que ha acontecido a Israel endurecimiento en parte, hasta que haya entrado la plenitud de los gentiles; y luego todo Israel será salvo, como está escrito:

> *Vendrá de Sion el Libertador,*
> *Que apartará de Jacob la impiedad.*

Y éste será mi pacto con ellos,
Cuando yo quite sus pecados.

Así que en cuanto al evangelio, son enemigos por causa de vosotros; pero en cuanto a la elección, son amados por causa de los padres. Porque irrevocables son los dones y el llamamiento de Dios. Pues como vosotros también en otro tiempo erais desobedientes a Dios, pero ahora habéis alcanzado misericordia por la desobediencia de ellos, así también éstos ahora han sido desobedientes, para que por la misericordia concedida a vosotros, ellos también alcancen misericordia. Porque Dios sujetó a todos en desobediencia, para tener misericordia de todos.

¡Oh profundidad de las riquezas de la sabiduría y de la ciencia de Dios! ¡Cuán insondables son sus juicios, e inescrutables sus caminos! Porque ¿quién entendió la mente del Señor? ¿O quién fue su consejero? ³⁵¿O quién le dio a Él primero, para que le fuese recompensado? ³⁶Porque de Él, y por Él, y para Él, son todas las cosas. A Él sea la gloria por los siglos. Amén.

Romanos 9–11

BOSQUEJO

— Introducción

— La aplicación de la soberanía de Dios

— El deber del evangelio

REFLEXIONES PERSONALES

Introducción

Quiero que regresemos a nuestro tema en esta sección. ¿Cómo armonizamos el asunto de la soberanía de Dios y la responsabilidad humana con nuestro deber como evangelistas? Nosotros somos, como ya hemos aprendido, embajadores de Cristo. Nos ha sido entregado el ministerio de reconciliación. Se nos ha entregado la Palabra de reconciliación, el mensaje de un Dios reconciliador quien ha provisto una forma para que los pecadores sean reconciliados con Él. Somos controlados, obligados, forzados y gobernados por el amor que Jesucristo tiene por nosotros, este amor que va a todos aquellos por los que Él murió. Nosotros debemos ir a todo el mundo, predicar el evangelio a toda criatura. Debemos, como lo dijo Pablo en 2 de Corintios 11, convencer a los hombres porque nosotros conocemos el terror del juicio del Señor, del juicio divino, el infierno eterno, nosotros conocemos todo esto. Y también nosotros sabemos que nos ha sido otorgada la responsabilidad evangelística. Tenemos la responsabilidad de evangelizar.

Al mismo tiempo, en algunas ocasiones luchamos con esta realidad de la soberanía divina; ¿qué es lo que podemos hacer cuando todo está predeterminado por Dios y por el trabajo del Espíritu Santo? Bueno, la respuesta simple a esta pregunta es que Dios no solo ha ordenado a quienes Él salvará, sino que Él ha ordenado que nosotros, en nuestra fidelidad al evangelismo, seamos el medio por el que Él salvará a los que son suyos. Ha determinado que seamos útiles en el propósito del cumplimiento de su plan soberano, que seamos un instrumento que Él pueda usar, que seamos una vasija de honra, que encajemos con el uso de nuestro Maestro; que seamos obedientes por lo que esto conlleva, desde luego, bendición, recompensa en esta vida, así como la recompensa eterna.

Pero al tratar de armonizar este asunto de la soberanía de Dios y la responsabilidad humana, lo cual me parece que es el asunto número uno con el que la gente que estudia la Biblia siempre libra una lucha, esta lucha es el tratar de armonizar esto; mi respuesta a esto, al paso de los años, ha sido simplemente clarificar el asunto, porque la Biblia en realidad no nos da una resolución a ello, podemos decir que es un asunto que va más allá de nosotros. Es una realidad trascendente que está perfectamente armonizada en la mente de Dios, pero es un dilema para nosotros. Nuestra responsabilidad es dar a Dios la gloria por la salvación, y entregar nuestra vida al llamado de los pecadores al arrepentimiento por medio del ministerio de reconciliación. Ahora un ejemplo de cómo es que estos dos asuntos están mezclados uno con el otro se encuentra en el capítulo 9, 10 y 11 de Romanos. Y ya la gente me ha criticado con estos mensajes por cubrir solo unos pocos versículos. Así que veamos si podemos cubrir estos tres capítulos en tan solo 45 minutos.

Una de las cosas que me encanta hacer es simplemente mostrar lo que la Biblia dice. De cierta manera, la Biblia tiene una naturaleza propia en la que se auto evidencia. Ella contiene su mejor explicación y algunas veces al leerla con esmero se nos hace mucho más clara, pienso que esto es lo que nos va a suceder con estos textos. No tenemos mucho tiempo para escarbar en los asuntos individuales de cada versículo, así que tomaré todo su contexto.

En los capítulos 9–11, el apóstol Pablo descarga su corazón acerca de la aplicación del evangelio a los pecadores, y especialmente a aquellos que están más cerca de su corazón, a saber, los judíos. ¿Entiende Pablo el evangelio? Absolutamente, ya hemos visto esto. ¿Comprende él su responsabilidad? Absolutamente. Esto ya lo entendimos. ¿Comprendió él que los pecadores son responsables, y que deben de arrepentirse y creer? Claro que lo entendió.

La aplicación de la soberanía de Dios

Habiéndonos dado una mirada al evangelio en los capítulos 1 al 8 de Romanos, los cuales son el descubrimiento total del entendimiento de Pablo acerca del evangelio, en el capítulo 9 él hace una aplicación. Esto es una forma excelente de colocar todo lo que hemos estado viendo en los mensajes anteriores acerca del evangelio de Pablo. Concluiremos más adelante, pero por el momento ésta es una buena forma de poner todo en perspectiva. Aquí vemos la preocupación de Pablo acerca de la aplicación de este evangelio glorioso, reconciliador y soberano.

Leamos Romanos 9:1: "Verdad digo en Cristo, no miento, y mi conciencia me da testimonio en el Espíritu Santo". Esto se nos dice simplemente para decirnos que nosotros no podemos cuestionar los motivos de Pablo. No podemos cuestionar su pasión. No podemos cuestionar su integridad. Esta es una sección de la escritura de corazón sangrante. Está tan apasionado por la salvación de los pecadores, que él quiere que todo mundo entienda la verdad de esa pasión. El evangelio no es algo fraudulento. Su conciencia en este asunto es clara gracias al Espíritu Santo, y aquí está lo que él quiere que sepan: "Que tengo gran tristeza y continuo dolor en mi corazón" (versículo 2).

Solo tengo esto que decir; que hay mucha gente que dice que acepta la teología reformada y que a mí no me parece que lo hayan hecho. ¿Dónde está la tristeza? ¿Dónde está el dolor continuo? ¿Dónde está el llanto? ¿Dónde está esta agonía? ¿Dónde está el dolor por la condición perdida de la gente? Se puede estar tan seguro y cómodo con la doctrina de la soberanía que se puede abandonar por completo esta pasión de corazón. ¿Qué tan profunda es esta pasión de parte de Pablo? Leamos el versículo 3: "Porque deseara yo mismo ser anatema, separado de Cristo, por amor a mis hermanos, los que son mis parientes según la carne".

Ni siquiera puedo pensar en m diciendo esto a Dios. Condéname a mí con tal de que salves a alguien más. Envíame al infierno si con eso puedes llevar a alguien más al cielo. Esta es una verdad que es sobrecogedora en la vida de Pablo, al grado que él contempla la posibilidad de que él mismo desearía ser condenado, si es que de esa manera esto pudiera traer la salvación a la gente por la que desborda aquí su corazón. Creo que con esto vemos que no hay alguien mejor que Pablo que haya entendido la doctrina de la soberanía de Dios. Y al mismo tiempo, él tiene esta profunda pasión por los perdidos. Y en particular, dice en el versículo 3, "mis hermanos, los que son mis parientes según la carne; [4]que son israelitas, de los cuales son la adopción, la gloria, el pacto, la promulgación de la ley, el culto y las promesas; [5]de quienes son los patriarcas, y de los cuales, según la carne, vino Cristo, el cual es Dios sobre todas las cosas, bendito por los siglos. Amén".

Se trata de un hombre que acaba de estallar en doxología sin pretenderlo. Esto es adoración, doxología. Dice el nombre de Cristo y explota en adoración, "el cual es Dios sobre todas las cosas, bendito por los siglos. Amén". Este era un hombre que conocía la tristeza y un dolor continuo por aquellos en la condición de perdidos, ellos eran la gente que él amaba.

Leamos lo que dice el 10:1: "Hermanos, ciertamente el anhelo de mi corazón, y mi oración a Dios por Israel, es para salvación". Podrías preguntarle a Pablo, si todo ya está predeterminado, ¿por qué estas orando? ¿Por quién estás orando? Él te contestaría diciendo, "Mi pasión motiva mis oraciones porque esto me importa, porque estoy tan profundamente agobiado, porque estoy profundamente afligido. Porque sé que se me ha ordenado y llamado a orar". Pablo le dijo a Timoteo que orara por todos los hombres, por su salvación. Pablo era tan apasionado por la salvación de los creyentes que daba todo lo que tenía para esforzarse en su vida; tanto en su ministerio pblico como en la intercesión privada a nombre de ellos; y la oración que hacía a Dios intercediendo por ellos era para su salvación.

Leamos en el 11:1: "Digo, pues: ¿Ha desechado Dios a su pueblo? En ninguna manera". La palabra en griego es *me genoito*; es el negativo más fuerte en griego, es como si dijera "No, no, no, no, no. Disculpen, pero no". Dice: "Yo oro a causa de la condición de mi pueblo. Oro por su salvación, y sé que Dios no los ha rechazado por completo". Este es todo el rango de actitudes necesarias para que surja un evangelista efectivo. Tienes que sentir pena por la condición de los perdidos. Tienes que desear tanto su salvación al grado de que oras por ellos, y tienes que creer que Dios tiene en mente la salvación de algunos de ellos.

En estos tres capítulos 9, 10 y 11 de Romanos, él revela la pasión que lo motivaba, pasión por la salvación de los pecadores. Y estos eran tanto gentiles como judíos, lo sabemos porque a pesar de que tiene este deseo particular por los judíos, él era el apóstol para los gentiles. Conforme estos capítulos se desarrollan, despliegan, lo que podríamos decir que son los cuatro componentes esenciales, las cuatro realidades, las cuatro verdades del evangelismo. Todas ellas son necesarias y sin embargo son aparentemente paradójicas. Estas colocan su pecado en una posición de tensión. Así que tomemos una por una.

El capítulo 9 enfatiza soberanía de Dios. Comencemos en el versículo 6. El hecho de que Israel no ha creído, el hecho de que Israel no es salvo, el hecho que ellos han rechazado a Cristo, versículo 6: "No que la palabra de Dios haya fallado" ¿por qué? "porque no todos los que descienden de Israel son israelitas". ¿Sabes lo que significa esto? Dios nunca pretendió que todos los israelitas fueran salvos. Esto es lo que está explicando. La explicación establece la soberanía de Dios, versículo 7: "ni por ser descendientes de Abraham, son todos hijos". Esto es hijos de Dios. "Sino que en Isaac te será llamada descendencia. Esto es: No los que son hijos según la carne son los hijos de Dios, sino que los que son hijos según la promesa son contados como descendientes. Porque la palabra de la promesa es ésta: Por este tiempo vendré, y Sara tendrá un hijo. Y no solo esto, sino también cuando Rebeca concibió de uno, de Isaac nuestro padre (pues no habían aún nacido, ni habían hecho aún ni bien ni mal, para que el propósito de Dios conforme a la elección permaneciese, no por las obras sino por el que llama), se le dijo: El mayor servirá al menor. Como está escrito: A Jacob amé, mas a Esaú aborrecí".

Los primeros 5 versículos que leemos podrían llevarnos a pesar que algo aquí se salió de control, que Dios había tenido la intención inicial de salvar a los judíos y que su plan había fallado. Pero la respuesta de Pablo es: "la falta de fe de Israel es perfectamente consistente con el propósito y la promesa soberana de Dios. La promesa de Dios no falló. El poder de Dios no falló. Desde el principio, Dios estuvo tomando decisiones, como lo vemos incluso antes de que Jacob y Esaú nacieran".

Entonces el versículo 14 asume el inmediato criticismo que va a surgir: "¿Qué pues diremos? ¿Que hay injusticia en Dios? En ninguna manera". Esto no parece justo, no es justo que Dios elija. Esto no es justo. ¿Entonces decimos que hay injusticia? No, no, no. El Salmo 119 dice de Dios: "tu justicia es justicia sempiterna, tu justicia dura para siempre". El Salmo 7:9 dice: "Tu eres el justo". Dios define la justicia.

Y Él contesta con soberanía. Romanos 9:15, "Pues a Moisés dice: Tendré misericordia del que yo tenga misericordia, y me compadeceré del que yo me compadezca. Así que no depende del que quiere, ni del que corre, sino de Dios que tiene misericordia. Porque la Escritura dice a Faraón: Para esto mismo te he levantado, para mostrar en ti mi poder, y para que mi nombre sea anunciado por toda la tierra. De manera que de quien quiere, tiene misericordia, y al que quiere endurecer, endurece". ¡Guau! Eso está lo suficientemente claro, ya que Dios es quien toma decisiones. Y si dices:

"¿Es justo eso?" Si fuera justo, ¿a dónde nos enviaría a todos? Al infierno. ¿Quieres justicia? No lo creo. No hay equivocación en la forma en la que Pablo entiende la soberanía de Dios, ninguna equivocación.

Entonces llegamos al versículo 19, surge otra crítica en contra de esto, "Pero me dirás: ¿Por qué, pues, inculpa? porque ¿quién ha resistido a su voluntad?" ¿Cómo puede ser posible que, si todo está ya decidido por Dios, me culpe por no creer? ¿Cómo puede hacer esto? Y la respuesta llega en los versículos 20–21, "¿quién eres tú, para que alterques con Dios?" Cállate la boca. No pongas en duda la justicia de Dios. "¿Dirá el vaso de barro al que lo formó: ¿Por qué me has hecho así? ¿O no tiene potestad el alfarero sobre el barro, para hacer de la misma masa un vaso para honra y otro para deshonra?"

¿Qué acaso no puede el alfarero hacer lo que él quiera? ¿No es Dios absolutamente soberano? ¿Por qué lo cuestionas? De hecho, en el versículo 22 dice: "¿Y qué, si Dios, queriendo mostrar su ira y hacer notorio su poder, soportó con mucha paciencia los vasos de ira preparados para destrucción, y para hacer notorias las riquezas de su gloria, las mostró para con los vasos de misericordia que él preparó de antemano para gloria…?" No tienes el derecho para decirle a Dios lo qué si puede hacer o lo qué no puede hacer. ¿Qué si Dios quería mostrar su ira? ¿No tiene Él el derecho de mostrar su ira? ¿No tiene Él el derecho de colocar su justicia a la vista de todos?

Aquí tenemos un uso interesante del verbo. "Soportó con mucha paciencia los vasos de ira". Un verbo en pasivo. Soportó a aquellos preparados para destrucción. Dios no es el agente activo. El verbo está en pasivo. No es doble predestinación. Fueron preparados para destrucción a causa de su pecado. El agente no es nombrado en el proceso de destrucción. No hay un sujeto en el verbo en pasivo, pero obviamente el agente es la persona, el agente es el pecado que habita a la persona. Mientras que en los versículos 23 y 24 los verbos están en activo, y Dios es quien está ejecutando la acción. Él es quien ha preparado de antemano la gloria para aquellos que Él ha llamado de entre los judíos y de entre los gentiles. Así que lo que tenemos aquí es esta fuerte declaración acerca de que la salvación es el trabajo de Dios basado en su soberanía divina, sin influencia externa y es una elección eterna.

Ahora Pablo quiere probar esto con el Antiguo Testamento, así que en el versículo 25 él toma prestado el lenguaje de Oseas e Isaías: "Como también en Oseas dice: Llamaré pueblo mío al que no era mi pueblo, y a la no amada, amada. Y en el lugar donde se les dijo: Vosotros no sois pueblo mío, allí serán llamados hijos del Dios viviente". Y en los versículos 27–29: "También Isaías clama tocante a Israel: Si fuere el número de los hijos de Israel como la arena del mar, tan solo el remanente será salvo; porque el Señor ejecutará su sentencia sobre la tierra en justicia y con prontitud. Y como antes dijo Isaías: Si el Señor de los ejércitos no nos hubiera dejado descendencia, como Sodoma habríamos venido a ser, y a Gomorra seríamos semejantes".

Pablo toma prestado el lenguaje del profeta Oseas y del profeta Isaías en textos del Antiguo Testamento donde se mostró la incredulidad de Israel en el futuro y también vio la salvación del remanente. El versículo 27 es clave en todo esto: "Si fuere el número de los hijos de Israel como la arena del mar, tan solo el remanente será salvo". Dios salva a un remanente, un reminiscente del capítulo 6 de Isaías en donde Isaías ve la visión y Dios le dice: "¿Quién irá por nosotros?" Isaías contesta: "Heme aquí, envíame a mí, yo iré". Antes había sido limpiado con el carbón encendido que tocó sus labios, y ahora será enviado por Dios a la nación de Judá para proclamar el juicio futuro por medio de Babilonia. La ira de Dios llegará y Dios dice: "¿Quién ira a decirle a esta gente?" A lo cual contesta Isaías: "Heme aquí, envíame a mí". Dios le dice: "Sus oídos serán cerrados, no escucharán. Sus ojos serán cegados; no verán. No se arrepentirán, no cambiarán". Entonces Isaías hace la pregunta que yo haría: "¿Hasta cuándo, Señor? ¿Por cuánto tiempo tengo que hacer esto?" Y el Señor le contesta en el capítulo 6 de Isaías: "Hasta que las ciudades estén asoladas y sin morador, y no haya hombre en las casas, y la tierra esté hecha un desierto; hasta que Jehová haya echado lejos a los hombres". Y cierra el capítulo diciendo: "Y si quedare aún en ella la décima parte, ésta volverá a ser destruida; pero como el roble y la encina, que al ser cortados aún queda el tronco, así será el tronco, la simiente santa". Esta es la doctrina del remanente.

Siempre ha sido así. Incluso en el futuro, en aquel día escatológico cuando Israel venga a la fe en Jesucristo, entonces solo habrá un tercio de la población de los judíos. Dos terceras partes, dicen los profetas del Antiguo Testamento, es de rebeldes. Serán depurados. Y solo una tercera parte será salva. Mirarán al que traspasaron y serán redimidos. Una fuente de limpieza será abierta para ellos, y recibirán el reino prometido en el Antiguo Testamento.

No nos podemos confundir con lo que él está diciendo. ¿Qué acaso Israel no tiene responsabilidad humana en todo esto? Claro que sí. Vean 9:30-31, "¿Qué, pues, diremos? Que los gentiles, que no iban tras la justicia, han alcanzado la justicia, es decir, la justicia que es por fe; mas Israel, que iba tras una ley de justicia, no la alcanzó". En realidad, está diciendo: "Hubiese sido mejor ser gentil".

Aquí tenemos a estos judíos que se han roto la cabeza en la búsqueda de la justicia por medio de la ley, y son eliminados, y los gentiles quienes la buscaron por medio de la fe recibieron la salvación que los judíos no pudieron alcanzar por buscarla por medio de la ley. La razón es, ellos no lo hicieron con fe, sino que pensaron que era por obras. Se tropezaron con la piedra de tropiezo que era Cristo. Citando otra vez a Isaías en el versículo 33: "Como está escrito: He aquí pongo en Sion piedra de tropiezo y roca de caída; y el que creyere en él, no será avergonzado".

La declaración es ambigua. Los gentiles alcanzaron la justicia por fe. Israel no alcanzó la justicia porque la buscaron por medio de las obras. La buscaron por obras. Así, por un lado, es una decisión soberana de Dios quienes serán salvos. Y, por otro lado, la gente es condenada por que buscan la justicia de la manera equivocada. ¿Lo están comprendiendo? Israel no alcanzó la justicia que llega por la fe porque solo es posible por fe no por obras de la ley, y solo está disponible por medio de Cristo. Pero ellos tropezaron con Cristo. Este es el evangelio de acuerdo a 1 de Corintios, lo veremos más adelante: fue locura para los gentiles y piedra de tropiezo para los judíos.

En Juan 8:24 Jesús dijo: "Por eso os dije que moriréis en vuestros pecados; porque si no creéis que yo soy, en vuestros pecados moriréis". No importa si eres judío o gentil, tienes que creer. La salvación será por fe, siempre ha sido por fe, y la fe ha tenido que ser puesta en Jesucristo. Los judíos rechazaron hacer esto. Tropezaron con la roca que era Cristo; por lo tanto, están perdidos. ¿Quiere decir esto que el plan de Dios falló? No. Dios no siempre quiso que Israel fuera el verdadero Israel, sino que hubiera un remanente fiel. Y si Dios quiso mostrar su gracia por medio del remanente, Él tiene todo el derecho de hacerlo. Y si Él determina mostrar su juicio y su ira, así como su santidad al condenar a pecadores, Él tiene todo el derecho de hacerlo. Aquí tenemos esta cuestión de la soberanía de Dios.

Vayamos pues al capítulo 10, aquí tenemos un cambio dramático porque ahora el sujeto es la responsabilidad humana. Tenemos un indicio de esto al final de capítulo 9. Pero ahora, en el 10:1: "Hermanos, ciertamente el anhelo de mi corazón, y mi oración a Dios por Israel, es para salvación". Esto significa declarar un tipo de ruego apasionado. Pablo no es indiferente ante la doctrina de la soberanía que mostró en el capítulo 9. Escribió este capítulo y no se dio a la indiferencia por la doctrina de la elección, de la predestinación, porque él entiende la verdad paralela de la responsabilidad humana. Él la describe de manera magnfica en el capítulo 10. Quiero decir, esto es algo que nos sorprende, que una est puesta en contra de la otra y a pesar de ello no sean opuestas, sino que son paralelas.

¿Cuál es el problema? ¿Cuál es el asunto aquí? Quiero que ellos sean salvos, dice en el versículo 1, quiero que sean salvos. Mi corazón clama por su salvación al grado que yo mismo desearía ser condenado si es que así ellos pudieran ser salvos. ¿Cuál es el problema?

El versículo 2 lo explica. No dice: "Está bien, ellos no fueron elegidos". Él dice: "Porque yo les doy testimonio de que tienen celo de Dios, pero no conforme a ciencia". El primer problema que ellos tienen es la falta de ciencia, de conocimiento. Pero qu conocimiento o ciencia es lo que les hace falta? ¿De qué no tienen conocimiento?

Versículo 3: "Porque ignorando la justicia de Dios". Lo primero, esto es muy importante, que ellos tienen es un entendimiento inadecuado de Dios, y particularmente de su justicia, la santidad, la absoluta perfección de Dios. Lo que ellos piensan es que Dios no es tan justo como parece. Dios no es tan justo como debiera. ¿Cómo sabemos esto? "Porque ellos están buscando establecer su propia justicia". De algún modo funciona así; ellos piensan que Dios no es tan justo como debiera, no es tan justo como Él mismo requiere. ¿Lo ven? Ellos piensan que por si mismos pueden tener la suficiente justicia para satisfacer a Dios. Por lo tanto, tienen un conocimiento inadecuado de Dios en lo que respecta a Su justicia, y tienen un conocimiento completamente inadecuado de su propio pecado. Piensan que Dios es menos justo de lo que debiera. Ellos son más justos de lo que debieran y por lo tanto piensan que pueden establecer su propia justicia delante de Dios en lugar de simplemente someterse a la justicia perfecta de Dios y clamar por Su misericordia.

Les falta conocimiento de Dios. Les falta conocimiento acerca del pecado. Les falta conocimiento acerca de Cristo, versículo 4. Ellos no comprenden que Cristo es el fin de la ley. Cristo es el único que cumple con la ley y esto para justicia de todos los que creen. En otras palabras, regresamos a la justicia activa de Cristo, el carácter de Jesucristo. Ellos no entienden que el único que puede, y que ha cumplido, la ley de manera perfecta es el Señor Jesucristo, y es la perfecta justicia de Dios la que es imputada a aquellos que creen en Él. Ellos no lo comprenden. Ellos no entienden el carácter de Dios. Y no conocen la naturaleza caída que está en ellos. No comprenden que la justicia de Dios llega por medio de Cristo. Tampoco comprenden que la salvación es por fe, al final del versículo 4 dice: "para justicia a todo aquel que cree".

Y entonces continúa hablando al respecto en el versículo 5: "Porque de la justicia que es por la ley Moisés escribe así: El hombre que haga estas cosas, vivirá por ellas". ¿Entendido? ¿Quieren llegar por medio de la ley? Entonces se demandará de ustedes que guarden de manera perfecta la ley, esto será lo que los condene. Versículo 6: "Pero la justicia que es por la fe dice así:" —eso es lo que Pablo quiere comunicar— "No digas en tu corazón: ¿Quién subirá al cielo? (esto es, para traer abajo a Cristo); o, ¿quién descenderá al abismo? (esto es, para hacer subir a Cristo de entre los muertos)". ¿Quién te crees que eres? ¿Piensas que tú puedes traer a Cristo del cielo? ¿Crees que puedes traer a Cristo desde el abismo para que te rescate, para que te ayude por tu propia justicia auto generada? No lo entiendes. No puedes ir al cielo para bajar a Cristo. No puedes ir al abismo de los muertos, como si existiera, y traerlo acá. Este es el lenguaje de querer hacer de la justicia algo propio.

La perversidad de esta forma de verlo es que el pecador piensa que Dios es menos justo que él mismo, piensa que él es más justo que Dios, y por lo tanto cree que le es posible traer a Dios dentro de su mundo para que así Dios le dé justicia. Esta es una odisea imposible. Esto es como un Don Quijote espiritual: "El Sueño Imposible".

Dice él en los versículos 8 y 9: "¿Qué es lo que hemos estado predicando? Cerca de ti está la palabra, en tu boca y en tu corazón" —esto lo está tomando de Deuteronomio 30—"Esta es la palabra de fe que predicamos" —y aquí la presenta— "que si confesares con tu boca que Jesús es el Señor, y creyeres en tu corazón que Dios le levantó de los muertos, serás salvo". Ahora aquí no hay soberanía. Esto es un llamado al pecador para que confiese con su boca que Jesús es el Señor, a creer en su corazón que Dios le resucitó de entre los muertos. Así que, después de esta fuerte declaración tan singular que se nos da en la Santa Biblia acerca de la doctrina de la soberanía absoluta de Dios en la salvación, en el capítulo 9, ahora en el 10, en la cual el apóstol dice que el pecador que confiesa a Jesús como Señor, que cree en su corazón que Dios lo resucitó de entre los muertos, lo que es la afirmación divina de la perfección de su vida y obra, será salvo. Versículo 10: "Porque con el corazón se cree para justicia, pero con la boca se confiesa para salvación". Si quieres justicia, entiende que tú no la puedes alcanzar; no la puedes hacer descender del cielo, no la puedes hacer subir del abismo. Es un regalo de Dios a todo aquel que cree.

Y va más allá de esto. Vean el versículo 11: "Todo aquel que en él creyere, no será avergonzado". Lo que es un eco del versículo 33 del capítulo anterior. "Y el que creyere en él, no será avergonzado". No es que todo evangelista deba creerlo, ¿verdad?, sino que todo cristiano tiene que creerlo. No podemos ser acusados de que al conocer la soberanía de Dios nos hacemos indiferentes a los perdidos. Aquí tenemos a un hombre que muestra su corazón sangrante, que llora, que se duele y que está en un constante remolino de emociones y tristeza por la condición de los perdidos. No ve a ningún hombre superficialmente. Como vimos anteriormente, no ve a ningún hombre o mujer por su apariencia externa. Los ve de acuerdo a su condición perdida. Su corazón se duele por ellos. Él ha experimentado el amor de Cristo. Conoce que Cristo ha muerto por todos aquellos que creerán en Él. Y Él quiere traer este mensaje a ellos. Este es un corazón apasionado de evangelista, y aquí está el ofrecimiento: "todo aquel que invocare el nombre del Señor será salvo".

El deber del evangelio

Entonces nos llega esta importantísima porción de la Escritura, comenzando con el versículo 14. Esto nos lleva al tercer punto que quiero que ustedes vean. Primero Pablo habla de la soberanía de Dios; después habla de la responsabilidad humana de creer, y aquí él va a hablar del deber del evangelio, el deber del evangelio.

Veamos el versículo 14, ¿este dice? ¿Cómo podrán invocarlo si no son elegidos? No, ¿qué dice? "¿Cómo, pues, invocarán a aquel en el cual no han creído? ¿Y cómo creerán en aquel de quien no han oído? ¿Cómo escucharán si un predicador? Y ¿cómo predicarán si no son enviados? Como está escrito: (regresando a Isaías) ¡Cuán hermosos son los pies de los que anuncian la paz, de los que anuncian las buenas nuevas!" ¿No es este el sentimiento que te surge de aquel que te enseñó el evangelio? Nosotros no nos merecemos ningún crédito. Pero a pesar de ello los corazones de los que han sido alcanzados se llena de gozo y amor hacía aquellos que los alcanzaron.

El versículo 16 nos dice que no todos prestan atención a las buenas nuevas. No todos. ¿Qué es lo que está mal? Algunos fueron escépticos como dice Isaías: "¿Señor quién ha creído a nuestro anuncio?" Pero el versículo 17 lo resume. ¿Por qué no creyeron? ¿Por qué no recibieron la salvación? Porque "la fe es por el oír, y el oír, por la palabra de Dios". Y no estamos hablando de simplemente oír; de lo que estamos hablando es de escuchar con el corazón. El problema es que ellos no escuchan profundamente. La fe llega por el oír, y el oír por la Palabra de Cristo, o bien de Dios.

Esto no aclara lo que es el deber del evangelio. Sí, entendemos la soberanía de Dios. Sí, entendemos la responsabilidad humana como la hemos vista desplegada en la parte inicial del capítulo 10. Y ahora entendemos el deber del evangelio, que ellos no pueden invocar a Aquel en quien no han creído. No pueden creer en quien no conocen. No pueden conocer sin que haya quien les predique. No pueden predicarles sin que sean enviados, porque la fe viene por el oír, por el oír la verdad concerniente a Cristo. La fe llega por el oír la verdad acerca de Cristo. Versículo 18: "Pero digo: ¿No han oído? Antes bien, por toda la tierra ha salido la voz de ellos" —desde luego que han escuchado— "y hasta los fines de la tierra sus palabras. También digo: ¿No ha conocido esto Israel?"—¡claro que ha conocido!— "Primeramente Moisés dice: Yo os provocaré a celos con un pueblo que no es pueblo; con pueblo insensato os provocaré a ira. E Isaías dice resueltamente: Fui hallado de los que no me buscaban; me manifesté a los que no preguntaban por mí. Pero acerca de Israel dice: 'Todo el día extendí mis manos a un pueblo rebelde y contradictor'".

¿Qué quiere decir todo esto? Todo esto tiene que ver con el hecho de que Pablo está diciendo: "Todos ustedes, judíos, han rechazado escuchar, han rechazado el mensaje de Cristo, el mensaje que ahora ha salido al mundo, y los gentiles lo están escuchando y lo están creyendo. Ustedes lo escucharon primero y lo rechazaron". Así que Pablo nos ha mostrado este deber de evangelizar, esta responsabilidad del evangelio justo en la mitad de estas grandes verdades de la soberanía de Dios y la responsabilidad humana.

Y al llegar al capítulo 11, rápidamente, un par de comentarios. Regresamos al asunto de la providencia divina. Pero no puedo hacerlo para poder acabar con este capítulo. No tenemos tiempo para hacerlo, solo podemos dar una mirada general a esto. Vayamos al 11:1, "Digo, pues: ¿Ha desechado

Dios a su pueblo? En ninguna manera". Y aquí vamos de vuelta a la soberanía de Dios. "Porque también yo soy israelita". Esta es la prueba viviente de que Dios no ha rechazado a su pueblo porque vemos a judíos siendo salvados individualmente durante la era de la iglesia. "De la descendencia de Abraham, de la tribu de Benjamín. No ha desechado Dios a su pueblo, al cual desde antes conoció. ¿O no sabéis qué dice de Elías la Escritura, cómo invoca a Dios contra Israel, diciendo: Señor, a tus profetas han dado muerte, y tus altares han derribado; y solo yo he quedado, y procuran matarme? ¿Y cuál es la respuesta divina para él? Pero, ¿qué le dice la divina respuesta? Me he reservado siete mil hombres, que no han doblado la rodilla delante de Baal. Así también aun en este tiempo ha quedado un remanente escogido por gracia".

Tiene que responder la pregunta: "¿Qué hay con Israel?" Ha cerrado el capítulo 10 diciendo que el judío ha rechazado y que los gentiles, que llegaron tarde a la fiesta (como si eso fuera, llegaron tarde a la fiesta del evangelio), están creyendo. Y la iglesia está creciendo y floreciendo, y los judíos siguen siendo hostiles y siguen rechazando.

¿Qué hay con Israel? ¿Es este su fin? ¿Esto marca el fin de ellos? Hay mucha gente que nos diría esto, que la iglesia es el Israel de Dios y que ya no hay futuro para Israel. Algo difícil de explicar con lo que está sucediendo en la tierra de Israel hoy en día. Si Dios no va a hacer algo por los israelitas en el futuro, ¿entonces qué están haciendo en el mundo? ¿Han conocido alguna vez a un hitita, jebuseo, amorreo? Yo nunca. Ellos fueron amalgamados y mezclados al menos un milenio atrás. Los judíos son tan puros como lo eran en los tiempos bíblicos e incluso en los tiempos del Antiguo Testamento. ¿Qué está haciendo Dios con ellos?

Llegará un tiempo. Ahora hay un remanente. Nuestra iglesia, por cierto, est poblada por muchos, muchos, muchos judíos, el remanente, parte del remanente de hoy en día por lo que estamos muy agradecidos. Pero hay un día en el futuro cuando la salvación regresará a Israel como un pueblo.

Vayamos al versículo 11: "Digo, pues: ¿Han tropezado los de Israel para que cayesen? En ninguna manera; pero por su transgresión vino la salvación a los gentiles". Lo que sucede con el rechazo de Israel es que Dios va a los gentiles. Por lo que pasa a explicar esto: la salvación de los gentiles tiene la intención de provocar a los judíos a celos y que los judíos estando celosos regresen a recibir sus promesas, las que fueron dadas a ellos originalmente. Versículo 15: "Porque si su exclusión es la reconciliación del mundo, ¿qué será su admisión, sino vida de entre los muertos?" Saben, la exclusión o el rechazo de Cristo culminó en que el evangelio llegara a todo el mundo gentil; si su rechazo afectó el evangelismo a los gentiles de manera tan masiva, ¿cómo será su aceptación? Les diré como será. Lean el libro de Apocalipsis. Lo primero es que ciento cuarenta y cuatro mil de ellos, doce mil de cada tribu, se harán evangelistas. Irán alrededor del mundo, y predicarán el evangelio en todos lados. Y habrá tanta gente siendo salva que será el tiempo más grande de avivamiento en la historia del mundo. Y entonces el Señor regresará a establecer el reino que les prometió a los judíos. Su separación solo fue temporal.

Y llegamos al versículo 17: "Pues si algunas de las ramas fueron desgajadas, y tú" —los gentiles son llamados olivo silvestre— "no te jactes contra las ramas; y si te jactas, sabe que no sustentas tú a la raíz, sino la raíz a ti. Pues las ramas, dirás, fueron desgajadas para que yo fuese injertado". Y el versículo 19 dice: "tú por la fe estás en pie. No te ensoberbezcas, sino teme". Y no te engañes sino teme a Dios; "Porque si Dios no perdonó a las ramas naturales, a ti tampoco te perdonará".

La iglesia no puede tener un final triste. Vemos a una falsa iglesia que puede estar aquí siendo referenciada. Dice al final del versículo 22: "de otra manera tú también serás cortada". Y versículo 25: "Porque no quiero, hermanos, que ignoréis este misterio, para que no seáis arrogantes en cuanto a vosotros mismos: que ha acontecido a Israel endurecimiento". Esto es solo parcial porque hay un remanente, "hasta que haya entrado la plenitud de los gentiles". Esto quiere decir que será hasta que la iglesia esté completa, "y luego todo Israel será salvo, como está escrito: Vendrá de Sion el Libertador, que apartará de Jacob la impiedad. Y éste será mi pacto con ellos, cuando yo quite sus pecados".

¿Qué es lo que va a suceder? Versículo 29: "Porque los dones y el llamamiento de Dios son irrevocables". Las promesas de Dios no pueden ser canceladas, no pueden ser deshechas. Dios finalmente salvará a su pueblo de Israel.

Así que todo regresa a las promesas de Dios. Todo regresa al poder de Dios, y al final todo regresa a su gloria. Cuando todo esté dicho y hecho, aquí está la conclusión: "¡Oh profundidad de las riquezas de la sabiduría y de la ciencia de Dios! ¡Cuán insondables son sus juicios, e inescrutables sus caminos!"

¿Saben qué significa esto ahora? Que está más allá de nuestra habilidad para comprenderlo totalmente. "¿Quién entendió la mente del Señor?" No pienses que tú eres capaz de hacerlo. "¿O quién fue su consejero?" Él no tuvo consejeros. "¿O quién le dio a Él primero, para que le fuese recompensado?" Él no te debe ninguna explicación. "Porque de Él, y por Él, y para Él, son todas las cosas. A Él sea la gloria por los siglos". Y todos digan conmigo: Amén.

REFLEXIONES PERSONALES

19_La Humillación del Evangelio

Pablo, llamado a ser apóstol de Jesucristo por la voluntad de Dios, y el hermano Sóstenes, a la iglesia de Dios que está en Corinto, a los santificados en Cristo Jesús, llamados a ser santos con todos los que en cualquier lugar invocan el nombre de nuestro Señor Jesucristo, Señor de ellos y nuestro: Gracia y paz a vosotros, de Dios nuestro Padre y del Señor Jesucristo.

Gracias doy a mi Dios siempre por vosotros, por la gracia de Dios que os fue dada en Cristo Jesús; porque en todas las cosas fuisteis enriquecidos en él, en toda palabra y en toda ciencia; así como el testimonio acerca de Cristo ha sido confirmado en vosotros, de tal manera que nada os falta en ningún don, esperando la manifestación de nuestro Señor Jesucristo; el cual también os confirmará hasta el fin, para que seáis irreprensibles en el día de nuestro Señor Jesucristo. Fiel es Dios, por el cual fuisteis llamados a la comunión con su Hijo Jesucristo nuestro Señor.

Os ruego, pues, hermanos, por el nombre de nuestro Señor Jesucristo, que habléis todos una misma cosa, y que no haya entre vosotros divisiones, sino que estéis perfectamente unidos en una misma mente y en un mismo parecer. Porque he sido informado acerca de vosotros, hermanos míos, por los de Cloé, que hay entre vosotros contiendas. Quiero decir, que cada uno de vosotros dice: Yo soy de Pablo; y yo de Apolos; y yo de Cefas; y yo de Cristo. ¿Acaso está dividido Cristo? ¿Fue crucificado Pablo por vosotros? ¿O fuisteis bautizados en el nombre de Pablo? Doy gracias a Dios de que a ninguno de vosotros he bautizado, sino a Crispo y a Gayo, para que ninguno diga que fuisteis bautizados en mi nombre. También bauticé a la familia de Estéfanas; de los demás, no sé si he bautizado a algún otro. Pues no me envió Cristo a bautizar, sino a predicar el evangelio; no con sabiduría de palabras, para que no se haga vana la cruz de Cristo.

Porque la palabra de la cruz es locura a los que se pierden; pero a los que se salvan, esto es, a nosotros, es poder de Dios. Pues está escrito:

> *Destruiré la sabiduría de los sabios,*
> *Y desecharé el entendimiento de los entendidos.*

¿Dónde está el sabio? ¿Dónde está el escriba? ¿Dónde está el disputador de este siglo? ¿No ha enloquecido Dios la sabiduría del mundo? Pues ya que en la sabiduría de Dios, el mundo no conoció a Dios mediante la sabiduría, agradó a Dios salvar a los creyentes por la locura de la predicación. Porque los judíos piden señales, y los griegos buscan sabiduría; pero nosotros predicamos a Cristo crucificado, para los judíos ciertamente tropezadero, y para los gentiles locura; mas para los llamados, así judíos como griegos, Cristo poder de Dios, y sabiduría de Dios. Porque lo insensato de Dios es más sabio que los hombres, y lo débil de Dios es más fuerte que los hombres.

Pues mirad, hermanos, vuestra vocación, que no sois muchos sabios según la carne, ni muchos poderosos, ni muchos nobles; sino que lo necio del mundo escogió Dios, para avergonzar a los sabios; y lo débil del mundo escogió Dios, para avergonzar a lo fuerte; y lo vil del mundo y lo menospreciado escogió Dios, y lo que no es, para deshacer lo que es, a fin de que nadie se jacte en su presencia. Mas por él estáis vosotros en Cristo Jesús, el cual nos ha sido hecho por Dios sabiduría, justificación, santificación y redención; para que, como está escrito: El que se gloría, gloríese en el Señor.

Así que, hermanos, cuando fui a vosotros para anunciaros el testimonio de Dios, no fui con excelencia de palabras o de sabiduría. Pues me propuse no saber entre vosotros cosa alguna sino a Jesucristo, y a éste crucificado. Y estuve entre vosotros con debilidad, y mucho temor y temblor; y ni mi palabra ni mi predicación fue con palabras persuasivas de humana sabiduría, sino con demostración del Espíritu y de poder, para que vuestra fe no esté fundada en la sabiduría de los hombres, sino en el poder de Dios.

Sin embargo, hablamos sabiduría entre los que han alcanzado madurez; y sabiduría, no de este siglo, ni de los príncipes de este siglo, que perecen. Mas hablamos sabiduría de Dios en misterio, la sabiduría oculta, la cual Dios predestinó antes de los siglos para nuestra gloria, la que ninguno de los príncipes de este siglo conoció; porque si la hubieran conocido, nunca habrían crucificado al Señor de gloria. Antes bien, como está escrito:

> *Cosas que ojo no vio, ni oído oyó,*
> *Ni han subido en corazón de hombre,*
> *Son las que Dios ha preparado para los que le aman.*

Pero Dios nos las reveló a nosotros por el Espíritu; porque el Espíritu todo lo escudriña, aun lo profundo de Dios. Porque ¿quién de los hombres sabe las cosas del hombre, sino el espíritu del hombre que está en él? Así tampoco nadie conoció las cosas de Dios, sino el Espíritu de Dios. Y nosotros no hemos recibido el espíritu del mundo, sino el Espíritu que proviene de Dios, para que sepamos lo que Dios nos ha concedido, lo cual también hablamos, no con palabras enseñadas por sabiduría humana, sino con las que enseña el Espíritu, acomodando lo espiritual a lo espiritual.

Pero el hombre natural no percibe las cosas que son del Espíritu de Dios, porque para él son locura, y no las puede entender, porque se han de discernir espiritualmente. En cambio el espiritual juzga todas las cosas; pero él no es juzgado de nadie. Porque ¿quién conoció la mente del Señor? ¿Quién le instruirá? Mas nosotros tenemos la mente de Cristo.

1 Corintios 1–2

BOSQUEJO

— Introducción.

— ¿Por qué los incrédulos rechazan la Biblia?

- Su mensaje es irrazonable

- Es inalcanzable

- Es imposible de creer

- Sus representantes son poco interesantes

- Sus predicadores están fuera de moda

— ¿Entonces por qué creemos?

- Hemos sido completados

- Hemos sido regenerados

— Oración

NOTAS PERSONALES AL BOSQUEJO

SERMÓN

Introducción

Muchos años atrás escribí un libro llamado *El Evangelio Según Jesucristo*; algunos de ustedes lo saben. Después escribí otro llamado *El Evangelio Según los Apóstoles*, y en este punto estoy con *El Evangelio Según Pablo*. Espero que pronto pueda mostrar todo el esfuerzo que hemos puesto para concluir con esta trilogía. El evangelio de Pablo es muy importante porque actualmente está siendo atacado. La doctrina de la justificación, como es descrita por el apóstol Pablo, está siendo atacada por aquellos que están intentando enseñar algo que llaman "La Nueva Perspectiva acerca de Pablo". Por esto tenemos que estar completamente claros de lo que dice el Nuevo Testamento, y de lo que el Espíritu Santo inspiró a Pablo para que escribiera con respecto al evangelio. Desde los mensajes anteriores hemos estado viendo al evangelio, tal como éste fue inspirado a Pablo para que lo escribiera en el Nuevo Testamento. Hemos aprendido que es un evangelio glorioso en 2 Corintios 4. Hemos aprendido que es un evangelio que satisface, Romanos 3. Que es un evangelio reconciliador, 2 de Corintios 5. Vimos que es un evangelio soberano. Y ahora veremos la realidad de que es un evangelio humillante, este es un evangelio que humilla. Sé que están acostumbrados a que cuando les enseño la Biblia solo tomo algunos versículos en los cuales profundizamos, pero ahora lo hemos estado haciendo de manera un poco diferente. Esto por el tiempo tan limitado y el deseo de cubrir tanto como podamos, por ello hemos estado tomando porciones grandes de Escritura, incluso solo hemos barrido, por así decirlo, algunos capítulos al mismo tiempo, como lo hicimos en el mensaje anterior en donde estudiamos Romanos 9-11 de un solo golpe; esto fue más bien un panorama de la Escritura, que es muy importante si es que vamos a abarcar el evangelio de Pablo.

Ahora quiero que regresemos a 1 Corintios 1 y 2, quiero que vayamos a este texto y lo estudiemos. Desde luego que va a ser de manera panorámica, digamos que será a vuelo de pájaro en lugar de desmenuzarlo como gusanos, cosa que siempre hacemos. Voy a hacer una pregunta que se relaciona con el tema. Recuerden estamos viendo la humillación del evangelio. No llegaremos a este punto sino hasta que todo lo demás haya sido dicho. Esto de algún modo llegará al final. Pero para comenzar quiero colocar esta pregunta en el escenario, ¿por qué amamos la Biblia? ¿Por qué vinieron ustedes a la conferencia que titulamos La Verdad Permanece? ¿Por qué vienen a esta iglesia? ¿Por qué vienen semana tras semana? ¿Por qué asisten a los grupos de estudio? ¿Por qué aquí vendemos tantos libros? ¿Por qué tanta gente descarga los sermones desde nuestra página de Gracia a Vosotros? ¿Por qué tienen este apetito por la Palabra de Dios? ¿Por qué la gente usa su tiempo, su dinero y su esfuerzo para venir a conferencias a esta iglesia, conferencias que realizamos año con año? ¿De dónde les llega este amor? ¿Por qué tienen este amor por la Biblia? ¿Por qué tienen este amor por el evangelio?

Estas son preguntas muy importantes. ¿Será porque tú eres más listo que el resto del mundo? ¿Es porque tú tienes mejor discernimiento que el resto del mundo? ¿Será porque tú has escuchado más y mejores argumentos que te han convencido de la veracidad de la Escritura? ¿Será porque alguien te enseñó apologética, y esa apologética te pareció razonable y por lo tanto abrazaste la Escritura? ¿Qué es lo que ha hecho que surja este amor dentro de tu corazón?

Eso es algo que todos nosotros, los que formamos parte de esta iglesia hemos experimentado. Pareciera que nunca sentimos tener suficiente de la Palabra de Dios. Es como alimento para nosotros, y ninguna cantidad de comida nos satisface por un periodo largo de tiempo. Tenemos que ser alimentados nuevamente, y nuevamente, y nuevamente, y cada día, físicamente; y esto parece ser igual en las cuestiones espirituales. ¿Qué es lo que nos genera este apetito? ¿Por qué nos sentimos de la forma en la que nos sentimos acerca de la Biblia y del evangelio? ¿Qué es eso de que, habiendo entendido el evangelio, creído en el evangelio, podemos escuchar predicar el evangelio miles de veces y nuestros corazones literalmente se encienden con ello? ¿Por qué somos como aquellos en el camino a Emaús quienes cuando les fue explicada la Escritura se convirtieron en la comunión de los corazones ardientes? ¿Qué es lo que crea esto? ¿Por qué nosotros nos separamos de la indiferencia del mundo hacia la Biblia, incluso de la hostilidad del mundo hacía la Palabra de Dios? Generalmente la gente que conocemos no tiene ningún interés en la Biblia.

De hecho, muchas iglesias reconocen esto, y erróneamente eliminan la Biblia para dar a la gente lo que ellos quieren. Las Escrituras no solo los lleva a la muerte, sino que también los ofende. ¿Pero qué es lo que pasa con nosotros? ¿Por qué nosotros amamos la Palabra de Dios? ¿Por qué hay gente por todo el mundo que ama la Biblia? Bueno, la Escritura nos da una respuesta justo a todas estas preguntas aquí, en este texto. Pero, primero que nada, permítanme quedarme con esta idea, que ustedes son verdaderos cristianos, que ustedes aman la Biblia. Probablemente su experiencia es lo que dice el Salmo 19:10, dice esto, que la Palabra es más preciosa que el oro, sí, "mucho más valiosa que el oro: y dulce más que miel que destila del panal". ¿Por qué es la Palabra tan dulce para nosotros? ¿Por qué es tan valiosa para nosotros? Podemos decir junto con David lo que dijo en el Salmo 119:97, "¡*Oh, cuánto amo yo tu ley!*" *Y otras cinco veces en el mismo Salmo lo repite. Otras veces dice*: "me deleito en tu ley, me regocijo en tu ley", y otras: "amo tus mandamientos".

Incluso Pablo dice que los cristianos podrían ser denominados con el título: "Los que aman la verdad". Esto está en 2 de Tesalonicenses 2:10, "los incrédulos son aquellos que no aman la verdad". Juan lo pone de esta manera, dice: "Si amas al Señor, guarda sus mandamientos". Tu amor por el Señor es demostrado por medio de tu apetito por la Palabra de Dios, incluso aquellas cosas que son órdenes o mandamientos. Juan lo dice en varios lugares, Juan 14 y 15, y en sus epístolas 1 Juan 5:2 y 3. El Salmo 40:8 dice: "El hacer tu voluntad, Dios mío, me ha agradado", y concluye con esto, "Y tu ley está en medio de mi corazón".

Para el verdadero creyente hay, dentro de su corazón, un apetito por la Biblia, por la verdad, por el evangelio. Pedro de hecho dice, en 1 Pedro 2:2, que debemos tener un apetito por la Palabra igual al deseo de los bebes por la leche. En otras palabras, es un deseo singular, que consume todo de nosotros, y que nunca queda satisfecho. Cuando Jesús había enseñado a las multitudes en Juan 6 e hizo que el mensaje fuera algo difícil de recibir, ellos se fueron; en Juan 6:66-68 dice: "Desde entonces muchos de sus discípulos volvieron atrás, y ya no andaban con él". Jesús vio a los doce que quedaban y dijo: "¿Queréis acaso iros también vosotros?" Y Pedro, hablando a nombre de los otros verdaderos creyentes dijo: "¿a quién iremos? Tú tienes palabras de vida eterna". No podemos vivir sin tus palabras.

La marca de un verdadero cristiano es su hambre por la Biblia, su apetito por la Escritura. Para nosotros no es suficiente con tener pan solo, no vivimos solo de pan; vivimos por toda la Palabra que sale de la boca de Dios. La verdadera iglesia de Dios, sí, la verdadera iglesia de Dios siempre, todo el tiempo, y en todo lugar, tiene hambre por la verdad de la Santa Escritura, hambre para leerla, entenderla, regocijarse en ella, deleitarse en ella, abrazarla, proclamarla, aplicarla, y para adorar a Dios por ella. Tristemente, sin embargo, en contra de este apetito de la verdadera iglesia, está el interés de la falsa iglesia. El estudio serio de la Biblia y la labor diligente en la Escritura para alimentar a la verdadera iglesia de Dios ya no parece ser la más alta prioridad ahora. No hace muchos años, Jim Packer escribió una introducción para un libro antiguo, este se llama *El Directorio Cristiano*, y no es una guía telefónica. *El Directorio Cristiano* fue escrito por Richard Baxter, un puritano quien vivió 76 años, entre 1615 y 1691. Richard Baxter fue un pensador profundo de la Escritura, y escribió este libro. Tengo una copia de él. Es un directorio cristiano en el sentido de que dirige a los cristianos en cuanto a cómo es que ellos deben vivir sus vidas delante de Dios, según la Escritura.

En su introducción a este libro, Packer dice: "El evangelicalismo contemporáneo es egocéntrico, bufón, simplista, degenerado, la mitad utiliza encantamientos mágicos sin sentido, y una serie de consejos de "cómo hacerlo". Y continúa diciendo: "Compárese esto con *El Directorio Cristiano* de

Richard Baxter, con más de un millón de palabras de profunda interpretación y aplicación de la Biblia". Dice Packer: "*El Directorio Cristiano* contiene un alto nivel de inteligencia, basado en la Biblia, con sabiduría teológica integrada, con una claridad infalible, que deslumbra nuestra mente". ¿Qué es lo que nos ha sucedido? R.C. Sproul dice: "Nuestra cultura está sumergida en una orgullosa mediocridad, arte basura, música basura, pensamiento basura, y lo hemos acomodado con una iglesia basura". Tenemos mediocridad porque queremos mediocridad. Esta cultura ansía la mediocridad. No solo la acepta, sino que la ansía. Así que de algún modo tenemos una cultura cristiana pop que se acomoda a todo esto. Y muchas llamadas 'iglesias' han decidido eliminar lo trascendente, eliminar lo profundo, eliminar la profundidad teológica, eliminar la Biblia, eliminar la exposición, alimentar la mediocridad, darles a las multitudes hambrientas lo que ellas ansían, y así matar de hambre a la verdadera iglesia". Esto no les satisface a ustedes, ¿o sí? No les satisface y por eso están aquí. A mí tampoco me satisface. Yo nunca me siento satisfecho. Amamos la Biblia. Amamos la teología. Amamos la alabanza bien informada teológicamente.

¿Por qué amamos esto? ¿Por qué confiamos en ello? ¿Por qué lo creemos? ¿Por qué lo estudiamos? ¿Por qué lo memorizamos? ¿Por qué hablamos de ello? ¿Por qué lo enseñamos? ¿Por qué lo aplicamos? ¿Somos mejores que otras personas? ¿Somos más listos o más inteligentes? ¿Hemos recibido mejores evidencias que nos han convencido de que la Biblia es digna de confianza y de ser creída?

Aquí obtenemos algunos indicios para la respuesta. Lutero dijo esto: "La Biblia no puede ser entendida por simplemente estudiar o tener talento. Esto viene del Espíritu Santo". Zuinglio, el gran reformador de Zúrich dijo: "Aun cuando tú hubieras recibido el evangelio de Jesús directamente de un apóstol, no podrías actuar de acuerdo a este a menos que tu Padre celestial te lo enseñe y te llame a Él mismo por medio del Espíritu". Juan Calvino tenía la misma opinión. La idea de Calvino era que la Biblia solo podía ser creída, comprendida, obedecida y amada cuando Dios regenera por medio del poder del Espíritu Santo y da vida al pecador que está muerto. ¿Por qué creen ustedes en la Biblia? ¿Por qué aman la Biblia? ¿Por qué tienen hambre de la Biblia? ¿Por qué confían en la verdad de la Escritura? ¿Por qué disfrutan escuchándola? ¿Por qué cuando entienden una verdad bíblica esto les crea tal gozo, y provoca en ustedes tal alabanza y adoración? Es debido a una poderosa obra que ha sido realizada en sus corazones por el Espíritu Santo, y Él ha hecho que literalmente vivan y dejen de estar muertos. Esto es regeneración. Vamos a hablar de esto.

No hay mejor tratamiento de este asunto que el texto que tenemos delante de nosotros y que leímos previamente. Nuestro texto es 1 Corintios 1–2, comenzando en el versículo 18 hasta llegar al final del capítulo 2. Y aunque vamos a ver esto desde un punto de vista amplio, vamos a ver cuál es el mensaje que hay aquí. Dos puntos que quiero que ustedes entiendan de este texto, solo dos. Número uno, ¿por qué los incrédulos no aceptan la Biblia? Y número dos, ¿por qué los cristianos aman la Biblia? ¿Cuál es la diferencia aquí? Muchas cosas se superponen, se entretejen, y se repiten, pero no vamos a pasar por todo esto, solo voy a darles lo que sería un esquema general.

¿Por qué los incrédulos rechazan la Biblia?

Voy a darles cinco razones. Todas están aquí, Pablo las describe para nosotros.

Su mensaje es irrazonable

Esto lo abordaremos desde el punto de vista de la revelación del evangelio en la Escritura. En lo que concierne a la mente humana, es irracional. El hombre está enamorado de su propia mente. Tal vez no era tan malo antes de la era de la Ilustración, pero ahora nos encontramos aquí y cientos de años han pasado después de la era de la Ilustración, pero somos los herederos de la adoración a la mente humana, o debiera decir del razonamiento humano. Estamos inmersos en la era de la razón, y la Biblia no tiene lugar en ella. El evangelio bíblico no tiene lugar. Leamos el versículo 18: "Porque la palabra de la cruz es locura a los que se pierden". Los que se pierden son una categoría de personas que se dirigen al infierno, personas que entran en el paradigma de los perdidos; este evangelio, este mensaje concerniente a la salvación por medio de la muerte de Cristo en la cruz, es locura para ellos. La palabra locura aparece al menos una docena de veces en esta sección de inicio, por lo que es muy importante. Dicho sea de paso, la palabra para locura en el griego, es *moron*. Quiere decir estúpido, sin sentido, sin cerebro, imbécil. No encaja con la sabiduría humana el decir que hay un solo Dios, que solo hay un camino que lleva a Dios, y menos que el camino hacia Dios es por medio del Dios/hombre; que Jesucristo fue crucificado siendo judío, ejecutado por los romanos, rechazado por su pueblo, que fue puesto en la cruz, etc., y que la salvación llega cuando rechazas por completo cualquier buena obra de tu persona, reconociendo tu torcida pecaminosidad, y abrazando por fe el sacrificio de Cristo hecho en tu nombre. Todo esto es contrario a la sabiduría humana. La mente caída dice que tú eres bueno, y si en realidad eres bueno, entonces siempre estarás bien. Esto es sabiduría humana, razonamiento humano caído y dominado por el orgullo.

Todo el mensaje de la cruz es estúpido y sin sentido, no necesitamos explicar esto, ya lo hemos hecho en los mensajes anteriores. No es compatible con el razonamiento humano el decirles que van camino al infierno, que no son capaces ni pueden hacer nada por ellos mismos. No tienen el poder racional, o bien el poder moral, o el poder espiritual para cambiar su condición. Son impotentes delante de Dios. Esto no encaja con la soberbia humana. Pero esto es lo que la Biblia dice, y esto es por lo que ellos no aman la Biblia, no les gusta la Biblia. Hay personas que son indiferentes a la Biblia. Y permanecerán indiferentes a la Biblia a menos que se vuelvan hostiles a la Biblia porque escuchen lo que la Biblia dice. Toda la idea del evangelio, el evangelio bíblico, es irracional, no tiene sentido, es locura, es una estupidez para ellos.

Es inalcanzable

En segundo lugar, es inalcanzable. Debemos admitir que una de las razones por las que los incrédulos rechazan el evangelio bíblico es porque, francamente, es inalcanzable, porque lo quieren alcanzar con el razonamiento humano. Este es el mecanismo con el que los seres humanos caídos buscan todo. Resuelven problemas con el razonamiento humano. Y esto parece razonable. Parece racional. Pero Dios nos ha dado el razonamiento humano para lograr ciertas cosas dentro del reino físico. Y entonces ellos usan esto del reino físico para el reino espiritual, razón por la que no pueden resolverlo. Pero también existen esas personas que conoces y te dicen: "Yo soy una persona muy espiritual", como si tuvieran un tipo de mundo estilo Harry Potter, dentro del cual ellos se pudieran catapultar. Ellos pueden ponerse a sí mismos en un tipo de reino donde la gente vuela y todo tipo de cosas raras suceden, los seres espirituales hacen las cosas, y ellos se pueden ajustar a ese mundo y percibir las cosas que el resto del nosotros, el populacho, no podemos entender. ¿Qué quieres decir con que eres una persona muy espiritual? La idea de que, por medio de tu mente, de tu intuición, y de tus supuestos sentidos, te puedes catapultar a ti mismo a un verdadero entendimiento del evangelio bíblico, creer en él, y amarlo, esto simplemente no es verdad. Vayamos a los versículos 19–21: "Pues está escrito: Destruiré la sabiduría de los sabios, y desecharé el entendimiento de los entendidos. ¿Dónde está el sabio? ¿Dónde está el escriba? ¿Dónde está el disputador de este siglo? ¿No ha enloquecido Dios la sabiduría del mundo? Pues ya que en la sabiduría de Dios, el mundo no conoció a Dios mediante la sabiduría…". No puedes llegar a Dios por medio de sabiduría humana; lo que parece razonable, racional y sensible.

El versículo 19 es una cita de Isaías 29:14, es citado de la Septuaginta, la que muchos de los autores del Nuevo Testamento acostumbraban leer. Isaías había ido a advertir al Reino del Norte, es decir, Israel. Les advirtió del juicio que venía por medio de Senaquerib, el rey de Asiria, quien ya estaba en el límite de sus fronteras. Estaba amenazando al reino del norte. La liberación no llegaría por medio de hombres. Si es que habría escapatoria, si es que habría algún acto de rescate, no iba a llegar por medio de la sabiduría o la razón humana. "Destruiré la sabiduría de los sabios, y desecharé el entendimiento de los entendidos". Los hombres por sí mismos, con toda su sabiduría, con todas sus estrategias, y llevando a cabo todas sus batallas, junto con personas sabias y junto con sus líderes, no pudieron llegar a ningún arreglo con los asirios. Pero Dios sí pudo lidiar con los asirios más adelante en Isaías 37:36, mandando un ángel quien literalmente mató a ciento ochenta y cinco mil de los asirios en una sola noche. En otras palabras, hay una dimensión en la que Dios obra y que no está disponible para la sabiduría humana. No pudieron lidiar con el peligro que había en sus fronteras por medio de su sabiduría humana.

Jeremías 8:9 dice: "Los sabios se avergonzaron, se espantaron y fueron consternados; he aquí que aborrecieron la palabra de Jehová; ¿y qué sabiduría tienen?" ¿Qué les queda? En el versículo 20 Pablo los convoca. "¿Dónde está el sabio?" Tráiganlo aquí. "¿Dónde está el escriba?" Éste sería el experto. "¿Dónde está el disputador de este siglo? ¿No ha enloquecido Dios la sabiduría del mundo?" Pongan a todos los necios juntos, a todos los filósofos, a todos los educadores, a todos los académicos, a todos sus teólogos. Y este versículo es una alusión a Isaías 19:12 y a Isaías 33:18, y también supongo que es una alusión a los consejeros de Egipto, quienes fueron avergonzados por Dios, así como a los escribas de los asirios, quienes también eran necios. Todos ellos son necios o tontos, estúpidos. Traigan a todos, porque el versículo 21 dice: "Pues ya que en la sabiduría de Dios, el mundo no conoció a Dios mediante la sabiduría". Está tomando pequeñas porciones del Antiguo Testamento que pueden ser familiares a la gente para dejar claro que toda la sabiduría humana, que toda la inteligencia de los inteligentes, todos los hombres sabios, todos los abogados, todos los que debaten, los filósofos, todos juntos no pueden conocer a Dios. El versículo 21 dice: "en la sabiduría de Dios, el mundo no conoció a Dios mediante la sabiduría". Pueden tomar a todas las mentes de élite, a todas las universidades del mundo, traerlas aquí, ponerlos juntos, y colectivamente no podrán llegar a conocer a Dios. No puedes llegar a Dios suponiendo que tienes como ventaja la sabiduría humana, a pesar de que sea la máxima, la mejor. Entonces, ¿por qué los que no son cristianos rechazan la Biblia? ¿Por qué están resentidos con la Biblia? ¿Por qué no tienen interés en la Biblia? ¿Por qué son indiferentes u hostiles a la Biblia? Simplemente porque el evangelio bíblico no es razonable para ellos y por lo tanto no es alcanzable para ellos.

Es imposible de creer

Tercero, si lo pudieran alcanzar, sería imposible de creer para ellos. Sería increíble. Y esto, desde luego, se interpone. Pero en los versículos 22–23 dice, "Porque los judíos piden señales, y los griegos buscan sabiduría; pero nosotros predicamos a Cristo crucificado, para los judíos ciertamente trope-zadero, y para los gentiles locura". La cruz fue un problema. Los judíos no lo pudieron manejar. ¿Cuál era la señal que ellos esperaban? Ellos querían una señal en la luna, las estrellas, y el cielo, como había sido predicado por los profetas acerca de la venida del Señor para establecer el reino prometido. Tuvieron una multitud de señales. Jesús tuvo poder sobre la enfermedad, sobre los demonios, sobre la muerte, sobre la naturaleza, literalmente acabó con la enfermedad en Israel durante el tiempo que duró su ministerio. Ellos habían visto su gran poder. Nadie intentó desacreditar sus milagros. In-cluso en la resurrección reconocieron que Él resucitó de entre los muertos, ellos lo supieron, los líderes lo supieron. Sobornaron a los soldados para que mintieran y dijeran que su cuerpo había sido robado cuando sabían perfec-tamente que ese no era el caso. Nunca le podrían dar a esa gente suficientes señales, nunca. Toda esa gente que anda por ahí supuestamente haciendo falsos milagros, convocando a grandes masas de gente —los pueden ver por televisión— quienes piensan que esto va a atraer a la gente al evangelio, está equivocada. Eso no atrae gente al evangelio. Puedes hacer todas las señales fingidas que quieras; pero eso no es lo que convence a la gente. La única razón por la que la gente cree en el evangelio es porque el Espíritu Santo les da vida; y la única forma en la que Él les puede dar vida es por medio de la proclamación de la verdad. Ellos son nuevamente engendrados por la palabra de verdad, 1 Pedro 1:23.

Así que francamente, todo este asunto es imposible de creer. Los judíos querían señales, especialmente una señal muy grande, y lo que ellos querían era que el Mesías llegara. Señales en el cielo, y entonces querían ver al Mesías afirmando su religión. Si Jesús es el Mesías, Él nos va a restaurar porque noso-tros somos los religiosos puros. Pero llegó Jesucristo y usó palabras muy duras y condenadoras para los líderes religiosos de Israel. Leamos Mateo 23:27, los llamó "sepulcros blanqueados, que por fuera, a la verdad, se muestran hermo-sos, mas por dentro están llenos de huesos de muertos y de toda inmundicia". Les dijo que producían hijos para el infierno. No esperaron nunca que el Mesías les dijera esto. No esperaban que el Mesías los atacara, ellos esperaban que el Mesías atacara a los romanos. Pero en vez de esto, fue asesinado por los romanos. Esto fue una gran piedra de tropiezo. ¿Cómo pudo ser Él el Mesías cuando la nación lo rechazó, los líderes lo rechazaron, y los romanos lo mata-ron? A los griegos, toda la idea les parecía ridícula: que un judío crucificado, un judío, gente muy extraña, en un lugar muy extraño, pequeño lugar dentro del Imperio Romano en la tierra de Israel, ese hombre que fue crucificado por los romanos y rechazado por su pueblo sea el Dios eterno, el Dios verdadero, el único Dios, y que Él vino al mundo en forma humana, que murió en una muerte sustitutoria para proveer salvación, el único camino de salvación para los pecadores, todo esto les parecía absurdo.

Si ustedes van hoy día al Circo Máximo en Roma, pueden encontrar un lugar que hay ahí de piedra tallada, queda un poco de eso. Es una talladura de una cruz y en la cruz hay un hombre con la cabeza de asno. Y bajo ese hombre hay otro que está arrodillado y dice: "Alexus Menos adora a su Dios". Esto era una burla para el cristianismo. ¿Qué tipo de persona adora a un burro crucificado? Eso muestra lo estúpido que lo consideraban, era algo totalmente inaceptable. Francamente, decían, es el evangelio de la estupidez, es una tontería, en realidad no podía ser creíble. Y más allá, les significaba algo inalcanzable, porque la única forma que conocían para lograr algo era la sabiduría humana. Y siendo honestos si ellos tuvieran la habilidad para buscarlo, no lo harían, porque les parecía algo extravagante.

Sus representantes son poco interesantes

Permítanme darles un cuarto problema. ¿Por qué la gente no cree en el evangelio? Porque sus representantes son poco interesantes. Sí, el mensaje no es razonable, su realidad es inalcanzable, su verdad es imposible de creer, y sus representantes son poco interesantes. Dicen: "Mira Dios, si tú vas a hacer que esto suceda, tienes que poner tu mensaje en las manos de personas muy poderosas. Tienes que poner esto con los muy influyentes. Ellos harán que sea creíble". ¿Sí? Este no era el plan de Dios. Regresemos a nuestro texto en el versículo 26: "Pues mirad, hermanos, vuestra vocación, que no sois muchos sabios según la carne, ni muchos poderosos, ni muchos nobles". Tres veces dice "no muchos". No muchos, no muchos, no muchos, la mayoría de los creyentes no son gente impresionante, no son impresionantes especialmente para el mundo de mentes superiores. No somos los intelectuales de la élite del mundo. No somos los poderosos, en el sentido de ser influyentes poderosos, gente en las grandes posiciones de poder. Y no somos de los nobles. ¿Qué significa esto? De clase social alta, nacidos en buena cuna, de rango social, de la realeza, no. Bueno entonces, ¿qué somos nosotros? Leamos el versículo 27: "lo necio del mundo… lo débil del mundo". Y el versículo 28 dice: "y lo vil del mundo y lo menospreciado escogió Dios, y lo que no es, para deshacer lo que es". No somos sabios, sino que somos tontos, contrastando estos dos versículos. No somos poderosos, sino débiles. No somos nobles, somos lo vil.

Vean la palabra vil en el versículo 28. ¿Lo vil de este mundo? La palabra en el griego es *agenes*. *Genos* significa nacer, de esa raíz obtenemos nuestra palabra "genética". Somos *agenes*. ¿Qué significa esto? Hemos sido nacidos y hemos sido des-nacidos. Otra forma de decir eso es que nosotros no existimos. La palabra llegó a significar "insignificante", somos lo insignificante. Nosotros no somos los que mueven los hilos. Y va más profundo, sería suficiente con decir que somos *agenes*, des-nacidos, o bien alguien que no existe, pero nos lleva más abajo, depreciables, y después dice: Dios ha escogido las cosas que no son. Este es un presente participio del verbo ser o estar, *eimi*, y es la expresión más despreciable en todo el lenguaje griego. "Ustedes ni siquiera existen". Si ustedes querían rebajar a alguien le decían, "tú ni siquiera existes". Así tenemos que Dios no ha escogido a muchos sabios, de acuerdo a la carne, no muchos poderosos, no muchos nobles", Dios ha elegido —y por favor presten atención, lo sigue repitiendo— Dios ha elegido, Dios ha elegido, Dios ha elegido, Dios ha elegido, cuatro veces en el versículo 29, "a fin de que nadie se jacte en su presencia".

Lo que estamos tratando de subrayar aquí es que nosotros somos poco interesantes. Ilustrando esto, les cuento que en una ocasión estaba yo con Deepak Chopra entre las tomas en la televisión. Él es un místico hindú quien también es doctor en medicina. Es un tipo inteligente. Es muy inteligente para separar a la gente de su dinero. Es un tipo muy inteligente pero que cree que él es Dios. Ha escrito mucho acerca de esto. Es muy espiritual, muy esotérico, muy hindú, y con todo esto se le hizo muy difícil lidiar conmigo, muy difícil. Un día estábamos teniendo una conversación y él dijo: "Bueno, no sabrías nada al respecto de todos modos. No sabrías nada". Y le contesté: "Bueno, de hecho, entiendo eso. Entiendo esa filosofía. Entiendo exactamente de dónde vienes". Y le di un poco acerca de eso, le dije: "De hecho, escribí un libro acerca de eso". Y me contestó, y cito exactamente lo que me dijo: "Yo nunca leería algo que tú hayas escrito". De acuerdo, yo ni siquiera existo. "Tú ni siquiera estás vivo en mi mundo. Vete de aquí". Así es como nos ven estas mentes de élite. Y veamos que los que no son cristianos se encuentran en la condición en la que se encuentran debido a estas limitaciones. No se impresionan con nosotros. No se impresionan con nuestro mensaje. Se impresionan con ellos mismos. Y el problema es, ellos quieren seguir su propia razón, y no puedes entrar en ese tipo de argumentación.

Sus predicadores están fuera de moda

Hay otra cosa que podemos decir. No solo las personas son poco interesantes, sino que los predicadores están pasados de moda. Sí, ese es Pablo en el 2:1. "Cuando fui a vosotros, no fui con excelencia de palabras o de sabiduría". Cuando vino por primera vez a Corinto a predicar y establecer la iglesia, dijo: "No vine con superioridad de palabras o sabiduría". ¿De qué está hablando? Está hablando acerca de lo que estaban acostumbrados a escuchar de maestros o filósofos. Los griegos acostumbraban a la oratoria. Estaban dentro de una especie de laberinto espiritual. Estaban dentro de complejidades filosóficas, argumentos elaborados. Ellos rechazaban el mensaje porque este no los impresionaba. Por eso Pablo dice: "Pues me propuse no saber entre vosotros cosa alguna sino a Jesucristo, y a éste crucificado".

"Tú sólo dices las mismas cosas ridículas, tontas e increíbles acerca de este hombre y la cruz. ¿Dónde están tus habilidades esotéricas? ¿Dónde está tu especulación racional? ¿Dónde está tu complejidad filosófica?" Es por esto que 2 Corintios 10:10 pone lo que ellos le dijeron: "Porque a la verdad, dicen, las cartas son duras y fuertes; mas la presencia corporal débil, y la palabra menospreciable". ¿Quién lo escucharía? No es impresionante, no tiene nada de sabiduría humana, no tiene sofisticación, no tiene sabiduría sofisticada. El mensaje es ofensivo, los mensajeros poco interesantes y los predicadores que representan el mensaje están fuera de moda.

Ahora, no solo él tiene este mensaje de mente estrecha y simplista que solo sigue insistiendo en la muerte de Cristo, versículo 2, sino que también en el versículo 3 dice: "estuve entre vosotros con debilidad, y mucho temor y temblor". ¡Vamos! ¿Dónde está la fanfarronería? ¿Dónde está la arrogancia? Debes tener algo de arrogancia. Tienes que ser desenvuelto; debes tener confianza en ti mismo; tienes que mostrarte dominante. Los filósofos desenvueltos y los maestros del mundo siempre hacen o tienen esto. Pero él llega con debilidad, temor y temblor, y su mensaje y su predicación, versículo 4, "y ni mi palabra ni mi predicación fue con palabras persuasivas de humana sabiduría, sino con demostración del Espíritu y de poder, para que vuestra fe no esté fundada en la sabiduría de los hombres, sino en el poder de Dios". Él lo entiende. No se trata de apologética, no es acerca de evidencias. No se trata de convencerlos. No se trata de retar su intelecto. No se trata de poner su razón en el carril correcto. Son personas caídas. Están por naturaleza en la oscuridad. Están naturalmente muertos. Están cegados por Satanás. Están alejados de la vida de Dios, y no pueden creer, ni creerán.

Los que no son cristianos, al final de cuentas, no creen en la Biblia porque no pueden. Y ustedes no la pueden hacer razonable para ellos. Todos sus intentos de ser modernos y atractivos tratando de impresionarlos no van a funcionar. Dios no puede ser encontrado únicamente mediante el razonamiento humano, tampoco Cristo, tampoco el evangelio, tampoco la salvación, y tampoco el llegar a amar la Escritura. La sabiduría humana puede hacer cosas impresionantes dentro del mundo físico, del mundo temporal; ciencia, tecnología, genética, medicina, industria, artes, cultura, académicos, todo tipo de logros. Pero la sabiduría humana, ya sea individual o colectivamente, no puede conocer la salvación que Dios ofrece. Pueden saber que Dios existe (Romanos 1). Pueden conocer a Dios como una ley moral (Romanos 2). Pero no pueden conocer íntimamente a Dios. El evangelio no está disponible para la sabiduría humana. Ese es el problema. El hombre puede encontrar que el camino que le interesa es el camino de la razón humana; pero de esta manera no se puede llegar a Dios.

Entonces, ¿por qué creemos?

Demos la vuelta en la esquina. Tenemos unos pocos minutos. ¿Por qué es que nosotros creemos? Puedes decir: "Bueno es que somos más inteligentes que estas personas". No, no lo somos. ¿Por qué nosotros creemos? Versículo 6, esto hace que demos la vuelta de manera dramática, "sin embargo hablamos sabiduría". Un momento. Ellos no entienden; nosotros somos la gente más inteligente sobre el planeta. ¿Saben qué, en este momento, justo ahora, reunidos en esta habitación, se encuentra la colección de sabiduría más pura, verdadera, profunda, precisa, que todo lo abarca, abrumadora, de Los Ángeles, o del estado de California, justo aquí? Pero lo más triste de todo es que no veo a nadie buscando preguntarnos algo, a pesar de que tenemos respuestas. Nosotros hablamos sabiduría. Yo sigo esperando que alguien me llame de Washington, o de cualquier lado, para preguntarme algo. En una ocasión un entrevistador de radio estaba tratando de hacer mofa de mí en una entrevista y dijo: "¿Fuiste a la escuela de leyes?" "No fui a la escuela de leyes, solo leo la Biblia". Esto los pone furiosos.

Hemos sido completados

"Hablamos sabiduría entre aquellos que son maduros". Esta es la primera clave. La palabra es "maduro", de hecho, es *teleios*, que significa "completo". Lo leo de esta manera. Completo, salvado, habiendo sido completado, porque ustedes están completos en Él. Eso es regeneración. ¿Por qué conocemos la sabiduría? ¿Por qué hablamos sabiduría? Porque hemos sido completados. Hemos venido a Cristo, en quien están escondidos todos los tesoros de la sabiduría y el conocimiento, dice Colosenses. En nuestra regeneración hemos recibido un regalo de gracia de parte de Dios. No se debió a que fuéramos más listos que cualquier otra persona, fue porque el Espíritu nos dio vida, el Espíritu nos dio luz, el Espíritu nos motivó, nos resucitó, nos quitó la ceguera, y nos ayudó a ver la verdad del evangelio. Recuerden 2 Corintios 4:6: "Dios, que mandó que de las tinieblas resplandeciese la luz, es el que resplandeció en nuestros corazones, para iluminación del conocimiento de la gloria de Dios en la faz de Jesucristo". Dios encendió la luz y la encendió por medio de la obra del Espíritu. Amamos la Biblia por el trabajo del Espíritu. Él nos ha dado vida, y escúchenme; ésta es la vida que es sustentada por comida, como tu vida física, y del mismo modo la vida espiritual se sostiene por el alimento, y su alimento es ¿qué? La palabra de Dios. El alimento espiritual es la Palabra de Dios.

Regresando al versículo 6: "Sin embargo, hablamos sabiduría entre los que han alcanzado madurez; y sabiduría, no de este siglo, ni de los príncipes de este siglo, que perecen". No es la sabiduría del mundo. No es lo que Santiago llama sabiduría terrenal. Es sabiduría de lo alto. Santiago 3:15–18, sabiduría de lo alto que baja, y es pura y apacible. Tenemos la verdadera sabiduría.

Pero vean la cultura de hoy. Si estuviera en sus manos, los agentes del poder en esta sociedad callarían a cada cristiano creyente, a cada cristiano bíblico, dejarían fuera todo discurso público a los cristianos de forma permanente. No quieren escuchar nada que provenga de nosotros. La sabiduría que nosotros tenemos es contraria a la de ellos. Esta es la sabiduría que no se desvanece. Leamos el versículo 7: "Nosotros hablamos sabiduría de Dios". ¡Guau! ¿Se dan cuenta qué tan importantes somos para el mundo? Puede ser que no estemos a la moda. Yo no estoy a la moda en términos de lo que el mundo quiere oír, o con lo que quiere ser entretenido. Puede ser que seas poco interesante, yo no me siento interesante, ninguno de nosotros es realmente interesante, somos comunes y corrientes. Pero hablamos sabiduría de Dios, porque el Espíritu Santo nos ha dado vida, y es por eso que amamos Su verdad. Esta sabiduría está en un misterio. *Musterion* es la palabra que usa Pablo para el evangelio que estaba escondido en el Antiguo Testamento, y que es completamente revelado en el Nuevo Testamento. Hablamos sabiduría, la sabiduría en misterio, incluso dice esto: "la sabiduría oculta, la cual Dios predestinó antes de los siglos para nuestra gloria", la sabiduría del evangelio la cual Dios predestinó para revelarla en este tiempo para traer a Su pueblo a Su gloria. Nosotros hablamos sabiduría de Dios.

Dice el versículo 8: "la que ninguno de los príncipes de este siglo conoció; porque si la hubieran conocido, nunca habrían crucificado al Señor de gloria". El grupo de líderes más altamente entrenado sobre el planeta, los literatos bíblicos en el tiempo de Jesús, que conocían el Antiguo Testamento mejor que nadie, el cual es la única fuente de revelación, eran los fariseos y los líderes de Israel, y ellos no lo pudieron entender, de otro modo nunca lo hubieran crucificado. ¿Por qué no lo entendieron? Regresando al versículo 9, porque contiene "cosas que ojo no vio, ni oído oyó". Esto quiere decir que no puedes —regresando al asunto del razonamiento— esto es empirismo. No lo puedes ver, no lo puedes oír. En otras palabras, no puede provenir desde afuera. No puede llegar a ti de manera empírica, externamente, experimentalmente. Dice luego, en el versículo 9: "Cosas que [no] han subido en corazón de hombre", no puede venir de adentro. Tú no puedes conocer este misterio, este evangelio, este el evangelio de la salvación en Cristo. No lo puedes conocer experimentalmente, por tu experiencia externa. No lo puedes conocer intuitivamente, espiritualmente desde adentro. No se puede conocer, porque estas cosas "Dios ha preparado para los que le aman". Y luego, en el versículo 10: "Pero Dios nos las reveló a nosotros por el Espíritu". Primero, Dios te dio vida, y después te dio revelación. Digámoslo de otra manera. Te dio la regeneración y después revelación.

Hemos sido regenerados

¿Qué habría de bueno en ser regenerados si no tuviéramos esto? Si fuéramos capaces de entender la sabiduría de Dios, entonces nosotros debiéramos tener la sabiduría de Dios, ¿cierto? El Espíritu es el que nos dio vida, y después nos dio la Palabra que da vida. ¿Por qué amamos la Biblia? Debido a la regeneración por el Espíritu Santo, y debido a la revelación del Espíritu Santo; Él es el autor de la Escritura. Esta es la sabiduría oculta, el evangelio completo que ha sido revelado, y que nos es dado a conocer solo por medio del Espíritu (versículo 10). Y entonces prueba su punto al decirnos: "el Espíritu todo lo escudriña, aun lo profundo de Dios". ¿Qué es lo que nos ha dado el Espíritu Santo en la Escritura? Los resultados de su escrutinio de lo profundo de Dios. ¡Qué pensamiento! ¡Qué realidad tan increíble! Este libro habla acerca de las profundidades de Dios, y fue investigado por el omnisciente Espíritu Santo, y revelado a los escritores de la Biblia. Este es un gran tesoro. ¡Qué tesoro tan incalculable e inestimable!

Esta es la obra del Espíritu Santo. Dice el versículo 11 en forma de analogía: "Porque ¿quién de los hombres sabe las cosas del hombre, sino el espíritu del hombre que está en él? Así tampoco nadie conoció las cosas de Dios, sino el Espíritu de Dios". Del mismo modo tu espíritu te conoce. Esta es la diferencia entre los hombres y los animales. Un animal no sabe que existe, nosotros sabemos que existimos. Nosotros podemos calcular nuestros pensamientos. Podemos pensar en nuestros pensamientos. Y después podemos evaluar nuestros pensamientos. Y así como tu espíritu te conoce, del mismo modo el espíritu de Dios lo conoce por completo. El Espíritu es omnisciente. El Espíritu es Dios completamente, conoce todo lo que Dios conoce, y Dios conoce todo lo que puede ser conocido. Nos ha sido dado un completo conocimiento de Dios por medio del Espíritu Santo, para nosotros es necesario tener todas las cosas que pertenecen a la vida y a la piedad. "El hombre natural", versículo 14, "no percibe las cosas que son del Espíritu de Dios, porque para él son locura, y no las puede entender, porque se han de discernir espiritualmente". Y, por cierto, él está espiritualmente muerto. "En cambio el espiritual juzga todas las cosas; pero él no es juzgado por nada". Nosotros estamos literalmente en este mundo, puedo tomar mi Biblia, y puedo evaluar absolutamente todo, y nadie puede negar esa evaluación. Puedo decirte exactamente como deben ser las cosas. Te puedo decir qué es lo correcto, te puedo decir qué es incorrecto, basado en lo que dice este libro. Y no estoy sujeto a ningún juicio más allá de este libro.

Hay otra cosa que debemos decir aquí. La razón por la que amas la Biblia es porque has sido regenerado, porque se ha dado una revelación. Y la tercera cosa es, que has sido iluminado. Esto es lo que dice el versículo

13: "hablamos cosas que no son enseñadas por sabiduría humana, sino con las que son enseñadas por el Espíritu". ¿Dónde habita el Espíritu Santo? Dentro de nosotros. 1ª Juan 2:20 y 27 dice: "Pero vosotros tenéis la unción del Santo, y conocéis todas las cosas... Y no tenéis necesidad de que nadie os enseñe; así como la unción misma os enseña todas las cosas". Dios mismo es quien te enseña. Tienes a un maestro residiendo en ti, el Espíritu Santo. Piénsalo. El Espíritu Santo es tu maestro residente. El Espíritu Santo, quien te enseña, es el autor de la revelación que contiene toda la verdad que te está enseñando, y no solo esto, el Espíritu Santo, quien es tu maestro, el Espíritu Santo, quien revela el contenido de Su enseñanza, es el mismo Espíritu Santo que te dio vida para percibir todo esto. Esta es la razón por la que vivimos y nos movemos en el Espíritu.

¿Por qué amamos la Biblia? Debido a la obra de regeneración, el trabajo de la revelación y el trabajo de iluminación. Uno de mis versículos favoritos de la Escritura es el versículo 16; amo este versículo. El versículo 16 retoma la declaración de Isaías 40:13: "Porque ¿quién conoció la mente del Señor? ¿Quién le instruirá?" En Isaías dice: ¿quién ha conocido la mente del Señor? ¿Quién puede conocer la mente del Señor? Escuché a alguien decir: "¿Quién puede saber lo que Dios piensa?" Yo puedo. ¿Ven lo que dice la parte final del versículo? "Más nosotros tenemos la mente de Cristo".

Puedo entrar a cualquier clase de filosofía en una universidad y decir: "Estoy aquí para decirles qué es lo que Cristo piensa acerca de todo, de cómo es Él el Creador del universo, y de cómo es que todo lo que fue hecho no pudo ser sin Él. Él es el juez del universo. Él es quien determina el destino de cada persona. Él es el autor de la moralidad, y de todas las relaciones, y de todo lo que es verdad, Él es el juez de todo lo que es malo. Estoy aquí para decirles absolutamente todo lo que Él piensa. "¿Qué?" Ya intenté esto en una clase de filosofía en la Universidad del Estado de California, en Northridge. Les voló la mente. Dijeron: "¿Qué? ¿Quién es este hombre?" De hecho, lo dije en la clase del Dr. Kramer, quien quería que viniera a su clase de filosofía lo que él creía que era un fundamentalista. Y les dije: "Miren, les voy a decir la verdad acerca de todo, porque sé lo que Dios piensa acerca de todo". Y entonces vi cómo esta gente de clase alta me miraba con los ojos entornados.

Les dije: "Sin embargo, tengo que decir que ninguno de ustedes va a creer nada de lo que yo voy a decir. No lo van a creer". Y un estudiante dijo: "Oye, oye, oye, ¿qué quieres decir con que no te vamos a creer? ¿Por qué?" A lo que contesté, porque ustedes no pueden". Como pueden ver ahora tenían un dilema, ahora ellos querían probarme a mí que sí creían. Pero les dije, lo recuerdo: "Les puedo decir todo lo que necesitan, todo lo que es importante, toda la verdad que ustedes necesitan, lo sé. Lo sé porque tengo la mente de Cristo". Muchas personas dicen: "Quisiera tener la mente de Cristo en esto". No, no, no, no se trata de lo que Cristo quiere que hagas, ¿compro un auto rojo o uno blanco? ¿Me caso con esta chica (o chico)? Esta no es la mente de Cristo. Cuando se nos dice que tenemos la mente de Cristo, quiere decir que sabemos cómo piensa Él en todo lo que aquí nos ha revelado, ¿de acuerdo? Esta es la mente de Cristo. Es por eso que Jesús dijo en Juan 15: "Ya no os llamaré siervos, porque el siervo no sabe lo que hace su señor; pero os he llamado amigos, porque todas las cosas que oí de mi Padre, os las he dado a conocer".

No existe un lugar al cual no puedas entrar y decir: "Amigos, estoy aquí para decirles exactamente cómo se siente Dios acerca de todo, de todo". Es muy triste que tenemos mucho que ofrecer, pero una tan pequeña audiencia. Pero ésta es la razón por la que amamos la Escritura; no tenemos suficiente de ella. Somos el compañerismo, somos la extensión del compañerismo del corazón ardiente en el camino a Emaús, recuerden, Jesús caminó con los discípulos, y cuando abrió las Escrituras, explicó todo, y dice que sus corazones ardían con ello (Lucas 24:32). Esta es la fraternidad del corazón ardiente. ¿Por qué amamos la Biblia? Amamos la Biblia porque el Señor nos dio vida, nos eligió de manera soberana. Nos regeneró. Nos dio fe. Creímos. Vinimos a la vida. Nos dio su revelación. La puso en nuestras manos. Y puso al Autor de esa revelación en nuestros corazones para que la pudiéramos interpretar. Y después, fue más allá, y Él mismo estableció maestros y líderes dentro de la iglesia quienes, por el poder del Espíritu Santo, serían nuestros maestros y nuestros pastores, y nos llevarían más profundo a la verdad divina.

Sé qué están pensando: "¿No se suponía que de lo que íbamos a hablar era de la humillación del evangelio?" Pues voy a hablar de ello. Regresemos a 1 Corintios 1:30. El hecho que tú estás en esta posición de amar el evangelio, y amar la Escritura, y amar la verdad, escucha esto en el versículo 30: "Mas por él estáis vosotros en Cristo Jesús". ¿Quién hizo todo esto? ¿Quién fue? Dios fue quien hizo todo. "Mas por él estáis vosotros en Cristo Jesús, el cual nos ha sido hecho por Dios sabiduría". Dios te ha dado un regalo soberano. Es por Su obra que estás en Cristo, que tienes sabiduría divina, y justicia, y santificación, y redención, para que, así como está escrito en Jeremías 9:24, "el que se hubiere de alabar"... ¿Qué? Este es un evangelio humillante, ¿no es así? Esta es la humillación del evangelio.

Oración

Padre te agradecemos por estos maravillosos estudios, te damos gracias por tu Palabra. Es tan poderosa. Es tan preciosa para nosotros. Gracias por las delicias que podemos tener en estos mensajes. Te agradecemos por tu preciosa iglesia, por la gente que hay aquí y que te sirve fielmente, gracias porque demuestran que tienen la mente de Cristo. Gracias por todo lo que haces aquí. Gracias por esos maravillosos hombres que has colocado en el liderazgo, por todos los hombres y mujeres que hay aquí en los diferentes ministerios, ellos están aquí para servirte. Te agradecemos porque tenemos la mente de Cristo, ahora sabemos cómo piensas. Permite que amemos esa verdad de tal manera que lo mostremos por medio de nuestra obediencia. Te agradecemos por todo esto en el nombre de Cristo, y todos decimos. Amén.

REFLEXIONES PERSONALES

20_Alabando a Dios por tu Salvación

Los profetas que profetizaron de la gracia destinada a vosotros, inquirieron y diligentemente indagaron acerca de esta salvación, escudriñando qué persona y qué tiempo indicaba el Espíritu de Cristo que estaba en ellos, el cual anunciaba de antemano los sufrimientos de Cristo, y las glorias que vendrían tras ellos. A éstos se les reveló que no para sí mismos, sino para nosotros, administraban las cosas que ahora os son anunciadas por los que os han predicado el evangelio por el Espíritu Santo enviado del cielo; cosas en las cuales anhelan mirar los ángeles.

1 Pedro 1:10–12

BOSQUEJO

— Introducción

— La salvación es el tema de estudio de los profetas

— La salvación es el tema de la inspiración del Espíritu Santo

— La salvación es el tema de predicación de los apóstoles

— El evangelio es tema del interés de los ángeles

— Oración

NOTAS PERSONALES AL BOSQUEJO

SERMÓN

Introducción

No deja de sorprender que Pedro dé comienzo a su epístola llamándo-nos a una doxología de alabanza al Dios y Padre de nuestro Señor Jesucristo por la gran misericordia que ha mostrado a nosotros por medio de la rege-neración y dándonos salvación por Su Hijo, el Señor Jesucristo.

Recordemos que Pedro está hablando a algunos de los creyentes que fueron esparcidos en áreas gentiles en donde estaban experimentando hos-tilidad y persecución. Y éstas provenían de sus hermanos judíos, que desde luego estaban en esas áreas, pero también provenían de los gentiles.

¿Qué es lo que hace alguien que es un extranjero? ¿Qué es lo que hace alguien cuando está en un mundo hostil que está en su contra? ¿Qué es lo que hace alguien que está sufriendo persecución? Esta, por cierto, es deli-neada una y otra vez a lo largo del resto de esta epístola al tiempo que Pedro regresa para recordarles su propia persecución, para identificarla y decirles cómo lidiar con ella. ¿Qué es lo que hace alguien que está viendo que todo su mundo se le viene encima y pasa por gran sufrimiento? ¿Qué es lo que hace alguien que es sujeto, como lo dice en el versículo 6, de varias pruebas y todos los problemas que éstas traen? ¿Tú qué harías?

Lo que debemos hacer es ver la salvación de nuestras almas. Este es el maravilloso tema que Pedro desarrolla aquí. Cuando llegamos al versículo 9 aparece la frase. El fin de vuestra fe, la salvación de vuestras almas, man-teniendo siempre sus ojos en esa gloriosa salvación futura cuando seamos final y completamente rescatados de la falla humana, el pecado, Satanás, la muerte y el infierno, y llevados a las glorias de la felicidad absoluta del cielo y su gozo eterno.

La palabra salvación ha sido literalmente adoptada por los cristianos. Hay otras cosas de las que la gente puede ser rescatada. Hablamos de ellas todo el tiempo. Hablamos de personas siendo rescatadas y usamos la pala-bra "salvados". Fui salvado de la morir, fui salvado de un accidente terrible cuando escuché la advertencia, me salvaron de una enfermedad por medio de una operación, si se dan cuenta la usamos para un sinfín de cosas. Pe-ro cuando la palabra "salvación" se usa, siempre está conectada principal y generalmente con el evangelio cristiano. Digamos que es la palabra más importante en el vocabulario cristiano, "salvación". Es a donde vamos pa-ra encontrar nuestra seguridad, nuestra esperanza, nuestro gozo, nuestra confianza, nuestra libertad de la ansiedad sin importar qué sea lo que está pasando. La confianza que tenemos de haber sido rescatados eternamente del pecado y sus consecuencias. Este es el enfoque de Pedro en esta epístola. De esto es de lo que se trata el capítulo y el resto de la epístola, desde el capítulo 1 en adelante. De hecho, esto comienza tan pronto como llegamos al 1:14, y debo decir que desde el versículo 13, este es para llamar a los creyentes a tener un comportamiento que sea consistente con la salvación. Pero comenzamos viendo las glorias de nuestra salvación.

Esto es algo popular en nuestros días. Se habla mucho de ello, como les he estado diciendo, acerca de lo que es la vida centrada en la cruz, y también al mirar a la cruz nos enfocamos en Cristo, y prestando nuestra atención en lo que Él ha hecho por nosotros, y de cómo todo esto es la motivación que tenemos para nuestra santificación. Mucho de esto es subjetivo es como tratar de entender nuestra intuición interna, subjetiva, es de tipo mítico de nuestra emoción con respecto a lo que Cristo hizo en la cruz. Todo esto mira particularmente a sus sufrimientos y dolor, por llevar el castigo del pecado sin haber hecho nada malo. Pero ese no es el único punto de vista de la salvación. De hecho, Pedro nos está haciendo un llamado a ver la salvación de nuestras almas en medio de las pruebas, en medio del sufrimiento, en medio de la persecución, para recordar que nosotros debemos alabar a Dios, bendecir a Dios, honrar a Dios, exaltar a Dios y expresar gratitud a Dios por la salvación de nuestras almas.

¿Pero cómo hacemos esto? Podemos tener una gratitud subjetiva al ver las realidades de la cruz. Podemos ver todo esto subjetivamente, o bien podemos verlo teológicamente. Podemos venir a nuestra salvación, digamos que desde el punto de vista del libro de Romanos y desde ahí ver todos los aspectos de la salvación, estos están unidos y mezclados en el evangelio y en la obra de Cristo.

Pero Pedro tiene una forma diferente de verlo. Él nos da una visión teológica en lugar de una visión subjetiva. Él nos va a dar una forma objetiva e histórica de ver nuestra salvación. Y, de algún modo, esta es una motivación legítima para vivir nuestra vida. Este es todo el punto del versículo 13: "Por tanto, ceñid los lomos de vuestro entendimiento, sed sobrios". Versículos 14–15, "como hijos obedientes, no os conforméis a los deseos que antes teníais estando en vuestra ignorancia; 15 sino, como aquel que os llamó es santo, sed también vosotros santos en toda vuestra manera de vivir". Todos estos comportamientos son una respuesta a una mirada histórica y objetiva de nuestra salvación. Éste es el enfoque de Pedro.

Ahora regresando un poquito, todos nosotros entendemos que como pecadores necesitamos ser rescatados. Necesitamos la salvación de Dios, de la ira de Dios, de la venganza de Dios, del Juicio de Dios, de la ejecución de Dios, y del castigo eterno de Dios al infierno. Necesitamos la salvación. No nos podemos salvar a nosotros mismos. "Por las obras de la ley, nadie será justificado por Dios". No es por obras. No puede suceder de este modo. Necesitamos a Dios para que nos salve. La Biblia nos dice que Dios es por naturaleza un Dios salvador. Él es el Salvador. Dios es por naturaleza salvador. Dios ama a los pecadores. "Dios muestra su amor para con nosotros, en que siendo aún pecadores, Cristo murió por nosotros" (Romanos 5:8). Dios puede salvar a los pecadores. La salvación pertenece al Señor, dice el salmista en el Salmo 3. Necesitamos a un salvador. Dios es un salvador. Dios ama a los pecadores, Dios puede salvar a los pecadores, Dios está deseoso de salvar a los pecadores. Él hará que los que son suyos vengan al arrepentimiento. Y en ningún modo se deleita en la muerte de los malvados.

Y ya que Dios salva, basado en su amor por los pecadores, porque Él puede rescatar y está deseoso de rescatarlos, Él mismo ha planeado salvar a los pecadores. Él se propuso, de acuerdo con la carta de Pablo a Timoteo, antes de la fundación del mundo salvar a los pecadores en Cristo de acuerdo a su propio propósito y gracia que Él mismo estableció antes de que el tiempo comenzara.

También sabemos que Dios hizo que Cristo y las obras de Cristo fueran el medio por el cual Él salva a los pecadores. No hay salvación en ningún otro nombre que en el nombre de Cristo. Y después Dios ordenó que todo aquel que cree en Cristo pueda ser salvado. "De tal manera amó Dios al mundo, que ha dado a su Hijo unigénito, para que todo aquel que en él cree, no se pierda, mas tenga vida eterna" (Juan 3:16). Esto es lo que necesitas saber. Necesitamos a un Salvador; Dios es un Salvador. Ama a los pecadores. Puede salvar a los pecadores; está deseoso de salvar a los pecadores. Ha planeado salvar a los pecadores. Tiene los recursos, por medio de la persona y obra de Cristo, y salva a los creyentes por fe.

Hay otro elemento de ello. Dios ha ordenado que el medio para la salvación sea el mensaje de los predicadores: "¿Cómo oirán sin un predicador? Porque la fe viene por el oír la palabra concerniente a Cristo". Así que Dios ha puesto predicadores y testigos para que cubran todo el planeta proclamando el interés que Él tiene es los pecadores. Esta es la gran obra de Dios. Nada se le acerca. Nada se compara con este. De nada se puede hablar intentando pensar que es de la misma categoría de la obra de Dios. Debemos alabar al Señor por muchas cosas, pero mayormente, trascendentalmente, más que todas las cosas, debemos adorarlo por nuestra salvación, por la libertad que Él nos proveyó de la esclavitud del pecado, la muerte, Satanás, el juicio venidero y el infierno.

1º Crónicas 16:23 y Salmo 96:2 dice: "Anunciad de día en día su salvación". Si ven al inicio de Crónicas o bien al inicio de los salmos, notarán que están proclamando la buenas nuevas de salvación día con día. Esta ha sido siempre la más grande preocupación del pueblo de Dios, alabarlo a Él por la salvación.

Apocalipsis 7:10: "La salvación pertenece a nuestro Dios que está sentado en el trono, y al Cordero", esto es el cielo. Todos los seres del cielo adoran a Dios y al cordero por la salvación. Nosotros estaremos por la eternidad en el cielo adorando a Dios por nuestra salvación, y todo eso es parte de la salvación, toda esa salvación fue traída a nosotros como una herencia incorruptible que no se pierde, reservada para nosotros en el cielo. Esto es por lo que Pedro hace un llamado a sus lectores, y a nosotros, a adorar, a maravillarnos, a alabar, a dar gracias por la realidad de que hemos sido salvados eternamente, a recibir una herencia eterna, incorruptible y celestial, que nunca nos puede ser quitada, y para recibir una fe que se mantiene y soporta cada prueba sin importar que tan severa sea, esto siempre se convertirá en una prueba de nuestra fe, nunca la destrucción de ella. Debemos celebrar nuestra salvación diariamente. Debemos estar diciendo, como lo dice el Antiguo Testamento, la salvación pertenece a Dios y debemos proclamar las buenas nuevas de su salvación, día con día, día con día, todos los días.

Ahora veamos los versículos 10 al 12. Y aquí vamos a ver la perspectiva de cómo es que debemos ver nuestra salvación en una forma que puede ser un tanto nueva para ustedes. Ahora en la forma subjetiva, pero de manera objetiva. No de manera emocional, sino en una forma histórica. Permítanme leerles los versículos 10–12. "Los profetas que profetizaron de la gracia destinada a vosotros, inquirieron y diligentemente indagaron acerca de esta salvación, escudriñando qué persona y qué tiempo indicaba el Espíritu de Cristo que estaba en ellos, el cual anunciaba de antemano los sufrimientos de Cristo, y las glorias que vendrían tras ellos. A éstos se les reveló que no para sí mismos, sino para nosotros, administraban las cosas que ahora os son anunciadas por los que os han predicado el evangelio por el Espíritu Santo enviado del cielo; cosas en las cuales anhelan mirar los ángeles".

Esta es una porción increíble de la Escritura, de la revelación divina. Pedro está diciendo que cuando todo anda mal en tu vida, cuando nada es de la manera que tú preferirías que fuera, voltea a ver la bendición de la salvación en tu vida. Ten una perspectiva de tu salvación. Y después esencialmente dice: "y no dependas de tu propia perspectiva. Toma la perspectiva de alguien más, con la intención de que tomes la perspectiva de los profetas y del Espíritu Santo, de los apóstoles y de los ángeles". Es una porción sorprendente de la Escritura.

Pedro dice, "sal de ti mismo y ve tu salvación desde la perspectiva de los profetas del Antiguo Testamento, del Espíritu Santo mismo, del Nuevo Testamento y de los santos ángeles, porque la salvación era el tema del estudio de los profetas. La salvación era el tema de la revelación del Espíritu Santo. La salvación era el tema de la predicación de los apóstoles y la salvación era tema de interés para los ángeles. Todos estos verbos "era" podrían ser "es" también, porque nunca habrá nada en toda la eternidad que sea tan cautivante para las mentes, incluso para las mentes de los perfectos santos, como la gloria de la salvación.

La gloria de Dios, la salvación de las almas humanas es la realidad trascendente. Esto fue lo que ocupó a los profetas, esto fue lo que ocupó al Espíritu Santo, es lo que ocupó a los apóstoles, es lo que ocupó y ocupa a los ángeles. Ellos son consumidos con el asunto de la salvación, son consumidos con ella.

Ahora nos podemos distraer dentro de la iglesia con asuntos en general y ocuparnos en otros muchos asuntos. Y podemos pensar, "si hablamos de la salvación todo el tiempo, ¿no se aburrirá la gente?" Personalmente no es mi experiencia. Yo hablo mucho acerca de la salvación que Dios nos ha provisto, e incluso pienso más en ella de lo que hablo. Lo estudio constantemente, cada semana de mi vida, y parece que nunca llego al fondo, pero también nunca encuentro la cima de las verdades que se relacionan con la salvación y la riqueza de verdades que ésta nos muestra. Es una cosa absolutamente imposible llegar a las profundidades o bien encontrar todas las realidades de las glorias de la salvación. Esto debiera ser una preocupación en nuestras vidas. Y cuando lo es, nos preocupamos menos por todas las cosas que están mal en esta vida, ¿correcto? Muchísimo menos.

La salvación es el tema de estudio de los profetas

Así que vayamos a nuestro pasaje, versículos 10–12, de 1 Pedro 1, y si bien no será tan detalladamente como yo quisiera, sí será lo suficiente para darte un sentido de lo que Pedro escribe. La grandeza de nuestra salvación es mostrada a nosotros porque es, primero que nada, el tema del estudio de los profetas. El versículo 10 dice: "Los profetas que profetizaron de la gracia destinada a vosotros, inquirieron y diligentemente indagaron acerca de esta salvación, escudriñando qué persona y qué tiempo", y nos detendremos aquí. El primer testimonio del sorprendente valor de nuestra salvación, el primer grupo al que nosotros vamos a ver, porque habrá tres grupos y uno individual llamado el Espíritu Santo, pero el primer testimonio del sorprendente valor de la salvación llega a nosotros desde los profetas del Antiguo Testamento. Ellos estudiaron diligentemente, dice Pedro, para saber todo lo concerniente a lo que ellos escribieron, porque ellos mismos no pudieron comprender completamente lo que ellos estaban escribiendo. Sabían que estaban escribiendo acerca de la salvación. Ellos conocían que la salvación era el tema más importante. Por lo que ellos estudiaron sus propios escritos para resolver qué persona, qué tiempo, de quién estamos escribiendo, cuándo va a suceder esto.

Ahora quiero que ustedes observen un detalle lingüístico que les ayudará a saber más. Aquí no hay artículo, no está un artículo definido "los", así que pudiéramos leerlo así, "profetas que profetizaron", esto es general. Profetas, ¿quiénes son ellos? Las personas que profetizan. ¿Qué queremos decir con profetizaron? Hablaron en nombre de Dios. Cualquiera de los predicadores del Antiguo Testamento, cualquiera de los escritores del Antiguo Testamento, él está hablando de todos, desde Moisés hasta Malaquías, y todos los que están en medio. Cualquier revelación de Dios será por medio de un profeta de Dios, alguien que habla en nombre de Dios. No solo los profetas menores y los profetas mayores, de acuerdo a como vienen organizados en sus Biblias, sino iniciando con Moisés. Hubo profetas que no escribieron nada en los libros de la Biblia. Todos los que escribieron los libros de la Biblia son aquí considerados profetas porque ellos hablaron por Dios. Así que todos los que escribieron el Antiguo Testamento se enfocaron en el sujeto de la salvación y en el Mesías, en quién sería Él y cuándo llegaría Él.

Ellos entendieron la importancia de la salvación. ¿Qué significa esto? Que ellos entendieron la caída, que ellos entendieron la corrupción del hombre, que ellos entendieron el juicio de Dios, que ellos entendieron la sentencia de muerte y el castigo, y que ellos entendieron que necesitaban ser rescatados, salvados. Conocieron a Dios como un Dios Salvador. Conocieron a Dios como un Dios de gracia. Conocieron que ellos necesitaban redención. Conocieron que esa redención estaba en el corazón de Dios, y que Dios un día proveería un Redentor. Así que ellos comenzaron a indagar esto, comenzaron a investigar cuándo llegaría la promesa, que fue hecha en Génesis 3:15, para aplastar la cabeza de la serpiente. Ellos vieron imágenes de esa provisión del Mesías cuando Dios mató a un animal para cubrir el pecado de Adán y Eva. Ellos vieron la imagen del sacrificio sustitutorio dentro del sistema sacrificial, y verdaderamente lo vieron con Abraham en el monte Moriah cuando Dios proveyó a un animal para que así él no matara a su propio hijo.

Ellos estaban escribiendo acerca de esto. Y estuvieron escribiendo acerca de la gracia que llegaría a nosotros. Eso es muy importante, veamos nuevamente el versículo 10. "profetizaron de la gracia destinada a vosotros". Sabían esto, sabían que necesitaban la salvación y sabían que esta tenía que ser por gracia. Los profetas lo sabían. Los verdaderos portavoces de Dios, los verdaderos profetas, sabían que Abraham había sido justificado por fe. Sabían que Noé encontró gracia ante los ojos del Señor. Sabían que esto no era por obras, que Dios es un Dios de gracia. Y esto se remonta desde muy atrás en la historia. Hay personas que tienen la idea equivocada de que la gracia de alguna manera comenzó en el Nuevo Testamento.

Escuchen a José en Egipto, levantando sus ojos y viendo a su hermano Benjamín, dijo: "¿Es éste su hermano menor del que me hablaron?" Y dice a continuación: "Dios tenga misericordia de ti, hijo mío". Literalmente que Dios tenga gracia con él. Aquí está José, un patriarca en el libro de Génesis que conocía acerca de la gracia de Dios. Él lo entendió. Moisés supo de la gracia de Dios cuando se reunió con Dios en el monte, incluso en el momento que la ley estaba siendo dada, el Dios con el que se reunió en el monte es un Dios que se describió a sí mismo de este modo: "Yo haré pasar todo mi bien delante de tu rostro, y proclamaré el nombre de Jehová delante de ti; y tendré misericordia del que tendré misericordia, y seré clemente para con el que seré clemente" (Éx. 33:19).

Así que los profetas, los escritores del Antiguo Testamento, los verdaderos portavoces de Dios, estaban hablando acerca de la salvación, escribieron acerca de la salvación. Estuvieron escribiendo acerca del Mesías, Aquel que vendría para proveer la salvación. Ellos sabían que la salvación estaba basada en la bendición inmerecida de Dios, un favor que no se podía ganar, el perdón de Dios por los pecados, la misericordia de Dios. Este fue el Dios que ellos entendieron, fue el Dios que conocieron. Está por todo el Antiguo Testamento.

Cuando Nínive se arrepintió, Jonás estaba muy molesto y le dijo a Dios: "Sabía que eres un Dios de gracia. Sabía que harías esto". Y cuando Jesús vino, Él estaba lleno de gracia porque era Dios encarnado.

Entonces vemos que los profetas están consumidos con el tema de la salvación y ellos saben que ésta tenía que ser por medio de la gracia. También sabían que habría Uno que proveería esa salvación. ¿Qué sabían acerca de Él?

Bueno ellos sabían que el Mesías, de acuerdo al versículo 11, sufriría y sería glorificado. Ellos pudieron ver esto. Sabían que padecería gran sufrimiento. En el Salmo 22 se describían los detalles de la crucifixión, de su muerte. Sabían que sufriría porque tenían Isaías 53 en donde claramente se decía que moriría, sería cortado de la tierra de los vivientes. Ellos sabían esto. Sabían, por lo que había dicho Zacarías, que Él sufriría. Sabían por Daniel 9 que su vida le sería quitada. Conocían los detalles de su sufrimiento por la descripción del Salmo 22, más detalles había en el Salmo 69 y en muchos otros lugares. Sabían que sería traicionado por uno de los suyos. Conocían todos los detalles. En Juan 5:39, Jesús dijo: "escudriñad las Escrituras porque ellas hablan de mí".

Los profetas, los verdaderos portavoces de Dios, escribieron estas cosas y también estudiaron las mismas cosas que escribieron. Y lo que ellos escribieron, lo que ellos proclamaron para saber de quién estaban hablando, es decir quién sería el Salvador. Supieron que Él sufriría. Y también sabían que Él triunfaría. Sabían que Él aplastaría la cabeza de la serpiente de Génesis 3. Sabían que sería un rey con vara de hierro que destruiría las naciones del mundo, Salmo 2. Sabían que el gobierno estaría sobre sus hombros. Sabían que sería un rey eterno. Sabían que reinaría sobre toda la tierra. Los profetas sabían todo esto. La definición de su reino está en todos los profetas. Sabían que sería poderoso para salvar. Sabían que sería uno que podría liberar a su pueblo por medio de su propia muerte, Isaías 53.

Toda esta revelación estaba por venir y sabían que Dios era un Dios Salvador. Escuchen las palabras de Isaías 55: "Venid a las aguas; y los que no tienen dinero, venid, comprad y comed. Venid, comprad sin dinero y sin precio". Todo esto fue lo que escribieron y proclamaron. Y al final del versículo 10 y principio del 11 dice: "inquirieron y diligentemente indagaron acerca de esta salvación, escudriñando qué persona y qué tiempo" era de lo que estaban escribiendo. Hubo una investigación cuidadosa.

Las palabras que se usan aquí son muy fuertes, palabras muy intensas. Aquí podemos ver el corazón de Pedro y esta debiera ser nuestra actitud también. La grandeza de nuestra salvación, primero que nada, nos debe ser indicada por la intensidad con la que los profetas del Antiguo Testamento estudiaron sus propios escritos para entenderla. Ellos estuvieron consumidos con el gran tema que es la salvación. Nunca puedes tener suficiente conocimiento de esto. Nunca podrás tener lo suficiente del tema. Nunca puedo decir que tengo lo suficiente como para ya no estudiar el tema. Así que ellos inquirieron, es decir hicieron investigaciones. Pero veamos la palabra que se usa para "inquirieron diligentemente", *ekzeteo*, es una palabra intensiva, intensificada por la preposición inquirir o buscar, que indica agotar todos los elementos con la idea de comprender todo acerca del tema. Ellos no comprendieron por completo. Incluso escuchamos de ellos mismos esa confesión en Isaías 6 y Daniel 7. No entendieron absolutamente, pero buscaron y buscaron tanto como pudieron.

Los siguientes, ellos hicieron indagaciones. Otro verbo intenso compuesto que significa una vez más una búsqueda intensiva, o bien examinación. El primer término pudiera ser más general; el segundo se refiere al proceso minucioso de estudiar cuidadosamente las minucias de todo lo que ellos escribieron. Lo podemos decir de esta otra manera, los profetas del Antiguo Testamento hicieron que esto fuera la pasión de su vida, estudiar la gran realidad de la salvación, era un deseo muy serio, una pasión que los consumía. No fue una investigación de eruditos buscando obtener alguna información, sino una investigación apasionada con la idea de adoración, motivación y esperanza.

Y tenemos una tercera referencia a esto en el versículo 11: "escudriñando qué persona". Aquí tenemos un participio, pero nuevamente significa búsqueda, buscar. Así que aquí tenemos tres palabras diferentes que nos son dadas con la idea de comprender la intensidad de esta búsqueda. ¿Pero qué estaban buscando? Sabían que Dios es un Salvador. Sabían que Él les proveería salvación por medio de la gracia. Sabían que vendría un Mesías y que este sería el Redentor, pero las preguntas son: ¿Qué persona y qué tiempo? ¿Qué persona? ¿Quién era este? ¿Quién sería este? ¿Cuándo llegaría? Y esto continúa con el último profeta. ¿Quién es el último profeta del Antiguo Testamento? Juan el Bautista. Y en el capítulo 11 de Mateo envía a sus mensajeros a Jesús y dice por medio de los mensajeros, "¿Eres tú Aquel que había de venir, o esperaremos a otro?" Esta fue siempre la primera pregunta: ¿Quién?

Y puede surgir la pregunta: "¿No sabía ya esto Juan?" Bueno, él pensó que lo sabía. Pero cuando las cosas no sucedieron como él esperaba que sucedieran, le volvió a surgir la pregunta. Incluso después del ministerio, muerte y resurrección de Jesucristo, los discípulos se reunieron con Jesús y ¿qué le preguntaron? "¿Restaurarás en este tiempo el reino?" Siempre existió esta pregunta, ¿quién es éste y cuando será esto? Por lo que ellos buscaron, buscaron y buscaron.

¿Qué tan importantes deben ser para nosotros las doctrinas de la salvación? Deben ser al menos tan importantes para nosotros como lo fueron para estos hombres, porque ahora nosotros tenemos la revelación completa, ¿no es así? ¡Qué gran privilegio! Enorme privilegio. Ellos se sostuvieron, pues eran grandes hombres de Dios. Escuchen con qué honor son mencionados en Hebreos 11:32–38: "¿Y qué más digo? Porque el tiempo me faltaría contando de Gedeón, de Barac, de Sansón, de Jefté, de David, así como de Samuel y de los profetas; que por fe conquistaron reinos, hicieron justicia, alcanzaron promesas, taparon bocas de leones, apagaron fuegos impetuosos, evitaron filo de espada, sacaron fuerzas de debilidad, se hicieron fuertes en batallas, pusieron en fuga ejércitos extranjeros. Las mujeres recibieron sus muertos mediante resurrección; mas otros fueron atormentados, no aceptando el rescate, a fin de obtener mejor resurrección. Otros experimentaron vituperios y azotes, y a más de esto prisiones y cárceles. Fueron apedreados, aserrados, puestos a prueba, muertos a filo de espada; anduvieron de acá para allá cubiertos de pieles de ovejas y de cabras, pobres, angustiados, maltratados; de los cuales el mundo no era digno; errando por los desiertos, por los montes, por las cuevas y por las cavernas de la tierra".

¿Quiénes fueron estas personas? Son las mismas personas que buscaron dentro de lo que escribieron para comprender la grandeza de la salvación. ¿Por qué hicieron todo esto? Porque vivían por fe. Todos estos, Hebreos 11:39, "Y todos éstos, aunque alcanzaron buen testimonio mediante la fe, no recibieron lo prometido". Todos ellos murieron antes de que la promesa fuera cumplida, "proveyendo Dios alguna cosa mejor para nosotros" (versículo 40).

¿Por qué debo enfocarme en mi salvación, en la grandeza de la salvación? Porque tengo algo mejor que incluso los profetas, de los cuales fue su obsesión en la vida. ¿Es para ti una obsesión de toda tu vida la gloria de tu salvación?

Pedro dice enfócate en tu salvación. Haz que esto sea la obsesión de tu vida, la grandeza de la gloria de tu salvación. ¿Por qué? Porque este fue el tema de estudio de los profetas.

La salvación es el tema de la inspiración del Espíritu Santo

Segundo, la salvación es el tema de la inspiración del Espíritu Santo. ¿Por qué fue importante para los profetas? Porque era importante para el Espíritu Santo quien los inspiró. Regresemos a 1 Pedro 1:11, ellos pudieron profetizar porque "el Espíritu de Cristo… estaba en ellos, el cual anunciaba de antemano los sufrimientos de Cristo, y las glorias que vendrían tras ellos". Esta es la obra del Espíritu.

Así que podemos decir que es el tema de la revelación del Espíritu Santo. Les voy a simplificar un poco la Biblia. El tema principal de la Biblia es la salvación. Va desde la corrupción hasta la salvación, desde la caída hasta la gloria eterna. El tema de la Biblia es salvación y, por tanto, es el tema de la inspiración del Espíritu Santo. Todo lo que los profetas supieron en el Antiguo Testamento acerca de la salvación les fue dado por el Espíritu Santo. Dice en el versículo 11 que ellos estaban profetizando de la gracia que vendría porque esto era lo que indicaba el Espíritu de Cristo que estaba en ellos. Era lo que el Espíritu de Cristo les indicaba, les comunicaba, prediciendo los sufrimientos de Cristo y las glorias que habría después de esto. El Espíritu de Cristo estaba revelando los sufrimientos de Cristo en el Salmo 22, en el Salmo 69, en Isaías 52, en Isaías 53, en Daniel 9, en Zacarías 12, en Zacarías 13. El Espíritu Santo estaba revelando todo esto, los sufrimientos, la muerte, el juicio, los golpes, la crucifixión y las glorias que le siguieron. El Espíritu Santo reveló la verdad acerca de la resurrección, la ascensión, y la coronación. La resurrección, obviamente, implicaba en todos lados que el Mesías es visto reinando, porque si Él moría, tenía que ser resucitado para reinar. La resurrección en el Salmo 16, la resurrección en el Salmo 69, la resurrección y exaltación de Cristo en Isaías 9, Isaías 53 al final de capítulo, Daniel 2, Daniel 7, Zacarías 2, Zacarías 14. Ellos estaban profetizando acerca de sus sufrimientos y acerca de su gloria porque ese era el mensaje del Espíritu Santo. Estas dos cosas fueron el tema de la profecía del Antiguo Testamento.

Vayamos a Lucas 24 por un momento. Cuando Jesús se reúne con sus discípulos en el camino a Emaús, tenían el corazón roto porque Él había muerto, no habían entendido la parte del sufrimiento y la muerte. Habían entendido claramente la parte de la gloria. Por lo que estaban lamentándose porque creían que Aquel que ellos creían que era el Mesías había muerto, Lucas 24:25–27. Jesús se reúne con ellos en el camino a Emaús y en medio de su tristeza les dice: "¡Oh insensatos, y tardos de corazón para creer todo lo que los profetas han dicho! ¿No era necesario que el Cristo padeciera estas cosas, y que entrara en su gloria? Y comenzando desde Moisés, y siguiendo por todos los profetas, les declaraba en todas las Escrituras lo que de Él decían".

¿De dónde obtuvieron los profetas las Escrituras? Ninguna parte de las Escrituras proviene de interpretación privada, sino que los santos hombres de Dios hablaron siendo inspirados por el Espíritu Santo. Pablo dice que es por la inspiración de Dios, exhaladas por Dios. Es el Espíritu que está en ellos el que indica las predicciones acerca del sufrimiento de Cristo y Su gloria. Lo podemos decir de manera simple así, resumiéndolo, la preocupación de los escritores del Antiguo Testamento con respecto a la salvación de Dios es debido a que el Espíritu Santo estaba preocupado con esta misma salvación gloriosa. El Espíritu Santo estaba con ellos, prediciendo, este es un verbo muy fuerte, un verbo muy interesante, *promarturomai*. *Marturomai* significa "dar testimonio". *Pro* significa "antes". El Espíritu Santo estaba prediciendo antes de que esto sucediera, todos estos elementos concernientes a los sufrimientos y a la gloria de Cristo. Por eso es que era su preocupación para ellos, porque era un propósito consumidor en la inspiración del Espíritu Santo. El Espíritu Santo es enfatizado en el versículo 12 como el que fue enviado del cielo. El mensaje descendió del cielo, fue revelado a ellos por medio del Espíritu Santo.

También les fue revelado, de acuerdo al versículo 12, que ellos no se servían a sí mismos. Fue revelado para ellos para su ministerio, su ministerio no era para ellos porque ellos estaban hablando de algo que iba a venir en el futuro. El beneficio de esto en su totalidad vendría a las naciones en el futuro. Esto no significa que no hubiera salvación en ese momento, solo significaba que la totalidad de la bendición que venía con la salvación era por el momento una realidad futura. Como les leí en Hebreos, esto no sucedió, la promesa nunca llegó a ellos, no fueron perfeccionados sin nosotros, así es como lo presenta el escritor de Hebreos.

Seguramente las profecías tuvieron valor para los profetas. Ellos pudieron ver a Dios como el Salvador. Dios va a salvarnos por medio de la gracia. Dios va a proveer un sacrificio. Esta es la razón por la que en Hebreos dice que Moisés esperó y vio el oprobio de Cristo, y viendo el oprobio de Cristo prefirió sufrir este oprobio por estar comprometido con el Mesías que vendría, que gozar de los placeres del pecado en Egipto. Los profetas pudieron ver con claridad al Mesías. Ellos lo vieron con extrema precisión porque fue la manera en la que el Espíritu Santo lo reveló a Él. Simplemente no supieron quién y cuándo.

Así que, ¿por qué debes tú enfocarte en la salvación? Porque fue la gran proclamación de los profetas y la gran preocupación del Bendito Espíritu

Santo. El más grande mensaje que los profetas pudieron escribir y el más grande mensaje que el Espíritu Santo pudo jamás revelar.

La salvación es el tema de predicación de los apóstoles

Tercero, la salvación es el tema de la predicación de los apóstoles. Es el tema de la predicación apostólica. No solo fue lo que los profetas estudiaron, fue también lo que los apóstoles predicaron. Regresemos a 1 Pedro 1:12: "sino para nosotros" —Pedro está escribiendo a creyentes que están esparcidos— "administraban las cosas que ahora os son anunciadas por los que os han predicado el evangelio por el Espíritu Santo enviado del cielo". Y esto nos lleva a los apóstoles. ¿Quiénes fueron los que predicaron el evangelio a estos que estaban esparcidos? Los apóstoles, los apóstoles del Nuevo Testamento fueron los que predicaron el evangelio. ¿Y qué fue lo que ellos predicaron? Ellos predicaron a Cristo crucificado y resucitado, lo que significa que predicaron el "quién" y el "cuándo". Ciertamente ellos predicaron el aspecto del sufrimiento y la reiterada gloria futura del Mesías. Predicaron el evangelio. "En estas cosas, el hecho del quién y los hechos del cuándo, los detalles del cumplimiento de la profecía de salvación del Antiguo Testamento que ha sido anunciada por medio de aquellos que te predican el evangelio". Los primeros predicadores, los apóstoles, Pedro y el resto de los apóstoles, y los otros que viajaron y acompañaron a los apóstoles, personas como Lucas, Bernabé y otros. Todos ellos dieron sus vidas predicando este mensaje; esto fue lo que todos ellos predicaron. No predicaron justicia social, no intentaron predicar en contra de las inequidades de la pobreza. No se enfocaron en eliminar la esclavitud en el mundo Mediterráneo. Solo predicaron el evangelio. Esta fue la preocupación que los consumió al grado que Pablo dice: "estoy determinado a no saber otra cosa entre ustedes que a Cristo y a Él crucificado". Este es todo el mensaje que tengo para darles.

¿Por qué? "Porque no me avergüenzo del evangelio [de Cristo], porque es poder de Dios para salvación". Dieron su vida para predicar el evangelio. Fueron consumidos con el mensaje del evangelio. Entendieron su cumplimiento porque estuvieron ahí, fueron testigos oculares. Pedro fue un testigo ocular de su majestad, así que también fue un testigo de su gloria venidera, del mismo modo lo fueron Santiago y Juan. El resto de ellos fueron testigos de su resurrección. Eso fue lo que los calificó para ser apóstoles. Y tú escuchas predicar ese mensaje cuando los vemos descritos en el libro de los Hechos.

¿Qué tan bendita es tu salvación? Este fue el tema de estudio de los profetas. Es el tema de la revelación del Espíritu. Es el tema de la predicación de los apóstoles. Y finalmente, es tema del interés de los ángeles.

El evangelio es tema del interés de los ángeles

Esta es la maravillosa declaración al final de versículo 12… cosas, ¿qué cosas? Estas cosas. ¿Qué cosas? Las cosas concernientes al sufrimiento del Mesías y las glorias que vendrían después y que tienen que ver con la salvación. Estas cosas en las que los ángeles anhelan mirar. Esto es fascinante.

Asuntos de la salvación "en las cuales anhelan mirar los ángeles". Los profetas pueden entender la salvación de una manera que los ángeles no pueden porque los primeros son pecaminosos. No hay salvación para los demonios y no hay ningún interés en particular por parte de los demonios en la salvación. Pero los ángeles santos, anhelan mirar, están deseosos por verlas. ¿Por qué? Porque ellos tienen un solo enfoque por los siglos de los siglos, y ¿cuál es éste? ¿Hacer qué cosa? Glorificar a Dios, adorar a Dios, alabar a Dios, exaltar a Dios y ellos se sienten un poco desilusionados porque saben que hay esta obra masiva de redención y que Dios literalmente creó el universo para realizarla, y ellos no la pueden entender personalmente.

Así que lo desean, *epithumeo*, lo que pudiera ser una palabra negativa, pudiera significar un deseo malvado. Pero tiene la idea de una pasión, algo motivante, fuerte, que los abruma, es un impulso que los domina, un deseo que no está cumplido. Ellos tienen un deseo no cumplido y anhelan obtenerlo, entenderlo. Y aquí hay otra palabra muy interesante "mirar", *parakupsai*, literalmente significa estirar el cuello hacia el frente, e inclinar la cabeza hacia abajo. Ahora, debido a que los ángeles no tienen cuellos, esto es metafórico. Es el mismo verbo que se usa para describir a Pedro y a Juan llegando a la tumba e inclinándose para ver dentro del sepulcro vacío. Los ángeles están encorvando sus cuellos espirituales.

¿Por qué les interesa tanto? Porque ellos han estado involucrados. Ellos sabían acerca de este plan. Con toda seguridad ellos saben acerca del plan desde el principio. Los demonios saben acerca de este plan. Los demonios supieron quién era Cristo. Ellos supieron a qué venía. También los ángeles santos, y desde luego que lo sabían pues ellos anunciaron su venida. ¿Quiénes fueron con Zacarías y Elisabet? Eran ángeles los que fueron con María y José. Fueron ángeles los que ministraron a Jesús durante la tentación. Fueron ángeles los que supervisaron todo, tanto que en cualquier momento que Él quisiera, hubiera podido llamar una legión de ángeles para que viniera a su lado. Fueron los ángeles los que estuvieron sirviendo como comunicadores del cielo al momento de su resurrección. Fueron ángeles los que estuvieron presentes en la ascensión. Los ángeles estuvieron involucrados durante toda su vida y ministerio.

Pero nunca estuvieron completamente conscientes de lo que las glorias de la salvación realmente son. Así que tenemos un privilegio que está más allá de los ángeles. Tendremos una capacidad de adorar a Dios por la eternidad en el cielo de una manera que los ángeles no pueden, una experiencia de primera mano de la salvación. Dios está mostrando su poder en la iglesia a los ángeles. Dice Lucas 15:10 que cada vez que un pecador se convierte, los ángeles se regocijan. Primera de Corintios 4:9 dice que los siervos fieles del Señor son un espectáculo para los ángeles. Ellos están observando, examinando esta realidad única de los redimidos y como es que Dios los salva y los usa para avanzar su nombre, o su reino.

En Efesios 3:10 dice que Dios puso a la Iglesia para ser observada por los ángeles, para demostrar sus atributos de gracia, misericordia, compasión y perdón acerca de los cuales ellos no tienen experiencia. ¡Qué salvación! Es la preocupación de los profetas, es la preocupación del Espíritu Santo, la preocupación de los apóstoles, y es incluso la preocupación de los ángeles. Pero, ¿qué hay acerca de ti? Esta es una razón por la que estamos aquí, para enfocarnos una vez más en la gloria de nuestra salvación.

Oración

Padre, ahora envíanos a nuestro camino y danos una oportunidad para adorarte y proclamar tu salvación día a día. Te agradecemos por todo esto en el nombre del Salvador. Amén.

REFLEXIONES PERSONALES

21_Contemplando la Incredulidad

Dos días después, salió de allí y fue a Galilea. Porque Jesús mismo dio testimonio de que el profeta no tiene honra en su propia tierra. Cuando vino a Galilea, los galileos le recibieron, habiendo visto todas las cosas que había hecho en Jerusalén, en la fiesta; porque también ellos habían ido a la fiesta.

Juan 4:43–45

BOSQUEJO

— Introducción

— Tema central: Creer

— Mensaje de urgencia

— ¿Qué tipo de salvación es esta?

— ¿Qué es lo que domina sobre la incredulidad?

— ¿Todos los pecadores van al infierno?

— Niveles de incredulidad

— "Contemplando en fe"

— Oración

Notas personales al bosquejo

SERMÓN

Introducción

Ahora quiero que vayamos a la Palabra de Dios, a Juan 4. Y como lo indica nuestro boletín *Grace Today*, vamos a estar hablando de creer, acerca de la incredulidad y acerca de la fe. Este es un tema vital en el evangelio de Juan.

Mantengan en mente que en Juan 3 identificamos el hecho de que la salvación es una obra de Dios. Somos renacidos de lo alto. En otras palabras, nuestro Señor le dijo a Nicodemo: "Tienes que nacer de nuevo. Tienes que ser nacido de lo alto". Ustedes y yo no hicimos ninguna contribución para nuestro nacimiento humano y no puedes hacer ninguna contribución a tu nacimiento espiritual, es una obra divina, de Dios. Este es el lado divino de la salvación.

Pero también hay un lado humano de la salvación. Esta obra de Dios es por medio de la fe del pecador. Y así, mientras que el evangelio de Juan enfatiza la obra soberana de Dios en la salvación, ésta enfatiza correctamente la necesidad de la fe del pecador para creer. De hecho, uno podría decir que el evangelio de Juan es principalmente acerca de creer. Es el evangelio de creer. En el griego es la palabra *pisteuo* la cual es un verbo, pero también la podemos encontrar en forma de sustantivo, aparece unas 100 veces en el evangelio de Juan. Así que la idea de fe y creencia está esparcida por todo el evangelio.

Esto no debiera sorprendernos, porque ahora estamos familiarizados con el propósito del evangelio de Juan como lo indica Juan 20:31: "Pero éstas", —todo lo que está escrito en el evangelio— "se han escrito para que creáis que Jesús es el Cristo, el Hijo de Dios, y para que creyendo, tengáis vida en su nombre". El libro es evangelístico en el sentido de que quiere que tú creas y recibas vida eterna, que seas salvo, como lo estaremos refiriendo.

Tema central: Creer

De este modo el evangelio de Juan es el evangelio de creer o de creencia. Hay una amplia evidencia para nosotros, para que creamos en Cristo, por medio de sus obras, por medio de sus palabras, sus señales y maravillas. Todo esto fue recopilado por Juan cuidadosamente bajo la inspiración del Espíritu Santo y puesto ahí para ser convincente y así podamos creer en el Señor Jesucristo. Pero es más que esto. En el evangelio de Juan se nos manda creer y también somos advertidos de los horribles resultados de la incredulidad.

Este no es solo el tema del evangelio de Juan, sino que es el corazón de la fe cristiana. Es acerca de creer en el Señor Jesucristo para salvación.

Brevemente permítanme decir esto: Todas las falsas religiones sean no cristianas o pseudocristianas, todas las falsas religiones ofrecen salvación por medio de algún tipo de obra, por algún tipo de comportamiento humano, por medio de una ceremonia religiosa, por medio de logros morales. En otras palabras, el plan de Satanás ha sido propagar este tipo de religión por toda la faz de la tierra, a través de toda la historia de la humanidad, y así convencer a la gente de que ellos pueden estar bien con Dios, escapar del juicio, escapar del infierno, vivir para siempre en el cielo por medio de algo que ellos hagan, ceremonial, religiosa, moral, social, o filantrópicamente, viviendo una vida pura, teniendo algún compromiso religioso, devoción a cierto tipo de rituales religiosos y ceremonias, todos estos se convierten en una colección de cosas que Satanás ofrece para lograr la salvación. El verdadero cristianismo, el verdadero evangelio dice que la salvación llega a aquellos que creen, solo a los que creen. Es solo por fe, no por obras, ningún elemento de obras, de otro modo hemos cancelado la esperanza de salvación. Este es el evangelio cristiano.

Se hace claro para nosotros cómo es que muchos llamados cristianos están muy lejos de esta verdad básica. Tan solo esta semana, el nuevo Papa Francisco, creo que sorprendió a muchas personas en el mundo declarando que los ateos irán al cielo si hacen muchas buenas obras.

Pero lo aclaro, nadie irá al cielo por hacer buenas obras, absolutamente nadie, y ciertamente los ateos quienes no creen en el Señor Jesús, tampoco creen en Dios. Para mostrar qué tan corruptos se han convertido los pseudocristianos, ahora están declarando el mensaje que es por sí mismo un mensaje del infierno. "Sé un ateo, haz buenas obras, y seguro llegarás al cielo".

El mensaje de las Escrituras siempre ha sido que la salvación viene a aquellos que creen. "Abraham creyó a Dios y le fue contado por justicia". Si vamos al comienzo de los capítulos de Génesis, veremos que la salvación desde entonces era por fe en Dios. Y ahora ya que Cristo ha venido, es por fe en el Cristo que Dios reveló. Este es el mensaje cristiano. Y el mensaje que es reiterado por todo el Nuevo Testamento. "No hay salvación en ningún otro nombre". "Yo soy el Camino, la Verdad y la Vida" —Jesús dijo esto en Juan 14:6— "y nadie viene al Padre sino por mí".

Solo hay un camino para que los pecados sean perdonados, solo un camino para escapar del infierno, un solo camino al cielo y este es creyendo en el Señor Jesucristo. La Escritura dirige la atención del lector a la persona de Cristo quien es el único que provee la salvación.

Así que cuando leemos a través del evangelio de Juan, vamos a ser cautivados una y otra vez con la realidad de que la salvación llega a aquellos que creen y la condenación a aquellos que no creen. Y el objeto de esa fe es la persona y obra del Señor Jesucristo. Este es el énfasis que sobresale en todo el libro de Juan. Y como dije, la palabra "creer", de una forma o de otra, aparece cerca de 100 veces en este libro.

Y ahora solo para recordarles esto, regresen al capítulo 1 y quiero introducirlos a esta sección escarbando un poco esta idea de creer porque esta es muy importante. No hay un mensaje más importante que pueda ser dado que este, la salvación llega a aquellos que creen en el Señor Jesucristo. Y fuera de creer en Jesucristo, no hay salvación para nadie. Este es el mensaje más importante. Y Juan lo reitera en el 1:12, "A todos los que le recibieron" —esto al Señor Jesucristo— "a los que creen en su nombre, les dio potestad de ser hechos hijos de Dios". A aquellos que creen en su nombre.

Nuevamente en el capítulo 3, encontramos unas palabras que nos son muy familiares, en el versículo 16: "Porque de tal manera amó Dios al mundo que ha dado a su Hijo unigénito para que todo aquel que en Él cree no se pierda mas tenga vida eterna". Y versículo 18: "El que en Él cree, no es condenado; pero el que no cree, ya ha sido condenado, porque no ha creído en el nombre del unigénito Hijo de Dios".

Y saltando un poquito al 6:28, la gente le dijo a Jesús: "¿Qué debemos hacer para poner en práctica las obras de Dios?" ¿Qué es lo que Dios quiere de nosotros? ¿Cómo podemos ser aceptables delante de Dios? ¿Cómo obtenemos vida de Dios? "Jesús contestó y dijo: Esta es la obra de Dios, que creáis en el que Él ha enviado. Y ellos dijeron: ¿Qué señal haces tú para que la veamos y creamos?"

Se trataba de creer. ¿Qué necesitamos para hacer las obras de Dios? Y Jesús dice, "crean". Entonces ellos dijeron: "Prueba que tenemos que creer en ti". Lo cual Él hizo una y otra vez. El 8:30 dice que Él habló muchas cosas y muchos creyeron en Él... muchos creyeron en Él.

En el capítulo 12, unos ejemplos más del énfasis de Juan en que debemos creer. En el 12:44, "Jesús clamó y dijo: El que en mí cree, no cree en mí, sino en el que me envió". Cuando ustedes creen en mí, creen también en aquel que me envió, el Dios vivo y verdadero. En el capítulo 14, esas preciosas palabras que todos conocemos: "No se turbe vuestro corazón; creéis en Dios, creed también en mí". Cree en Dios, y cree también en mí.

En el capítulo 17 cuando nuestro Señor estaba orando su oración sumo sacerdotal, ora por aquellos que creerán en Él. En el 17:20, "No ruego solamente por éstos" —queriendo decir los discípulos— "sino también por los que han de creer en mí por la palabra de ellos". Está orando por aquellos que creerán en Él.

Mensaje de urgencia

Estas son solo una media docena o más de ilustraciones de entre las casi cien que encontrarán con esta idea de creer dentro del evangelio de

Juan. Ahora permítanme llevarlos más profundo en esto porque éste es un mensaje de urgencia. El evangelio de Juan revela que todos los aspectos de la salvación están conectados a creer, están conectados con la creencia. Por ejemplo, acabamos de leer Juan 1:12 que cuando creemos nos convertimos en hijos de Dios, por creer nos convertimos en hijos de Dios. Esto se reitera en Juan 12:36. Cree en la luz, esto es Cristo, para que puedas convertirte en un hijo de luz. Juan nos dice entonces que, por medio de creer en el Señor Jesucristo, los pecadores se convierten en hijos de Dios.

Y les doy otra realidad muy importante. Por medio de creer en el Señor Jesucristo, los pecadores obtienen vida eterna. "De tal manera amó Dios al mundo que dio a su Hijo unigénito para que todo aquél que en El cree no se pierda mas tenga vida eterna". Este mensaje es el que leímos en Juan 3:16. Pero avanzando hasta el versículo 36 se nos reitera una vez más: "El que cree en el Hijo tiene vida eterna; pero el que rehúsa creer en el Hijo no verá la vida, sino que la ira de Dios está sobre él". Cree en Él y obtén la vida. No creas en Él y perecerás.

Los pecadores se hacen hijos de Dios cuando creen en el Señor Jesucristo. Entonces obtienen la vida eterna. Esto se reitera una vez más, la promesa de la vida eterna, en las majestuosas palabras de Jesús cuando Él estaba enseñando en Juan 6:40, "Y ésta es la voluntad del que me ha enviado: Que todo aquél que ve al Hijo, y cree en Él, tenga vida eterna". Una vez más se trata de creer en el Señor Jesucristo. Y en el versículo 47: "De cierto, de cierto os digo: El que cree en mí, tiene vida eterna". Es inconfundible el hecho de que la vida eterna viene a aquellos que creen no solo en Dios, sino en Dios revelado en Cristo. Al creer en el Señor Jesucristo, los pecadores escapan del juicio divino, esto es lo que todos los pecadores debieran querer, escapar, ya que el juicio es eterno.

Escuchen lo que dice Juan 5:24, las palabras de nuestro Señor: "De cierto, de cierto os digo: El que oye mi palabra, y cree al que me envió, tiene vida eterna; y no vendrá a condenación, mas ha pasado de muerte a vida". Les doy otra verdad acerca de la salvación. Al creer en el Señor Jesucristo, los pecadores se convierten en hijos de Dios, obtienen la vida eterna, escapan del juicio divino, y tendrán parte en la resurrección. Cuando nuestro Señor vino a la tumba de Lázaro, Él hizo esta increíble promesa, Juan 11:25, "Yo soy la resurrección y la vida; el que cree en mí, aunque esté muerto, vivirá". Esa es la promesa de la resurrección.

Cuando los pecadores creen en el Señor Jesucristo también se hacen poseedores del Espíritu Santo, también se hacen la residencia de la tercera persona de la Trinidad. ¿Se dan cuenta qué promesa tan increíble? En Juan 7:38–39 nuestro Señor dice: "El que cree en mí, como dice la Escritura, de su interior correrán ríos de agua viva. Esto dijo del Espíritu que habían de recibir los que creyesen en Él". El Espíritu Santo hace su residencia en nosotros con el propósito de iniciar con la regeneración de santificación y finalmente la glorificación en aquel que cree en el Señor Jesucristo.

En el capítulo 12 del evangelio de Juan, versículo 46, leemos esto: "Yo, la luz, he venido al mundo, para que todo aquel que cree en mí no permanezca en tinieblas". De este modo los pecadores que creen en el Señor Jesucristo se convierten en hijos de Dios, obtienen la vida eterna, escapan del juicio, forman parte de la resurrección, poseen el Espíritu Santo, y son librados de la oscuridad espiritual y de la oscuridad eterna. Y en el capítulo 14, estando en el aposento alto, Jesús añadió esto, Juan 14:12, "De cierto, de cierto os digo: El que en mí cree, las obras que yo hago, él las hará también; y aún mayores hará". ¿Qué es lo que está diciendo? Que se nos dará poder para el servicio. No mayor en cuanto a tipo, sino grande en cuanto a extensión. Jesús nunca fue más allá de su propia nación.

¿Qué tipo de salvación es esta?

Es una salvación que nos hace hijos de Dios, poseedores de la vida eterna, escaparemos del juicio divino, tendremos parte en la resurrección, poseemos el Espíritu Santo, escapamos de la oscuridad espiritual y de la eterna, y se nos da poder para el ministerio o bien para el servicio. Y todo esto sucede a aquellos que creen el Señor Jesucristo. Y todos los elementos vienen por fe, no por obras. "No por obras" —dice Pablo en Efesios 2:9— "para que nadie se gloríe".

Todo esto nos dice cómo es que la salvación llega en su totalidad al pecador, solo por creer. Consecuentemente se nos manda creer. Juan 6:28-29, una vez más: "¿Qué debemos hacer para poner en práctica las obras de Dios? Respondió Jesús y les dijo: Ésta es la obra de Dios, que creáis en el que Él ha enviado". Esto es lo que Dios quiere de ti, que creas en Él. Y si crees en Él, no perecerás, sino que recibirás la vida eterna.

¿Cuál es la evidencia que causa que creamos en Él? Bueno, Juan está preparado para mostrar esa evidencia, así como Mateo, Marcos y Lucas. Los cuatro evangelios fueron escritos para juntar la evidencia y demostrar que Jesús es el Cristo, el Mesías, el Hijo de Dios, para que puedas creer y tener vida en su nombre. Hay una amplia evidencia contenida en las Escrituras para señalar al Señor Jesucristo. Los registros del evangelio demuestran que Él es aquel que fue prometido en el Antiguo Testamento. El registro de sus palabras y obras en el evangelio demuestra que Él es divino. Sus señales y milagros son una prueba amplia. Y para lo mismo tienen ustedes el registro de Mateo, Marcos, Lucas y Juan, para mostrar sus palabras, para mostrar sus obras y para mostrar sus milagros y probar que Él es quien decía ser, para que creyéramos en Él.

Escuchen a Juan en el 5:36-40, "Mas yo tengo mayor testimonio que el de Juan; porque las obras que el Padre me dio para que cumpliese, las mismas obras que yo hago, dan testimonio de mí, que el Padre me ha enviado. También el Padre que me envió ha dado testimonio de mí. Nunca habéis oído su voz, ni habéis visto su aspecto, ni tenéis su palabra morando en vosotros; porque a quien Él envió, vosotros no creéis. Escudriñad las Escrituras; porque a vosotros os parece que en ellas tenéis la vida eterna; y ellas son las que dan testimonio de mí; y no queréis venir a mí para que tengáis vida".

Si no vienen a Cristo, no tendrán vida. Si no creen en Él, se perderán y morirán en sus pecados. Ningún ateo irá al cielo. Ninguno que permanezca sin creer en Dios y en Cristo, el verdadero Cristo de la Escritura, tienen ninguna esperanza de ir al cielo. Toda la evidencia se encuentra en la Escritura, les dijo a los judíos. La Escritura fue validada y cumplida en Cristo. Escuchen sus palabras, vean sus obras, vean sus milagros… amplia evidencia de que Él es quien dijo ser. Él coincide con todas las promesas del Antiguo Testamento. Él demostró poder sobrenatural sobre la enfermedad, sobre la muerte, sobre los demonios y sobre la naturaleza. Él es el Mesías prometido. Él es divino. Él es Dios el Hijo. Y a pesar de que estaba en el mundo, y el mundo fue hecho por Él, el mundo no le conoció. A los suyos vino y los suyos no le recibieron. Esto tuvo consecuencias.

Escuchen esto en Juan 8:24, "Por eso os dije que moriréis en vuestros pecados; porque si no creéis que yo soy, en vuestros pecados moriréis. Entonces le dijeron: ¿Tú quién eres? Entonces Jesús les dijo: Lo que desde el principio os he dicho".

Si tú no crees en Jesucristo, morirás en tus pecados. Pude ser que seas religioso, puede ser que seas súper religioso. Puede ser que estés involucrado en la religión y seas un líder, o bien seas algún representante. A menos que estés confiando en Cristo y solamente en Cristo, no en tus obras, morirás en tus pecados.

Ahora el evangelio nos dice que nos fue dada la responsabilidad de llamar a los pecadores a creer. Eso es lo que hacemos. En eso consiste el evangelismo, llamar a los pecadores a creer.

¿Qué es lo que domina sobre la incredulidad?

El problema universal es la incredulidad. Morirás en tus pecados porque no crees en mí. Está bien, el problema universal es la incredulidad. Y quiero dejar claro que aun cuando es muy obvio, aparentemente algunas personas no lo ven. La premisa del evangelismo siempre tiene que ver con Jesucristo. Pero la premisa del evangelismo actual dice algo como esto: ¿No tienes propósito en la vida? ¿Le falta significado a tu vida? ¿Te sientes vacío? ¿Te sientes insatisfecho? ¿Parece que las cosas no suceden como tú quieres? ¿Estás melancólico? ¿Estás solo? ¿Te sientes alejado de todo?

Mientras que estas cosas pueden ser verdad en muchas personas, no tienen nada que ver con quién es Cristo. El evangelismo no tiene nada que ver con algún tipo de patología de los deseos del pecador, sino con revelar la realidad de quién es Cristo. La pregunta no es si quieres que alguien, sin importar quién sea, te arregle la vida. Tristemente esta es la forma en la que se conduce mucho del evangelismo contemporáneo. Es más acerca de ti, de lo que tú quieres, de lo que tú sientes o no sientes, de lo que tienes, o de lo que a ti te gusta... y ¡oh! Incidentalmente, Jesús —y no importa quién sea Él— te entregará todo esto si tan solo repites estas palabras.

No existe tal ilustración de evangelismo en ningún lugar de las Escrituras. No se trata de ofrecer a cualquier Jesús y Jesús se vuelve incidental a este tipo de acercamiento, en realidad no importa quién sea Él, en realidad no importa lo que Él hizo. Simplemente... sería bonito que Él me arreglara. Lo puedo probar, y si no funciona, entonces, ya saben, solo elimino una opción más. Esto dista mucho de lo que en realidad trata el evangelio y el evangelismo moderno dista mucho de lo que es el evangelismo bíblico. El enfoque del evangelismo es este: Te diriges al infierno eterno. ¿Por qué? Porque eres un pecador.

¿Todos los pecadores van al infierno?

No, solo los que no fueron perdonados. ¿Cómo es que soy perdonado? Por medio de creer en el Señor Jesucristo. Cuando pones tu fe en el Señor Jesucristo eres perdonado de tus pecados y te es otorgada la vida eterna como un regalo de Dios. Tienes que creer en el Señor Jesucristo. Tienes que confesar con tu boca que Jesús es el Señor y creer en tu corazón toda la historia de Cristo que es completamente validada por medio de la resurrección. Y si crees en el Señor Jesucristo, serás salvado por la eternidad de tus pecados y de todas sus consecuencias. Así es como debe ser el evangelismo.

A este punto la persona puede decir: "No estoy interesado en Jesucristo". Entonces no hay nada más que decir. No se trata de "¿Te gustaría tener un propósito en tu vida? ¿No quieres ser feliz? ¿No te gustaría vivir en paz?" No les va a ayudar en nada si no creen en Cristo. Así que lo que buscamos en el evangelismo es presentar a Cristo. Esta es la razón por la que tenemos cuatro evangelios, y no cuatro libros de psicología.

Niveles de incredulidad

Ahora, existen niveles de incredulidad. Y quiero hablar de estos un poco. Nos encontramos cerca de Juan 4, pero aun no vemos las luces para el aterrizaje. Estamos dando vueltas en círculo. Hay muchos elementos de la incredulidad y categorías de incredulidad. Permítanme desempacarlas para ustedes, por decirlo de una manera. Espero simplificarlas. Hay un tipo de incredulidad que solo necesita ser cumplida. Hay un tipo de incredulidad que es anticipatoria, que está expectante, está justo a límite y solo necesita ser cumplida. Esta sería el tipo de fe que Zacarías y Elisabet tenían, esperando por el Mesías, y esperando por el Mesías y esperando por el Mesías. ¿Y qué sucedió? Apareció el ángel y les dijo, van a tener un hijo, este será el precursor del Mesías. Ellos entendieron el mensaje. Entonces Zacarías pronuncia esa tremenda bendición. En ese momento obtuvieron una revelación más completa de quien era aquel por el que habían estado esperando.

Este también sería el caso de Ana y Simeón, quienes estaban en el templo. Esperaban por el Mesías y un día José y María aparecen y el Mesías está ahí y todo lo que ellos necesitan es ver quién es Él. Los primeros discípulos, Pedro y Andrés, en Juan 1, conocen a Jesús y, ¿qué es lo que dicen? "Encontramos al Mesías, encontramos al Mesías. Digan a los hermanos que encontramos al Mesías". Este es el tipo de incredulidad que tiene que ser dirigida al punto en donde puedes decir con seguridad que ese es el Mesías. Recordarán a Juan el Bautista cuando dijo a sus discípulos: "He aquí el Cordero de Dios, síganlo, vayan tras de Él". Y lo hicieron, ellos estuvieron un día y una noche con Él buscando obtener toda la información acerca de quién era Él. Esto es lo que vemos en el capítulo 1.

El punto es este: no ocurrió ningún milagro. No necesitaron milagros. Simplemente se basaron solo en la Palabra del Antiguo Testamento. Entendían el Antiguo Testamento, creían el Antiguo Testamento, habían desarrollado lo que diríamos era una buena doctrina cristológica. Entendieron quién debía ser el Mesías y qué era lo que se cumpliría con el Mesías. Habían aceptado la Palabra de Dios. Habían buscado en las Escrituras que hablaban de Él y las habían aceptado. Solo necesitaban saber quién era. Esto es maravilloso. Y hay personas que han tenido este mismo trasfondo. Personas que han tenido una completa presentación de la realidad de Cristo, solo necesitaban que en algún punto fueran llevadas a Él y se les dijera: "Crean en Él".

Luego, en el capítulo 4, encontramos el segundo tipo de incredulidad, es una incredulidad un poco más profunda. Es un tipo de incredulidad que necesita algo más que el cumplimiento final, esta necesita más información y esta es ilustrada por la mujer samaritana junto con la gente de la villa de Sicar. Recuerden que ellos no son verdaderos judíos, se habían casado con idólatras. Su religión era una especie de híbrido. Ellos aceptaban el Pentateuco y tenían un poco de teología mesiánica que les había sido pasada de generación en generación. Entonces la mujer en el pozo le dice: "Sabemos que cuando el Mesías venga, nos enseñara todas las cosas". Ellos conectaban al Mesías con conocimiento, creían que vendría el Mesías y tendrían un conocimiento total de todas las cosas. Vemos que tenían una idea truncada del Mesías y del Salvador basada en el Pentateuco, que era lo que ellos aceptaban, y en alguna otra información acerca del Mesías. Jesús habla a la mujer y, ¿cómo le demostró que Él era el Mesías? Se lo demostró con conocimiento. Ella dijo: "Cuando [el Mesías] venga nos declarará todas las cosas". El conocimiento era lo que marcaba su idea mesiánica.

Jesús le cuenta su propia historia y ella concluye que este es el tipo de conocimiento que solo el Mesías puede tener. Ella se va a su villa y dice: "Venid, ved a un hombre que me ha dicho todo cuanto he hecho. ¿No será éste el Cristo?" (Juan 4:29). Todos los de la villa vienen y se convierten, todos ellos. Esta es la cosecha de la que habló Jesús, y su alma está muy satisfecha. Este es su deleite. Él dice: "Solo quiero hacer la voluntad de mi Padre y acabar la obra que Él me dio para hacer, la obra de salvación". Este es un gran momento. Es el único tiempo en los cuatro evangelios cuando toda una villa se arrepiente y viene a la fe en Cristo, y estos ni siquiera son judíos. Una vez más, no hay ningún milagro, ningún milagro. ¿Por qué? Porque ellos estaban esperando el cumplimiento de las Escrituras. Solo necesitaban más revelación… solo más verdad.

Pero tenemos un tercer tipo de incredulidad y este es del tipo más profundo de incredulidad. Esta no está preparada para el cumplimiento final. No tiene suficiente información. De hecho, es un tipo de incredulidad tan profunda que no tiene del todo una confianza verdadera en el Mesías, o bien ni siquiera tiene una idea del Mesías. Esto es a lo que se enfrenta nuestro Señor en el texto de Juan 4. Así que vayamos a Juan 4 y quiero mostrarles por qué digo todo esto. Vean Juan 4:46. Jesús Se topa con este *basilikos*. Esto proviene de la palabra *basileia*, que significa "rey", "reino". Este es un oficial del rey. Así se le identifica aquí y en el versículo 49. Pero quiero que vean el 48 y escuchen lo que Jesús dijo: "Si no viereis señales y prodigios, no creeréis". Este es un tipo de personas para las que la Escritura no es suficiente. Estas son personas para las que la revelación divina no es suficiente. Este es el tipo más profundo de incredulidad. Necesita pruebas.

¿Y saben qué es lo sorprendente? Que Jesús se reunió con estas personas en donde ellas estaban. Los fue a ver al lugar donde se encontraban. Juan 5:36, lo leímos antes, Él dice: "porque las obras que el Padre me dio para que cumpliese, las mismas obras que yo hago, dan testimonio de mí, que el Padre me ha enviado". Vean las obras que yo hago. Esa fue la razón por la que las hizo. Estaban siendo responsabilizados por haber llegado a la conclusión correcta basados en lo que vieron. Juan 10:37: "Si no hago las obras de mi Padre, no me creáis. Mas si las hago, aunque no me creáis a mí, creed a las obras, para que conozcáis y creáis que el Padre está en mí, y yo en el Padre". Él hizo obras.

¿Por qué fue que Jesús sanó? ¿Por qué fue que expulsó demonios? ¿Por qué resucitó a personas? ¿Por qué fue que realizó todos estos milagros increíbles? Lo que estaba haciendo era alcanzar a estos que estaban en el nivel más bajo de incredulidad obstinada. Quieren señales. Esto es como el punto de inicio para mover a la gente que no está en ningún lado, al primer paso de considerar la posibilidad de que Jesús pudiera ser quien dice ser.

Vayamos a Juan 2:23. Aquí Jesús está en Jerusalén en el tiempo de la pascua y durante la fiesta muchos creyeron en su nombre. ¿Por qué fue que creyeron en su nombre? Porque vieron las señales que Él estaba haciendo. No era un simple galileo, pero Judea estaba llena de personas que a pesar de que tenían el Antiguo Testamento, a pesar de la Escritura que ellos habían tenido por siglos, en realidad no tenían la esperanza de la venida del Mesías, tenían la necesidad de tener maravillas y señales. Necesitaban ver milagros. Esta gente creía superficialmente en su nombre. Pero Él no confió en ellos, recordarán que dice que Él sabía lo que había dentro de ellos. Y después cuando se presenta con uno que se llamaba Nicodemo quien había creído, ¿en qué creyó? ¿Por qué creyó? Versículo 2: "Rabí, sabemos que has venido de Dios (nosotros, es decir aquellos de nosotros que creemos, sabemos que vienes de Dios) como maestro; porque nadie puede hacer estas señales que tú haces, sino está Dios con él".

Así que, ¿en qué creían ellos? Ellos creían que Él era un maestro que venía de Dios. Nada más, pero nada menos. "Sabemos que eras un maestro de Dios por tus milagros, nosotros nos podemos dar cuenta por eso". Esto es un comienzo. Es el punto de inicio. Pero cuando llegamos al capítulo 4 vemos este tipo de incredulidad profunda también es característica de Galilea, versículo 48: "Si no viereis señales y prodigios, no creeréis". Recordemos a los discípulos de Juan el Bautista, capítulo 1, todo lo que ellos necesitaban era oír de Juan: "He aquí el Cordero de Dios". Jesús les dijo: "Síganme", y ellos lo siguieron. Ellos solo necesitaban el cumplimiento. La mujer en el pozo y la gente de Sicar, no necesitaban milagros. Ellos creían lo suficiente en el Antiguo Testamento y habían creído lo suficiente en el Mesías, de modo que, cuando el Mesías demostró ser el que tenía un conocimiento sobrenatural, lo siguieron. No hay milagros en Samaria. Pero la incredulidad es profunda en Galilea y en Judea, mucho más profunda y demandan señales y maravillas. Y Jesús se las dio.

¿Tenían ellos algún afecto? Bueno, algo de afecto. Hubo algunos que creyeron. Hubo algunos que tuvieron fe en Cristo. ¿Convencieron ellos a toda la nación que vio esos milagros? No. Él demostró su poder milagroso y ellos atribuyeron estos milagros, ¿a quién? A Satanás. Dijeron: "Él hace todo esto con el poder de Satán". Querían silenciar sus palabras y querían ejecutarlo, y así procuraron hacerlo.

Vamos a ver la historia cuando Jesús fue a Galilea, en el capítulo 4. Solo veremos algunos versículos comenzando con el 43, en este punto tenemos que ver este asunto de la incredulidad. Así que podemos llamar a esto:

"Contemplando en fe"

"Después de dos días", maravillosos dos días. Vayamos al versículo 40, Él había estado con ellos dos días en las villas de Sicar, porque le pidieron que se quedara y les enseñara. Debieron ser dos días maravillosos, dos días de instrucción intensa de su Salvador a quien acababan de conocer. Estuvo con ellos dos días y muchos más creyeron debido a la enseñanza de esos dos días.

Después de dos días continuó su viaje y se fue a Galilea. Este era el propósito cuando fue originalmente. Si regresan al 4:3, deja Judea y se va nuevamente a Galilea habiendo pasado por Samaria para llegar ahí. Él se vuelve a conectar con su propósito y se redirige a Galilea. El pequeño incidente de Samaria, ¿lo recuerdan? Prueba el punto del versículo 42, que Él es el Salvador del mundo. Él es el Salvador del mundo, no solo de las ovejas perdidas de la casa de Israel, sino que Él es el Salvador del mundo. Así que ahora habiendo demostrado que Él es el Salvador del mundo continuará llevando su mensaje y sus demostraciones de poder a la parte norte de Israel, la tierra que está alrededor del mar de Galilea.

Estando en el camino hay un comentario muy interesante que hace Juan en el versículo 44. Va a Galilea porque el mismo Jesús testificó que un profeta no tenía honor en su misma tierra. ¿Por qué Juan pone eso aquí? Esto es algo muy interesante. Está justo entre los versículos 43 y 45 y debemos preguntarnos, ¿por qué está ahí? "Porque Jesús mismo dio testimonio de que el profeta no tiene honra en su propia tierra". ¿Fue ahí para probar esto? ¿Tenía el propósito de corroborar un proverbio? Ustedes conocen este proverbio: "La familiaridad engendra desprecio". O como alguien dijo: "Esta es la prueba de la corrupción de un hombre, que él nunca valora aquello con lo que está familiarizado". Debiéramos decir esto: "Ah, un profeta no tiene honor en su propia tierra. Todos los expertos vienen de afuera". ¿Acaso fue Jesús a Galilea a probar esto? ¿Es esto profético? ¿Juan nos está diciendo esto porque Él no va a tener más éxito ahí del que tuvo en Judea? Las obras de Jesús en Galilea probarán que esto es verdad.

Y si notamos con detalle, la palabra "tierra" tiene un adjetivo que la modifica, que es "su propia". Su propia tierra. De hecho, esta es una palabra muy interesante, una palabra muy importante. Es la palabra *patri* que en el griego o en el latín quiere decir "padre", es la tierra de su padre, el lugar de donde sus ancestros venían. Esta palabra se usa seis veces en los evangelios y siempre se refiere a Nazaret. Y saben la historia, ¿qué pasó cuando él fue a Jerusalén? El predicó un sermón, y ¿qué fue lo que ellos quisieron hacer? Apedrearlo hasta matarlo, ejecutarlo. Entonces, ¿nos está explicando el hecho de que Él va ahí a probarnos ese punto, o Juan nos está dando una profecía de que Él no recibirá honor en su propia tierra? Esto es cierto, esta es la correcta.

Y si expandimos esta palabra, y puede ser expandida en otros contextos y decir que puede referirse a la región alrededor, esto seguiría siendo verdad. Esto no quiere decir que nadie se convirtió en Galilea, porque hubo algunos convertidos. De hecho, en 1 de Corintios 15:6 después de su resurrección, cuando Él fue a Galilea, había quinientos hermanos reunidos ahí. Quinientas personas de entre las decenas de miles que había en Galilea, esto es una representación muy escasa. De este modo podemos tomar la declaración como una profecía positiva. Fue ahí y dio testimonio de que un profeta no tiene honor en su propia tierra, o la podríamos tomar en un sentido negativo en el cual leeríamos de esta manera, que Jesús dio evidencia del hecho que Él tenía poder para vencer esa actitud humana proverbial. En cualquiera de los casos, posiblemente la mejor manera de comprenderlo es diciendo que simplemente era profético, es profético. No fue bienvenido en su propia tierra y mientras estuvo ahí hubo algunos que creyeron, pero la vasta mayoría lo rechazó. Y esto fue a pesar de que hubo muchos milagros.

Ahora Juan solo nos da dos milagros en los dieciséis meses que estuvo en Galilea…solo dos. Jesús estuvo ahí por dieciséis meses y los hizo todos los días. Pero Juan solo nos da el del hombre noble y el de la alimentación de los cinco mil hombres (más mujeres y niños) en el capítulo 6. Juan es muy selectivo. Pero hubo muchos otros milagros que nos relatan Mateo, Marcos y Lucas, quienes también registraron su ministerio en Galilea. Sanó a un hombre poseído por demonios. Sanó a la suegra de Pedro y sanó a muchos otros que creyeron en Él. Sanó a un leproso que lo recibió como el Mesías, sanó a un paralítico, sanó a muchos otros más. Es por eso que aparece la palabra multitudes. Sanó al siervo del centurión, resucitó al hijo de la viuda, sanó a la hija de Jairo, a la mujer que lo tocó, a dos hombres ciegos, a un sordo y así continúa la lista. Alimentó a cinco mil, alimentó a cuatro mil, caminó sobre el agua, calmó la tormenta… todo tipo de milagros. Y Juan solo nos da dos. Pero hubo un sinnúmero de milagros día tras día y básicamente Él se encontró con incredulidad. Esta es la razón por la que leemos en Mateo 11:20–24 palabras similares: "Entonces comenzó a reconvenir a las ciudades en las cuales había hecho muchos de sus milagros, porque no se habían arrepentido, diciendo: ¡Ay de ti, Corazín! ¡Ay de ti, Betsaida! Porque si en Tiro y en Sidón se hubieran hecho los milagros que han sido hechos en vosotras, tiempo ha que se hubieran arrepentido en cilicio y en ceniza. Por tanto os digo que en el día del juicio, será más tolerable el castigo para Tiro y para Sidón, que para vosotras. Y tú, Capernaum, que eres levantada hasta el cielo, hasta el Hades serás abatida; porque si en Sodoma se hubieran hecho los milagros que han sido hechos en ti, habría permanecido hasta el día de hoy. Por tanto os digo que en el día del juicio, será más tolerable el castigo para la tierra de Sodoma, que para ti". Hubiese sido mejor que estuvieras en el infierno porque fuiste muerto cuando llegó la feroz destrucción de Sodoma y Gomorra, a que te vayas al infierno habiendo visto y experimentado los milagros de Jesús en Capernaum. Lo que se puede decir de otra manera, sería mejor que fueras condenado como homosexual que como judío religioso.

Así que entra en Galilea y no recibe ningún honor, o solo una pequeña cantidad de respeto y fe, esto de un pequeño grupo. Pero la recepción inicial fue una bienvenida, versículo 45. "Cuando vino a Galilea, los galileos le recibieron". Y nuevamente, esta es una recepción como la de los que creyeron en el capítulo 2. "Los galileos le recibieron, habiendo visto todas las cosas que había hecho en Jerusalén, en la fiesta; porque también ellos habían ido a la fiesta". Estuvieron ahí para la pascua antes, y después de la pascua esta era seguida por una fiesta de los panes sin levadura. Todo el mundo iba a Jerusalén y fue ahí donde vieron estos milagros. Y nuevamente aquí, esto es respeto, esto es un grado de interés, esta es la actitud de Nicodemo, sabemos que tú debes ser un maestro que viene de Dios porque nadie puede hacer lo que tú haces si Dios no está con Él. Resultó que esto era completamente superficial, como nos lo indica el resto de la historia... fue una fe superficial.

Pero a pesar de que no le dan honor en su propia ciudad, y en gran medida tampoco en toda la región, ocasionalmente hay una historia, como cuando sanó al hijo de un oficial del rey. Esa historia está en los versículos 46–54. Y lo que marca esta historia está en el versículo 50, el hombre creyó en la palabra que Jesús habló. Versículo 53: "y creyó él con toda su casa".

Aquí tenemos, en medio de la incredulidad y del rechazo, la historia de un hombre que creyó, y una familia y todos los de su casa que creyeron. Este es el punto de Juan. Puedes tener a toda una región, ciudades expuestas al ministerio de Jesús, a su enseñanza, a sus palabras, a sus obras, a sus milagros, a sus señales, pueden recibirlo hasta cierto grado, incluso identificarlo como maestro de parte de Dios; pero la única forma en la que ellos pueden ser perdonados y recibir la salvación es por medio de creer en Él, deben creer en Él.

Quiero cerrar, e iremos a esta historia en el siguiente mensaje, pero quiero cerrar llevándolos a Hechos 16 porque quiero reiterar esta verdad desde otro contexto: La salvación es un asunto de fe, nada más y nada menos. No puedes ser salvado si no crees, si no tienes fe, o bien si crees que es necesario creer y hacer obras.

En la historia del carcelero de Filipos, en Hechos 16, Pablo y Silas habían sido sus prisioneros y habían cantado himnos, alabando a Dios. Llegó un terremoto, el carcelero despertó, y ustedes saben la historia. Está a punto de suicidarse porque ha perdido a sus prisioneros y podría pagarlo con su propia vida. Pero Pablo le dice: "No te hagas ningún mal, pues todos estamos aquí". Pide antorchas, se apresura, temblando de miedo, y cae frente a Pablo y a Silas haciendo las preguntas correctas: "Señores, ¿qué debo hacer para ser salvo?" Esta es la pregunta.

Pero escuchen la respuesta. "Ellos dijeron: Cree en el Señor Jesucristo, y serás salvo, tú y tu casa" (versículo 31). ¿Cómo es uno salvado? ¿Por medio de qué? Creyendo en el Señor Jesús, así es como es uno salvado, creyendo en el Señor Jesús, en su persona, en su obra, en su muerte, en su resurrección, todo lo que el registro del evangelio afirma que es cierto acerca de Él. Y ellos hablaron al carcelero, y a todos estos que estaban en su casa, la palabra concerniente al Señor.

Tienes que creer, tienes que creer en el Señor Jesús. Pero debemos notar que ellos no tenían suficiente información para creer en el Señor Jesús en ese momento, así que ellos le contaron acerca de Jesús. Ellos lo tomaron esa misma noche, lavaron sus heridas, y el carcelero las de los prisioneros Pablo y Silas, e inmediatamente él fue bautizado, él y los de su casa, por lo que él los trajo a su casa y les dio de comer, se regocijó de haber creído en Dios con toda su casa. En un momento, una tarde, las personas de esa familia y todos los que había en su casa fueron salvos. Pasaron de muerte a vida, de la oscuridad a la luz, del infierno al cielo por haber escuchado la palabra concerniente a Cristo, Romanos 10, al creer en ellas fueron inmediatamente bautizados para proclamar esa unión con Cristo en su muerte y su resurrección. Estaban llenos de gozo. La conversión había llegado a la casa del carcelero.

¿Tuvieron que realizar algún tipo de peregrinaje religioso? ¿Tuvieron que hacer algún tipo de penitencia? ¿Tuvieron que alcanzar algún tipo de estatura moral? ¿Tuvieron que limpiar sus actos? No. ¿Qué debo hacer para ser salvo? Creer en el Señor Jesucristo. Y si no lo haces, morirás en tus pecados.

La próxima vez vamos a estudiar la historia de cómo fue que el oficial real con un hijo enfermo llegó a creer. Inclinemos nuestro rostro para orar.

Oración

Una vez más, Señor, como siempre sentimos que hemos tenido un banquete con tu verdad, con tu Palabra, esto lo decimos con todo lo inadecuado que pueden ser nuestras palabras, tu Palabra es vida para nosotros, gozo, paz y poder. Gracias por la experiencia que hemos tenido hoy con el Salvador con tan solo estos pocos versículos. Qué emocionante es para nosotros conocer tu verdad, conocer al verdadero, al único Dios vivo por medio de la vida de Jesucristo. Oro por aquellos que aún no creen, quienes luchan en contra, que no quieren dejar sus pecados y poner su confianza en ti como Salvador. Oro, Señor, para que ellos puedan sentir una carga sobre ellos, el peso de la realidad de que ellos morirán en sus pecados y que perecerán para siempre en un tormento eterno en el infierno, para que esa carga sea tan pesada como para que no puedan descansar, no puedan dormir hasta que ellos confíen plenamente a confiar en ti, a poner su fe en Cristo.

Padre, haz tu obra en cada corazón, eso oramos. Que Cristo sea exaltado en nosotros y por medio de nosotros, refréscanos en el gozo de la oportunidad que tenemos de decir a otros que tienen que creer, que deben creer en el Señor Jesucristo. Danos el celo y la fidelidad para declarar ese mensaje, oramos en el maravilloso nombre de Jesús. Amén.

EFLEXIONES PERSONALES

22_Fe salvadora dentro de la casa de Herodes

Vino, pues, Jesús otra vez a Caná de Galilea, donde había convertido el agua en vino. Y había en Capernaum un oficial del rey, cuyo hijo estaba enfermo. Éste, cuando oyó que Jesús había llegado de Judea a Galilea, vino a Él y le rogó que descendiese y sanase a su hijo, que estaba a punto de morir. Entonces Jesús le dijo: Si no viereis señales y prodigios, no creeréis. El oficial del rey le dijo: Señor, desciende antes que mi hijo muera. Jesús le dijo: Ve, tu hijo vive. Y el hombre creyó la palabra que Jesús le dijo, y se fue. Cuando ya él descendía, sus siervos salieron a recibirle, y le dieron nuevas, diciendo: Tu hijo vive. Entonces él les preguntó a qué hora había comenzado a estar mejor. Y le dijeron: Ayer a las siete le dejó la fiebre. El padre entonces entendió que aquélla era la hora en que Jesús le había dicho: Tu hijo vive; y creyó él con toda su casa. Ésta segunda señal hizo Jesús, cuando fue de Judea a Galilea.

Juan 4:46–54

BOSQUEJO

— Introducción

— La historia de un milagro

— Ser hecho hijo de Dios

— Lo que significa creer

— La fe es certeza

— La fe es convicción

— Oración

NOTAS PERSONALES AL BOSQUEJO

Introducción

Llegamos nuevamente a la Palabra de Dios y es un privilegio para nosotros escuchar la mismísima voz de Dios por medio de su Palabra. Vayamos al capítulo 4 del evangelio de Juan. Estamos ya al final de este cuarto capítulo, viendo, la historia final que se encuentra en Juan 4:46–54. Es la historia acerca de un milagro de sanidad. Está diseñado, y esto es consistente con el propósito de Juan, para demostrar la deidad del Señor Jesucristo por medio de su poder espiritual. Pero también es una historia acerca de creer. Es una historia particular acerca de creer y de lo que significa creer.

Permítanme recordarles la historia leyendo desde el versículo 46. Hablando acerca de nuestro Señor Jesucristo, dice: "Vino, pues, Jesús otra vez a Caná de Galilea, donde había convertido el agua en vino. Y había en Capernaum un oficial del rey, cuyo hijo estaba enfermo. Éste, cuando oyó que Jesús había llegado de Judea a Galilea, vino a él y le rogó que descendiese y sanase a su hijo, que estaba a punto de morir. Entonces Jesús le dijo: Si no viereis señales y prodigios, no creeréis. El oficial del rey le dijo: Señor, desciende antes mi hijo muera. Jesús le dijo: Ve, tu hijo vive. Y el hombre creyó la palabra que Jesús le dijo, y se fue. Cuando ya él descendía, sus siervos salieron a recibirle, y le dieron nuevas, diciendo: Tu hijo vive. Entonces él les preguntó a qué hora había comenzado a estar mejor. Y le dijeron: Ayer a las siete le dejó la fiebre. El padre entonces entendió que aquélla era la hora en que Jesús le había dicho: Tu hijo vive; y creyó él con toda su casa. Esta segunda señal hizo Jesús, cuando fue de Judea a Galilea". Esta es la segunda, la primera está registrada en el capítulo 2.

La historia de un milagro

Esta es la historia de un milagro. Nada inusual en los evangelios. Mateo, Marcos, Lucas y Juan están llenos de historias de milagros. El ministerio de Jesús comenzó en el sur, en Judea, la parte sur de la nación de Israel, hizo muchos milagros en Judea. De hecho, el versículo 45 dice que cuando Él llegó a Galilea, los galileos lo recibieron habiendo visto todas las cosas que Él hizo en Jerusalén en la fiesta, porque ellos mismo habían ido a la fiesta. Así que, en medio de la Pascua, en el área que circundaba Jerusalén, Jesús había hecho muchos milagros. Y desde luego que, en el tiempo de la Pascua y el festival subsecuente después de la Pascua, los galileos estaban ahí como siempre en este gran evento que era parte del calendario de Israel, y es por esto que ellos vieron los milagros de Jesús. Él los realizó en Judea al principio de su ministerio. Y también los hizo en Judea al final de su ministerio. Y también en medio de su ministerio de tres años, por más o menos seis meses, Él estaba en Galilea y ahí es donde lo encontramos en el versículo 46. Él está en Galilea, y en el versículo 45 dice, Él vino a Galilea, los galileos lo recibieron, del mismo modo que la gente en Jerusalén lo recibió, como dice en el 2:23, ellos creyeron en Él como alguien que hacía milagros. Lo recibieron como alguien que hacía milagros, pero recuerden que en Juan 2:23 al 25 dice: "creyeron en su nombre, viendo las señales que hacía. Pero Jesús no se fiaba de ellos, pues Él sabía lo que había dentro de ellos". Creyeron en Él como alguien que hacía señales y milagros. Y quiero establecer que eso era universal. No hay lugar en Mateo, Marcos, Lucas o Juan en donde veamos al liderazgo, quienes lo habían rechazado como Salvador y Mesías cuestionando sus poderes milagrosos.

Nunca nadie cuestionó esto. Era imposible que cuestionaran esto. Los milagros eran muy comunes y completos cuando Él intervenía, e inconfundiblemente eran divinos y hubo tantos de ellos que era imposible negarlos. Es por esto que vemos ese tipo de recepción en el 2:23, como la recepción que le dio Nicodemo. Nicodemo es una ilustración de alguien que lo vio como alguien que realizaba milagros y Nicodemo dijo: "Nadie puede hacer lo que tú haces a menos que Dios esté con él". Así que esta era el mismo tipo de actitud, el mismo nivel de fe que encontramos en Galilea. Ellos creyeron en Él como un hacedor de milagros.

Y esto es lo que pienso que sucede hoy, que es una forma muy común de creer en Jesús, creer en Él como alguien que hace milagros. Y tenemos una plenitud de evidencia, desde luego, para eso. Él llega y esencialmente desapareció la enfermedad de Palestina durante el tiempo que duró su ministerio. Todo este registro se encuentra en los evangelios, los cuatro evangelios, para cualquiera que los lea. Nunca ha habido una acusación exitosa del testimonio de los escritores del evangelio. Nunca ha habido un asalto efectivo sobre los milagros de Jesús que de algún modo los pueda desacreditar porque simplemente son tan obvios, demasiados testimonios, demasiados lugares, muchas veces, demasiado únicos y en diferentes eventos.

De hecho, los milagros de Jesús fueron tan evidentes que al final del evangelio de Juan, encontramos esta declaración, en el 21:25 dice: "Y hay también otras muchas cosas que hizo Jesús, las cuales si se escribieran una por una, pienso que ni aun en el mundo cabrían los libros que se habrían de escribir".

Así que lo que tenemos es un registro muy extenso de los milagros de Jesús en los evangelios, pero eso es solo una gota que cae del cubo de agua comparado con lo que pudo haber sido un registro detallado que podría llenar al mundo de libros. Así que aquí tenemos uno de esos registros de entre muchos, muchos milagros que Jesús hizo. Pero este específicamente encaja con el propósito de Juan porque este es un milagro acerca de creer, acerca de la fe. De hecho, este se encuentra en el versículo 48 en donde Jesús dice: "Si no viereis señales y prodigios, no creeréis". Y en el versículo 50: "Y el hombre creyó la palabra que Jesús le dijo". Y nuevamente aparece en el versículo 53 al final: "y creyó él con toda su casa". Es la historia de un milagro, pero es algo más que esto, es acerca de creer. Y les recuerdo que la finalidad, el propósito, para haber escrito el evangelio de Juan, de acuerdo al 20:31, es que ustedes puedan creer que Jesús es el Cristo, el Hijo de Dios y para que creyendo en Él podáis tener vida en su nombre. Así que el evangelio de Juan es un evangelio de creer, la palabra en el griego para creer, *pisteuo*, se usa cerca de 100 veces en el evangelio, y casi todas esas veces tiene que ver con creer para salvación. El mensaje de Juan es en contra del trasfondo de judaísmo el cual es un sistema religioso como cualquier otro sistema religioso en el mundo, que piensa que se gana la entrada al cielo por medio de algo que tú haces. O bien que la fe es parte de esto, pero no el todo. Esos son sistemas de obras. Tienen que ver con ceremonias, rituales, rutinas y formas de moralidad y obediencia, bondad y buenas obras. Y el efecto acumulado de bondad de una persona es lo que hace que se gane el cielo. Lo que dice Juan es contrario a todo esto, y esto, por cierto, es característico de todo falso sistema religioso en el planeta. Solo hay dos tipos de religiones que existen. Una es la religión de los logros humanos, y la otra es la religión de la fe, y este es el verdadero evangelio. Todo lo demás es un tipo de mixtura de creer y hacer; y este tipo de religión es la que llena el infierno, que hace que la población del infierno crezca. La única religión que hace que la población del cielo crezca es aquella que está conectada con la fe y solo la fe, porque por gracia sois salvos por medio de la fe, este es el resumen que da Pablo en Efesios 2.

Ser hecho hijo de Dios

Ya hemos aprendido esto dentro del evangelio de Juan, en el 1:12, "a todos los que le recibieron, a los que creen en su nombre, les dio la potestad de ser hechos hijos de Dios". ¿Cómo se hace uno hijo de Dios? Por medio de recibir a Cristo. ¿Qué significa esto? "A todos los que creen en su nombre". Creer es recibir, creer por completo en su nombre. ¿Qué queremos decir con "Su nombre"? Todo lo que Él es, todo lo que es verdad acerca de Él. Esa es la idea del uso de "Su nombre" en el lenguaje de la Escritura. Cuando Dios dice: "Mi nombre es Yo soy el que soy", lo que Él quiere decir es: "Mi nombre es lo que yo soy". Y cuando tú dices que crees en el nombre de Jesucristo, quiere decir que crees en todo lo que Él es y en todo lo que Él hace. Esto es creer completamente en el evangelio.

Entonces, convertirte en un hijo de Dios es simplemente cuestión de creer en su nombre. En el tercer capítulo lo vimos en ese pasaje que nos es tan familiar: "Porque de tal manera amó Dios al mundo que ha dado a su hijo unigénito para que todo aquél que en Él cree no se pierda mas tenga vida eterna". De ningún modo está conectado con obras, rituales, ceremonias, logros, moral, bondad... Se trata de creer, solo de creer. "El que en él cree —versículo 18— no es condenado; pero el que no cree, ya ha sido condenado, porque no ha creído en el nombre del unigénito —*monogenes*— Hijo de Dios". Juan 3:36 al final de este capítulo: "El que cree en el Hijo tiene vida eterna; pero el que rehúsa creer en el Hijo no verá la vida, sino que la ira de Dios está sobre él". Si crees, tienes vida; si fallas en creer —lo que es un acto de obediencia, porque se te manda creer— entonces mueres.

Podemos encontrar este énfasis en todo el evangelio de Juan, pero veamos otras dos ilustraciones. En el 8:21, "Otra vez les dijo Jesús: Yo me voy, y me buscaréis, pero en vuestro pecado moriréis; a donde yo voy, vosotros no podéis venir". Ustedes no van a llegar al cielo. Ustedes van a morir en sus pecados, ustedes van a perecer.

¿Cuál es este caso? ¿Cómo es que esto va a suceder? Esa es la pregunta. Versículo 24: "Por eso os dije que moriréis en vuestros pecados; porque si no creéis que yo soy, en vuestros pecados moriréis". En otras palabras, crean en quien Yo Soy, "Morirán en sus pecados".

En el capítulo 10 esto es fundamental para todo lo que es verdad acerca del evangelio cristiano. Juan 10:22-25 dice: "Celebrábase en Jerusalén la fiesta de la dedicación. Era invierno, y Jesús andaba en el templo por el pórtico de Salomón. Y le rodearon los judíos y le dijeron: ¿Hasta cuándo nos turbarás el alma? Si tú eres el Cristo, dínoslo abiertamente".

"Jesús les respondió: Os lo he dicho, y no creéis; las obras que yo hago en nombre de mi Padre, ellas dan testimonio de mí". ¿Qué más puedo hacer? Ya he hecho todas estas obras, eliminé la enfermedad, expulsé demonios, hice milagros sobre la naturaleza, resucité muertos. Ustedes no creen, ese es el problema. Y los versículos 26-28: "pero vosotros no creéis, porque no sois de mis ovejas, como os he dicho. Mis ovejas oyen mi voz, y yo las conozco, y me siguen, y yo les doy vida eterna; y no perecerán jamás, ni nadie las arrebatará de mi mano".

Ustedes no creen, mis ovejas me escuchan y creen. Ustedes se niegan a creer. Ustedes morirán en sus pecados, ustedes perecerán. Este es el mensaje que se repite en el evangelio de Juan, cree y recibe la vida eterna. No creas y muere, perece por los siglos en el infierno. Cree en el nombre del Señor Jesucristo y pasarás la eternidad en la gloria del cielo. La salvación eterna viene a aquellos y solo a aquellos que creen en la persona y toda la obra de Jesucristo, el verdadero evangelio, no en un evangelio alterado, no en un evangelio superficial, no en un evangelio hueco, no en un evangelio inadecuado, no en un falso evangelio, sino en el verdadero evangelio... el único y verdadero evangelio.

Lo que significa creer

Un texto muy instructivo acerca de esto, veámoslo solo por un momento, en el capítulo 11 de Hebreos. Vamos a ese capítulo porque es el capítulo de la fe dentro de la Biblia, y es ahí en donde tenemos una definición muy importante de lo que significa creer. Es muy popular escuchar en nuestros días soy creyente, tengo creencias muy firmes, soy una persona de fe. En ocasiones la gente dice: "Soy muy espiritual", queriendo decir con esto que creen en ciertas cosas. Y cuando hablamos de creer en algo, podemos tomar esto de forma muy nebulosa, tomándolo en una forma de conocimientos intuitivos y designados por uno mismo, es creer en algo que uno mismo elaboró. Pero esta no es la manera en la que la Biblia describe la fe salvadora.

Primero vean Hebreos 10:38, una cita del gran principio del Antiguo Testamento delineado por Habacuc 2:4: "El justo por la fe vivirá". Siempre ha sido de esta manera. La salvación siempre ha sido por fe, nunca por obras en el Antiguo Testamento o en el Nuevo, el justo vivirá por fe". Versículo 39: "no somos de los que retroceden para perdición, sino de los que tienen fe para la preservación del alma". Vienes a la verdad, y o tienes fe en ella para la salvación de tu alma, o te vas de ella y literalmente retrocedes para destrucción.

¿De qué tipo de fe estamos hablando? Bueno ésta es definida en el siguiente versículo, 11:1. "Es, pues, la fe", aquí está la definición, "la certeza de lo que se espera, la convicción de lo que no se ve". De inmediato sabemos que la fe involucra algo que nosotros no tenemos y la fe involucra algo que no se puede ver. Recordarán que cuando leímos 1 Pedro 1 dice que amamos a Cristo sin haberlo visto. No lo podemos ver ahora. "Sin haberlo visto lo amamos". La fe involucra algo que no hemos logrado, algo que no vemos. Esa es la fe.

Y si solo tomamos esto, podríamos llegar a conclusiones equivocadas, porque hay muchas cosas en la vida dentro de las cuales ejercitamos la fe, cosas que no podemos ver, cosas que esperamos, cosas de las que no estamos seguros. Recientemente me hicieron una cirugía en la mano, me pusieron a dormir, fue lo último que supe. Sé que el cirujano puso una carita feliz en mi mano izquierda y le puso un gran SÍ, para que así no se fuera a equivocar de mano. Yo tuve fe en que él sería capaz de encontrar la carita feliz. He escuchado historias en donde los médicos cortaron el pie equivocado. ¿Se dan cuenta? Este es un tipo de fe humana, pero la fe humana tiene dos componentes. Uno es que está basada en la experiencia. En otras palabras, tú sabes que esa es la manera correcta. Es como ir a un restaurante, ves el menú y te comes lo que te dan, no tienes ni idea de quien está dentro de la cocina ni qué es lo que está haciendo ahí. Simplemente asumes que eso es lo que tú ordenaste y que eso es seguro para comer.

¿Por qué? Porque la gente lo hace todo el tiempo y generalmente sucede así. Pero no siempre es seguro. Seguro que alguna vez hemos ingerido un alimento en mal estado, o bien hemos visto esos terribles reportes en las noticias acerca de personas que hacen cosas muy malas dentro de las cocinas antes de servir la comida. Pero la experiencia nos dice que puedes confiar en esto a pesar de que en ciertas ocasiones esté mal. Incluso en algunas ocasiones está terriblemente mal, y las personas mueren. Algunos entran a cirugía y nunca salen de ahí. Algunos toman cosas que creen que no les van a hacer ningún daño y acaban matándolos. Todos entendemos esto.

No estamos hablando de este tipo de fe. No estamos hablando del tipo de fe humana que está basada en una experiencia que se repite. Estamos hablando acerca de algo para lo que ustedes y yo no tenemos nada de experiencia. Estamos poniendo nuestro destino eterno en las manos del Señor Jesucristo y nunca hemos hecho eso antes. No tenemos este tipo de experiencia en la que después de repetirlo varias veces, ahora conocemos más.

¿Por qué haces eso? ¿Por qué dirías que no a tu pecado, no a tu ambición, no a tu voluntad, a todo lo que valoras y a todo lo que quieres hacer, no a todas las cosas en las que se deleita tu naturaleza caída para abrazar a Cristo por completo? ¿Por qué? Bueno, porque esa es la única forma que tenemos para llegar al cielo. Tú nunca has visto el cielo. No sabes nada acerca del cielo fuera de lo que se nos reveló en la Escritura. Contrario a lo que leemos en libros ridículos, nadie ha ido al cielo y regresado. Estás dando un paso que es el más serio de tu vida y este literalmente es tu vida, desde ahora y para siempre, y de esto tú no tienes ninguna experiencia. Así que más vale que estés seguro de que éste es un paso que quieres dar en verdad. Debes saber que esto no resultará en mal. Y esto es lo que el versículo 1 está diciendo, fe es la certeza, fe es la convicción. Y quiero hablarte de esas dos palabras: la fe es certeza, y la fe es una convicción.

La fe es certeza

¿Qué queremos decir con certeza? La palabra en el griego es *hupostasis*, literalmente significa estar debajo de, como un cimiento. Habla de fundamento. Es como estar sentado en una base de cemento. No está basado en caprichos. No es subjetivo. Es objetivo. Es cemento lleno de varillas de refuerzo. Así que nosotros creemos en algo que está establecido absolutamente firme y concreto. ¿Qué es eso? La Palabra de Dios. Creemos en las promesas de Dios. Creemos en los mandamientos de Dios. Creemos en la verdad de Dios como es revelada en la Santa Escritura. Así que cuando hablamos de la certeza de algo que se espera, no es seguridad en el sentido subjetivo. No se trata de un sentimiento personal o de una intuición. La fe es el fundamento, la certeza concreta acerca de la verdad, que llega por medio de la Palabra de Dios, la cual se enfoca en la confiabilidad del evangelio, la verdad del evangelio contenido en la Escritura. Estamos hablando de certeza.

Y a pesar de que no hemos ido al cielo y regresado, aquel que mora en los cielos nos ha enviado una información total, completa y precisa acerca de Él. Todo lo que necesitamos saber está revelado en las páginas de la Palabra del Dios viviente que es completamente confiable. Es por eso que es firme, cierta, una seguridad concreta en la cual nosotros creemos, y eso, entonces, nos lleva a nuestra segunda palabra: convicción. Convicción va literalmente unida a certeza. Esto quiere decir que confiamos en ella con un compromiso total.

La fe es convicción

Así que cuando hablamos de creer en el Señor Jesucristo, no estamos hablando de algodones en el cielo, esto no es un tipo de sentimiento esotérico, no es un Jesús que sea producto de nuestra imaginación. Esta es la razón por la que creemos en la absoluta veracidad y confiabilidad de la Santa Escritura y el evangelio que está contenido en esa Escritura, al punto de que invertimos nuestra vida eterna, en nuestra confianza de la Santa Escritura y esta se hace para nosotros la convicción evidente que dirige nuestra vida e informa a nuestra esperanza. Este es el tipo de fe acerca de la que estamos hablando, una fe real en la verdad como está revelada en la Escritura que se enfoca en la persona del Señor Jesucristo.

Todos somos llamados a creer esa verdad del evangelio, basado en ese fundamento firme, produciendo esa fuerte convicción. El no hacerlo es la máxima tragedia humana, porque es una tragedia eterna y eso porque todos vivirán para siempre en una conciencia, en gozo consciente o en un consciente tormento. Juan eleva este asunto de creer como el principal entre todos los asuntos, creer en el nombre del Señor Jesucristo y todo lo que Él es, construir tu vida ahora y en la eternidad en una fundación firme, sobre la convicción de que la Santa Escritura contiene el evangelio que es absolutamente verdad, un evangelio que es una verdad absoluta.

Al inicio del libro de Hebreos, y esto puede ser instructivo para nosotros en un momento, la gente es advertida por el escritor de Hebreos acerca del peligro de llegar al borde de creer y después retroceder. Vean Hebreos 2:2, en donde leemos: "Porque si la palabra dicha por medio de los ángeles". Esto hace referencia a la ley de Moisés: "Porque si la palabra dicha por medio de los ángeles fue firme, y toda transgresión y desobediencia recibió justa retribución", y esa era la naturaleza de la ley mosaica, la transgredes y recibes castigo. Así si violabas la ley de Moisés tenía este tipo de consecuencias, cómo, pues, escaparemos si somos negligentes a este gran fundamento. Si ellos no escapaban, los que violaban la ley de Moisés, cómo pues escaparemos si ignoramos el evangelio de la salvación. Primero fue hablada por medio del Señor, y confirmada por aquellos que la escucharon. ¿Qué quiere decir esto? Los apóstoles. ¿Y cómo fue confirmada? Dios testificó por medio de señales y maravillas, por medio de varios milagros y dones del Espíritu Santo de acuerdo a su propia voluntad.

Así llegó el evangelio, Jesús lo habló, los apóstoles lo hablaron, fue testificado y confirmado por los milagros. Jesucristo no fue el único que realizó milagros. ¿Recuerdan? Él delegó el poder a los apóstoles, quienes sanaban a los enfermos y resucitaban muertos también. ¿Cómo escaparán al juicio de Dios si rechazan a una salvación que nos fue confirmada por medio de señales y milagros? Esa es la razón por la cual los registros del evangelio están llenos de este tipo de señales. Solo pone sobre aviso a las personas del peligro que se vive si rechazan lo que ha sido confirmado.

Los versículos 4:1–2 nos advierten acerca de fallar en entrar en el descanso de la salvación, de quedar corto y no entrar. Y entonces los versículos 2–3 describen la razón: "Porque también a nosotros se nos ha anunciado la buena nueva como a ellos; pero no les aprovechó el oír la palabra, por no ir acompañada de fe en los que la oyeron. Pero los que hemos creído entramos en el reposo". Se trata de creer, y por eso son advertidos. Ustedes han escuchado el Antiguo Testamento, les dice a estos hebreos, ustedes han escuchado acerca de Cristo en el cumplimiento del Antiguo Testamento, les dice a estos hebreos, han escuchado el cumplimiento del Antiguo Testamento en Cristo. Han escuchado todos los milagros proclamados por los que los presenciaron. Conocen el testimonio apostólico. Si ustedes abandonan esto, estarán entrando en un juicio severo. Esto se repite una vez más en el 6:4. Su ustedes han sido iluminados, probaron los dones celestiales, fueron participantes del Espíritu Santo, comprobaron la buena Palabra de Dios, los poderes del siglo venidero, todo esto describe el ministerio de Jesús y los apóstoles. Si ustedes han sido expuestos a todo esto y después se van, le dan la espalda y lo rechazan, es imposible que sean renovados nuevamente para arrepentimiento, porque ustedes rechazaron esa revelación completa, ahora son culpables por haber crucificado al Hijo de Dios y haberlo expuesto a la pena pública. No abandonen, no conozcan toda la revelación de Cristo y después le den la espalda y se vayan. Esto es mortalmente peligroso.

Un capítulo más, el 10:26–30, "Porque si pecáremos voluntariamente después de haber recibido el conocimiento de la verdad, ya no queda más sacrificio por los pecados". Ya no hay esperanza. "Sino una horrenda expectación de juicio, y de hervor de fuego que ha de devorar a los adversarios. El que viola la ley de Moisés, por el testimonio de dos o de tres testigos muere irremisiblemente. ¿Cuánto mayor castigo pensáis que merecerá el que pisoteare al Hijo de Dios, y tuviere por inmunda la sangre del pacto en la cual fue santificado, e hiciere afrenta al Espíritu de gracia? Pues conocemos al que dijo: Mía es la venganza, yo daré el pago, dice el Señor. Y otra vez: El Señor juzgará a su pueblo". Y versículo 31: "¡Horrenda cosa es caer en manos del Dios vivo!" De ningún modo tú querrás venir a la verdad, ser conducido a la verdad, y después regresarte y abandonar todo. Si lo haces recibirás el castigo más severo que hay.

Ahora tomemos este concepto, regresemos a Juan 4 y pensemos acerca de esto en conexión con la nación de Israel: Judá, Judea y Galilea. Ellos tuvieron el Antiguo Testamento de modo que tuvieron la revelación de Dios cuando Él habló del Mesías por venir. No solo tuvieron la revelación, lo que los profetas escribieron, lo que les leí de Pedro, lo que los profetas escribieron e investigaron para saber acerca de los sufrimientos y las glorias del Mesías por venir, ellos tuvieron esta revelación. Incluso tuvieron el cumplimiento de esa revelación. Juan dijo: "He aquí el Cordero de Dios que quita el pecado del mundo". El Mesías viene. Las profecías del Antiguo Testamento se cumplen en Cristo. Así que ellos tenían el Antiguo Testamento y el cumplimiento del Antiguo Testamento en el Nuevo Testamento concerniente a Cristo. En adición, tuvieron todos los milagros, todos los milagros que evidenciaban su deidad. Esto es lo que llamamos la revelación completa.

Permítanme darles una forma de ver todo esto y que nos lleva de regreso a Juan. En el capítulo 1, Jesús se reúne con algunos de los discípulos de Juan el Bautista. Juan dijo: "He aquí el Cordero de Dios, síganlo". Y fue lo que ellos hicieron. Nunca realizó un milagro para ellos, pero ellos creyeron en Él como su Mesías. ¿Por qué? Porque ellos tenían el conocimiento del Antiguo Testamento. Tenían un conocimiento total del Antiguo Testamento. Todo lo que ellos esperaban era por el cumplimiento. Y cuando el Mesías llegó, simplemente creyeron en Él. Sin milagros, no hubo milagros.

Después de esto llegamos con la mujer en el pozo de la villa de Sicar, con todos esos samaritanos. No hubo milagros, tenían algo de conocimiento del Antiguo Testamento, el Pentateuco. Tenía algún conocimiento del Mesías. Jesús les dio más. Pasó dos días con ellos explicándoles más acerca del Antiguo Testamento, les enseñó más de Él y ellos creyeron; una vez más no hubo milagros. En efecto Él demostró conocimiento divino, pero no hubo milagros. Para los primeros discípulos fue suficiente ver que Jesús era el cumplimiento del Antiguo Testamento. Fue suficiente para los samaritanos que se les completara el entendimiento del Antiguo Testamento y después ver que Jesús era el cumplimiento del mismo, y fueron redimidos, eran creyentes. Ellos creyeron.

Pero cuando fueron a los demás israelitas, Judea y Galilea... encajan Juan 4:48. "Entonces Jesús le dijo: Si no viereis señales y prodigios, no creeréis". Son tan obstinados que a pesar de que les es claro que Yo soy el cumplimiento del Antiguo Testamento, que Yo soy el único que puede cumplir el Antiguo Testamento detalle a detalle —y Él manifestó esto desde el inicio de su ministerio hasta su resurrección— ustedes demandan más y más señales y maravillas. Este es el tipo más profundo de incredulidad. Y, por cierto, cuando la incredulidad rechaza la luz, la oscuridad se hace más densa. Ahora sabemos de acuerdo a Romanos 1 que, a todo corazón, a todo ser humano, se le ha concedido la luz del conocimiento de Dios. Su ley está escrita en sus corazones, Romanos 2. La conciencia activa ese conocimiento de la ley y condena al pecador, la Ley de Dios escrita en sus corazones, Romanos 2. Y en Romanos 1: "porque lo que de Dios se conoce les es manifiesto, pues Dios se lo manifestó". Dios lo ha colocado en ellos. Esta es la luz del conocimiento de Dios que todo pagano, en cualquier rincón del planeta tiene. Pero cuando ustedes rechazan la luz, la oscuridad se hace más densa, y más densa, y más densa, y más densa cada vez. Cuando vienes y ves completamente la luz y le das la espalda y te vas, no puedes ser renovado al arrepentimiento porque tú rechazaste la revelación completa. Así es como Israel se encontraba.

Así que en este pequeño pasaje que les leí en Juan, tenemos una ilustración de algo que es muy inusual. Esto es alguien que verdaderamente es salvo. Vean lo que sucedió al final del ministerio de Jesús en Judea, había 120 reunidos en el aposento alto. Al final del ministerio de Jesús en Galilea, de acuerdo con 1 de Corintios 15:6, había quinientos. Solo esto quedó de las multitudes de decenas de miles, cientos de miles que vivían en la tierra de Israel y Jesús recorrió cada lugar de esa tierra. Tuvieron el Antiguo Testamento. Tenían el cumplimiento. Tenían las señales y Él les dice: "Y ustedes no creen". Todo se trata de creer. Pero hay una ilustración de alguien con fe, que creyó, y cómo fue que un hombre creyó y cómo fue el proceso que involucró esa fe.

Veamos esto en el versículo 46. Esto solo nos tomará unos minutos. "Vino, pues, Jesús otra vez a Caná de Galilea, donde había convertido el agua en vino" —recordando el capítulo 2— "Y había en Capernaum un oficial del rey, cuyo hijo estaba enfermo". Un oficial real, *basilikos*. Esa es una conexión con la palabra *basileos*, la cual significa "rey". Este era alguien que era un oficial del rey. Solo había un rey en esa parte del mundo y ese era el rey de Galilea y Perea, Herodes Antipas, un idumeo que era hijo de Herodes el Grande, quien también era un gobernante idumeo y no judío que gobernaba esa parte del mundo. No les agradaba a los judíos. Era un vasallo del rey que servía para los propósitos de Roma y gobernaba más como un tirano. Era un hombre muy malvado. Recordarán que Juan el Bautista lo denunció por haberse casado con la esposa de su hermano, y por haberse involucrado en incesto. Y después, recordarán que, en una orgia de borrachos, una noche la hija de su esposa danzó y él le dijo: "Te daré lo que me pidas". Y pidió la cabeza de Juan el Bautista en una bandeja. Este Herodes era un hombre malvado. Estaba temeroso de Jesús. Estaba temeroso de Juan el Bautista.

De hecho, cuando Jesús comenzó su ministerio, él pensó que Juan el Bautista estaba regresando de entre los muertos para llevárselo. Y recordemos que en todo el ministerio de Jesús hubo un lugar al cual nunca fue ni una sola vez, Tiberias, la tierra de Herodes. Herodes lo quería muerto, pero le tenía mucho miedo, era un mal hombre.

Pero aquí tenemos a un oficial del rey conectado con Herodes Antipas, el gobernador de Galilea y Perea. Él tiene a un hijo enfermo que se encuentra en Capernaum. Capernaum es una ciudad del lago al norte y final del mar de Galilea, como ellos le llamaban. Tiene un hijo, y tiene fe. Cree que Jesús es un obrador de milagros. Creyó en lo que el resto de la gente en Galilea creyó. Y ¿en qué creyeron? Versículo 45: "Cuando vino a Galilea, los galileos le recibieron, habiendo visto todas las cosas que había hecho en Jerusalén, en la fiesta; porque también ellos habían ido a la fiesta". Cuando Él estuvo en la fiesta, hizo milagros. Juan 2:23, "Estando en Jerusalén en la fiesta de la pascua, muchos creyeron en su nombre, viendo las señales que hacía". Creyeron, pero superficialmente. ¿Recuerdan esto? No confió en ellos porque conocía a los hombres. Y porque Él no necesitaba a nadie que testificara conforme a hombre, porque Él mismo sabía lo que había en el hombre.

En otras palabras, ellos tuvieron una fe superficial. ¿Por qué no creyeron? Creían que Él podía realizar milagros, punto, nada más. Nicodemo era uno de ellos, y dijo: "Nadie puede hacer lo que tú haces a menos que Dios esté con él". Nadie puede hacer las señales que tú haces a menos que Dios esté con él. Esto era lo que ellos creían. Esa era la idea popular. Creían que Jesús era un obrador de milagros. Esa era la verdad y era el lugar de inicio, pero sería mejor que no fuera así en el último lugar al que ministraría. Aquí vemos a un hombre que, como Nicodemo, creía que Jesús era un obrador de milagros. Aquí está un hombre que se unió al grupo, y tenemos que saber que Capernaum eran los cuarteles generales donde Jesús ministraba milagros para toda Galilea. Si lees Mateo, Marcos, Lucas y Juan, solo vas a encontrar un par de milagros en Juan que fueron hechos en Galilea, pero miles de ellos están registrados por los otros escritores. Milagros masivos ocurrieron en Galilea y se centraron en Capernaum.

Aquí era donde el oficial de rey se encontraba. De hecho, Capernaum tuvo tantos milagros que en Mateo 11:24, Jesús dijo acerca de esa ciudad que, si Sodoma hubiera visto lo que Capernaum vio, aun estaría ahí, seguiría en pie. Sería peor para Capernaum el tiempo de su juicio que para los torcidos homosexuales de la ciudad de Sodoma. Será mucho más caliente para la gente de Capernaum que para los sodomitas debido a lo que ellos vieron en los milagros de Jesús. Este es su pueblo, sabe que hay uno que hace milagros de nombre Jesús. Cuando supo que Jesús había salido de Judea para ir a Galilea, y para entonces Él ya tenía unos diez y seis meses, más o menos, ministrando en Galilea, viene a verlo, no sabemos exactamente cuando sucedió esto durante su ministerio en Galilea, pero después de que había hecho suficientes milagros en Capernaum como para que ahora fuera conocido como un obrador o hacedor de milagros, el oficial viene a Él. Esto es ir desde Galilea a Caná de Galilea, desde Capernaum, el mar de Galilea está en la parte baja del lago, por todo el lado de Nazaret, son unos 27 kilómetros de subida a pie. Viene de un largo camino y cuando llega a Jesús, él le implora, urgentemente suplica que Él venga, que baje hacia el valle y regrese a Capernaum para sanar a su hijo porque su hijo está a punto de morir.

Esto es lo que motiva frecuentemente a alguien que, desde su punto de vista filosófico de Jesús, dice: "Mira, no niego que Él pueda hacer milagros, no niego su poder, su poder sobrenatural, todo el mundo lo vio, nadie lo negó, nadie intentó negarlo. Pero lo que hace que un hombre cambie de idea acerca de que Jesús solo es un hacedor de milagros, para moverse más cerca de la realidad de quien es Él, es la desesperación. Eso sigue siendo verdad hoy en día. Jesús lo pone de este modo en Mateo 9 cuando dijo: "los que no están enfermos no están en busca de un doctor". Es la desesperación la que lleva a la gente, y fue lo que llevó a este hombre, esto fue lo que llevó a este oficial del rey que servía al odiado Herodes a venir a Jesús para rogarle que le diera vida a su hijo. El oficial de rey le dice —nuevamente en el 4:49— "Señor, desciende antes que mi hijo muera". Este hombre creía en que Jesús podía sanar gente. Ni siquiera creía que Jesús sería capaz de resucitar muertos. Su fe en Jesucristo es la de un hacedor de milagros. Podemos llamar a esto una fe temerosa, un tipo de fe débil. Es como el hombre, ustedes recordarán, que dijo en Marcos 9: "Señor creo, ayuda a mi incredulidad". Este es un tipo de fe parcial. Este hombre cree que Jesús es capaz de realizar milagros porque tiene una plenitud de evidencias. Y fue Jesús quien dijo: "Si no viereis señales y prodigios, no creeréis". Así es lo que aquí se nos relata, crees que puedo hacer milagros, muy bien, es verdad, pero eso no es suficiente.

Sin embargo, Jesús aceptó esa fe porque Él hacía milagros para traer a la gente a ese paso inicial. Era un punto de inicio. Alguien podría sugerir: "¿Cómo es que Jesús se acomodaba a este tipo de fe superficial?" Porque la fe tiene que iniciar en algún punto. ¿Por qué creen que realizó milagros? Para que la gente llegara a la conclusión que Él podía hacer milagros e hiciera la conexión necesaria de que esto era sobrenatural, lo que hicieron, y de ahí partieran al siguiente paso.

Jesús respondió entonces a la súplica de este hombre. Le dijo: "Ve, tu hijo vive". En ese mismo momento el cuerpo de su hijo fue instantáneamente sanado, milagrosamente sanado. Pero algo más sucedió al padre. Leemos en el versículo 50, Juan 4:50, "Y el hombre creyó la palabra que Jesús le dijo, y se fue". Al principio él creyó que Jesús era un obrador de milagros, creyó en sus obras. Ahora él cree en sus palabras.

Muchas veces en el evangelio de Juan escucharás esto: "Crean en mí por mis obras, crean en mí por mis palabras". Jesús no solo era alguien que realizaba milagros, era alguien que hablaba verdad. Todo lo que Él mostró fue su deidad. "Nunca antes un hombre ha hablado como éste", era lo que decían de Él. Este hombre va de creer en el poder de Jesús a creer en las palabras de Jesús, en la verdad de Jesús, la confiabilidad en lo que Él dijo. Esto es esencial. Es maravilloso leer el relato del evangelio y ver a Jesús como un hacedor de milagros. Pero tienes que ir más allá de sus obras a sus palabras. Porque las obras no tienen poder salvador, las palabras tienen el poder de salvar y el hombre creyó en la palabra que Jesús le habló. Por lo que simplemente se fue.

Ahora el regresa, y al hacerlo se reúne con sus esclavos y ellos le dicen que su hijo vive. Es decir que está lleno de vida. Así que les pregunta cuál fue la hora en la que comenzó a sentirse bien. Y ellos le contestan. "Ayer a la hora séptima la fiebre le dejó, la séptima hora". Hay mucha discusión si esta es hora judía que inicia a las 6 A.M. y hace que sea la una en punto, o si esta es tiempo romano al medio día y esto hace que sean las siete de la noche.

Pero ese no es el punto. El punto es ahora cuál era la hora. El punto era que hora era cuando sucedió su sanación de modo que él pudiera conectar esto con las palabras de Jesús. Y ellos le dicen la hora séptima, y el padre supo que ésa fue la hora en la que Jesús le dijo, "tu hijo vive".

Dice ahí, "y creyó él". Bien, un momento. Él ya había creído, ¿qué quieres decir con "y creyó él? Esta es una declaración enfática que tiene un pronombre enfático dentro de ella, así que su fe había escalado a otro nivel. Y no solo esto, y creyó él y junto con él toda su casa. Ya hemos escuchado ese mismo lenguaje en otro lugar de la Biblia, ¿no es así? Recuerden al carcelero de Filipo, él creyó y junto con él toda su casa. Ahora estamos hablando de que no debemos creer que Jesús era solo un obrador de milagros, de no creer en sus obras y después creer en sus palabras, sino en creer en su persona. Creer en el nombre de Jesucristo. Y creo que, en algún punto en su encuentro con este hombre, Jesús le aclaró lo que le faltaba saber de quién era Él, de Su persona. Simplemente nos dice, "y creyó él". ¿Pero él antes había creído? Sí, ya dijimos que creyó que Él era un obrador de milagros. Pero eso no era suficiente. Sí, creyó que sus palabras eran verdad, pero esto tampoco es suficiente. Ahora él creyó en su persona... en su nombre, en la totalidad de lo que Él era, junto con toda su casa. Así que tenemos a toda una villa siendo salva en el capítulo 4, al principio del capítulo. Ahora tenemos a toda una casa siendo salva. Esto pudiera significar que había niños, esposa, yernos o nueras, incluso esclavos. La salvación llega a la casa de un herodiano. Recuerden a la corte de Herodes, uno de esos llamados herodianos en Mateo 22:16, odiado por los judíos. Así que tenemos una villa samaritana y una casa herodiana. Esto es para recordarnos el versículo 42, de que Él es el Salvador del mundo. No solo otras naciones diferentes, como judíos y gentiles, los samaritanos ilustran a los gentiles. No solo diferentes razas sino diferentes niveles. Él salvó a un pescador en el capítulo 1. Él salvó a una mujer inmoral quien era mitad gentil y mitad judía, en el capítulo 4. Eventualmente salvó a un erudito fariseo de alto nivel, a Nicodemo, y aquí salva la casa de unos herodianos. Esto nuevamente nos recuerda que el evangelio es para todo el mundo. Todo aquel que crea no perecerá, sino que tendrá la vida eterna.

¿De qué es de lo que estamos hablando cuando decimos: "Pon tu fe en Cristo; cree en el Señor Jesucristo y serás salvo; cree en Él como alguien que hace milagros; cree que sus obras son las obras de Dios; nadie puede hacer las obras que Él hace excepto si Dios está con él; cree que sus palabras, son las palabras mismas de Dios; cuando Él hablaba, Dios hablaba; y más que eso, cree en la totalidad de su persona como Hijo de Dios"? Este es el propósito de Juan. "Éstas se han escrito para que creáis que Jesús es el Cristo, el Hijo de Dios, y para que creyendo, tengáis vida en su nombre". Ese día, esa pequeña familia y toda su casa tuvieron vida en su nombre. Y no mucho después de esto, desde luego, solo algunos meses, Él cargó sobre la cruz con todo el peso del castigo que ellos merecían, y murió por todos sus pecados, proveyendo un sacrificio sustitutorio completo, total.

¿Tú dónde te encuentras? Es muy difícil negar que Jesús era un obrador de milagros, realmente imposible, algo muy contrario a la historia. Imposible negar que sus palabras eran divinas, sobrenaturales. Nadie antes había escuchado hablar a alguien de esta manera. Esto es algo que se encuentra cuando estudias los evangelios y cuando estudias las palabras de Jesús. Ellas son simplemente trascendentes y divinas.

Pero eso no es suficiente tampoco. Puedes llamarlo el más grande obrador de milagros que pudo vivir. Puedes decir que Él fue el más grande maestro que jamás existió. Pero eso no es suficiente. Tienes que creer en su persona como el Hijo de Dios y el Salvador del mundo, creer en Él en todo este sentido de quién es Él y que lo que Él vino a hacer es el único camino para tener vida eterna. Es un don que Dios da a aquellos que creen en su Hijo.

Oración

Padre, una vez más llegamos a ti al final de este maravilloso tiempo juntos en este servicio, en este ministerio, en adoración y comunión. Estamos agradecidos por el mensaje tan directo del evangelio de que no tenemos que alcanzar algo para tener vida eterna. Es un don, que llega a aquellos que simplemente creen. Pero también hemos sido advertidos una vez más del peligro tremendo y horrible de conocer la verdad y no creer en ella. ¿Cómo escaparemos si negamos esta salvación tan grande? ¿Qué mayor castigo recibirá aquel que pisotea la sangre del pacto, y lo hace a pesar de que el Espíritu de Gracia se lo muestra? Horrenda cosa es caer en manos de un Dios vivo.

Así que Señor, oro para que haya quienes sean traídos al entendimiento de la verdad concerniente a Cristo y a la totalidad de quién es Él, y que puedan llegar a creer que tú les darás el don de la fe. Sabemos que es un don divino y sabemos que los incrédulos son mandados a creer. Así que Señor, despierta a los pecadores que están muertos, quita, desbarata la oscuridad que los rodea, y dales la fe, la fe salvadora, para tu alabanza y para tu gloria oramos. Amén.

REFLEXIONES PERSONALES

23_El Poder Condenador de la Falsa Religión

Después de estas cosas había una fiesta de los judíos, y subió Jesús a Jerusalén.

Y hay en Jerusalén, cerca de la puerta de las ovejas, un estanque, llamado en hebreo Betesda, el cual tiene cinco pórticos. En éstos yacía una multitud de enfermos, ciegos, cojos y paralíticos, que esperaban el movimiento del agua. Porque un ángel descendía de tiempo en tiempo al estanque, y agitaba el agua; y el que primero descendía al estanque después del movimiento del agua, quedaba sano de cualquier enfermedad que tuviese. Y había allí un hombre que hacía treinta y ocho años que estaba enfermo. Cuando Jesús lo vio acostado, y supo que llevaba ya mucho tiempo así, le dijo: ¿Quieres ser sano? Señor, le respondió el enfermo, no tengo quien me meta en el estanque cuando se agita el agua; y entre tanto que yo voy, otro desciende antes que yo. Jesús le dijo: Levántate, toma tu lecho, y anda. Y al instante aquel hombre fue sanado, y tomó su lecho, y anduvo. Y era día de reposo aquel día.

Entonces los judíos dijeron a aquél que había sido sanado: Es día de reposo; no te es lícito llevar tu lecho. Él les respondió: El que me sanó, él mismo me dijo: Toma tu lecho y anda. Entonces le preguntaron: ¿Quién es el que te dijo: Toma tu lecho y anda? Y el que había sido sanado no sabía quién fuese, porque Jesús se había apartado de la gente que estaba en aquel lugar. Después le halló Jesús en el templo, y le dijo: Mira, has sido sanado; no peques más, para que no te venga alguna cosa peor. El hombre se fue, y dio aviso a los judíos, que Jesús era el que le había sanado. Y por esta causa los judíos perseguían a Jesús, y procuraban matarle, porque hacía estas cosas en el día de reposo.

Juan 5:1–16

BOSQUEJO

— Introducción

— El contexto

— La oposición a Jesús

— La sorprendente compasión de Jesús

— El increíble menosprecio de los judíos

— La sorprendente satisfacción del hombre

— El poder de la falsa religión

— Oración

NOTAS PERSONALES AL BOSQUEJO

Introducción

Quiero que abran sus Biblias en el quinto capítulo del evangelio de Juan. Esta es una porción muy importante de la Escritura y no por la razón que la mayor parte de la gente piensa. Es la historia de un hombre que a quien Jesús sanó. Esta es en sí misma una ocurrencia dentro del Nuevo Testamento. Y para el hombre, desde luego, una experiencia excepcional.

Y en realidad es solo incidental al punto de este pasaje, pero queremos tener el control del punto del pasaje. Esto siempre es muy importante. Se nos ha contado esta historia muchas veces. Y por varias razones esta historia es memorable. Una de ellas lo es debido al nombre del estanque, el estanque de Betesda. Si ustedes estuvieron en escuela dominical, seguramente escucharon acerca del hombre que estuvo en el estanque de Betesda, y otro indicador de esta historia y su familiaridad es por el hecho de que este hombre llevaba 38 años enfermo. Sabemos esta historia de un hombre que llevaba 38 años enfermo, que se sentaba al lado del estanque de Betesda, y a quien Jesús sanó.

Pero hay mucho más en la historia que solo eso. Esto, desde luego, es lo que la hace memorable para nosotros. Pero esta no es una historia acerca de un milagro de sanidad, esta es una historia acerca de falsa religión. Esta es una historia de falsa religión. Es una historia del poder de la falsa religión, de las garras devastadoras de la falsa religión, la fuerza condenatoria que la falsa religión ejerce sobre la mente de las personas y sus almas, incluso ante la presencia de la verdad.

El énfasis excepcional de esta historia se encuentra en la conclusión. Vayamos al 5:16 donde lees estas palabras: "Y por esta causa los judíos perseguían a Jesús, y procuraban matarle".

Cuando Jesús habla de los judíos, no está hablando simplemente acerca de cualquier judío dentro de Israel. Él usa el término técnico para referirse a los líderes, los líderes religiosos. Ellos están en el evangelio de Juan, son los que Juan tiene en mente cuando se refiere a los judíos. Los líderes religiosos están persiguiendo a Jesús. El verbo griego *dioko* significa "perseguir", acosar, o amenazar. Esto con hostilidad, este es el caso, es la razón por la que se traduce que lo perseguían, es un verbo en tiempo presente, o un verbo en acción continua en el imperfecto. Este significa que estaban continuamente en contra de Jesús. Este, entonces es un milagro que dispara la persecución, persecución que llega hasta la cruz, que se mantiene hasta la ejecución de Jesús en el Calvario.

El contexto

Ahora permítanme darles un poco de trasfondo. Ya hemos visto algo acerca de los cuatro primeros capítulos del evangelio de Juan, el cual nos ha indicado claramente que Jesús es Dios. Él nos es presentado en el primer capítulo como el Creador, Aquel que hizo todo lo que existe y que sin Él nada de lo que fue hecho, existe. Se nos dice que la eterna Palabra, Dios, se hizo hombre, tomó forma humana y contemplamos su gloria.

Lo hemos visto directamente... sus discípulos, los discípulos de Juan el Bautista le señalaban a Él como el Cordero de Dios que quita el pecado del mundo. Por lo tanto, fue presentado a nosotros como el Mesías. Hemos escuchado de sus propios labios que Él es el único Salvador, que cualquiera que cree en Él se salvará de perecer por los siglos de los siglos en el infierno. Aquellos que lo rechazan serán juzgados. Hemos visto sus obras, sus poderosas obras, y también hemos escuchado sus poderosas palabras. Nos hemos podido dar cuenta de cómo mostró milagrosamente de su conocimiento. Él sabía qué había en la mente del hombre. Él sabía la historia de la mujer samaritana a quien nunca antes había conocido. Así hemos visto su deidad desplegada. Hemos escuchado poderosas palabras, hemos visto su poder milagroso al final de capítulo 4 al sanar al hijo de este oficial del rey, un milagro que recibió un niño que estaba a mucha distancia y a punto de morir.

Estos son solo ejemplos de lo que Jesús estaba demostrando en el ministerio que Él estaba llevando a cabo. Y cuando llegamos al capítulo 5, les recuerdo que ya hemos llegado a su ministerio Galileo, un ministerio de diez y seis meses, después de casi un año en Judea donde estuvo ministrando antes, Él se fue a Galilea y permanecerá ahí por diez y seis meses para volver los últimos meses de su ministerio a Judea, para llevar a cabo la semana de la pasión, su muerte y resurrección.

Ahora, durante todos sus primeros meses de ministerio, sus palabras y sus obras han dado testimonio de su deidad, que Él es el Mesías, para ponerlo en el lenguaje de Juan, que Él es el Cristo, el Hijo de Dios y que nosotros debemos creer en su nombre y al creer en su nombre, nosotros tenemos vida eterna. Pero aquí encontramos que los judíos lo están persiguiendo. Esto de algún modo nos toma por sorpresa en el evangelio de Juan. Las obras del Señor Jesús generaron sensaciones sin precedente en Israel. Sus milagros, que realizaba diariamente frente a multitudes masivas de personas estaban atrayendo a multitudes aún más grandes y todos se asombraban. Mateo 9:33, las multitudes estaban sorprendidas y decían que cosas como éstas nunca habían sido vistas en Israel. Marcos 2:12, estaban sorprendidos y glorificando a Dios diciendo, "nunca antes habíamos visto algo como esto". Los milagros eran las señales que validaban su deidad, que comprobaban que Él era el Mesías.

En el capítulo 11 de Mateo, una sección que nos es muy familiar, Juan el Bautista quien está encarcelado escucha acerca de las obras de Cristo, y manda a sus discípulos a que le pregunten, "¿Acaso eres tú el Mesías? ¿Eres tú el que esperábamos?" Jesús les contestó y dijo, "vayan y digan a Juan lo que ven y oyen". Aquí está la evidencia, "los ciegos reciben la vista, los cojos andan, los leprosos son sanados, los sordos escuchan, los muertos son resucitados, y a los pobres les es predicado el evangelio". Así que sus señales eran sus obras, obras milagrosas, y sus palabras predicaban el verdadero mensaje de salvación. Fueron las obras de Jesús y las palabras de Jesús las que autentificaron su deidad y la verdad de que Él era el Mesías. Ambas crearon la sensación en Israel, por medio de su poderosa enseñanza, su poderosa predicación, las multitudes se acercaba y dijeron cosas como, "nunca habíamos escuchado hablar a un hombre como él lo hace", Juan 7:46. Ellos se sorprendieron de Él porque hablaba como quien tiene autoridad y no como los escribas y los fariseos, Mateo 7 al final del Sermón del Monte.

La gente estaba emocionada con el sensacional poder de las palabras y las obras de Jesús. Se maravillaban ante todo lo que Él hizo y a donde quiera que iba, las multitudes lo seguían, Mateo 4:25, "Y le siguió mucha gente de Galilea, de Decápolis, de Jerusalén, de Judea y del otro lado del Jordán". Todo esto incluye todos los lugares dentro y en los alrededores de la tierra de Israel.

Mateo 13:2, "Y se le juntó mucha gente; y entrando él en la barca, se sentó, y toda la gente estaba en la playa". En otras palabras, para poder hacer tener más espacio entre la gente que se amontonaba, se regresó al bote y se separó de la playa para que pudiera tener un poco de distancia y así poder hablar a toda la gente.

Lucas 12:1 dice, "juntándose por millares la multitud, tanto que unos a otros se atropellaban". A todos lados que Él iba se juntaban las multitudes a causa de su enseñanza y sus milagros.

Si vamos a Juan 6:2, un momento solamente, dice: "Y le seguía gran multitud, porque veían las señales que hacía en los enfermos". Esto era lo que atraía a las multitudes. En el versículo 5 Jesús levantó sus ojos y viendo que la multitud venía hacía Él, Felipe le pregunta cómo van a alimentar a la multitud. Y en el versículo 10, Jesús dice: "Haced recostar la gente. Y había mucha hierba en aquel lugar; y se recostaron como en número de cinco mil varones". Cinco mil hombres que también significan cinco mil mujeres, y que significan diez o quince mil niños. Esto es en realidad una multitud masiva de personas que estaban siguiendo típicamente a Jesús, una popularidad sobrecogedora, sin paralelo del Maestro que hacía milagros.

Sin embargo, es motivada por la curiosidad. Es superficial. ¿Por qué? Porque estas personas están cautivas dentro de un falso sistema religioso que es inmensamente efectivo y poderoso. Ha estado presente por generaciones. Y tiene un dominio absoluto sobre las personas. Es por eso que es muy importante que nosotros comprendamos el poder de la falsa religión. Todos nosotros nos cruzamos con ésta en nuestra aventura de comunicar el evangelio a los que son católicoromanos o mormones, o testigos de Jehová o cualquier otra secta, o con los musulmanes, o con hindúes, o budistas, o como quiera que estos se llamen. Entendemos el poder cautivador masivo de la religión falsa que captura la mente de la gente. Pablo dice en 2 Corintios 10 que aprisiona a la gente en una gran fortaleza, fortaleza ideológica de la cual es muy difícil librarlos. Y esto lo vamos a ver en el incidente que estudiaremos en el capítulo 5. Pero viendo por un momento el capítulo 6, si van al versículo 26, Jesús dice a las multitudes que lo seguían y que Él alimentó: "De cierto, de cierto os digo que me buscáis, no porque habéis visto las señales, sino porque comisteis el pan y os saciasteis". Es un interés muy superficial en Él. Vean el versículo 64 de este mismo capítulo. "Pero hay algunos de vosotros que no creen. Porque Jesús sabía desde el principio quiénes eran los que no creían, y quién le había de entregar". Y el versículo 66: "Desde entonces muchos de sus discípulos volvieron atrás, y ya no andaban con Él". Fueron confrontados con una elección, seguir a Cristo y abandonar el sistema del judaísmo, o dejar a Jesús y ser leales al sistema.

Finalmente, aquellos que una vez fueron sus estudiantes, sus discípulos, lo rechazaron y siguieron el sistema en el cual se encontraban poderosamente atrapados.

Detrás del sistema estaban, desde luego, primariamente los escribas y los Fariseos. Atrapados dentro de esto estaban los rabíes, y muy serviciales a éstos estaban los saduceos, e incluso los herodianos. Ese sistema era malvado y condenador... era mortal.

¿Qué era lo que los líderes decían acerca de Jesús? Porque cualquier cosa que ellos dijeran acerca de Jesús, lo decían con frecuencia a la gente para intentar mantenerlos leales a ellos. De acuerdo a Juan 8:48 decían que era samaritano y que era un demonio. Dijeron a la gente que estaba poseído por un demonio. En Mateo 12:24 dijeron que Él hacía lo que hacía por el poder de Beelzebú, hace lo que hace por el poder del infierno, el poder de Satanás. Invertían su tiempo trabajando en la gente que formaba parte de su sistema para que se mantuvieran leales al sistema, para no permitirles optar por Jesús de tal modo que al final de su ministerio, en Judea se reunieron solamente en el aposento alto 120 creyentes después de estos tres años de su ministerio caracterizado por milagros. Y para entonces, de acuerdo a 1 de Corintios 15, hubo una reunión de quinientos, principalmente en Galilea.

Seiscientas personas se comprometieron con Cristo, se reunieron en su nombre después de un ministerio de milagros de tres años por toda la tierra, hubiéramos pensado que todo esto daría como resultados una marea de confianza y fe en Jesús, que ellos lo estarían confesando que Él era el Señor y el Mesías. Pero este no es el caso. Vemos que hay una marea creciente a través del evangelio de Mateo, el evangelio de Marcos, el evangelio de Lucas y el evangelio de Juan, y una marea de oposición que puede ser trazada desde la influencia de los líderes de Israel que sostenían el mantra de que

Jesús provenía del infierno, de que Él obraba en el poder de Satanás y que estaba poseído por un demonio, si no es que estaba loco.

No nos sorprende esto porque recordamos Juan 1:11 de donde comenzamos en el evangelio, ahí leemos esto: "A lo suyo vino, y los suyos", ¿qué? "no le recibieron". Él estaba en el mundo, el mundo fue creado por él, pero el mundo no le conoció". Y así hemos tenido una advertencia de que Él sería rechazado en el 1:11, 3:32, en donde leemos esto: "y nadie recibe su testimonio". Se amontonaron para ver sus milagros. Estaban maravillados de lo que Él decía. Pero había una indiferencia general hacía Él como el Mesías y como el Hijo de Dios. ¿Por qué? Debido a esa influencia incansable de los líderes religiosos de Israel.

Y quiero que vean esto en Juan 7:25, solo les voy a dar una mirada rápida de cómo es que esto progresa a través del evangelio de Juan. Juan 7:25, "Decían entonces unos de Jerusalén: ¿No es éste a quien buscan para matarle?" Aquí estamos relativamente al inicio del evangelio de Juan, y la gente ya sabe que los líderes lo quieren matar. Todos saben que ellos lo habían señalado como algo así como un samaritano, como un traidor, como un forajido, como alguien poseído por un demonio. Lo quieren muerto y la gente lo sabe.

En el 7:30, dice: "Entonces procuraban prenderle; pero ninguno le echó mano, porque aún no había llegado su hora". Lo querían capturar para ejecutarlo. En el versículo 44 del mismo capítulo: "Y algunos de ellos querían prenderle; pero ninguno le echó mano". En el 8:20, el Señor los ha estado limitando de hacer lo que ellos quieren hasta este punto. Y nuevamente en el 8:20, "y nadie le prendió, porque aún no había llegado su hora".

Así que aquí tenemos tres veces en donde vemos que lo querían atrapar, para ejecutarlo, para matarlo, la gente lo sabía, pero no lo hicieron porque literalmente estaban siendo limitados por Dios porque aún no era el tiempo correcto. En Juan 8:52, nuevamente los judíos, recuerdan a quienes se está refiriendo Juan cuando los llama judíos, ellos le dicen, "Ahora conocemos que tienes demonio. Abraham murió, y los profetas; y tú dices: El que guarda mi palabra, nunca sufrirá muerte". Para poder decir esto quiere decir que estás poseído por un demonio. Este era su comentario constante acerca de Jesús.

Al final del capítulo, en 8:59, "Tomaron entonces piedras para arrojárselas; pero Jesús se escondió y salió del templo". Un hombre poseído por un demonio tiene que ser ejecutado, necesita que le matemos por medio de una turba. En el 9:22, en el capítulo 9 encontramos al hombre que nació ciego. Jesús sana al hombre que había nacido ciego, y los líderes, los judíos, vienen y confrontan a los padres del hombre, al hombre y a su padre, y en el versículo 22 dice esto porque estaban temerosos de los judíos. Este era un sentimiento generalizado acerca de cómo los líderes veían a Jesucristo. Ellos estaban temerosos. Les temían. Eran ellos, los líderes, a quienes consideraban los protectores de sus almas eternas y de su destino, así como de su lugar dentro del reino. Estaban completamente atrapados bajo su poder y autoridad. Porque los judíos ya estaban de acuerdo… una vez más, los judíos, los líderes, acordaron que, si alguien lo confesaba como el Cristo, como el Mesías, esa persona debía ser expulsada de la sinagoga. Cualquiera que confesara que era un seguidor, o una seguidora de Jesucristo sería considerada como persona non-grata dentro de la vida social de Israel, esto porque todo giraba alrededor de la sinagoga. Serían expulsados de la sinagoga, serían excomulgados. Serían considerados como fuera de la ley. No podrían participar de las actividades sociales de cualquier tipo, incluso con la familia. El pueblo sabía cual era el precio si ellos eran considerados seguidores de este hombre que estaba poseído por un demonio… el precio era muy alto.

En Juan 9:24, por segunda vez: "Entonces volvieron a llamar al hombre que había sido ciego, y le dijeron: Da gloria a Dios; nosotros sabemos que ese hombre es pecador". Él es un pecador, alguien poseído por un demonio, es como un samaritano, es un forajido y un traidor. Esto era lo que decían a la gente. Y cualquiera que lo siguiera sería literalmente expulsado de la sociedad de Israel. El precio era muy alto.

En Juan 10:19-20, muy importante, ocurre una división nuevamente entre los judíos debido a estas palabras: "Volvió a haber disensión entre los judíos por estas palabras. Muchos de ellos decían: Demonio tiene, y está fuera de sí; ¿por qué le oís?" Y como ven aquí tenemos otro elemento, "está fuera de sí". Es un maniático, está loco. Y en el versículo 31, una vez más los judíos toman en sus manos piedras para apedrearlo. Y versículo 39: "Procuraron otra vez prenderle, pero él se escapó de sus manos".

Uno más de Juan 11:53, "Así que, desde aquel día acordaron matarle". Y esto nos lleva directamente a la semana de la pasión donde hicieron que los romanos lo ejecutaran.

Esta es una oleada de odio. Y es promulgada por los líderes de Israel quienes son los guardianes de un apostata, que está condenando al sistema religioso. Su negocio, por así decirlo, es producir lo que Jesús dijo en sus propias palabras, hijos del infierno como lo son ellos mismos. Eran tan efectivos que cuando llegamos a Mateo 27:23 y 25, la gente grita, "¡Sea crucificado! ¡Sea crucificado! No queremos que este hombre reine sobre nosotros". Este es el poder de la falsa religión. Es el poder de capturar las almas de los pecadores.

La oposición a Jesús

Ahora regresemos al capítulo 5 del evangelio de Juan, todo el flujo de la persecución de Jesús comienza con esta historia. Versículo 16, "Y por esta causa los judíos perseguían a Jesús". Esta oleada de odio está siendo iniciada por todo lo que sucede en 5:1–16. Si en efecto es un milagro, en efecto es uno sorprendente, sanar a un hombre que llevaba 38 años enfermo, esta es una maravillosa evidencia de la deidad de Jesucristo. Pero el milagro no es la razón de esta historia, sino que es para mostrarnos la reacción de Jesús. Este milagro dispara la hostilidad de Israel. Aquí está el disparador, podemos decir, que es lo que lanza el interés de la gente de ser reservados a rechazarlo sin reservaciones; de un interés con reservas a un rechazo sin reservas.

Por lo que en los capítulos 5, 6, y 7, la oposición es el tema… ahora la oposición se convierte en el tema. Desde el capítulo 4, la deidad de Cristo se nos muestra por medio de su omnisciencia, por medio de un milagro de poder, por la autoridad qué Él ejerció en el Templo, e incluso por medio de la declaración de Juan en el capítulo 1 en donde se nos habla de su deidad como Creador. Los primeros cuatro capítulos se enfocan en la persona de Cristo y en su deidad, y se enfoca en sus palabras, las cosas que Él dijo. Pero ahora que llegamos al capítulo 5 vemos que es el momento en que la oposición se incrementa.

Vayamos a la historia. "Y hay en Jerusalén, cerca de la puerta de las Ovejas, un estanque, llamado en hebreo Betesda, el cual tiene cinco pórticos. En éstos yacía una multitud de enfermos, ciegos, cojos y paralíticos, que esperaban el movimiento del agua. Porque un ángel descendía de tiempo en tiempo al estanque, y agitaba el agua; y el que primero descendía al estanque después del movimiento del agua, quedaba sano de cualquier enfermedad que tuviese. Y había allí un hombre que hacía treinta y ocho años que estaba enfermo. Cuando Jesús lo vio acostado, y supo que llevaba ya mucho tiempo así, le dijo: ¿Quieres ser sano? Señor, le respondió el enfermo, no tengo quien me meta en el estanque cuando se agita el agua; y entre tanto que yo voy, otro desciende antes que yo. Jesús le dijo: Levántate, toma tu lecho, y anda. Y al instante aquel hombre fue sanado, y tomó su lecho, y anduvo". Y aquí llega el problema. "Y era día de reposo aquel día. Entonces los judíos dijeron a aquél que había sido sanado: Es día de reposo; no te es lícito llevar tu lecho. Él les respondió: El que me sanó, él mismo me dijo: Toma tu lecho y anda. Entonces le preguntaron: ¿Quién es el que te dijo: Toma tu lecho y anda? Y el que había sido sanado no sabía quién fuese, porque Jesús se había apartado de la gente que estaba en aquel lugar. Después le halló Jesús en el templo, y le dijo: Mira, has sido sanado; no peques más, para que no te venga alguna cosa peor. El hombre se fue, y dio aviso a los judíos, que Jesús era el que le había sanado. Y por esta causa los judíos perseguían a Jesús, y procuraban matarle, porque hacía estas cosas en el día de reposo".

No es que este tipo de milagro iniciara su odio hacia Jesús. Esto ya había iniciado tiempo atrás cuando él hizo su ataque en el templo en el capítulo 2:13–22. Tenemos el registro de lo que Él hizo al principio de su ministerio, muchos, muchos meses antes. Pero ellos no olvidaron esto. No olvidaron su asalto sobre su templo.

Pero específicamente en el evangelio de Juan, aquí está el evento que catapulta la persecución que continuará en escalada en los pasajes que leímos hace un momento. Hay tres elementos que rodean esta historia y estos giran alrededor de las personalidades. Tres personalidades, Jesús, los judíos, y el hombre; y tres sorprendentes realidades. La sorprendente compasión de Jesús, el sorprendente menosprecio de los judíos, y la sorprendente satisfacción del hombre. Y esta es la más sorprendente de todas.

La sorprendente compasión de Jesús

Todo esto viene junto para desencadenar, para encender, para activar la persecución. Demos comienzo con la sorprendente compasión de Jesús, así es como inicia la historia. Por cierto, ¿no necesito recordarte que Dios es un Dios de compasión? Pienso que no. El Salmo 86:15 describe a Dios como lleno de compasión. Y esto se repite en el Salmo 111, en el Salmo 112, en el Salmo 145, y esto mismo se dice en todo el Antiguo Testamento. Dios es un Dios de compasión. Lo puedes leer en los evangelios, en Mateo, en Marcos, que Jesús fue movido a compasión muchas veces. Él es Dios, tiene la misma compasión que tiene Dios, esto quiere decir empatía, siente en alguna medida el dolor de los pecadores caídos y es misericordioso. Todas sus obras y sus palabras son con compasión. Tiene compasión por el sufrimiento físico, es la razón por la que sana a la gente. Tiene compasión por el sufrimiento causado por el diablo, es la razón por la que expulsa demonios. Tiene compasión por los que sufren a causa del pecado, es la razón por la que salva a la gente. Dios es por naturaleza un Dios compasivo y lo mismo es Jesucristo. Entonces, aquí tenemos una ilustración de la compasión de Jesús hacia un hombre que no ha recibido misericordia. Jesús le muestra a él misericordia, pues no ha recibido misericordia. Su declaración en el versículo 7 indica que nadie lo había ayudado a entrar en el agua, "cuando lo intento, alguien más se pone delante de mí". Cualquiera que fuera su poca posibilidad de caminar, lo hacía de manera muy lenta. Y entonces otra persona con otra enfermedad que lo debilitara era más capaz de llegar al agua antes que él, y nadie decía: "Como tú has estado aquí por largo tiempo, ¿por qué no vas tú primero?" No había misericordia para este hombre, pero ahora había misericordia para él de parte de Jesús después de casi 40 años, la compasión es muy clara.

Vayamos al versículo 1: "Después de estas cosas", estas son las cosas que habían estado sucediendo en Galilea, incluyendo la sanidad para el hombre oficial del rey, al final del capítulo 4, y los otros milagros que Él realizó en Galilea. Juan no las registra, pero los otros escritores sí lo hacen. Juan registra solo la sanidad en Galilea, es la que está al final del capítulo 4.

Pero "después de su ministerio en Galilea, había una fiesta de los judíos". Este es un tiempo indefinido y esta es una fiesta indefinida. No sabemos si es la Pascua de abril o bien la Fiesta de los Tabernáculos en octubre, no sabemos si era la fiesta de Pentecostés. No sabemos qué fiesta era esta. Pero sabemos por Deuteronomio 16:16 que había tres fiestas en el año a las que tenían que asistir todos los hombres. Seguramente fue una de estas fiestas, no sabemos cual, pero eso en realidad no tiene importancia. Solo sabemos que era la fiesta de los judíos, por lo que Jesús debió asistir.

Y como una nota al pie. A pesar de que el sistema era apóstata y de que los sacerdotes quienes cubrían las funciones en esas fiestas y festivales, todos eran abominación a Dios, seguían teniendo el mandamiento de celebrar esas fiestas que provenían de la Palabra, por lo que Jesús era fiel en cumplir toda la justicia, en hacer todo lo que Dios le había mandado hacer sin importar que la gente que las presidía, cuando Él asistió, eran absolutamente corruptas. Él era fiel en ser obediente a Dios en todos los requerimientos de Dios.

Así que Él va a Jerusalén con todos los otros hombres y con todos los otros que iban a la fiesta. No sabemos cuándo, pero sabemos que interrumpió su ministerio en Galilea, fue a la fiesta y regresó. La razón, dije, se encuentra en el capítulo 5, ahora lo tenemos en Jerusalén; en el capítulo 6 lo tenemos de regreso en Galilea; y en el capítulo 7, de regreso a Jerusalén y Judea otra vez. Así que en lugar de poner esto al final de su ministerio en Galilea, y después tener que resolver como regresar a Galilea en el capítulo 6, es mejor solo verlo como un viaje a Jerusalén para una fiesta en algún tiempo durante su ministerio en Galilea. Es importante saber esto.

Por cierto, en la frase: "Y hay en Jerusalén", la palabra "hay" es importante porque Juan está escribiendo entre el 80 y 90 d.C., al final del primer siglo y Jerusalén había sido destruida en el 70 d.C. Así que al menos diez años, tal vez veinte años antes de que Juan escribiera esto, la ciudad de Jerusalén fue destruida, el templo había sido destruido, el muro había sido destruido no en su totalidad. Debido a esto algunos dicen "¿Por qué dice "hay en Jerusalén"? La razón es que Él habla de una presencia histórica. En ocasiones cuando les cuento una historia, una historia bíblica, les diré que a pesar de que estoy hablando de dos mil años atrás, hay una puesta en la ciudad, o hay en esta ciudad un hombre, se usa el denominado sentido de presente histórico.

Existe otra posibilidad y es igualmente factible. Hay un testimonio del siglo IV de un misionero que visitó Jerusalén cientos de años después, pero pudo ver la Puerta de las Ovejas, o sus ruinas, que seguían en pie y vio los remanentes de lo que pudo ser el marco de este estanque y continuaban ahí. En cualquier caso, este estanque y la puerta estaban ahí cuando Jesús estuvo allí. Si quieren más información acerca de la Puerta de las Ovejas, vayan a Nehemías 3:1 y comenzando a partir de allí, verán que Nehemías menciona la Puerta de las Ovejas varias veces. ¿Para qué era ésta? Era la puerta por la que traían las ovejas que iban a ser sacrificadas en el Templo. Así que está cerca del Templo y cerca de este lugar hay un estanque. Había estanques esparcidos por toda la ciudad de Jerusalén por la razón que ustedes pueden asumir, para proveer agua, para la purificación, para el baño, para refrescarse del calor. Eran estanques públicos y había muchos de ellos.

Algunos historiadores intentan identificar este estanque como uno que tenía 22 metros de profundidad. Pero esto es imposible porque no tendrías a tanta gente inválida que quisiera llegar al fondo de este estanque. Así que sin importar cual era la profundidad del estanque, el punto es que estos inválidos podían llegar a ella y salir. Así que este no puede ser el estanque que algunos han sugerido. Y, por cierto, es llamado el estanque de Betesda y Betesda significa casa de misericordia. Esto puede ir unido con la idea de que había ahí una superstición acerca de un ángel que llegaba para agitar las aguas y que entonces en ese momento el agua tenía propiedades curativas.

Si ustedes ven en sus Biblias, notarán que en el versículo 3 a partir de la palabra "esperaban", o después de la palabra paralíticos y hasta todo el versículo 4, todo lo que esto nos dice fue añadido. Los manuscritos más antiguos no lo tienen. Esto fue añadido por uno de los escribas. No sabíamos esto hasta que fueron encontrados escritos más antiguos y cuando se encontraron, nos dimos cuenta de que no estaba ahí al principio. Fue añadido. Así que podemos ignorar la idea de que un ángel descendía y agitaba las aguas para que cualquiera que llegara al estanque sanara de cualquier enfermedad que tuviera si era el primero en llegar. Esto aparece mucho más delante dentro de nuestros originales conocidos. El escriba debió añadirlo porque esto era una superstición. Esto puede estar en la mente del hombre que vemos en el versículo 7 cuando dice: "Señor, le respondió el enfermo, no tengo quien me meta en el estanque cuando se agita el agua; y entre tanto que yo voy, otro desciende antes que yo". Así que esta superstición debió haber existido.

Y podemos preguntar, ¿cómo se desarrolló esta superstición? Bueno, pues pudo ser que esto era una fuente de agua de manantial y pudo ser también que tuviera algún valor terapéutico para los enfermos, como lo hacen este tipo de aguas. Y tal vez al pasar de los años esto lo asociaron con algún tipo de poder milagroso. Es difícil decirlo con certeza. Pero por el momento es suficiente para nosotros saber que el original decía así: "en éste hay una multitud de aquellos que estaban enfermos y ciegos, cojos y paralíticos, y había ahí un hombre que había estado enfermo durante 38 años".

Este estanque tenía cinco pórticos lo que nos dice que era un estanque más o menos grande. Cinco patios, galerías que pudieron estar cubriendo éste para cubrir a la gente del sol, pero abierto con columnas que estaban alrededor del estanque. Aparentemente la creencia tradicional, la superstición, era que había un ángel que venía y agitaba el agua. Tal vez esta historia estaba en la tradición y alguno de los escribas lo tuvo que poner ahí con la idea de explicar esta creencia, pero no se encuentra en los textos más antiguos. Si ellos lo creían, lo hacían neciamente. Era mágico, no era otra cosa que superstición.

Hay un hombre ahí que ha estado enfermo por más de 38 años y no había tenido éxito para llegar al agua y deshacerse de su enfermedad cualquiera que esta fuera. Cuando Jesús lo vio tirado ahí y supo que había estado en esta condición durante mucho tiempo; una vez más Jesús muestra su omnisciencia lo que es una declaración de su deidad, Jesús le dice, ¿quieres ser sano? Pero saben, muchas personas incluso se han burlado de esta pregunta, diciendo, "¿Cómo no iba a querer?" Porque le dijo, "¿Quieres ser sano?" Dicen, "Esa es una pregunta ridícula". Él había estado ahí con todas estas otras personas ciegas, personas sordas, personas paralíticas, esperando poder entrar en las aguas cuando éstas se agitaban, lo que seguramente era solo un burbujeo que era un fenómeno físico en la naturaleza de una fuente de agua de manantial. Pero este hombre había estado ahí por un periodo largo de tiempo. Desde luego que deseaba ser sanado. Pero, si lo piensan, esta es una pregunta correcta. Es mejor que llegar y decir: "¿Cómo te va?", o "¡Qué bonito día!", o "¿Qué tal? ¿Cómo están todos?"

Para ganar la atención del hombre de manera inmediata, Él dirige su conversación a la necesidad inmediata. Si hubiera ignorado por completo esta situación, probablemente no había necesidad de que Él estuviera ahí con todas estas personas y en especial para que siguieran desilusionados por otros 38 años de lo mismo. Así que nuestro Señor habla directamente acerca del tema, del mismo modo que lo hizo con la mujer en el pozo, cuando habló de la sed y de inmediato habló de la sed espiritual de ella.

Por lo que la pregunta es una pregunta correcta: ¿Quieres ser sano? ¿Has perdido tu esperanza? Es una pregunta adecuada. Treinta y ocho años, ¿tienes algo que todavía pueda ser considerado esperanza? O, ¿estás en completa desesperanza? ¿Es esto un tipo de desesperanza pasiva? ¿Queda algo de esperanza dentro de ti? Sea lo que sea que motivaba al Señor para preguntarle, lo obvio es que Él quiere dirigir la atención del hombre a su necesidad y el hecho de que ésta no ha sido resuelta. Esto muestra que a Él le importa. Nadie de los que estaban a su alrededor había sido tan compasivo. A nadie le había preocupado que él pudiera descender primero para nada. Era un hombre que había vivido casi 40 años sin recibir misericordia de nadie, incluso personas que eran tan miserables como él. Pero ahora por primera vez, aquí hay alguien a quien le importa. Esta es la compasión de Jesús. Un extraño se compadece de él. Un extraño le extiende una conversación. Mantengan en mente que este hombre, debido a su enfermedad durante tanto tiempo es considerado como una piraña y como alguien que vive fuera de la ley de acuerdo a los líderes judíos, porque ellos consideran que esto es un castigo de parte de Dios y por lo tanto éste es un hombre malo. Nadie, digamos, de importancia espiritual, hablaría con este hombre.

Pero nuestro Señor habla con él. Y el hombre enfermo le contesta: "Señor, le respondió el enfermo, no tengo quien me meta en el estanque cuando se agita el agua; y entre tanto que yo voy, otro desciende antes que yo". Él tenía esta superstición. No hace ninguna mención de ángeles agitando el agua. Cualquiera que fuera la superstición, él había sido traído ahí y no había podido entrar en ella para cambiar su vida.

Y nos preguntamos: "¿Por qué nadie creería algo como esto?" Este es el mundo antiguo. El *Papirus Ebers*, que es un libro antiguo de Egipto dice: "Para prevenir que el cabello se pusiera gris, se debía untar la sangre de un becerro negro cocinada en aceite con la grasa de una serpiente de cascabel". Esta es otra. Puede ser que algunos de ustedes, hombres, necesiten esto. "Cuando se cae el pelo, aplica la mixtura de seis grasas, las de caballo, de hipopótamo, de cocodrilo, algo difícil de conseguir, de un gato, de una serpiente y de una cabra montés. Para reforzarlo, untarlo con el diente de un burro aplastado en miel". Ahora, si ustedes piensan que esto en realidad podría hacer crecer el pelo, se equivocan totalmente. Pero así era el mundo antiguo. Creían en aguas mágicas, sangre de lagartos, dientes de puerco, carne putrefacta, grasa apestosa, cerilla de las orejas de un cerdo, grasa de ganso, grasa de animales, etc., etc., y los usaban como remedios. La gente creía que de algún modo el agua burbujeante podría proveer una cura, y esto no es tan raro pues sabemos que el agua sulfurosa puede ser terapéutica. Pero este hombre no se había podido beneficiar de ellas.

Pero aquí viene el Jesús compasivo. Este hombre, por cierto, no tiene idea de quién es Jesús, ninguna idea. No es creyente, y ni siquiera sabe quién es Él. Inmediatamente Jesús le da en el versículo 8, tres mandamientos: "Levántate, toma tu lecho, y anda". Tres mandamientos, levántate, toma y anda. El poder se desata en ese momento. Inmediatamente, en el versículo 9: "Y al instante aquel hombre fue sanado, y tomó su lecho, y anduvo". Este es un momento realmente sorprendente, lo que nos dice que estaba en una posición que lo imposibilitaba con esta enfermedad. Pero al momento comenzó a sentirse fuerte y se levantó por sí mismo, con sus inservibles manos y pies. Pero él pudo incorporarse, tenía el poder y la fuerza para ponerse de pie. Esto nos hace entender que las sanidades que Jesús llevó a cabo fueron tanto completas como instantáneas. No necesitaban rehabilitación, no había progresión. Era como un hombre joven, lleno de fuerza. Se levantó y no hubo fe involucrada de su parte. No tuvo que creer para que esto sucediera. Ni siquiera sabía quién era Jesús.

Así que este milagro no era acerca de su fe. Para nada. Pero éste comenzó con una demostración de la compasión de Jesús, y con la respuesta del hombre, el comenzó a caminar. Ahora aquí está el problema. "Y era día de reposo aquel día". Este es el punto de todo este milagro. Jesús pudo hacer esto al día siguiente. Este hombre no tenía una enfermedad terminal. Este hombre tenía un problema crónico. Pudo ser sanado tres días después o dos días antes. Pero Jesús escogió el Sabbath porque éste es todo el punto de lo que estaba sucediendo ahí. Él eligió el sábado con ese propósito exprés de animar la confrontación con los líderes de Israel.

Jesús le dijo al hombre, "carga tu cama". ¿No sabía que podría sacudir los líderes judíos? Desde luego que lo sabía. Ellos habían pervertido la ley. Dios había dado la ley del Sabbath desde Éxodo 20 y la repitió muchas veces en Éxodo y en Deuteronomio. Dios había dado el Sabbath como un tiempo de descanso, esparcimiento, disfrute, para hacer el bien. Lo único que no debías hacer era el trabajo común, los negocios normales, los trabajos habituales. En Jeremías 17:21, "Así ha dicho Jehová: Guardaos por vuestra vida de llevar carga en el día de reposo, y de meterla por las puertas de Jerusalén". Esto es comercio. No hagan el comercio normal. Pero ellos habían añadido docenas y docenas de prescripciones y elaborado mandamientos para controlar su comportamiento en el día sábado. De hecho, en Mateo 23, la carga era tan opresiva que la gente no podía soportarlo y no les daban ningún tipo de ayuda... habían creado mandamientos imposibles de llevar. Por lo que ellos habían pervertido el Sabbath y lo habían convertido en el peor día de la semana, el día que tenían que obedecer mandamientos que solo eran pesadas cargas.

En Lucas 6, Él entró en la sinagoga en el Sabbath, para enseñar. Había un hombre ahí el cual tenía la mano seca. Los escribas y fariseos estaban viendo de cerca para ver si Él lo sanaba en el sábado, para así tener una razón para acusarlo. Por lo que los acomoda. Él sabía lo que ellos estaban pensando, como siempre lo sabía. Entonces le dijo al hombre con la mano seca: "Levántate y ven acá". Se levantó y fue a donde le dijo. Entonces Jesús les preguntó: "¿Es correcto hacer el bien o hacer daño en sábado para salvar una vida o destruirla? Y mirándolos a todos, le dijo al hombre: Estira tu mano. Así lo hizo y su mano fue restaurada por lo que todos se llenaron de ira y discutían entre sí qué debían hacer con Jesús". Lo querían muerto por lo que estaba haciendo en su precioso día de Sabbath. El Sabbat o sábado, era el punto focal de su apostasía, de su justicia propia, de su legalismo y de su sistema religioso.

Incluso Jesús les declaró a ellos que Él podía hacer lo que Él quisiera en el sábado. Escuchen en Marcos 2:27, "El día de reposo fue hecho por causa del hombre, y no el hombre por causa del día de reposo". Y el Hijo del Hombre es Señor del sábado.

Esto nos hace ver que con todo propósito Jesús hizo esta confrontación el sábado. Esto no tenía que ver con la fe del hombre. El asunto era la confrontación con los líderes. Y esto nos lleva a considerar con que seriedad vieron este asunto y de que manera tomaba Jesús sus tradiciones. Se opuso a observar el Sabbath legalista que habían hecho los hombres por medio de sus reglas de la tradición rabínica. Este es el principal punto de conexión entre Él y la religiosidad establecida; Mateo escribe acerca de esto. Marcos, Lucas, Juan, como lo hemos visto aquí. El Señor deliberadamente sana a este hombre en sábado, deliberadamente le dice que tome su cama, deliberadamente le dice que camine. Sabe muy bien que está retando a los judíos que siempre están cerca de Él observándolo. Él no tiene interés en la tradición rabínica, solo en la ley de Dios. Sabe que han sustituido las tradiciones de hombre por la ley de Dios. Sabe que el sábado era un medio para glorificar a Dios y para honrar a Dios. Este era un regalo para la humanidad. Pero lo habían convertido en una carga y en una forma en la que podían demostrar su falsa religiosidad. Es por esto que Él los ataca en el corazón de su sistema y lo hace por medio de un acto de compasión, de una sorprendente compasión hacia un hombre quien ha estado enfermo durante mucho tiempo.

El increíble menosprecio de los judíos

La sorprendente compasión de Jesús es seguida por el increíble menosprecio de los judíos. Veamos los versículos 10-12: "Entonces los judíos dijeron a aquel que había sido sanado: Es día de reposo; no te es lícito llevar tu lecho. Él les respondió: El que me sanó, él mismo me dijo: Toma tu lecho y anda. Entonces le preguntaron: ¿Quién es el que te dijo: Toma tu lecho y anda?" De ningún modo les importó que este hombre ahora pudiera caminar. No les importó si este hombre había obtenido algún tipo de sanidad. Eran horriblemente indiferentes. No tenían otra cosa que menosprecio por ese hombre, creían que estaba en esa condición porque Dios lo había castigado. Y que ellos, a diferencia, habían sido aceptados por Dios. Solo tenían un gran menosprecio por ese hombre, pero lo más importante era, que este menosprecio era lo único que tenían en contra de Jesús por todo lo que Él hacía. ¿Querían saber quién había hecho esto? ¿Quién te dijo que tú podías cargar tu cama? Olvídate del milagro, ignora el milagro, ¿quién te dijo que lo podías cargar? ¿Quién es el hombre que te dijo que lo hicieras?

La sorprendente satisfacción del hombre

Lo están intimidando. Él se está intimidando. Y esto es lo que nos lleva a la tercera parte de esta historia, la satisfacción del hombre. La compasión de Jesús, el menosprecio de los judíos, y la satisfacción del hombre. Esto es en verdad sorprendente, veamos el versículo 14: "Después le halló Jesús en el templo". Recordemos que debió haber decenas de millares de personas en el Templo, pero Jesús sabía lo que había en la gente, sabía donde estaban, sabía donde habían estado y sabía hacía donde iban. Jesús lo encuentra en el Templo. Jesús fue a él y le dijo: "Mira, has sido sanado; no peques más, para que no te venga alguna cosa peor". Este es un toque personal. Lo encuentra entre la multitud, en el Templo y ahora está caminando, y sin duda estará diciendo a todos los que preguntan qué fue lo que le sucedió. Este hombre no tiene idea de quién fue el que le hizo esto, no supo de dónde salió ese poder. Jesús lo encuentra y pienso que tuvieron una conversación más larga de lo que aquí tenemos. Pienso que esto encaja con Juan 21:25 en donde dice que, si todo lo que Jesús hizo y dijo fuera escrito, los libros del todo el mundo no lo podrían contener.

Pero el final de la conversación ocurrió así. "Mira, has sido sanado; no peques más, para que no te venga alguna cosa peor". ¿Cuál es la implicación de esto? Que es su año 38 de una enfermedad que estaba conectada con el pecado. ¿Este fue siempre el caso? No, en el capítulo 9 hay un hombre que nació ciego, ¿qué decían los judíos? "¿Quién pecó él o sus padres?" ¿Y qué contestó Jesús? Ninguno de los dos. En ocasiones se puede estar enfermo y no es un castigo directo por el pecado. Y en otras ocasiones la enfermedad está directamente conectada con el pecado. Pablo dice a los Corintios: "Algunos de ustedes están débiles y enfermos y otros duermen debido a la forma en la que han profanado la mesa del Señor". David dijo que la mano de Dios era tan dura sobre él a causa de su pecado que los jugos de su vida se estaban secando. Moisés dijo en Deuteronomio 28 al pueblo de Israel: "Si ustedes no obedecen a Dios, Dios les hará que estas enfermedades lleguen a ustedes". En el caso de este hombre, su enfermedad estaba relacionada con el pecado, a su pecado. No sabemos más de esto. Y la final y seria advertencia de Jesús a este hombre es: "Mira, has sido sanado; ahora ve en una dirección diferente, lejos del pecado que ha marcado tu vida". Esto me dice que el hombre no es salvo. Y Jesús le dice: "38 años de enfermedad como resultado del pecado, pero eso no es nada comparado con la ira de Dios en el infierno al que puedes llegar y quedar por la eternidad. Has sido sanado, ve y no peques más".

Jesús le debió haber dicho a este hombre lo que Él quiso decir por medio de lo que es una indicación de que Él le había dado lo necesario para que creyera en Él como el único camino para ser perdonado y liberado del poder del pecado. ¿Crees que tuviste problemas al estar enfermo por 38 años? No es nada comparado con lo que se te espera si tú no abandonas el pecado.

El poder de la falsa religión

Y aquí está la parte más asombrosa de la historia. "El hombre se fue, y dio aviso a los judíos, que Jesús era el que le había sanado". Él hizo su elección, ¿cuál fue el lado que escogió? Los judíos. Esto es sorprendente, cuatro décadas de un sufrimiento terrible, fue sanado, advertido, la verdad del perdón fue clara para él, estoy seguro, se fue de la presencia de Jesús y declaró su lealtad a los judíos quienes odiaban a Jesús. Este hombre sabía que odiaban a Jesús. Sabía que lo perseguían. Recuerden que todos lo sabían. Digamos que decidió entregar a Jesús. Este es el poder de la falsa religión. Frente a la compasión de Cristo, frente a este sorprendente milagro, frente a esta obra de sanidad, este hombre decide declarar su lealtad a los judíos quienes lo odiaban y lo querían muerto. Esto tiene que ser el acto más grande de ingratitud e incredulidad de todas las sanidades que Jesús hizo. Él no tiene la intención de adorar al Señor Jesús. No tiene la intención de seguir a Jesús. Sabe que los judíos son hostiles. Tuvieron una conversación allá en el versículo 10 al 12, un resumen de la conversación. Los judíos debieron revelarle y declarado como se sentían respecto al hombre que le había hecho esto. Y con la idea de restaurarlo a las buenas gracias judías por haber violado el Sabbath, vemos aquí un tipo de penitencia al mostrar su mejor interés con los líderes religiosos al delatar a Jesús. Prefiere ser ingrato con Jesús que con los líderes religiosos. Este es el poder de la falsa religión.

Como resultado, por esta razón, leemos en el versículo 16: "Y por esta causa los judíos perseguían a Jesús, y procuraban matarle, porque hacía estas cosas en el día de reposo". Sí, es la historia de un milagro, pero trágicamente es la triste historia de un milagro. No es la historia de un hombre que fue sanado y a causa de esto creyó. Sino de un hombre que fue sanado y rechazó a Cristo. Y si eso te sorprende, mantén esto en mente. Casi toda la gente que Jesús sanó, porque Él sanó a grandes multitudes de personas, de todas éstas solo quedaron unas pocas al final. Este es el poder, el poder condenador de la falsa religión. El hombre que fue sanado, prefirió a aquellos quienes habían dado la prescripción para el comportamiento "correcto" en el sábado. Esto es lo que catapulta la persecución que se inicia a continuación, como les dije, esto durará hasta la cruz.

Nuestro Señor está confrontando al legalismo judío en su mismísimo corazón, el Sabbath. Reta las tradiciones con su autoridad como el Señor del Sabbath, como Dios. Sana a un hombre, lo advierte acerca de continuar viviendo en pecado y de la necesidad de alejarse del pecado, pero este hombre regresa lealmente a su religión condenadora para entregar a Jesús. Con todo éxito este hombre se ha convertido en un hijo del infierno, como lo dice Mateo 23. Esto fue lo que ellos hicieron.

Recuerden cuando Jesús estaba hablando a los discípulos y la viuda entregó su dinero, entregó todas sus monedas. Y Jesús dijo: "Cuidado con estos hombres, esto es lo que ellos hacen. Ellos pueden llevar a una viuda al punto en donde ella entrega sus dos últimos céntimos para después morir en su casa. Esto indica cómo es que ella está cautiva a este sistema religioso que le ha enseñado como comprar la salvación". Jesús les dice cuídense de ellos. Y después Él les dice: "No quedará piedra sobre piedra, voy a derribar todo esto". Antes de que Juan escribiera esto, en el 70 d.C., los romanos vinieron como instrumento de juicio divino y destruyeron Jerusalén y el Templo y todo el sistema religioso.

Pero, ¿qué me dices de ti? ¿Qué pasa contigo? ¿Amas a Cristo? ¿Lo recibes como tu Señor y Salvador? O, ¿estás cautivo en una falsa religión con falsos maestros que te dicen mentiras y te hacen prisionero de su engaño? Te advierto del modo que Jesús advirtió. Solo hay una esperanza de salvación y esa está en Él. Si lo rechazas estarás perdido por toda la eternidad. El castigo es eterno, fuera de su presencia. Este hombre hizo su elección, tomó la decisión incorrecta, una decisión trágica, en un sentido es como un microcosmos de lo que hizo Judas cuando conoció a Jesús, vio su poder, escuchó sus palabras, oyó sus advertencias, pero se decidió por el infierno. Trágica historia. Establece el tono para el resto del evangelio y para todo el rechazo que llegará.

Oración

Padre, una vez más, en esta mañana, reconocemos que tu Palabra llega con autoridad. Mis palabras no tienen autoridad, mis pensamientos, mis ideas, tampoco. Pero tu Palabra es autoridad, es verdad y su poder es serio y debe ser respetada teniendo esto en mente. Toda alma, todo corazón, toda vida que está escuchando este mensaje ha sido confrontada con la verdad. El Cristo compasivo viene. Él ofrece libertad y salvación, la verdad y nos advierte acerca de enrolarnos en la falsa religión, el poder de la falsa religión que mantiene a la gente cautiva. Oh Dios, oramos para que Tú nos des de tu gracia y abras los ojos de aquellos que posiblemente antes no eran capaces de ver esto, para que ellos puedan ver ahora y destruyan las fortalezas del engaño con la verdad, que destruyan las mentiras y sean liberados para ser ahora cautivos de Cristo. Esta es nuestra oración.

Padre, también te pedimos que nos des sabiduría para entender estas verdades y esta sabiduría para aplicarla en nuestras vidas. Primero en la propia, si es que hay alguna duda acerca de nuestra condición espiritual, y después ser capaces de llevar esto a la vida de aquellos a los que conocemos, de aquellos con los que nos reunimos, y de aquellos a los que amamos. Hay gozo en nuestro corazón por el hecho de que hemos sido liberados de la oscuridad para entrar a la luz, hemos sido sacados del reino de Satanás para que nos introdujeras al reino de Cristo. Hemos sido bendecidos cuando leíamos y ahora hemos probado tu bondad. Esto es lo que oramos por otros. Ahora que el mensaje ha sido entregado, este no es el fin, este es el comienzo. Ayúdanos a llevar este conocimiento a alguien más. Danos la oportunidad, oramos para tu gloria en el nombre de Jesucristo. Amén.

REFLEXIONES PERSONALES

24_Los Muertos Escucharán a Cristo

De cierto, de cierto os digo: Viene la hora, y ahora es, cuando los muertos oirán la voz del Hijo de Dios; y los que la oyeren vivirán. Porque como el Padre tiene vida en sí mismo, así también ha dado al Hijo el tener vida en sí mismo; y también le dio autoridad de hacer juicio, por cuanto es el Hijo del Hombre. No os maravilléis de esto; porque vendrá hora cuando todos los que están en los sepulcros oirán su voz; y los que hicieron lo bueno, saldrán a resurrección de vida; mas los que hicieron lo malo, a resurrección de condenación.

Juan 5:25–29

BOSQUEJO

— Introducción

— La resurrección espiritual

— El poder de la resurrección física

— Oración

NOTAS PERSONALES AL BOSQUEJO

Introducción

Abran sus Biblias en el capítulo 5 del evangelio de Juan, Juan 5:25–29. Hemos visto uno de los más grandes mensajes, discursos o sermones que nuestro Señor dio, esta presentación larga de su deidad que comenzó en el versículo 17 y llega hasta el 47. Hemos llegado ya al versículo 25, y no queremos movernos muy rápido a través de este porque tiene una riqueza muy profunda. Permítanme leer para ustedes los versículos 25–29.

"De cierto, de cierto os digo: Viene la hora, y ahora es, cuando los muertos oirán la voz del Hijo de Dios; y los que la oyeren vivirán. Porque como el Padre tiene vida en sí mismo, así también ha dado al Hijo el tener vida en sí mismo; y también le dio autoridad de hacer juicio, por cuanto es el Hijo del Hombre. No os maravilléis de esto; porque vendrá hora cuando todos los que están en los sepulcros oirán su voz; y los que hicieron lo bueno, saldrán a resurrección de vida; mas los que hicieron lo malo, a resurrección de condenación".

Toda persona que ha vivido o vivirá en esta tierra experimentará la resurrección. Sé que nosotros los cristianos entendemos la resurrección que Dios ha planeado para su pueblo, pero tienen que comprender que también todo ser humano que haya vivido será levantado de entre los muertos y que entonces habrá una resurrección física y literal de los impíos del mismo modo que la habrá para los justos. Habrá una resurrección física para juicio o condenación del mismo modo que la habrá para vida eterna. Todos los hombres que hayan vivido en esta tierra serán resucitados de entre los muertos. Cuando el cuerpo llega regresa a la tierra, esa no es la apariencia final y visible que tendrá esa persona. La eternidad no es solo un lugar para los espíritus, es un lugar para los cuerpos resucitados que contendrán espíritus. La resurrección es el tema de este pasaje como fácilmente lo pueden ver. Y es el pasaje en el que nuestro Señor hace la sorprendente declaración de que Él es quien resucita a los muertos y después los juzga a todos ellos.

Recordemos cual es el escenario aquí. Jesús está hablando a los líderes judíos en Israel. Él es, hasta donde son capaces de definirlo, un falso maestro, alguien que pretende ser un representante de Dios y, a pesar de que saben que hace milagros, han dicho que los hace con el poder que viene del infierno. Lo rechazaron, lo vieron como el más grande blasfemo que no tenía comparación, sin paralelo, sin alguien igual porque Él decía hacer las cosas que solo Dios podía hacer, de la manera que Dios las hacía. De hecho, como recordamos del versículo 18, Él se hace igual a Dios y que su evaluación de Él, su acertada evaluación de lo que Él estaba diciendo.

Pero, ¿cómo es que nos muestra el tema de la resurrección, en esta declaración de su deidad? Bueno, llega a este punto porque nuestro Señor está diciendo ser Dios en el versículo 21 y 22, Él dice que resucita a los muertos y que los juzga, del mismo modo que Dios los resucita y les de vida o los juzga. Así que Él mismo es quien presenta el tema de la resurrección o del juicio. Todo esto es parte del mensaje que Jesús está dando, este monólogo que Él da acerca de su deidad a todos estos líderes judíos.

Ellos lo estaban rechazando como si fuera un blasfemo. Si vemos el versículo 16 vemos que están persiguiendo a Jesús, primero que nada, porque ha violado las reglas tradicionales que ellos habían puesto para guardar el Sabbath. Y aún peor, como hice notar en el versículo 18, Él está llamando a Dios su Padre lo que es lo mismo que si Él estuviera diciendo que los dos eran de la misma esencia, haciéndose así igual a Dios. Lo que era una blasfemia enorme. Primero condenado por realizar un milagro de sanidad en el Sabbath, como una violación de sus tradiciones, y después condenado por ser el más grande blasfemo.

Jesús responde a estos falsos juicios haciendo declaraciones más fuertes; no se echó para atrás, no intentó mitigarlas, no intentó explicar nada, no intentó suavizar el viento, sino que sus declaraciones fueron más y más grandes. Vimos en los versículos 17–24, hacía dos semanas, qué Él dijo ser igual a Dios en lo que respectaba a su persona, igual a Dios en cuanto a sus obras, igual a Dios en cuanto a su poder, igual a Dios en cuanto a juicio o autoridad, igual a Dios en cuanto a honor, y en el versículo 24, igual a Dios en verdad. Lo que Él dice es tan cierto como lo que Dios dice, del mismo modo Él tenía que ser escuchado y debían creer en Él, Él debía ser escuchado y debían creer en Él.

Entonces en los versículos 17 al 24, hace esta sorprendente, esta maravillosa declaración de que Él es igual a Dios, y en medio de ésta, versículos 21 y 22, encontramos estas dos declaraciones que esencialmente son las declaraciones más fuertes de todas las que hizo, Él tiene el poder de dar vida y el poder de juzgar. Esto es para decir, que él puede traer a la gente a la existencia y después determinar la naturaleza de su existencia eterna. Él es Dios, el mismísimo Dios, y esto es inconfundible.

Ahora, obviamente van a quedar sorprendidos, traumatizados por el tipo de declaración que hace el carpintero galileo parado justo frente a ellos, que Él es quien da vida a todos y determina el destino eterno de todos. No se echa para atrás. En los versículos 25 al 29, como leímos, Él demuestra que tiene el poder de dar vida y el poder y la autoridad para juzgar. Él tiene el poder, y lo usará. Por lo que Él habla en los versículos 25 al 29 de dos tipos de resurrección. Y éste será nuestro bosquejo esta mañana. Desde luego que hay una resurrección física, todos lo entendemos. Pero también hay una resurrección espiritual. Esto va unido, hay dos resurrecciones que son eternas. Hay una resurrección para vida eterna, y hay una resurrección para condenación eterna. Y todo esto se encuentra en estos cortos versículos.

La resurrección espiritual

Veamos primero a los versículos 25 y 26 para que podamos ver esta verdad de la resurrección espiritual. Este es el tema. "De cierto, de cierto os digo: Viene la hora, y ahora es", "y ahora es", es la clave aquí, es algo que ahora es, lo que dice es que ésta está sucediendo justo ahora. Esto quiere decir que la resurrección física está en el futuro. La resurrección que está justo llevándose a cabo en ese momento es la resurrección espiritual. Por lo que nos dice, "cuando los muertos oirán la voz del Hijo de Dios; y los que la oyeren vivirán. Porque como el Padre tiene vida en sí mismo, así también ha dado al Hijo el tener vida en sí mismo". Estos dos versículos señalan hacia la resurrección espiritual. Esto es enfático, autoritativo, una declaración absoluta y es la razón por la que da comienzo con, "de cierto, de cierto os digo". Esto mismo lo vimos en el versículo 24. Lo vimos en algunas discusiones previas de Jesús con Nicodemo. Jesús lo uso varias veces cuando habló con Nicodemo.

La razón por la que vemos esto frecuentemente es porque la información que da a continuación es completamente nueva. Esto es contrario a todo lo que habían conocido antes, a todo lo que habían creído antes, a todo lo que habían afirmado y enseñado antes. También es la forma más solemne de presentar un pensamiento, "de cierto, de cierto", para enfatizar la urgencia de esto.

Y bueno, dice: "Viene la hora, y ahora es". Algo ha llegado ya y también tiene un aspecto futuro. Algo ha llegado en el presente, pero tiene un aspecto futuro. ¿Cuál será este?

Pues se trata de la resurrección espiritual. El Nuevo Testamento comienza aquí cuando nuestro Señor comienza su ministerio. No está completo, el ministerio del Señor comenzó cuando Él llegó, el ministerio de redención, el ministerio de salvación, el ministerio de santificación, este no culminará hasta que el trabajo de redención esté finalmente completo. Esta es la forma en la que nuestro Señor dice que la redención ha comenzado, que la regeneración ha comenzado. Cuando él dijo a Nicodemo: "tienes que ser nacido de arriba, tienes que ser nacido de nuevo", ahora tenemos dos, el ahora y lo que viene. "Esta es una continuación del ministerio, la obra de salvación del Señor Jesús ya está empezando a hacer que la gente viva". Esta es la continuación de su ministerio, la obra de salvación del Señor Jesús ya comenzó para que la gente viva. Así como habló a los judíos ese día, Él tenía el poder en esa misma hora de dar vida a la gente.

Regresando al versículo 24: "De cierto, de cierto os digo: El que oye mi palabra, y cree al que me envió". Esto está en tiempo presente, todo está en tiempo presente, "El que oye mi palabra, y cree al que me envío, tiene vida eterna". Y es por eso que en el versículo 25 dice, "y ahora es". "Viene la hora, y ahora es; cuando los muertos, los espiritualmente muertos, escucharán la voz del hijo de Dios y aquellos que escuchen tendrán vida". Jesús simplemente está diciendo que eso acaba de comenzar. El ministerio de la salvación por medio del Señor Jesucristo acaba de comenzar. Incluso antes de la cruz, Él dio vida. Incluso antes de su propia resurrección, Él estaba dando vida a la gente.

Al final del capítulo 3 cuando Jesús cierra su mensaje a los discípulos, dice esto: "El que cree en el Hijo tiene vida eterna". Aquel que cree en el Hijo tiene vida eterna. Recordarán en el capítulo 4, en el versículo 42, que ellos estaban diciendo "a la mujer samaritana: Ya no creemos solamente por tu dicho, porque nosotros mismos hemos oído, y sabemos que verdaderamente éste es el Salvador del mundo, el Cristo". Literalmente estaban creyendo. De hecho, en el versículo 39, creyeron en Él por las palabras que la mujer les dio. Y en el versículo 40, ellos estaban pidiendo que se quedara con ellos y Él se quedó ahí dos días y muchos más creyeron por las palabras que les habló, y regresando al 5:25: "oirán la voz del Hijo de Dios; y los que la oyeren vivirán". Así que ellos estaban creyendo y les estaba siendo otorgada la vida eterna.

Quiero que esto quede claro porque pienso que puede haber confusión entre lo que dice el Antiguo Testamento y la resurrección de Jesucristo cuando la totalidad de la cruz y la resurrección, que son el mensaje central del evangelio, se ven claramente y se cumplen. El periodo comprendido entre la llegada de Cristo y su propia muerte, seguía dando vida espiritual a todos aquellos que creían. ¿Por qué creyeron? Creyeron en el Dios vivo y verdadero. Creyeron que Él era santo y justo. Creyeron que en realidad ellos lo habían ofendido. Creyeron que eran pecadores. Creyeron que necesitaban misericordia y gracia. Creyeron que Dios había enviado a su Hijo para que fuera el Salvador, el Salvador del mundo como lo vieron los samaritanos de Sicar. Ellos creyeron todo lo que había sido revelado hasta este punto, a pesar de que aún no habían creído en la obra del Calvario ni en la tumba vacía, solo habían creído que el Hijo de Dios era todo lo que ellos tenían que creer porque eso era todo lo que Dios había revelado hasta este punto. Él estaba comenzando a dar vida. Esa es la razón por la que dice "y ahora es".

Pero al mismo tiempo "viene una hora". Cuando Él usa el término "hora", no está hablando de una hora, está hablando de un tiempo, un periodo de tiempo. También sabemos del 1:12, "a todos los que le recibieron, a los que creen en su nombre, les dio la potestad de ser hechos hijos de Dios". Nuevamente vemos aquí esta idea. Si ellos creían en quien era Él, Juan 3:16, "de tal manera amó Dios al mundo, que ha dado a su Hijo unigénito, para que todo aquel que en él cree…" no dice nada acerca de la cruz o de la resurrección todavía, pero sí acerca de creer en Él como el Hijo de Dios, el Salvador del mundo. Desde luego que esto incorpora el creer que Dios era santo y que ellos eran pecadores, y que ellos necesitaban la salvación y esa salvación estaría en Él, a pesar de que no sabían exactamente cómo funcionaría esto. El Espíritu Santo aún no había llegado en el completo sentido de convencer al mundo de pecado, justicia y juicio. Pentecostés no había sucedido todavía y por lo tanto el Espíritu Santo no había venido a llenar a la iglesia y a hacer residencia en los creyentes para que ellos tuvieran el poder de dar testimonio a Jerusalén, Judea, Samaria y hasta lo último de la tierra, lo que se había prometido en Hechos 1:8. Todo esto no había sucedido aún. Por todo esto el "viene la hora". Así que cuando vemos esta pequeña frase, "viene la hora", podríamos decir acerca de esa hora que es la totalidad de la revelación de la cruz y de la tumba, así como la llegada del Espíritu Santo y la obra del Espíritu, por medio de la iglesia, para llevar el evangelio hasta lo último de la tierra. Esa hora viene para mostrar todo su cumplimiento, pero hay un sentido en el que está sucediendo en el tiempo presente, "y ahora es".

Tienes que creer. Por ejemplo, que los discípulos en Juan 1 quienes vinieron a Jesús, afirmaron quién era Él, dejaron de seguir a Juan el Bautista, siguieron a Jesús quien fue identificado como el Cordero de Dios que quita el pecado del mundo, su profesión de fe era que ellos habían encontrado al Mesías, esta era su confesión, tienes que creer para que tengas vida eterna. Tienes que creer que a los samaritanos se les dio vida eterna por haber creído en el nombre de Jesús. Sería injusto, no habría una razón legítima para no dar a conocer esta salvación. Se les daría la misma salvación que aquellos que fueron redimidos en el Antiguo Testamento con la adición de que los santos del Antiguo Testamento esperaban a aquel que vendría, y esos primeros creyentes que vemos en el Nuevo Testamento, se encuentran del mismo modo antes de la cruz, antes de la resurrección, antes de la llegada del Espíritu Santo, ellos estaban afirmando que el que había venido en efecto era Él. Ya era la hora de la vida, pero solo era el comienzo, solo el comienzo. De hecho, cuando esa hora llegó en realidad en su totalidad fue en el día de Pentecostés, tres mil fueron salvados y después cinco mil y desde aquí fue explosivo.

Así que a lo que nuestro Señor se está refiriendo aquí no es a la resurrección física y literal, sino a la resurrección espiritual porque este fue el único momento en el que sucedió al tiempo presente. La gente estaba espiritualmente muerta, vayan el versículo 25, cuando los muertos, los espiritualmente muertos.

Y si pensamos en los muertos espirituales, ¿no es eso de lo que habla Efesios? ¿Tenemos algún indicativo de que la gente fuera llamada muerta espiritual en los evangelios? Sí, lo tenemos en Mateo 8:22: "deja que los muertos entierren a sus muertos". En el ministerio temprano de Jesús, llama a los no regenerados muertos, en Mateo 8:22. La muerte espiritual era una realidad de la naturaleza caída del hombre. Todos los hombres nacen en un estado de muerte espiritual, y cuando Pablo habla acerca de la gente como estando muerta en sus delitos y pecados, no está inventando una nueva doctrina, no está desarrollando un tipo de idea nueva, simplemente él está declarando lo que siempre había sido el caso. Todos los hombres nacen muertos en delitos y pecados. Así es como sucede. Por lo tanto, Dios está dedicado a dar vida a los hombres. Todos los santos del Antiguo Testamento estaban muertos en sus delitos y pecados, y se les dio vida nueva, esto es a todos los que vinieron a la verdadera fe en Dios.

Permíteme ampliarlo un poco más. Uno de los temas que hay en el evangelio de Juan es que Cristo está también dedicado a hacer que los que están muertos espiritualmente tengan vida. Si regresamos al 1:4, leemos: "En él estaba la vida, y la vida era la luz de los hombres". Si vamos al capítulo 3:15, "para que todo aquel que en Él cree, tenga vida eterna". Y versículo 16: "para que todo aquel que en Él cree, no se pierda, mas tenga vida eterna". Y en el 4:14, Jesús le dice a la mujer en el pozo: "mas el que bebiere del agua que yo le daré, no tendrá sed jamás; sino que el agua que yo le daré será en él una fuente de agua que salte para vida eterna".

Llegando al 5:39-40, "Escudriñad las Escrituras; porque a vosotros os parece que en ellas tenéis la vida eterna; y ellas son las que dan testimonio de mí; y no queréis venir a mí para que tengáis vida". Y en el capítulo 6:27, "Trabajad, no por la comida que perece, sino por la comida que a vida eterna permanece, la cual el Hijo del Hombre os dará". Versículo 33, "Porque el pan de Dios es aquel que descendió del cielo y da vida al mundo". Versículo 35, "Yo soy el pan de vida; el que a mí viene, nunca tendrá hambre; y el que en mí cree, no tendrá sed jamás". Y al final del capítulo, 6:68, esencialmente lo mismo: "Señor, ¿a quién iremos? Tú tienes palabras de vida eterna". Unos ejemplos más porque este es un aspecto muy importante del ministerio de Cristo, es el corazón de su ministerio. Juan 10:10, "El ladrón no viene sino para hurtar y matar y destruir; yo he venido para que tengan vida, y para que la tengan en abundancia". Versículo 28, "y yo les doy vida eterna; y no perecerán jamás, ni nadie las arrebatará de mi mano". Juan 11:25, Jesús le dijo a Marta: "Yo soy la resurrección y la vida; el que cree en mí, aunque esté muerto, vivirá". Y ahora nuestro tema, Juan 20:31, "Pero éstas se han escrito para que creáis que Jesús es el Cristo, el Hijo de Dios, y para que creyendo, tengáis vida en su nombre". Nada es más característico, nada es más inimitable, nada es más esencial en el ministerio de Jesús que dar vida... dar vida espiritual a aquellos que están espiritualmente muertos. Esto no es acerca de un hombre que está enseñando ética, o moral, o virtud, o ideologías religiosas. Este es uno que da vida a las personas que están muertas, muertas espiritualmente.

¿Cómo es que ellos recibieron esta vida? Regresemos al capítulo 5, ya estamos familiarizados con esto, esto es familiar para todos los creyentes. Ellos recibieron vida porque escucharon la voz del Hijo de Dios, y aquellos que escuchan vivirán. Él es el único, la única voz con el único mensaje que da vida a un mundo que está muerto espiritualmente y en desolación. Solo aquellos que escuchan su voz tendrán vida espiritual.

Puedes imaginar a un mundo lleno de cuerpos por todos lados, y a un solo hombre moviéndose entre millones de cuerpos a los que llama para que tengan vida. En esto consiste el trabajo de Jesús, hablando espiritualmente. Aquellos que escuchen vivirán.

Ahora esto no es un escuchar general, esto es un escuchar efectivo con el corazón. Esto no es solo información, esto es transformación. Esto es parte del trabajo del Espíritu como lo vemos en Juan 3 en lo que respecta a regeneración. Este es Dios alcanzando y dando vida, después hablando con una voz que escucha el corazón, que escucha el alma. La vida es derramada en el alma. No es un escuchar superficial.

Recordarán que en Mateo 7 Jesús dijo a las personas: "Nunca os conocí; apartaos de mí". Y ¿quiénes son las personas a las que les dice apartaos de mí, nunca os conocí? Ellos son de los que dicen: "Señor, Señor, hemos hecho todo esto en tu nombre. Hemos proclamado tu nombre. Hemos hecho milagros en tu nombre. Hemos expulsado demonios en tu nombre". A éstos les dice: "Apartaos de mí, nunca os conocí". Esto no es algo superficial. No es un escuchar físico. Esto es un escuchar efectivo, es un escuchar dentro del corazón creyente y dentro del alma creyente, esto está basado en la gracia que Dios da para despertar a un alma muerta. Solo hay una voz que puede penetrar dentro de la muerte espiritual, solo una voz, y esa es la voz del Hijo de Dios. Subrayen esto, Juan 5:25, "cuando los muertos oirán la voz del Hijo de Dios; y los que la oyeren vivirán". Tú puedes testificar acerca de esto, puede ser que yo sea el predicador, pero la voz que ellos tienen que escuchar no es nuestra voz, la voz que ellos tienen que escuchar es la voz de Dios, porque solo Él puede dar vida.

Los hombres no tienen vida espiritual por ellos mismos. Los hombres que están muertos espiritualmente, no viven por medio de algún tipo de empuje religioso, o por medio de alguna ceremonia. No tienen vida a causa de un ritual. No tienen vida por algún tipo de sabiduría de su maestro. No tienen vida porque ellos mismos se superen. Tienen vida cuando la voz de Cristo los llama. Efesios 5:14 dice: "Despiértate, tú que duermes, y levántate de los muertos, y te alumbrará Cristo".

Sería bueno ir a Efesios capítulo 2, pienso que ahí está muy bien ilustrado. "Y él os dio vida a vosotros (junto con todos los demás) cuando estabais muertos en vuestros delitos y pecados, en los cuales anduvisteis en otro tiempo, siguiendo la corriente de este mundo, conforme al príncipe de la potestad del aire, el espíritu que ahora opera en los hijos de desobediencia". Esto describe la condición de todos los seres humanos. Ustedes estaban viviendo "en los deseos de nuestra carne, haciendo la voluntad de la carne y de los pensamientos, y éramos por naturaleza hijos de ira, lo mismo que los demás. Pero Dios, que es rico en misericordia, por su gran amor con que nos amó, aun estando nosotros muertos en pecados, nos dio vida juntamente con Cristo (por gracia sois salvos), y juntamente con él nos resucitó, y asimismo nos hizo sentar en los lugares celestiales con Cristo Jesús".

Lo que Pablo está diciendo es esto, esto es un milagro divino. Este es un milagro de Dios. Dios hace esto por medio de Cristo. Él da vida a los muertos. Él nos resucita de los muertos en este momento, y después por todos los siglos venideros, Él nos muestra las abundantes riquezas de su gracia y de su bondad. Versículo 10: "Porque somos hechura suya, creados en Cristo Jesús". Solo Cristo puede dar vida.

Entonces Jesús está diciendo a estos líderes judíos: "Yo soy el que da vida espiritual a aquellos que están espiritualmente muertos". En los versículos 39–40 que leímos antes —solo un pequeño repaso aquí— les dice a estos líderes judíos: "Escudriñad las Escrituras; porque a vosotros os parece que en ellas tenéis la vida eterna; y ellas son las que dan testimonio de mí; y no queréis venir a mí para que tengáis vida".

Si no vienes a Cristo, morirás en tus delitos y pecados porque Él es el único que da vida… el único que puede darte vida. Versículo 26: "Porque como el Padre tiene vida en sí mismo, así también ha dado al Hijo el tener vida en sí mismo". Versículo 21: "El Hijo da vida". Versículo 26: "el Hijo tiene vida". Él puede dar vida porque tiene vida en sí mismo.

En el 1:4, "Él es vida". Da vida porque tiene vida, porque Él es vida. No puedes dar lo que no tienes. Yo no te puedo dar vida. No hay un mecanismo que pueda emplear yo para darte vida. Solo Dios puede darte vida. Solo Cristo puede darte vida. Dios es dador de vida, Cristo es dador de vida, ningún predicador, ningún maestro, ningún líder religioso, ningún místico, ninguna forma de religión, ninguna ley, ninguna rutina, ningún ritual, ninguna iglesia te puede dar vida. La vida solo es posesión de la trinidad. La vida es solo la posesión de Dios quien es el dador de vida y de Cristo quien también es el dador de vida. Esa vida llega solo a aquellos que escuchan su voz, y por medio de esa voz su corazón despierta. Todo esto es una obra divina, y que va unida a nuestra fe, que va unida a la verdad concerniente a Cristo. Para ellos era la verdad de que Él era el Hijo de Dios. Para nosotros, es la verdad de que Él no solo es el Hijo de Dios, sino que el Hijo de Dios es quien murió y resucitó, que ascendió y que envió al Espíritu Santo.

"Jesús dijo, yo soy el camino, y la verdad, ¿y qué más?, y la vida". Así como Dios es vida, Cristo tiene vida. Así como Dios es la fuente de vida, Cristo es la fuente de vida. Así como Cristo es la fuente de vida, del mismo modo el Espíritu es la fuente de vida. Cada miembro de la trinidad tiene el poder, el mismo poder y ellos comparten los mismos atributos envueltos en un maravilloso misterio.

Pero a menos que estés desinformado, permíteme ver esta pequeña declaración. "Como el Padre tiene vida en sí mismo, del mismo modo ha dado vida al Hijo para que tenga vida en sí mismo". Existe una antigua, muy antigua herejía llamada Sabelianismo que dice que solo hay un Dios pero que este se manifiesta en tres formas distintas. También se le llamó modalismo: en ocasiones Él es el Padre, en ocasiones Él es el Hijo, y en ocasiones Él es el Espíritu. Es muy popular en nuestros días, domina a millones de personas en lo que es llamado la Unidad del Pentecostalismo o el movimiento de Solo-Jesús.

El problema con esto, y comenzando desde Atanasio, ese problema fue identificado como algo que resolvía este versículo. Si el Padre es en ocasiones el Padre y en ocasiones el Hijo, y en ocasiones el Espíritu y simplemente se muestra de diferentes formas o modos, entonces no se puede decir que el Padre dio al Hijo algo porque solo le puedes dar algo a alguien si ese alguien existe. Este fue uno de los primeros ataques sobre la herejía del sabelianismo. Si solo es una persona, entonces no hay a quien dar algo.

Y podríamos decir: ¿Pues no tiene vida Jesús? ¿No hay vida eterna? Sí, sí la hay en su gloria, ahora tiene vida de manera mística, eternamente Él procede del Padre. Pero es el eterno Hijo unigénito del Padre. Y sí, definitivamente es un misterio.

Pero yo iría un paso más adelante diciendo que en su humillación, Él, voluntaria y personalmente, decide restringir el uso de sus atributos divinos de tal modo en su encarnación, que hace solamente lo que el Padre quiere que Él haga. Podemos decir, entonces, que le ha permitido que en su encarnación dé vida. Él pudo haber llamado a diez mil ángeles, ¿verdad? Pero el Padre no le dio permiso para hacer esto. Pudo haber sabido el tiempo exacto de su regreso, pero Él dijo que el Hijo del Hombre no conocía esto. Hay una restricción voluntaria de sus prerrogativas divinas en su humillación. Su naturaleza no cambia, pero Él decide limitarse a sí mismo a la voluntad del Padre. Y aquí encontramos que la voluntad del Padre quiere que Jesús, incluso en la humillación de su encarnación continúe dando vida.

No deberíamos sorprendernos por esto. Él creó a los peces, Él creó el pan. No nos debiera sorprender esto, Él resucita de los muertos. Pero esto es algo que va más allá, a Él se le permitió dar vida durante los años de su encarnación, ministerio que inició a la edad de 30 años; el Padre le permitió dar vida. Veamos 1 de Juan 5:11, "Y éste es el testimonio: que Dios nos ha dado vida eterna; y esta vida está en su Hijo". Esta vida está en su Hijo. Jesús restringió el uso de sus poderes divinos a solo aquellos que Dios quería que Él usara. Él podría haber limitado su poder dador de vida, y tal vez lo hizo durante los primeros 30 años de su vida, pero por ahora no. Esto lo demostró cuando resucitó a personas muertas. Más importante era que Él estaba dando vida espiritual. Estaba haciendo que la gente viviera espiritualmente, aquellos que lo escucharan tendrían vida eterna.

Por lo que Jesús dice, estando frente a los judíos, que está dando vida, que está resucitando a personas que están espiritualmente muertas. Él tiene el poder de la resurrección espiritual.

El poder de la resurrección física

Segundo, versículos 27 al 29, el poder de la resurrección física: "y también le dio autoridad de hacer juicio, por cuanto es el Hijo del Hombre", y aquí tenemos como va a funcionar este juicio. "No os maravilléis de esto; porque vendrá hora cuando todos los que están en los sepulcros oirán su voz; y los que hicieron lo bueno, saldrán a resurrección de vida; mas los que hicieron lo malo, a resurrección de condenación". Ahora claramente estamos hablando de algo que está en el futuro. Versículo 22: "todo el juicio dio al Hijo". Versículo 27: "Él ejecuta ese juicio". La palabra es hacer juicio, aparece en el versículo 27.

El título Hijo de Hombre es un título interesante. Es un título Mesiánico tomado de Daniel 7. Este parece ser su título de juicio, ya sea el Hijo de Dios, ahí en el versículo 25 donde aparece como su título para la resurrección espiritual. Se necesita a Dios para resucitar muertos. ¿Por qué es llamado Hijo del Hombre en el juicio? Porque como Hijo del Hombre, Él es el Mesías. Pero como Hijo del Hombre Él sí comprende perfectamente, porque él vivió como hombre y fue tentado en todo del mismo modo que nosotros, pero sin pecado, Él tiene un conocimiento perfecto de toda experiencia humana y por lo tanto de su justicia, desde luego, esto está asegurado por medio de su experiencia, así como de su conocimiento divino, esto es un juicio perfecto y certero. No solo es Dios juzgando al hombre, no es un hombre juzgando a hombres. Si solo fuera Dios, Él no experimentaría los dilemas del hombre. Si solo fuera hombre, no habría omnisciencia divina. Él es el Dios/Hombre, su juicio no puede ser impugnado, ya sea por el lado de la omnisciencia divina, o por el lado de la experiencia humana.

Entonces Dios le da autoridad para ejecutar juicio porque Él es el Hijo del Hombre. No se maravillen de esto. Lo que quiero decir es que ésta es una declaración preventiva porque lo que Él va a decir es sorprendente. "Viene la hora en la que todos los que están en tumbas escucharán su voz". No se sorprendan por lo que les voy a decir, pero viene una hora cuando la voz será escuchada una vez más, y entonces va a vaciar las tumbas del planeta, las dejará completamente vacías. Sacará de las tumbas los cuerpos para que no vuelvan. Serán creadas para la eternidad. Cuando Él dice que las tumbas están vacías, todo lo que quiere decir con esto, no es que más vale que haya algo allí de lo contrario nada va a salir. ¿Qué va a suceder con todos aquéllos que fueron cremados? Lo que quiere decir es que la muerte adquirirá una forma física. Esto no tiene un aspecto presente, no es el "ahora es", esto está en el futuro. Esto no es el llamado efectivo que escucha el corazón y que trae la salvación. Este despertará a los muertos. Éste hará que los cuerpos se unan a los espíritus que están fuera de la presencia de Dios o en la presencia de Dios. La misma voz que despierta a los muertos espirituales, atravesará las nubes y las aguas del mundo y de la suciedad y el polvo y encontrará a los muertos y traerá a las formas que habían sido olvidadas desde hace mucho en el mundo visible.

Este es un poder sorprendente. Un poder alucinante. ¿Cómo es que en un momento recreará a todo ser humano que ha vivido previamente y lo unirá a esa forma recreada que será adecuada para vivir en el cielo o en el infierno, con el espíritu de la persona que ya está en la presencia de Dios o bien fuera de su presencia? Este poder va más allá de nuestra imaginación, más allá de toda comprensión. Pero esa hora llegará, llegará sin lugar a dudas.

Como dijimos ya, una hora es un periodo de tiempo. La hora de "ahora es", ha sido por más de dos mil años. La hora que será también será por mucho tiempo. Esta comenzará con el rapto de la iglesia, cuando los creyentes cristianos que estén vivos sean tomados en el aire y sean transformados camino al cielo. Esto será seguido de las resurrecciones durante el periodo de la tribulación. Habrá una resurrección al final de la tribulación, Daniel habla de esto, la resurrección de los creyentes de la tribulación, así como judíos. Entonces llegará el reino milenario, un periodo de mil años al final de todo esto, la muerte de toda la historia de la humanidad que son no regenerados o no salvos, serán resucitados y traídos delante del juicio de trono blanco, del que Apocalipsis 20 dice que existirá. Este será un periodo de tiempo, que dará comienzo con el rapto de la iglesia, y concluirá con las horas finales del reino milenario, cuando este juicio será llevado a cabo. No es en solo un momento. La gente se confunde con esto.

Ya hubo una resurrección, la resurrección de Cristo. Incluso hubo un tipo de vista previa de esa resurrección, recordarán, en la muerte de Cristo, las tumbas estaban abiertas y los creyentes salieron. Habrá una resurrección futura de los justos, los que fueron hechos justos que incluirá el rapto de la iglesia, la resurrección de creyentes al final del tiempo de la tribulación. Y habrá resurrecciones, sin duda, durante el reino milenario en donde los creyentes mueren, estos regresarán, morirán y resucitarán, y muchos más morirán y resucitarán. Entonces llegará la resurrección de los injustos al final de los mil años.

Así que hay componentes de la resurrección que vendrá. Pero de manera simple se puede dividir en dos partes dentro del versículo 29. Y esto sucederá porque escucharán su voz, el poder es de Él, así que este será el mismo poder que Él ejerció en la tumba de Lázaro cuando dijo: "Lázaro ven fuera", solo que en esta ocasión no dirá Lázaro. Solamente dirá, "ven fuera". Y saldrán de las tumbas. Y aquellos que hicieron el bien lo harán para resurrección de vida, y aquellos que cometieron males, a una resurrección de juicio. La resurrección será de creyentes y de no creyentes.

Esto nos da una pregunta interesante. ¿Por qué dice que aquellos que hicieron el bien a resurrección de vida? ¿Es así como somos salvos? ¿Es así como tú obtienes la resurrección de vida, por medio de hacer el bien? ¿Por qué dice esto? ¿No dice la Biblia, por las obras de la carne ninguna carne será justificada? ¿No dice la Biblia, no por obras para que nadie se gloríe? ¿Por qué dice esto?

Porque el contraste lo demanda. El contraste demanda esto. No puede comparar la fe de los creyentes con la fe de los no creyentes porque los no creyentes no tienen ninguna fe. Él no puede comparar la fe de los creyentes con la vida de los incrédulos porque ellos no tienen ninguna vida. Están muertos. Pero lo que sí puede comparar son sus obras, esta es la única comparación posible. Nosotros tenemos fe, ellos no. Nosotros tenemos vida, ellos no. Nosotros tenemos obras, ellos también. Así que tomando esto como base es que Él hace su comparación. Las obras de los creyentes son *ta agantha*, son cosas excelentes. Las obras de los incrédulos son *ta faula*, cosas sin ningún valor. Al final, es lo mismo que dijo Jesús, "por sus frutos los conoceréis". La fe de los creyentes es probada por sus buenas obras y son comparadas con las obras de los incrédulos las cuales demuestran que no tienen fe. Así que tenemos que dos resurrecciones vienen. La resurrección espiritual, dice Jesús, y que ya inició y que continúa llegando. Esta golpeará como en el día de Pentecostés y después de éste, conforme la iglesia crezca por miles, y esto sucederá durante toda la historia y nosotros somos parte de ello, de esta resurrección espiritual. Pero también llegará una resurrección física y toda persona que ha vivido en la historia del mundo será resucitada para vida en una forma que se ajustará a la bendición celestial, o bien al castigo del infierno.

¿Cómo será ese cuerpo? Para nosotros, dice Filipenses 3 que será un cuerpo semejante a la gloria de Cristo. Esto es su cuerpo ya resucitado. Era visible, caminó, comió, pero al mismo tiempo traspasó paredes, realineó sus moléculas para poder traspasarla. No puedo decir más que esto. Sé que 1 de Corintios 15 dice que Dios diseñó muchos tipos de cuerpos y que él puede cuidar de ellos. Pero también debemos tener el entendimiento de que hay un cuerpo para tormento, de tal modo que cuando alguien trata de desestimar este concepto de tortura en el infierno, de arder en el infierno o de lloro y crujir de dientes, como un tipo de concepto meramente metafórico, debe de darse cuenta de que esto es literal, la gente tendrá una forma en la que podrá existir en el infierno, y que esta forma le permitirá experimentar sufrimiento y tormento.

¿Cómo evitamos esto? Regresando al versículo 24. "De cierto, de cierto os digo: El que oye mi palabra, y cree al que me envió, tiene vida eterna; y no vendrá a condenación, mas ha pasado de muerte a vida". Escuchar las palabras de Cristo, la voz de Cristo, y creer en Él. Es una obra de Dios, pero no es aparte de la fe. ¿Qué puede hacer el pecador? Lo hemos dicho una y otra vez desde el capítulo 3 de Juan: "Cree, cree... cree". ¿Necesito recordarles la declaración de Juan 3:15? Todo aquel que en Él cree tenga vida eterna. Cree... cree. Clama a Dios pidiendo que te de fe para creer. Oremos.

Oración

Estamos tan sorprendidos por las palabras que salen de la boca del Señor Jesucristo, a pesar de que nos son familiares, no podemos comprender la experiencia de aquellos que estuvieron parados ese día ahí, y lo escucharon decir estas cosas. Todo es verdad. Oro, Señor, para que nos hables con voz muy alta, con voz salvadora, permite que tu voz sea escuchada en los corazones de la gente hoy, sobre todo los de las personas que están en esta iglesia, que han estado en esta iglesia por mucho tiempo y se acostumbraron a su incredulidad, que tu voz se escuche en los que han crecido de manera confortable con su pecado, los que no han visto tu mano de juicio aún y que no han reconocido que tu paciencia y longanimidad está para llevarlos al arrepentimiento y fe. Señor, rompe su oscuridad y tráelos a la luz, irrumpe su calidad de muertos y dales vida, deshaz su incredulidad y dales fe. Haz que los pecadores clamen a ti para darles la fuerza para creer, para escapar del juicio de condenación y entrar en las bendiciones de la vida eterna.

Padre, te pedimos una vez más que podamos vivir vidas que estén llenas de agradecimiento. Hemos escapado del infierno. ¿Cómo podemos ser tan triviales, u ocuparnos por cosas que no tienen importancia, tan egoístas? Ayúdanos a vivir en gozo continuo porque tenemos vida eterna por medio de Cristo, oramos en su nombre. Amén.

REFLEXIONES PERSONALES

_Índice escritural

_Índice temático

K

L

M